Autênticos do MDB, semeadores da democracia

História Oral de Vida Política

Ana Beatriz Nader

Autênticos do MDB, semeadores da democracia

História Oral de Vida Política

PAZ E TERRA

Revisão: Mário Sérgio A. Marquezelli
Edição de texto: Patrícia Maria Silva de Assis
Produção Gráfica: Katia Halbe
Diagramação: Adra Cristina Martins Garcia
Capa: Claudio Rosas

CIP-Brasil Catalogação-Na-Fonte
(Sindicato Nacional dos Editores de Livros, RJ, Brasil)

Nader, Ana Beatriz, 1956-
Autênticos do MDB: história oral de vida política/
Ana Beatriz Nader
São Paulo: Paz e Terra, 1998.
ISBN 85-219-0303-0

N13a

Inclui bibliografia e índice

1. Brasil — Política e governo, 1964-1985. 2. Movimento Democrático Brasileiro. 3. Políticos — Brasil. 4. História oral. I. Título

98-0754

CDD-320.981
CDU-32(81)

EDITORA PAZ E TERRA S.A.
Rua do Triunfo, 177
01212-010 — São Paulo-SP
Tel.: (011) 223-6522
Rua Dias Ferreira n.º 417 — Loja Parte
22431-050 — Rio de Janeiro-RJ
Tel.: (021) 259-8946

1998
Impresso no Brasil / *Printed in Brazil*

Para Fausto, Sofia e Heitor,
síntese da razão desta trajetória

Sumário

Agradecimentos

Desejo manifestar minha gratidão ao professor José Carlos Sebe Bom Meihy, por sua orientação; ao senhor Fernando Gasparian pela sensibilidade e compromisso com o desvelamento e perpetuação da história do tempo presente; à professora Vani Moreira Kenski pela sugestão do tema; ao amigo jornalista Marcondes Sampaio pela constante interlocução; às escudeiras Joice e Maria José; à amiga Cristina Maria Rolim Devair; a Maria Aline e Terezinha pela digitação; a dona Zildinha Paes de Andrade, ao professor Mansur Lutfi, e ao amigo Augusto Sérgio Cailile, desencadeador da "viagem" acadêmica.

Um agradecimento especial aos Autênticos e seus familiares, pelo carinho e interesse com que me receberam.

Prefácio

Qualquer uma das variações em torno da propalada "falta de memória dos brasileiros" provoca reflexos variados. Indo da simples irritação ao mais clamoroso tédio, a afirmativa de que o "Brasil é um país que se esquece do passado" não pode mais passar sem considerações. Da mesma forma, é chegado o momento de se conferir "se o Brasil é um país sério".

Curiosamente, as duas afirmações — quanto à seriedade e à falibilidade de nossa memória — remontam à mesma gênese: a ditadura militar. Por certo, não há precisão nas indicações. Repete-se que o general De Gaulle, vindo em visita programada para o Brasil em abril de 1964, ao descer do avião e ser recebido pelos militares de plantão, no lugar do Presidente Goulart, teria duvidado da seriedade de um país que tendo legítimo mandatário, via-o trocado por um general rebelado. Mesmo sem garantia da atribuição da frase ao antigo mandatário francês, a pecha ficou a desafiar os discursos sobre a atualidade político brasileira e ao caráter de nosso povo que não mais seria digno de crédito dado a conivência com o advento do autoritarismo emergente e, mais tarde, com a gravidade disto no "apagamento" de nossa memória.

Ao fim da ditadura militar, que entre nós atingiu a maioridade, diante da impunidade daqueles que golpearam, puniram, silenciaram e provocaram a maior dívida externa da história da humanidade, muitos questionaram os mecanismos e a facilidade com que "esquecemo-nos" e assim deixamos perpetuada a impunidade. Como desdobramento deste ato — benevolente, por certo, ainda que passível de severas críticas — recobramos velhas práticas que se formulam pontas de um novelo único, do conflito entre duas tradições muito bem postas na história nacional: a autoritária e a democrática.

"Esquecimento" e "seriedade" são dois temas subjacentes a este trabalho que tenho prazer, honra e dever de prefaciar. Faço com a responsabilidade de quem, como historiador, revê a "história do nosso tempo presente" e assume a responsabilidade de reconhecer a habilidade de ver seu contexto analisado sob técnicas espertas de apreensão do pretérito. Sobretudo, me apraz ver um texto deste calibre produzido por alguém da nova geração de acadêmicos brasileiros. Aliás, é exatamente este um dos pontos mais eloqüentes desta aventura: alguém que celebra o instante do fim da ditadura que lhe serviu de cenário para o aprendizado da busca de uma leitura democrática da história de seu país.

Interessante processar este texto em um momento em que os temas das durações temporais, das continuidades/rupturas da história se dão com tamanha intensidade. Nas molduras fechadas contemporaneamente pelas visões da história, o que se nota é o abandono dos conflitos de classes, da crueldade das relações e de uma harmonização que não tem lugar no exame do nosso viver político. Quando se troca a história pela estória, ou mesmo quando se garante à história um "H" — que a tornaria inquestionável — o que se tem é a perpetuação do imóvel e o estabelecimento de "verdades" que não mais seriam questionadas. Quase sempre o que ocorre, nestas circunstâncias, é uma teorização estéril e distante de nossas vidas quotidianas e miúdas. Mitifica-se um heroísmo onde "bandidos" são "esquecidos" e no lugar supostos processos "revolucionários" se travestem de "redentores" gerando uma ilusória explicação dos fatos. O "esquecimento" do pontual, do recente, do imediato motivador de nossa realidade, é sempre convocado em nome de um tropicalismo morno, que tudo explicaria, segundo o desígnio de uma lenda, que teve de engolir no auge da ditadura, que somos "um país que vai pra frente".

Nos círculos acadêmicos, como que a provar nosso caboclismo intelectual, precisamos dos teóricos estrangeiros para garantir legitimidade a afirmações que acabam por aportar no desconhecido, alheio e alienado. A história moldada recentemente é, quase invariavelmente, vista de longe e sempre é a história do "outro". No caso do presente livro não. Ao abordar uma história que remonta a reação à ditadura, a sonda investigativa chega ao chão dos anos setenta, precisamente em 1971, para, daquele fundo "sem memória", levantar uma poeira que envolveu tanto o clã dos militares e políticos adultos naquela militância, como os propósitos da aliança entre os então jovens e demais inconformados que forneceram alimento para a reação imediata — e foram para tanto alvo de fuzil e bucha de canhão — como serve, também, para uma geração que se propõe, a partir do fim do processo, a ler o passado de todos nós.

É lógico que falamos de utopias: todos os segmentos, inclusive os autoritários, quiseram ver o Brasil melhor, mais sadio, mais forte e valente. Os fios de nossas velhas tradições políticas históricas foram contrastados numa costura que apertava o tecido do destino nacional. Dava-se um desenho semitrágico no espaço do convívio coletivo. A parcela que pretendeu devolver ao país o direito ao sonho e a formosura cívica, vivificou um desafio de luta, clandestinidade e desalento que por fim mereceu achar o caminho legal através da legitimidade institucional.

Como nem todos achavam que os militares ocupavam os devidos postos e nem que o governo seria um espaço de comando soldadesco, havia aqueles que não pretendiam mais adiar a festa democrática vislumbrada desde a possibilidade de reformas radicais e pretendidas por uma parcela beligerante, inconformada, reivindicativa — mas legítima —, que se foi constituindo uma jóia de engenharia cívica onde democratas convictos, e outros que se convenceram dela no processo, deram-se as mãos formando a roda da busca do inevitável.

Os personagens desta história foram os políticos democraticamente estabelecidos que restaram das canetadas, seqüentes e conseqüentes, dos desdobramentos daquele fatídico abril de 1964. Era a pequena turba de inconformados que ia atuando nos possíveis e quase improváveis limites de uma regra a ser superada. Ecoando a canção ensejada pelos jovens e velhos delineadores de um Brasil melhor, esses ousaram apregoar que o "amanhã há de ser outro dia", pensando-se "todos soldados armados ou não". Juntos essa gente vivia uma história que, curiosamente, os filhos da ditadura passam a contar reconhecendo nela a beleza da inevitabilidade democrática. Continuidades. Continuidades de rupturas. Rupturas de continuidades: história da democracia brasileira recente.

É como se a mania inalienável da liberdade e da justiça não nos deixasse jamais e como se aos jovens fosse dada a tarefa de reconhecer que que somos sérios sim e que temos uma memória a se fazer história.

Gentil capricho do destino, me foi dado acompanhar de perto a elaboração deste trabalho. Com uma comunidade de destino fortalecida em muitos traços, ainda que de geração diferente, pude combinar relações quase familiares com um trajeto difícil em instituições de trabalho que poderiam se beneficiar mais de seus talentos. Trocamos muito ao longo de trilhas — que sim —, tão árduas, mas edificantes porque são resultados de buscas sinceras.

Surpreendido muitas vezes, Ana Beatriz Nader me procurou logo que comecei a orientar trabalhos em uma vertente da história oral. Seríssima academicamente falando, alegre como pessoa humana, ela mais que aceitar uma linha de investigação soube se assenhorar de uma ferramenta com a qual retraçou o caminho de uma experiência subterrânea: a dos Autênticos do MDB. O tema era mesmo um achado. As formas para desvendá-lo uma luz forte, capaz de iluminar não apenas teoricamente um assunto, mas de modelar uma prática pouco conhecida ainda: os procedimentos da história oral.

No conturbado contexto da história do nosso tempo presente, descobrir a intimidade das peripécias descritas pela trajetória dos Autênticos equivale ao pioneirismo da determinação da raiz de nossa democracia recente. Mais: ao desvelamento da perpétua busca de exposição da tradição libertária derivada da prática da negociação parlamentar brasileira. As filigranas discursivas foram polidas com o nobre metal das falas dos personagens, que se uniram para uma causa, abrindo mão de compromissos outros, que não o interesse nacional de pôr fim à ditadura. Seria, neste sentido, difícil exponenciar o significado deste trabalho defendido com sucesso absoluto, como tese de doutoramento na Universidade Estadual de Campinas — UNICAMP. Contemplando a grande maioria dos personagens ainda em vida, a autora conseguiu a versão deles e contextualizando-os em face da historiografia alcançável, remoçou as possibilidades de uma história viva e também autêntica.

O grupo de militantes autênticos fez e desfez de forma sutil e de difícil apreensão, e o que de mais relevante se pode aprender deste trabalho diz respeito ao ponto de fusão que uniu e deu lugar à volta às raízes de cada um. Foi como se um estalo povoasse a coerência histórica de um dever, que somente seria cumprido em conjunto. Passada a missão, reconquistada a democracia, os personagens voltaram aos papéis anteriores e continuaram a luta proposta segundo outros ritmos.

A leitura que se segue é uma experiência incomum. Tema, metodologia, pertinência se juntam para provar três coisas: a tendência das negociações políticas nacionais atentas ao aperfeiçoamento democrático; a conveniência e apropriação da história oral; e, sobretudo, a garantia de que a nova geração de intelectuais brasileiros saberá levar à frente o respeito às causas nacionais e o papel da universidade enquanto um laboratório de reconhecimento do destino nacional.

É isto aí companheiros...

José Carlos Sebe Bom Meihy
abril/1998

Primeiras Palavras

O presente trabalho surgiu do interesse de estudar os motivos que levaram 23 deputados federais (vide página 16) a fazer política de oposição, em um momento tão adverso, em plena ditadura militar.

A documentação foi basicamente constituída pelas entrevistas feitas com os elementos que compunham o Grupo Autêntico do MDB, compreendido por 23 deputados que elaboraram e assinaram o documento da "Anticandidatura" de Ulysses Guimarães, na sessão da Câmara, que elegeu o general Ernesto Geisel, Presidente do Brasil, em 15 de janeiro de 1973. Nesse documento, os Autênticos devolviam o voto, o qual consideravam uma farsa, ao grande ausente, o povo brasileiro. Expressavam também contrariedade em relação ao comportamento de Ulysses Guimarães, que, descumprindo o acordado com o grupo, compareceu àquela sessão na condição de candidato.

A constatação da quase inexistente bibliografia sobre o Movimento dos Autênticos fez com que o desafio se colocasse de forma contundente, quando passei a estudar também o Golpe de 1964, seus desdobramentos e sua dimensão.

Com as entrevistas iniciais gravadas, ficou claro que os Autênticos não queriam falar apenas daquele período, evidenciando que o conhecimento das Histórias de Vida como um todo colocava uma realidade de caminhos, sobretudo políticos, muito diversos dos atuais, e que seria, sem dúvida, de grande contribuição ao projeto.

Não me desviei em qualquer momento do meu foco de interesse que se centrava no período de vida em que esses 23 homens constituíram o Grupo Autêntico do MDB. Porque era necessário desvendar este hiato apresentado pela história, a tese de doutorado, que deu origem a este livro, teve como meta inicial a "história oral temática"[1]. Entretanto, a práxis mostrou que esta abordagem seria insuficiente.

> *Assim o encaminhamento das entrevistas deu-se através da história oral de vida; o relato passaria a ser mais importante que o fato relatado*[2].

Dentre as variações de História Oral existentes[3], é História Oral Pura a que adotei no presente trabalho. Nesta especificidade, o que interessa é a narrativa individual segundo a versão de quem vivenciou

Tabela 1
Autênticos

Por Ordem Alfabética	Local	Data Nascimento / Morte
Alencar Furtado	Araripe-CE	☆11/08/1925
Álvaro Lins	Pedra Branca-CE	☆1920 †1997
Amaury Müller	Cruz Alta-RS	☆17/01/1936
Eloy Lenzi	Lagoa Vermelha-RS	☆1924 †1997
Fernando Cunha	Itumbiara-GO	☆29/01/1935
Fernando Lyra	Recife-PE	☆08/10/1938
Francisco Amaral	Campinas-SP	☆29/01/1923
Francisco Pinto	Feira de Santana-BA	☆16/04/1930
Freitas Diniz	Araioses-MA	☆20/03/1933
Freitas Nobre	Fortaleza-CE	☆1921 †1990
Getúlio Dias	Pelotas-RS	☆04/05/1934
Jaison Barreto	Lagunas-SC	☆16/08/1933
Jerônimo Santana	Jataí-GO	☆29/10/1934
JG de Araújo Jorge	Taraúaca-AC	☆1914 †1987
João Borges	Macaúbas-BA	☆1911 †1989
Lysâneas Maciel	Patos de Minas-MG	☆23/12/1926
Marcondes Gadelha	Sousas-PB	☆23/06/1943
Marcos Freire	Recife-PE	☆1931 †1987
Nadyr Rossetti	Caxias do Sul-RS	☆1937 †1997
Paes de Andrade	Mombaça-CE	☆18/05/1928
Severo Eulálio	Picos-PI	☆1930 †1979
Santilli Sobrinho	Mineiros do Tietê-SP	☆05/10/1922
Walter Silva	Campos-RJ	☆1933 †1994

diretamente o processo, ou seja, a "fonte oral" como exclusiva para compreensão. Nesta perspectiva, a narrativa deve ser enaltecida, mostrando que os homens devem ser vistos como sujeitos da história, isto é, ao mesmo tempo em que a constrói, constroem a si próprios.

História Oral de Vida só é possível a partir da existência de um entrevistado e seu entrevistador, o qual coleta e apresenta a versão da história coletada.

O essencial para História Oral de Vida é constatar riquezas e não provar sua veracidade. Na medida em que História Oral trabalha com versões, uma das principais características é rever aspectos externos (vividos) e internos (subjetivos) e revelar os conteúdos individuais, extraindo as experiências menos óbvias.

Entendo que as visões de mundo e os projetos de sociedade são partes integrantes da história. Daí a necessidade de registrar as metas, as insatisfações, as expectativas e as aspirações dos componentes do Grupo Autêntico. Sobretudo, trazer à tona partes ocultas da história no campo das idéias e na ação parlamentar — "conhecer" o sucedido com um Grupo de oposição não intelectual, não insurrecional, não terrorista, mas de parlamentares. Isto é, revelar a história de um determinado Grupo dentro da oposição, no período mais duro do regime militar. Este é o foco do presente texto.

Quanto à temática, esteve sempre claro que seria estudar o Grupo dos Autênticos, através de suas próprias vozes, levantando questões pouco exploradas pela história. Muito se estudou sobre a oposição que optou pela luta insurrecional, contudo pouco se sabe acerca de oposição parlamentar. A história sequer registrou as contribuições do Grupo Autêntico na luta pelo restabelecimento da democracia. Este fato traduz que os estudos referentes aos anos da ditadura militar no Brasil continuam incompletos, possibilitando, portanto, novas perspectivas de investigação sobre o assunto. Cabe ressaltar que o pequeno acervo documental disponível do Grupo, traz uma visão aligeirada e esteriotipada.

A impossibilidade de estudar a história do Grupo utilizando apenas a documentação existente, foi a principal razão da escolha do método e do repertório oferecido pela *História Oral*. Constitui-se, portanto, na ferramenta que empreguei para manter viva a "memória" de um tema que poucos registros deixou e que é fundamental, pois revela e fixa a história que, de outra maneira, seria perdida. A forma de percorrer este caminho foi sendo lapidada no decorrer do processo.

> *O inusitado se mostrou constante companheiro como um elemento fundamental que aparece em todas as fases da pesquisa, exigindo um sério compromisso com a espontaneidade, abertura e clareza*[4].

Na busca de estabelecer o "ponto zero" do projeto, no sentido de contextualizar e circunstanciar as personagens, foram utilizados vários recursos tais como: informação na literatura especializada e nos jornais, com o objetivo de ter o maior número de dados possível do Grupo Autêntico. Esta atitude inicial de interesse sobre a "colônia" a ser estudada deve expressar "cumplicidade", condição prioritária em projetos de História Oral. O sucesso do trabalho de História Oral de Vida depende muito da "cumplicidade" construída entre o entrevistador e o entrevistado, consubstanciando-se na sua parte mais desafiadora.

O primeiro grande obstáculo a ser superado foi a localização dos Autênticos que compunham meu incompleto e frágil elenco, tratando-se de tarefa instigante e impostergável.

O contato inicial deu-se com Lysâneas Maciel, pois fora ele quem indiretamente sugeriu o tema deste estudo, quando em entrevista para fins acadêmicos, no início da década de 90, acerca do "Fascínio do Jornal *Opinião*" (um dos poucos veículos de comunicação que dava espaço ao Grupo, durante a ditadura militar), lembrou que Os Autênticos constituíam um hiato na historiografia brasileira, devendo ser estudado o quanto antes. Afinal, 20 anos nos separam do momento em que os Autênticos, "fizeram história".

Em dezembro de 1993, consegui o telefone de Lysâneas Maciel, e em um dos prévios contatos, com a finalidade de acertar hora e local do encontro, ele disse que Francisco Pinto (tido por muitos como "reitor" do Grupo), coincidentemente, de passagem pelo Rio de Janeiro, aportaria em sua casa para ser também entrevistado.

Em uma tarde chuvosa e quente do mesmo mês, cheguei ao belo condomínio no Morro do Pasmado, na cidade do Rio de Janeiro, que além de emoldurar a Praia de Botafogo revela por entre as janelas envidraçadas do apartamento, o Pão de Açúcar. Fui recebida com incontável simpatia por Lysâneas Maciel e sua esposa Regina, que esteve o tempo todo preocupada em nos "abastecer" com os mais diferentes tipos de guloseimas. Apesar de Lysâneas considerar sua "memória traiçoeira", forneceu nomes e "pistas" de colegas Autênticos, que além de inaugurar o "ritmo da narrativa", mostrou-se, mais tarde, próprio da "colônia"[5].

Algumas horas de entrevista se passaram, e o interfone avisou a chegada de Chico Pinto, cuja figura longilínea dirigiu-se para o centro da sala, onde apenas terminara a entrevista com Lysâneas. Após efusivos cumprimentos, aceitou um sorvete, cujo sabor de chocolate confessou ser uma de suas paixões, porém ele derreteu-se todo sem que Chico Pinto fizesse uma pausa para sorvê-lo, tal era a ansiedade daquela personagem de nossa história recente, em atender o convite para participar deste estudo.

Iniciamos a entrevista que foi pautada pelo bom humor, bem como por singular capacidade de análise, e tendo como pano de fundo uma piteira que insistia em queimar o cigarro, antes que Chico Pinto encontrasse interregno em sua eloqüência para tragá-lo.

Dessa oportunidade, meu caderno de campo trouxe (além das impressões do encontro) nomes e indicativos possíveis dos paradeiros de outros Autênticos. Porém, o maior saldo dessa entrevista traduziu-se em assuntos que se mostraram fundamentais e que me levaram a organizar eixos temáticos, relativos tanto ao aspecto de evolução pessoal quanto conjunta do Grupo.

Um dado curioso é que apesar de terem convivido por muitos anos diuturnamente, como parte de Grupo coeso, foi muito difícil elencar os 23 nomes que assinaram o documento lido por ocasião da eleição indireta do general Ernesto Geisel à Presidência da República em 1973, e que compõem a "colônia dada"[6] deste trabalho.

À volta do Grupo Autêntico circulavam eventualmente muitos parlamentares das mais diversas origens e tendências, mas esses 23 elementos permaneceram unidos durante os principais desafios e lutas que lhes foram atribuídos nesse período conturbado de nossa recente história política.

A situação que considerei mais expressiva em relação ao esgarçamento do Grupo referiu-se a Alceu Collares, um Autêntico dissidente, mas que é lembrado por muitos como um companheiro de todas as horas. Cabe lembrar que o entrevistei em Porto Alegre, em março de 1994, no Palácio Piratini, quando ainda governador do Estado do Rio Grande do Sul, e durante as quase três horas de gravação, Collares não fez nenhuma referência à sua ruptura com o Grupo.

Prosseguindo na busca do paradeiro dos Autênticos, a indicação mais precisa que consegui foi da existência de dois exercendo mandato parlamentar: Amaury Müller e Fernando Lyra. Liguei para Câmara dos Deputados, e lá me forneceram os números dos telefones dos respectivos gabinetes.

Nesses contatos, flagrei-me no universo protocolar dos assessores, chefes de gabinete, com seus códigos, etiquetas e linguagens peculiares aos quais precisei adaptar-me, muito embora aquele noviciado não me trouxesse maiores embaraços ou dificuldades. O contato inicial acontecia sempre, por via telefônica, com algum membro da equipe de assessores que notificava o Autêntico sobre a minha existência, ou seja, uma pesquisadora da UNICAMP escrevendo a História Oral de Vida do Grupo Autêntico.

A grande maioria dos contatados mostrou-se interessada e disponível para a entrevista, a ponto das ligações telefônicas posteriores, terem sido realizadas sem a intermediação de assessores; eles próprios, os Autênticos, é que tomaram a iniciativa de agendar os seus encontros comigo[7], buscando conciliar e contemplar as minhas necessidades.

Assim, no início de janeiro de 1994, contatei Amaury Müller na Câmara dos Deputados em Brasília, que surpreendeu-me pela organização e atualidade de sua agenda, e também pela amabilidade da secretária e dos assessores. Na ocasião, forneceu-me o telefone de dois Autênticos, gaúchos que estavam morando no Rio de Janeiro: Nadyr Rossetti e Getúlio Dias. Esse último deu-me notícia de um membro fluminense do Grupo: Walter Silva, cujo telefone foi fornecido pelo sistema de informação da TELERJ. Walter Silva, uma vez localizado, dispôs-se prontamente a encontrar-me na cidade do Rio de Janeiro, onde além de manter seu escritório de advocacia, exercia função de docente na Faculdade de Direito Cândido Mendes.

Desta forma meu iter de pesquisa foi dividido: dezembro de 1993, na cidade do Rio de Janeiro, ouvi Lysâneas Maciel e Francisco Pinto. Em 1994, entrevistei em janeiro: Walter Silva, Getúlio Dias e Nadyr Rossetti, todos no Rio de Janeiro; fevereiro: Santilli Sobrinho em São Paulo; março: Jaison Barreto, Balneário Camboriú-Santa Catarina e na seqüência, em Porto Alegre: Alceu Collares e Eloy Lenzi; no mês de junho, Paes de Andrade veio à cidade de São Paulo, concedendo entrevista. Ainda em junho, estive em Brasília conversando com Fernando Cunha, Marcondes Gadelha e Amaury Müller; em julho, Jerônimo Santana deslocou-se até a cidade de São Paulo para dar seu depoimento; em setembro, fui à cidade de Campinas onde entrevistei Francisco Amaral.

No ano de 1995, em fevereiro, fui novamente a Brasília, para ouvir Alencar Furtado, e em março viajei a São Luís-Maranhão, quando entrevistei Freitas Diniz. E, em novembro de 1996, Fernando Lyra viajou até a capital paulista para dar seu depoimento.

Os locais onde ocorreram os encontros foram os mais diversos, uma vez que a escolha ficava a critério do entrevistado, com o objetivo de deixá-lo o mais confortável possível. Algumas entrevistas foram colhidas em saguão de hotéis, em residências particulares, em Gabinetes de Ministério, em Palácios de Governo, em restaurantes...

As entrevistas foram realizadas no primeiro encontro, quando os entrevistados já estavam cientes do objetivo da pesquisa, bem como da metodologia que seria aplicada. Mesmo assim, alguns cuidados foram tomados, principalmente no que diz respeito ao fato de a entrevista ser gravada. A apresentação do gravador exigiu diplomacia de minha parte, no sentido de evitar qualquer constrangimento que inibisse a construção da necessária "cumplicidade".

O tempo de duração das entrevistas variou sempre, pois estava vinculado às disponibilidades dos entrevistados. Em alguns casos senti-me obrigada a interrompê-la, em vista do cansaço de ambas as partes.

A média de duração temporal foi de três horas, sendo que o menor tempo de entrevista foi de uma hora, e o máximo de seis horas de gravação feita em fitas cassetes, de uma hora de duração, para que garantissem a melhor qualidade possível do trabalho.

A par das gravações, utilizei-me de "caderno de campo", para cada entrevista, no qual tomava notas sobre locais, referências a fatos comuns com outros entrevistados, seus dados pessoais básicos, bem como o registro das impressões subjetivas que podia perceber.

Todas as entrevistas foram individuais, exceto a de Lysâneas Maciel e a de Francisco Pinto; Getúlio Dias e Nadyr Rossetti, que estavam presentes no mesmo local, no mesmo encontro.

Dos 23 deputados, cinco já eram falecidos, ao tempo do início da pesquisa (1993).

Álvaro Lins, ex-deputado cearense e, mais recentemente, diretor da Casa do Ceará em Brasília, figurando na lista dos Autênticos, negou-se peremptoriamente a conceder entrevista, argumentando: "Meu vínculo com o Grupo foi apenas nominal." Essa, porém, foi a única exceção.

Durante o processo de elaboração do presente texto, o Grupo sofreu algumas lamentáveis perdas: Walter Silva, morreu em julho de 1994. Nadyr Rossetti, Eloy Lenzi e Álvaro Lins, no ano de 1997.

A concretização deste trabalho de "busca" dos Autênticos nos mais diversos cantos do Brasil, tornou-se viável em face da bolsa da CAPES que me forneceu os meios econômicos necessários a este intento.

Fator que contribuiu sobremaneira com a pesquisa foi a colaboração efetiva e acolhedora dos próprios Autênticos, suas famílias e seus assessores sempre prontos a facilitar a operacionalidade dos encontros, no que diz respeito a translados, hospedagens...

Ter vivenciado os encontros, ouvir as histórias desses cidadãos, conhecer suas famílias, perceber suas emoções no decorrer das entrevistas, suas esperanças e seus ideais, configurou-se no momento mais prazeroso do processo, tornando difícil, embora, não impedindo, o exercício do senso crítico, em face da sedução surgida da "cumplicidade" que existiu entre o entrevistador e o entrevistado.

Notas

1. *História oral temática* está ligada ao testemunho e à abordagem de tema específico. Preocupa-se basicamente com questões externas e objetivas. A vida como experiência pessoal tem menor significado e a visão de mundo aparece filtrada pelo objeto.

2. Gattaz, André C. *História Oral da Imigração Espanhola: O Centro Democrático Espanhol, São Paulo. 1932-1975.* Dissertação de Mestrado apresentada ao Departamento de História da FFLCH-USP — 1994.

3. Existem três variações de História Oral: 1) História oral temática, exemplo Luisa Passerini, *Facism in Popular Memory* (vide cit.1); 2) Tradição Oral, que considera o indivíduo como veículo da transmissão de mitos e tradições antigas, exemplo: Jan Vancina, *Oral Tradicion as history;* 3) História Oral de Vida, divide-se: a) História Oral Pura, onde o importante é a narrativa de quem viveu a experiência como fonte exclusiva, exemplo: Meihy, J.C.S.Bom, *A Colônia Brasilianista;* b) História Oral Híbrida, que contempla a coleta de depoimentos com outras fontes. Nesta tendência a história é coadjuvante de outras fontes, exemplo: Brugat, D.P. *Los Niños de Morellia.*

4. Gallian, Dante M.C. *Pedaços da Guerra: Experiência com História de Vida de Torrabenhos.* Dissertação de Mestrado apresentada ao Departamento de História da FFLCH-USP — 1991.

5. Colônia no contexto da História Oral significa comunidade de interesse.

6. Colônia Dada "é a comunidade de interesse autodefinida numericamente."

7. Na oportunidade, além de apresentar-me formalmente, eram explicados os objetivos acadêmicos da pesquisa, sua metodologia; bem como o teor da entrevista que seria dividida basicamente em três momentos: 1)infância/adolescência; 2) o que o levou a fazer política partidária e de oposição, em um momento histórico tão adverso; e 3) a visão de mundo e o projeto de sociedade atuais.

Parte I: História Oral

Da Contradição Comum, à Gênese da Cumplicidade

Demarcar meu encontro com a história oral é tarefa quase impossível, penso até que haja algum vínculo genealógico...

Filha de mãe professora primária e pai comerciante de origem árabe, tive infância e adolescência com todas as chances de se limitarem entre o hostil e o monótono. Exceto pela presença de minha avó materna, mulher policromática, cuja tenacidade intelectual reunia à sua volta personagens das mais diferentes matizes: de freira missionária a piloto de provas da Pan American Air Lines; de ex-aluno balconista a poeta comunista; de encortiçada tísica que sabia quiromancia a cega que fazia boneca de pano; de secretária de direita a advogado subversivo; jovens que gostavam de flores; velhos que gostavam de fogo... Além de muitos livros, muitas histórias, por ela contadas e recontadas com zelo e detalhe cinematográfico.

Cinema! Era uma das estrias daquele arco-íris. Íamos ao matinê de segunda à sexta-feira (exceto quinta-feira que passava filme japonês). Aos domingos, a sessão das quatro e meia nos esperava!

Desta forma passou por mim o Golpe de 1964, o AI-5, prisões, torturas, mortes de compatriotas e a própria eleição do Grupo Autêntico do MDB.

Num misto de atenção e alienação, eu tentava decifrar certas metáforas que me eram impostas naquele momento histórico:

- Cartazes pendurados nos correios, com fotos de rostos, nomes e codinomes de pessoas, que traziam no alto, como uma manchete em letras garrafais: “PROCURA-SE”;
- Domingo depressivo que vivi frente à comemoração do Tri-Campeonato da Copa de 1970. Sentia-me inadequada por não ter a “capacidade” de comemorar a efeméride traduzida em folia carnavalesca atemporal pelas ruas da cidade. Naquele domingo sombrio...

Em 1971, enquanto os Autênticos chegavam ao Congresso Nacional, muitos pela primeira vez, eu, aos dezesseis anos de idade, cursava o segundo colegial na cidade de Taubaté, numa escola cujo nome, “Monteiro Lobato”, homenageia seu filho mais ilustre. Foi nesta cidade que eu nasci e vivi até o final de minha adolescência.

O ambiente escolar propiciava poucas emoções. Tratava-se de rotina inócua, com relacionamentos superficiais e efêmeros, condicionados pela falta de assunto e possibilidades, desdobramento da ausência de liberdade de expressão e da repressão político-ideológica reinante na época.

A trilha sonora marcada pelos hinos ufanistas (como o do sesquicentenário) que definia o Brasil de 1972 como: "A potência de amor e paz, esse Brasil faz coisas que ninguém faz", compunham o cenário de convite à alienação.

Nessa fase de minha vida, vi-me frente a uma escolha que mais tarde se transformou num marco: participar do tradicional Baile de Debutantes, ou fazer uma viagem para a Itália. Como a sociedade taubateana não tinha nenhuma significação para mim, naquele momento optei pela viagem. O que a princípio seria "turismo", transformou-se na minha tomada de consciência, rompendo meu pacto com a alienação.

Na Itália, tomei conhecimento do que é uma verdadeira democracia. Percebi a existência de uma pluralidade ideológica, partidária; senti a diferença de opções pelas quais o jovem italiano poderia fazer na sua adolescência, ou seja, a possibilidade de participar dos movimentos sociais, desempenhando um papel ativo na história do seu país. Tive contato com a liberdade de expressão que para mim se restringia à existência de mais de um veículo de comunicação. Era muito mais que isso! Era dar voz a todos os segmentos sociais. Os jovens italianos podiam e conversavam sobre política, mesmo sendo contrários ao governo estabelecido... Outra surpresa!

Deu-se aí meu batismo de fogo...

Aqueles três meses de intensas vivências, experiências de todos os tipos, em um país latino, porém com outros valores, numa sociedade livre, de juventude verdadeiramente politizada e ativa, fizeram-me aspirar por outros valores, diferentes daqueles vazios que me acompanhavam no Brasil.

Foi também na Itália que travei o primeiro contato com as notícias de que o Brasil era uma ditadura, e o que isso significava em termos de democracia. Tomei consciência de que deveria e poderia adotar valores diferentes dos que me importavam até então. O vazio de minha adolescência começava a ser preenchido!

Em minha volta para o Brasil, a avidez por conhecimento fulcral, por densidade nos relacionamentos, conduziu-me à aquisição de valores diversos das pessoas de minha idade e classe social: fui voluntária na pediatria de um hospital e posteriormente num asilo de idosos. Freqüentei também todos os cursos extracurriculares oferecidos em minha cidade no período.

Outros horizontes culturais e ideológicos foram descobertos: a banal leitura dos jornais diários transmutava-se em perquirir as suas entrelinhas; os discos de Chico Buarque não tocavam mais só *A Banda*, mas dali emergia a cumplicidade de um novo mundo. A releitura da revista *Realidade*, que descrevia as lutas dos estudantes no final da década anterior (1960), representava a descoberta de que "o Brasil não era só o litoral". Existia muito mais: havia ditadura, mas também o Partido Comunista; no colégio, as aulas de educação moral e cívica, em casa, o antídoto, nos livros de Jorge Amado; meu conterrâneo Monteiro Lobato não era apenas um escritor de estórias infantis, mas aquele que lutou contra a ditadura de Vargas. Era tempo de Roberto Carlos, contudo, ele já não ofuscava Mercedes Sosa, Milton Nascimento. Os Incríveis, conquistavam o público com o hino do sesquicentenário, entretanto, eu e Os Mutantes andávamos "meio desligados". A ditadura, se impunha, porém já houvera democracia. *Os Lusíadas* de Camões era impresso em meio às notícias do *O Estado de S. Paulo*, mas havia *O Opinião* com as mensagens cifradas na seção internacional, entre os artigos originais do *Le Monde Diplomatique*. Existia futebol, mas também miséria, arrocho salarial; parada de sete de setembro, mas também Araguaia. Os colegas homens (de minha sala de aula) que serviam no Batalhão de Engenharia do Exército em Pindamonhangaba não foram ao Vale do Ribeira fazer exercício de manobras militares... Eles foram pegar o Lamarca, mesmo que não soubessem quem era esse "tal" capitão Lamarca. A música do taubateano Márcio Tadeu, filho do meu professor de português, dizia: "O tigre metralhou a cabeça do elefante. Ôôô Mônica, você tem certeza de que era mesmo um elefante", que concorreu no Festival Universitário da TV Tupi não foi inspirada somente numa propaganda de extrato de tomate... E, eu sabia disto!

O que, antes da tomada de consciência, eu considerava inadequação a uma classe média ufanista e vibradora com as "vitórias" conseguidas durante o regime militar, traduziam sim uma insatisfação, que depois verifiquei não ser apenas minha. Existia uma alternativa... Existia outro modo de vida. Estava, naquele momento, consciente de que vivia numa ditadura e, que havia muita gente contra ela, o vazio não era só meu.

Refiro-me a estes momentos com esta gama de detalhes pois os considero norteadores de comportamento ou características que acompanham minha vida, ou seja, jamais consegui adequar-me a grupo ou situações hegemônicas...

Com o passar dos anos, no ocaso da ditadura, na universidade, candidatei-me à presidência do diretório acadêmico numa chapa que expressava as idéias de um grupo de esquerda bastante organizado.

A direita, liderada pela diretora da escola, lançou chapa que foi fragorosamente derrotada. Essa liderança significava um razoável contingente de elementos articulados, sobretudo a partir das idéias que eu defendia. Contudo, apesar da tentativa insistente no sentido de agregar-me a este grupo de esquerda constituído, fui barrada, pois eu não possuía o "perfil" adequado a seus estatutos. O argumento mais contundente residia no "estranho" modo de me trajar. Este é um exemplo bastante explícito e didático que traz em seu conteúdo um elemento em mim perpetuado: a dificuldade de adequação a grupos hegemônicos.

Formada em Serviço Social, o compromisso com o não-hegemônico, desta vez, traduziu-se na minha monografia de mestrado, quando discuti a questão da AIDS e sua disseminação na camada lúmpem da população valeparaibana. A "inspiração" desta pesquisa teve origem no trabalho que desenvolvia no Centro de Saúde de Jacareí, como assistente social, fazendo triagem das pessoas infectadas que recorriam àquele serviço de saúde e quando percebi que um grande número de soropositivos haviam se contagiado por meio do uso de drogas injetáveis.

Este fato contrastava com a orientação que predominava na época; a qual enfatizava a contaminação por contato sexual. Outro dado que me surpreendeu era a quantidade de pessoas miseráveis que se infectavam (quase em grau epidêmico) uma vez que consumiam droga em grupos numerosos através de uso comum de uma mesma seringa e agulha.

A práxis levou-me a um redimensionamento da questão, quando resolvi ampliar meu foco de pesquisa para os Centros de Saúde de São José dos Campos e Taubaté, as duas maiores cidades da região. O ineditismo desse trabalho foi o seu grande mérito, uma vez que lançou luz sobre um problema que não era merecedor da atenção tanto da Academia quanto dos Órgãos Públicos de Saúde. Talvez por tratar-se de camada socialmente desconsiderada.

Hoje sou docente, concursada, em uma universidade autárquica, ministrando aulas de Teoria do Serviço Social e Medicina Preventiva.

E assim tem sido minha vida, sucesso em questões que empreendo e que são passíveis de conjugar afetividade e competência, mas desgarrada de situações hegemônicas.

Eis aí, a minha ligação genealógica com a História Oral e vejam só, com o Grupo Autêntico! Nós três em pretéritos diferentes conjugamos a dificuldade de adequação aos estatutos autoritariamente estabelecidos...

Penso ser este o ponto de partida, do meu desejo teórico-prático!

Universo Teórico-Prático

Ainda hoje, ao falar em História Oral, muitos se reportam à obra de Paul Thompson: *A Voz do Passado*[1] cuja primeira edição data de 1978, sendo traduzida para o português e editada no Brasil, pela Editora Paz e Terra, em 1992.

Nessas duas décadas, a História Oral caminhou muito. Todavia, as idéias de Paul Thompson serviram como interlocutoras para outras posturas ou correntes que hoje fazem parte do universo teórico/prático da História Oral.

Thompson recorreu a Heródoto, que foi o primeiro a realizar seu inquérito com o olho e o ouvido, com a observação direta. Também a Tucídides, com a técnica de cruzamento de testemunhos. Esse encaminhamento objetivava justificar sua História Oral, bem como mostrar as trajetórias, usos e significados dos registros orais na condição de fonte, isto porque precisava valorizar a oralidade. Ele buscou dar voz aos silenciados pela história oficial e desenvolveu a idéia de que a função da História Oral, quando devolve a história ao povo, é a de democratizar a própria história. Não obstante, o caráter transformador da História Oral depender da intenção de sua utilização.

Essa característica mostrou-se emergente a partir da década de 60, e ainda hoje muitos trabalhos em História Oral tratam de mulheres, negros, minorias de um modo geral. É também neste sentido que surge a questão "História Oral de quem, para quem"[2]. Trazer de volta para a comunidade a memória e as experiências que ela confiou ao historiador é, com certeza, o grande mérito da História Oral.

A História Oral que conjugo, entretanto, foi possível a partir da existência do gravador portátil, quando em 1948, o norte-americano Allan Nevins, juntamente com Louis Starr, graças ao trabalho desenvolvido por eles: *"The gateway to history"* e à fundação do *Oral History Research* (que a institucionalizou academicamente), são apontados como fundadores da moderna História Oral.

Nesta senda, a História Oral "Cresceu como uma bola de neve"[3] instalando-se também na Inglaterra, Itália, França e México.

Para Thompson, o historiador deve, a partir da entrevista[4], perceber as questões que o "informante" (expressão usada pela antropologia) traz à tona e das quais deve, o historiador, "extrair" detalhes históricos relevantes. Com isso, pretende-se produzir um novo documento o qual matizes históricas sejam privilegiadas. O resgate da "atmosfera do cotidiano", no sentido de uma "reconstrução mais realista do passado" é o que se persegue com a criação deste tipo de documentação[5].

A corrente liderada por Thompson considera ainda que "fonte", ou seja, os relatos orais, devem ser trabalhados como se fossem documentos escritos convencionais, contendo fidelidade e autenticidade e buscando, através das falas de quem as viveu, captar a realidade mais absoluta. Dito de outra forma, para este grupo, História Oral é apenas uma maneira a mais de se obter informações rigorosas acerca do passado[6].

Em seu livro, *Listening to History,* Trevors Lummis[7] trata da questão da veracidade e da autenticidade, afirmando que o compromisso do pesquisador reside na posição de colher e interpretar a informação oral.

Deste modo, a posição assumida por Thompson e Lummis, caracteriza a "História Oral Temática" que é a "apreensão de informação da realidade objetiva vivida por certa comunidade". Prevê intervenção do pesquisador na tentativa de recuperar a memória coletiva a partir da memória individual. Com este intento, o pesquisador, durante as entrevistas, vale-se das conduções dos temas a serem discutidos pelo entrevistado.

A escola thompsoniana propõe, também, perguntas objetivas, sem dupla interpretação, para assegurar respostas diretas e objetivas. Nesta tendência, o entrevistador deve ser um ouvinte atento e respeitar o entrevistado como indivíduo. Entretanto, não supera a contradição da relação entrevistado/entrevistador, na medida em que limita o entrevistado a *active helper.* Sugere, também, que o tratamento na análise das fontes orais seja o mesmo de qualquer outra fonte tradicional. "Desta forma procura igualar as fontes oral e impressa".[8]

A relação entre as "correntes" ou "tendências", e suas diferenças, tem-se colocado como questão fulcral no debate da História Oral.[9]

A linha thompsoniana apesar de pioneira, ou por isto mesmo, traduz-se em postura muito particular a respeito do sentido e finalidade da História Oral que é determinada por uma concepção característica da história como um todo.

Pela leitura de outros autores que recorreram à História Oral pode-se perceber uma multiplicidade de opções que se colocam ao lado da escola thompsoniana, mas que possuem identidade própria. Trabalhos que são realizados não só por historiadores, mas por antropólogos, etnólogos, lingüistas e psicólogos. A utilização multidisciplinar da História Oral, com objetivos e preocupações específicas, granjeou diferentes resultados, trazendo novas, mais amplas e complexas perspectivas que, fundamentadas nesta prática, deram maior abrangência à História Oral.

A História Oral que contemplo é expressão da Fonte Oral como produto da interação entrevistado/entrevistador. Nesta direção, Mercedes Villanova coloca:

> *Significa realmente duas pessoas que estão se olhando. E é neste olhar-se um ao outro, que a fonte oral se justifica porque constitui um aprendizado. Não estamos estudando fontes, estamos conversando com pessoas que buscam diferentes conhecimentos. E é nesta síntese nova que elaboramos através do diálogo. Estamos convencidos e vivemos esta experiência que vamos mudar uns aos outros.*[10]

Alessandro Portelli reafirma a posição de Villanova, dizendo que a situação de campo é um diálogo, no qual falamos com pessoas e não estudamos fontes. O importante para Portelli é o que o entrevistado deseja contar, e não o que o pesquisador/entrevistador deseja ouvir. Portelli afirma também: "A comunicação é sempre bidirecionada, ou seja, o entrevistado estuda o entrevistador, assim como é estudado."[11]

Bom Meihy, por seu turno, considera a Fonte Oral como maneira única e original, não equiparada a nenhuma outra. Na condição de prática com metodologia própria, História Oral tem seu diálogo limitado com outras fontes[12]. Prevê diálogos possíveis com outros códigos orais, porém jamais onde as vozes se cruzam com a escrita.

A partir destes pontos relativos à Fonte Oral, permanece a questão da entrevista que, nesta perspectiva, acontece em um clima de emoção e subjetividade. "Emoção nos aproxima do objeto que pode, de certa maneira, permitir que ele seja desvendado e não obscurecido"[13].

Procura-se, com História Oral de Vida, captar a forma pela qual o entrevistado constrói o seu universo histórico e cultural a partir de sua subjetividade. Não se está preocupado com o "resgate" de fatos notáveis do passado, mas sim em perceber e registrar a forma peculiar que os indivíduos têm desses fatos que vivenciaram. Para Patai[14] é de importância determinante na definição de um projeto, a colocação do *self* do entrevistado e do entrevistador.

Merece destaque especial a forma pela qual será apresentada a versão do documento oral pelo escrito. Neste sentido, José Carlos Sebe Bom Meihy[15] entende que a entrevista deve passar pelos processos de "transcrição, textualização e transcriação" que serão aplicados neste trabalho.

Transcrição: consiste na passagem literal do que foi gravado, para a linguagem escrita. Nesta fase, as "transcrições" devem ser lidas com rigor e atenção. Daí são extraídas as "palavras-chaves", as quais se responsabilizam pela sinuosidade da entrevista, bem como pelo "tom" característico de cada narrador. Ou seja, é através da "palavra-chave" que fica estabelecida a harmonia da entrevista intencionada pelo narrador.

Textualização: é uma fase mais elaborada na realização de um texto em História Oral; trata-se de reorganizar o discurso com os requisitos necessários ao de um texto escrito. A entrevista é reestruturada com a supressão da voz do entrevistador, incorporando as perguntas à narrativa do depoente, buscando tornar o texto mais fluído e atraente ao leitor. Nesta etapa é necessário grifar as palavras importantes que se repetem, e têm significado. Isto posto, equipara-se as palavras importantes extraindo o "tom vital" que se constitui na frase a partir da qual será organizado todo o processo narrativo. Toda entrevista tem um momento mais importante que sintetiza a experiência. O "tom vital" deve profetizar toda a experiência; é em relação a este momento que, de certa forma, será organizada a narrativa.

Transcriação:[16] ou tradução é quando se intervém no depoimento de forma mais ampla, modificando a ordem dos parágrafos, retirando ou acrescentando palavras e frases. É o refazer cuidadoso do texto, inclusive no seu sentido poético, como nas palavras dos irmãos Campos: "É o 'exercício do redizer'". Realiza-se desta forma o "Teatro Linguagem" de Roland Barthes[17], à narrativa serão aglutinados elementos não-verbais como riso, choro,

> *Teatralizando* o *que foi dito, recriando-se* a *atmosfera da entrevista. Procura-se trazer, ao leitor,* o *mundo das sensações provocadas pelo contato* e, *como* é *evidente, isso não ocorreria reproduzindo-se* o *que foi dito palavra por palavra*[18].

Ainda na questão da "transcriação", Meihy afirma que o texto *O Narrador* de Walter Benjamin[19], é a pedra de toque para História Oral que ele contempla.

O ato da "transcriação" (da tradução) fornece espaço para reconstrução do texto, tornando seu refazer ficcional, valorizando a narrativa. O caráter ficcional, segundo Meihy: "É aceito sem constrangimento, pois está no lugar de uma cientificidade que seria ainda mais postiça"[20].

Na reconstrução do texto, tarefa bastante trabalhosa, muitos elementos são acrescidos e outros retirados sempre na tentativa de assegurar a teatralidade, possibilitando, assim que o conteúdo transcriado adquira face nova, como diz Meihy: "Quem fala diz sempre menos do que quem escreve e na aproximação destes dois pólos reside o grande mistério de quem recria os textos"[21].

Quando tratamos de pessoas visíveis e não anônimas, cujo universo este trabalho compõe, alguns problemas éticos se colocam. Inicialmente a questão das histórias oficiais, ou seja, na medida em que falam para a história, os depoentes, contam suas histórias oficiais, que nem sempre traduzem a mais alta expressão da verdade[22].

A discussão da 'honestidade', 'veracidade' ou não das histórias contadas, dilui-se no contexto da subjetividade:

> *De qualquer forma, está claro que lidamos com as versões "oficiais" com o retrato permitido da história pessoal. Não buscávamos* o *lado oculto ou não heróico dos depoentes mas, sim evidenciar* a *imagem que gostaria de deixar de si mesmo* para *os leitores.*[23]

Afirma Meihy:

> *Eticamente trabalhar com pessoas conhecidas significava uma responsabilidade extra, ainda que natural. Isto pesa muito no trato* das *transcrições, pois os documentos implicariam na identificação automática das pessoas*[24].

Por esta razão, o pesquisador precisa ter bastante sensibilidade, sobretudo, em temas relativos à intimidade pessoal, como também os que possam "ferir" a imagem de homem público.

O oralista, ao fazer o documento, assume outro compromisso com a sociedade; ele deixa de ser agente passivo que se vale de documentação já elaborada. Dito de outra forma, a História Oral não se limita a uma conversa mediada por um gravador, tem particularidades que vão desde a organização de um projeto, até o compromisso de publicação do texto, devolvido à comunidade que o gerou (legitimação). É portanto história pública, e comprometida com a comunidade que a criou e consome sua própria história.

Vale evidenciar que o caminho metodológico desenvolvido por Daphne Patai e Meihy foi o escolhido para desenvolver o presente estudo, ambos sugerem a contemplação da "alteridade da História Oral de vida", assunto em que Langness e Frank[25] têm sido muito visitados. Nesta perspectiva, o conceito de *collaboration* tem importância fundamental. Os autores consideram que a História Oral de Vida, na condição de técnica traz à tona "a realidade cultural" considerada por eles como mais do que simples observação. Ou seja, referem-se a uma interação que passa a existir entre pesquisador e pesquisado, que entendem ser experiência mútua e transformadora.

A "colaboração", em uma leitura aligeirada, pode parecer limítrofe à questão da entrevista. Contudo, os autores expressam a importância deste eixo mostrando que a explicitação do *self* do entrevistador permeia, além da entrevista, a elaboração do texto grafado.

Quando os autores propõem ainda, o conceito de colaborador, expressam compromisso com questões como: confiança e honestidade mútuas; honestidade e integridade do entrevistador, necessitando apresentar seu estudo e a si mesmo de forma franca e objetiva. Imprimindo estes pressupostos éticos, certamente o pesquisador alcançará a evocação franca e precisa que o entrevistado tem de si e do contexto cultural do qual é oriundo.

Insere-se aí também, a questão das entrevistas diretas ou indiretas, das quais a indireta (não diretiva) é a mais valorizada na perspectiva antropológica. Quando a História Oral opta por este encaminhamento, supera o simples silêncio do entrevistador frente ao entrevistado fazendo emergir uma posição interativa, dialógica destes sujeitos. "Permite que a memória veicule a partir da narrativa e assim torne-se mais que uma mera "versão individual" da história coletiva"[26].

A propósito da autoria dos projetos em História Oral, escreve Bom Meihy:

> *A discussão sobre a autoria dos projetos de* História Oral *já definiu que o autor é quem dirige e se responsabiliza pela organização da pesquisa, fica portanto evidente que sua simples presença 'condiciona' e orienta a discussão*[27].

Patai em sua obra *Brasilian Women Speak*[28], mostra a relação entrevistado/entrevistador vista como a interação de dois *selfs* que se constróem mutuamente, ao longo do processo de trabalho. Deste modo, o termo "informante" fica superado, dando lugar ao conceito de "colaborador". Isto é, a História Oral promove um clima de igualdade e familiaridade entre o entrevistado e o entrevistador, propiciando uma fusão de egos e exclusão do "eu intelectual", engajando o entrevistador em um compromisso novo.

Alguém contando a sua vida, de um certo modo, está oferecendo o seu "eu" para uma auto-avaliação, bem como para a avaliação do ouvinte. O fato do entrevistado construir o seu "eu" no ato do discurso não altera a dimensão de revelação e descoberta pessoal para o próprio entrevistado.

Grande parte das críticas feitas à História Oral, diz Patai, parece vir do compromisso com a objetividade e com um "real-concreto-absoluto" que são constantemente ameaçados e desafiados pela complexidade vivida em uma situação de entrevista na sua posterior transformação em texto. Em se tratando de feitura do texto, Patai deixa claro que sua preocupação é antes literária que sociológica ou histórica.

Walter Benjamim[29] também faz parte do elenco de autores de "textos que animam debates paralelos que têm sido somados à História Oral"[30] e cuja contribuição centra-se na questão da *narrativa*.

"Contar histórias sempre foi a arte de contá-las de novo", com essa máxima o autor definiu, em seu texto *O narrador* de 1936, que a arte de narrar tinha seus dias contados na medida em que as ações da experiência estavam em declínio.

O narrador é um "aconselhador". Aconselhar parece antiquado porque as experiências estão deixando de ser comunicáveis. Aconselhar é menos que dar uma resposta ou fazer uma sugestão sobre a continuidade de uma história. Conselho é tecido na substância viva da existência; sabedoria constitui o lado épico da verdade e está em extinção. Neste sentido, Benjamim atribui a exclusão da narrativa ao surgimento do romance, do livro, da imprensa, que reiteram o declínio do ato de narrar. Romance não precisa da tradição, nem a alimenta, distinguindo-se da narrativa na medida em que esta retira experiência própria ou dos outros, e incorpora as coisas narradas à experiência dos seus ouvintes.

Quando Benjamim coloca que a informação vale quando é nova, ao contrário da narrativa que não se entrega, ele sugere a discussão do tempo-espaço. Portanto, a informação é a antítese da narrativa. Na medida em que história não é finita, a narrativa se iguala, conserva suas forças "a semente de trigo na pirâmide"[31] e é capaz de se desenvolver e prosseguir. O homem, hoje, não cultiva o que não pode ser abreviado, neste sentido abreviou até a narrativa.

Em relação à história propriamente dita, Benjamin elege a distinção entre o historiador e o cronista como foco de contraponto. Para ele:

> *O historiador é obrigado a explicar de uma outra maneira os episódios com que lida, e não pode absolutamente contentar-se em representá-los como modelos de história do mundo. É exatamente isto que faz o cronista, especialmente através de seus representantes clássicos cronistas medievais precursores da historiografia moderna. Na base de sua historiografia está o plano de salvação de origem divina, indevassável em seus desígnios e, com isso, desde o início se liberta do ônus da explicação verificável.* [32]

Notas

1. Thompson, Paul. *A voz do passado*, São Paulo: Paz e Terra, 1992.
2. Thompson, *op.cit.*, p. 220.
3. Nevins, Allan. *The gattway to history*, Boston, Apleton Century, 1938.
4. Thompson, *op.cit.*, p. 257.
5. Idem, p. 302.
6. *Ibid.*
7. Lummins, T. *Listening to history* — New Jersey: Barnes & Noble Books — 1987.
8. Montenegro, A. T. *História Oral e Memória — A Cultura Popular Revisitada,* São Paulo: Contexto, 1992.
9. Trebitsch, M. *in História Oral* — organização Marieta de Moraes — Rio de Janeiro: Diadorim/FINEP, 1994 p. 19.
10. Villanova, M. *in História Oral, op.cit.* p. 45.
11. Portelli, A. *The death of Luigi Trastulli and other stories* — Nova York, S.U.N.Y. Press, 1991.
12. Levine, R. e Meihy, J.C.B. *Cinderela negra: a saga de Carolina Maria de Jesus,* Rio de Janeiro: Editora UFRJ, 1995, p. 61.
13. Demartini, Zeila de Brito F. in *Experimentos com Histórias de vida (Itália-Brasil)* — organização e introdução de: Olga de Moraes Von Simson. São Paulo: Vértice, 1988.
14. Patai, Daphne *Brasilian women speak.* New Brunswick: Rutgers University Press, 1989.
15. Meihy, J.C.B.S. *A colônia brasilianista.* São Paulo: Nova Stella, 1990.

________, *Canto de morte Kaiowá.* São Paulo: Loyola, 1991.

16. Campos, Haroldo. *Da tradução como criação e como crítica,* São Paulo: Cultrix, 1976.

17. Barthes, R. *Análise estrutural da narrativa,* Petrópolis: Editora Vozes, 1976, 4º edição.

18. Meihy, *A colônia, op.cit.*, p. 31.

19. Benjamin,Walter. *Obras Escolhidas. Magia e Técnica, Arte e Política,* São Paulo: Brasiliense, 1985.

20. Meihy, J.C.S. Bom, *ibidem.*

21. ________, *Canto de Morte Kaiowá — op.cit.* p. 32.

22. Idem.

23. Meihy, *A colônia, op.cit.*, p.21-32.

24. Idem.

25. Langness, L.L. and Frank, G. *Lives an anthropological approach to biografy.* Califórnia: Chadler & Sharp Publishers, 1981.

26. Gallian, *op.cit.* p. 24.

27. Meihy, *A Colônia,* p. 31.

28. Patai, *op.cit.*, p. 17.

29. Benjamin, *op. cit.*, p. 198.

30. Meihy, *A Colônia, op. cit.*, p. 17.

31. Benjamin, *op.cit.*, p. 217.

32. Benjamin, idem.

Parte II:
Os Autênticos do MDB

Alencar Furtado

(José Alencar Furtado)

NASCIMENTO :

11 de agosto de 1925
Araripe, CE

FILIAÇÃO :

Vicente Alencar Barbosa e Maria Furtado Alencar

FORMAÇÃO :

Advogado
Faculdade de Direito do Ceará, 1950

CÔNJUGE :

Miriã Cavalcanti Alencar

FILHAS :

Thaís, Stäel e Dionée

"Vale a pena lutar, especialmente se o combustível é o ideal..."

Brasília, 12 de fevereiro de 1995

"Sou paranaense, nascido no Ceará, em uma cidade pequena, no pé da serra do Araripe, e que também leva este nome. Sou conterrâneo do Miguel Arraes. Por sinal, um dia desses, eu dizia a ele, brincando, que nossa cidade é muito pequena, tem apenas uma rua, mas teve dois cassados: eu e ele.

Meus pais, Vicente Alencar Barbosa e Maria Furtado Alencar já são falecidos. Papai era agricultor, e mamãe foi escrivã da coletoria de Araripe, mas, com a vida de casada, tornou-se uma excelente dona-de-casa. Dona Dilosa, como a chamavam, era uma santa mãe, uma beleza de mãe. Tínhamos uma vida de classe média...

Fomos quatorze irmãos, uma parte por obra e graça do "Padinho" Cícero. Éramos quatro mulheres e dez homens... Três nasceram e logo morreram. Destes, hoje somos oito.

Naquele tempo, a Medicina não havia chegado ainda ao Araripe; e o primeiro filho da minha mãe nasceu morto. Na segunda gestação, preocupados demais, após um sofrimento muito grande, ela procurou orientação médica na cidade do Crato, submetendo-se a um tratamento intensivo... E o segundo também nasceu morto. Estabeleceu-se o pânico, e na terceira gestação, meu pai levou-a para capital, Fortaleza, onde passou por uma junta médica, mas o terceiro filho nasceu morto também. A desesperança em casa, nesse particular, era absoluta, meus pais viviam um desalento muito grande e uma frustração maior ainda. Porém, mantinham-se esperançosos de ter filhos, e minha mãe teve a quarta gestação... Era eu que vinha nas cargas, mas sem esperança... Mamãe, nessa gestação, estava com bastante fé, coitada, muito religiosa; contudo não acreditava mais que a medicina pudesse dar conta do recado, devido às três gestações anteriores que não tiveram sucesso.

Meu pai lembrou-se de Padre Cícero Romão Batista e levou-a até ele. Estou contando essa passagem porque, lá em casa, o Padre Cícero era "Santo de Oratório". Veja como a fé é uma coisa extraordinária. Atribuo esse fato à crença religiosa! O Padre Cícero benzeu a barriga de minha mãe e disse: "Isto não é nada. Tome, em jejum, água de quinaquina, e vai nascer um homem". E, no dia 11 de agosto de 1925, na cidade de Araripe, foi registrado José Alencar Furtado, e aqui estou eu!

Fui estudante na Faculdade de Direito do Ceará, atualmente Universidade Federal do Ceará. Participei de lutas acadêmicas em Fortaleza, quando da Campanha de 1945, e de maneira bastante ativa...

Eu e minha esposa Miriã nos formamos em 1950, éramos colegas de turma, e no ano de 52, chegávamos ao Noroeste do Paraná, mais precisamente à cidade de Paranavaí, uma civilização ainda em começo, mas muito promissora, onde existia apenas um advogado. Fui para lá na esperança de dedicar-me à advocacia, e o fiz por cerca de vinte anos. Advoguei diuturnamente... No interior é difícil trabalhar como especialista, pois corre-se o risco de não se firmar como advogado. Caso um cliente chegasse ao meu escritório e eu lhe dissesse que minha especialidade não era o de sua questão, ele diria: "Esse cara não sabe nada". Desse modo, dedicava-me à "clínica geral". Entretanto, trabalhei muito com a área criminal, adquirindo um acervo com mais de duzentos júris populares... Enfim, advoguei muito e acredito que foi uma das melhores fases de minha vida, porquanto me realizei profissionalmente.

Um belo dia, oito prefeitos da região sugeriram que eu lançasse minha candidatura a deputado estadual. Não aceitei. Insistiram. Fizeram um grande empenho e argumentavam que eu não gastaria nada. Na ocasião as campanhas eram assim, de mão beijada, mas eu não quis!

Nesse interregno, veio a ditadura. Aí, me animei a lutar contra ela! Como advogado, sentia-me violentado pelas barbaridades praticadas e pelo arbítrio que campeava. Avaliei também que seria o momento propício para a minha formação e minha vida interior, sobretudo. Fui eleito deputado estadual, cumprindo o mandato, e em 1970, elegi-me deputado federal.

Esses são os fatos relevantes de minha vida até 1971, quando cheguei em Brasília como deputado federal.

Nosso líder do MDB era Pedroso Horta, por sinal um dos maiores homens públicos deste país, que hoje anda esquecido, injustiçado e ignorado. Este homem possuía um valor inestimável e eu tive a honra de ser um de seus vice-líderes. Interessante é que eu não estava, em Brasília, quando fui escolhido para essa função. Encontrava-me com Miriã, hospitalizada em São Paulo, e o período de sua convalescência coincidiu com a posse de Pedroso. Creio que a escolha ocorreu porque alguns conhecedores de minha luta política, fizeram com que o dr. Pedroso tivesse me honrado com essa indicação.

Fiquei como um dos vice-líderes do Pedroso Horta, bem como o Marcos Freire, o Fernando Lyra e vários outros... Éramos ao todo, quatorze.

Pois bem, ao chegar à Câmara dos Deputados, conheci o Chico Pinto, outra grande figura de homem público que, ainda hoje, deveria ser melhor aproveitado. Chico passou, logo nos primeiros dias, a articular as áreas mais afinadas politicamente, sobretudo as mais evoluídas e progressistas. Fui um dos contatados... Feita essa articulação, principalmente com Chico Pinto, o grupo passou a organizar-se e atuar harmoniosamente. Não era fácil, na época da ditadura, enfrentar a prepotência do governo, o AI-5, ou denunciar torturas praticadas. Poucos faziam isto, muito poucos.

Nosso Grupo Autêntico considerava que deveria mudar a história do país — e mudamos —, porque queríamos ser deputados — e fomos. A grande maioria dos componentes da Câmara dos Deputados sequer exercia o mandato, apenas homologava o que vinha do ditador, enquanto que os demais se omitiam... A concepção que tinha, e ainda tenho do Grupo Autêntico, é que ele consubstanciava a única possibilidade de oposição existente no Congresso Nacional durante o tempo da ditadura.

Constituíamos uma oposição que lutava em vários frontes, havendo contra nós o chamado "sisteminha" do MDB e o "sistemão", da própria ditadura. A maioria do partido, internamente, não concordava com o nosso comportamento, e ao contrário, insurgia-se lutando contra nós, combatendo-nos... A ditadura, então, repudiava-nos.

Na rua, abrimos outros espaços junto a sindicatos, estudantes, universidades, para que pudéssemos expandir nossa pregação no meio do povo. Éramos isolados pela mídia, ou seja, apenas publicavam uma ou outra pequena notícia sobre nossa atuação. Era uma luta muito desigual.

Havia, entretanto, um processo de doação quase que voluntária, — eu diria generosa, porque nesse ato se arriscava liberdade e vida. Apesar de toda adversidade, havia também um prazer extraordinário. Para mim, o melhor período da vida, em termos de realização política, foi o período da ditadura. Interiormente sentíamos um bem-estar formidável, sobretudo porque era uma luta muito consciente, de doação plena, por causas, teses, ideários nos quais acreditávamos. Não se tratava de uma luta eventual, e sim de uma luta conseqüente. Sabíamos que era difícil andar, porque estávamos cercados de todos os lados. Muito sofrimento, cassações, torturas, exílios, assassinatos... Um quadro politicamente dantesco que nos oprimia e nos desgastava demais, tornando o nosso dia-a-dia, violentamente estressante. Quando não estávamos submetidos à perseguição pessoal, sofríamos a perseguição aos nossos companheiros, aos nossos amigos...

Passamos a ser reconhecidos, identificados, também fora do Congresso Nacional. Chamavam-nos para falar, opinar, intervir em vários lugares... Para atendermos a essa demanda, passamos a ter uma vida política muito intensa, além de viajarmos muito. Existe uma passagem que ilustra o quanto éramos requisitados, bem como vigiados e perseguidos, até em lugares e situações inusitadas: um belo dia, fomos convidados para uma palestra na Universidade de Curitiba. Saímos de Brasília: Freitas Nobre, Chico Pinto, Marcos Freire, Fernando Lyra, Marcondes Gadelha, Paes de Andrade e eu; íamos todos de avião, mas o Freitas Nobre disse: "Não, eu vou de carro". Já estávamos sobrevoando Curitiba, em uma noite linda, clara, um céu maravilhoso, enxergávamos tudo, quando o comandante nos comunicou que não havia condições de aterrissagem e que iríamos pousar em Porto Alegre. A ditadura nos deslocara para Porto Alegre. No entanto, pensavam que estávamos todos no avião... Como o Freitas veio por terra, fez a palestra. Uma passagem como esta, mesmo que pequena, expressa o quanto era difícil...

O nome do grupo, uma marca forte e definitiva, deu-se porque os jornalistas passaram a identificar e comparar o nosso comportamento político ao dos demais companheiros de partido, por isso "apelidaram-nos" de Autênticos, e os outros de Moderados. Antes chamavam-nos de Ortodoxos — denominação que não pegou. O Chico Pinto trouxe da Bahia a sugestão "Autênticos" e o jornalista Evandro Paranaguá passou a nos chamar assim, na sua coluna do jornal *O Globo*.

Uma das maiores virtudes dos Autênticos foi a ousadia, o enfrentamento. Eu diria quase o afrontar, porque se não tivesse havido essa luta travada, não sei onde estaríamos ainda... A primeira cobrança ousada que fizemos contra os militares foi quando da prisão do ex-deputado Rubens Paiva. Pedroso Horta chamou seus vice-líderes e disse que iríamos cobrar do Primeiro do Exército a apresentação do Rubens Paiva, isso em pleno 1971. Não brinca não, foi em 1971! Chico Pinto, Marcos Freire e eu fizemos os pronunciamentos com as denúncias. O Exército mandou uma comunicação confessando que tinha prendido Rubens, mas ao deslocarem-no para outra prisão, no Alto da Boa Vista, os terroristas teriam retirado o preso da viatura do Exército e desaparecido com ele... Em outras palavras, aquela comunicação era uma espécie de atestado de óbito.

Presidi a primeira Comissão Parlamentar de Inquérito, em plena ditadura, contra as empresas multinacionais, no sentido de investigarmos o seu comportamento no Brasil. Estavam sendo investigados: Golbery do Couto e Silva, chefe da Casa Militar; Mário Henrique Simonsen, ministro da Fazenda, completamente comprometido; Delfim Neto, o embaixador dez por cento, na França; Shigeaki Ueki, ministro das Minas e Energias e assim por diante. Foi ali, naquela investigação, que fui marcado, mas marcado mesmo, para a ditadura sancionar-me na primeira oportunidade... Durante a investigação não seria conveniente que eu fosse cassado, porque estávamos defendendo os interesses nacionais e populares, não havia nenhuma conotação pessoal, era interesse do Brasil. Mas, como no dito popular, eu "não perdia por esperar". Fiquei na pauta do arbítrio!

Fizemos, ainda no ano de 1971, o primeiro seminário em Recife, e lá o grupo clamou até por uma Assembléia Nacional Constituinte. Na época falar em Constituinte era uma afronta. E, afrontávamos! Estávamos a serviço do Brasil e não da ditadura. Era preciso sacudir a opinião pública. Pontuou-se aí também, a oposição violenta da cúpula do partido e do governo e, evidentemente, de grande parte da imprensa. Mas esse seminário foi fecundo, trazendo à baila a discussão de muitos problemas que passamos a tratar na tribuna, e como o nosso time era organizado, alguns íam para tribuna, para o plenário, enquanto que outros íam para as comissões, além de comparecermos sempre que convidados, às universidades, sindicatos... Atuávamos bem! Este período da existência do Grupo Autêntico foi politicamente lindo e, de certa forma, edificante pelo que fizemos... Era tudo muito difícil, vivíamos o breu da noite, a treva da ditadura.

Quantas pessoas vejo hoje que, na época da ditadura, viviam acovardadas, embaixo da cama, e por qualquer coisa se escondiam, se esquivavam, ficavam em pânico, amedrontados... Não estou dizendo que o nosso pessoal era o melhor de todos, não é isso! É que o grupo estruturou-se de forma que nossa missão fosse importante para a vida do país, mesmo arriscando a nossa liberdade.

Outro fato importante, que expressa a maneira do comportamento dos Autênticos... Fui estimulado pelos companheiros e lançado como candidato a líder da bancada do MDB. Uma eleição quase impossível, pois éramos minoria. Corri esse país inteiro...

onde havia deputado do partido, eu fui visitar. Os Autênticos eram vetados pela cúpula do MDB para compor a Comissão Executiva do partido, jamais qualquer um de nós poderia ser cogitado para a liderança da bancada.

No dia da eleição, lembro-me bem das palavras do jornalista Carlos Chagas, homem de muita coragem e coerência, um lutador que contribuiu, prestigiando a ação do Grupo Autêntico. Retomando o assunto... Carlos Chagas, na hora da votação, dirigiu-se a mim e disse: "Olhe, prepare-se, eleição é assim mesmo... Você vai perder... Eu acabei de sair daquela roda onde estão Tancredo e Thales Ramalho... Você vai perder por uns trinta votos, é a diferença que eles calculam." Eu, com muita segurança, respondi-lhe que iria ganhar aquela eleição, e a ganhei por nove votos. Fui eleito líder da bancada contrariando a vontade da cúpula do partido e os interesses do "sistemão".

A ditadura não assimilou minha eleição e não digeriu minha liderança... Para eles eu pertencia a um grupo contestador, era uma *persona non grata*. Se a própria cúpula do partido não me aceitava, quanto mais a ditadura!

Fui líder da bancada e durante esse período, dentre outras coisas, houve a reforma do Poder Judiciário, um instante muito difícil para a nação. O governo mandou uma proposta de reforma do Judiciário cujo relator foi o senador Acioli Filho, um dos bons homens da ARENA daquela época e juridicamente muito qualificado, que apresentou um substitutivo, ouvindo antes o Poder Judiciário do Brasil inteiro. O senador avançou muito bem na matéria que o governo tinha mandado, sobrepujando-a de tal maneira que apreciamos o substitutivo e decidimos apoiá-lo. Fizemos uma reunião com o líder do Senado, Paulo Brossard, e a bancada fechou a questão... Só tivemos um voto contra — Tancredo Neves. Diante disso, Geisel fechou o Congresso Nacional, mantendo-o inativo por quinze dias.

No décimo-quarto dia após o fechamento, estando na liderança, fui comunicado que, no dia seguinte, o Congresso estaria funcionando. Como se fosse uma bodega, uma venda... Fecha, abre, fecha... Até hoje me revolto com isso, foi terrível, absurdo!

Reuni meus vice-líderes, minha família e disse-lhes: "Na reabertura do Congresso, quem vai falar sou eu. Farei um discurso severo e serei cassado... Quero comunicar a vocês que tenho um dever de consciência. Não vou delegar essa função a ninguém, o líder sou eu". Todos concordaram.

Reaberto o Congresso — há na vida uns instantes mágicos mesmos... A minha família aguardando o desfecho, os meus vice-líderes conscientes da gravidade do momento esperando. Eu também! O Senado veio todo para a Câmara; fui aconselhado por vários colegas e alguns jornalistas a não falar, pois seria cassado. Eu sabia que sim... E, não havia bravata nisso, era apenas a consciência do cumprimento do dever. Recordo-me de quando subi à tribuna, o silêncio naquela casa era tumular... Justamente ali, onde sempre havia um burburinho permanente... Estavam todos tensos, depois dos quinze dias de Congresso fechado; lá fui eu... E, como a grande maioria conhecia o meu estilo, sabia que na tribuna eu faria críticas duras, todos esperavam isso. Havia um nervosismo generalizado, traduzido no silêncio total. Iniciei minha fala... Às tantas, um deputado governista pediu um aparte — era o Santos Filho. O pessoal procurou desestimulá-lo, porém ele insistiu... Depois de um tempo, concedi o aparte, e o que ele fez? Teceu loas ao governo, à ditadura, criticou-me bastante e eu lhe disse: "Basta!". E completei: "Só existe ditadura, porque existem bajuladores como Vossa Excelência". Não fui cassado por este pronunciamento.

Quanto à Anticandidatura de Ulysses Guimarães, a princípio ele não queria aceitá-la. No entanto, quando Barbosa Lima prontificou-se a assumir esse papel, Ulysses resolveu ser o candidato. Ele seria, realmente, a figura que mais somaria, uma vez que estava na Presidência do Partido da oposição. O dr. Barbosa concordou em ser candidato a vice do dr. Ulysses, que assumiu o firme compromisso com os Autênticos de não participar do Colégio Eleitoral como candidato, porque seria uma renegação.

Começou-se a campanha do anticandidato, uma campanha muito bonita, despertando multidões por todo o Brasil, ocupando espaço nos jornais, rádio, televisão, coisas de que estávamos carentes, necessitados. Foi um processo sobretudo de esclarecimento, em um movimento recheado de instantes preciosos.

Tudo caminhava muito bem, até que por volta de uns dez dias antes da eleição do Geisel, veio a data fatal como já estava definido. Vale lembrar que éramos a minoria e eles a maioria esmagadora. Ulysses nos chamou e comunicou que não poderia mais honrar aquele compromisso anterior, porque seria um desafio ao sistema e neste sentido, ele estava pensando em submeter o seu nome ao Colégio Eleitoral. Houve uma reação muito grande do nosso pessoal. Ulysses sofreu muitas críticas e transferiu para o dia seguinte a resposta definitiva. No encontro do dia seguinte, ele estava em companhia de Thales Ramalho, Tancredo Neves, além do líder da época, Laerte Vieira, e reiterou o seu posicionamento: ele submeteria a sua candidatura ao Colégio Eleitoral.

Uma das maiores decepções que tivemos foi este comportamento do Ulysses. Ele poderia ter chegado àquele plenário como um gigante, mas chegou como um pigmeu. O anticandidato tornou-se candidato, renegando-se, prestando um serviço à ditadura, em um pleito já definido por antecipação, coonestando uma farsa. Contrariou os seus mais diletos e sinceros companheiros, que éramos nós, os deputados do Grupo Autêntico. Inconformados, decidimos comparecer para lavrar o nosso protesto, encaminhando uma "questão de ordem" — na qual pontuávamos nossa recusa em participar do processo eleitoral — através de um documento, apresentado em plenário, contestando tudo que estava sendo realizado. Foi terrível... O regimento que presidia e orientava os trabalhos do Colégio Eleitoral só admitia duas pessoas falando: o líder do MDB, Laerte Vieira; o líder da ARENA e mais ninguém.

Aconteceu que o Fernando Lyra e eu dirigimo-nos ao gabinete do presidente do Congresso, que era o marechal Torres, do Rio de Janeiro, e dissemos:

— "Presidente, estamos aqui para solicitar o direito de levantarmos uma "questão de ordem" amanhã, e o regimento não nos permite. É uma violência, é um absurdo inqualificável. O Regimento imposto pela ditadura cassa o nosso direito de falar, e queremos falar..."

— "Não é possível, não posso permitir que vocês falem, seria anti-regimental", disse o Marechal Torres.

Lyra e eu, então continuamos:

— "Senador, nós tumultuaremos a sessão anarquicamente, caso o senhor não nos permita isso."

— "Não, vocês não podem fazer!" Ele replicou.

— "Não! Mas nós vamos fazer! Queremos ter direito de levantar o nosso protesto e não ficarmos lá, concordando com vocês".

Depois de muita insistência, viu que íamos reagir, e então perguntou:

— "Qual é a "questão de ordem?""

— "Vamos apresentar este documento e no encaminhamento, nós levantaremos uma "questão de ordem", e só". Respondemos.

— "Está certo, mas vocês não falem a ninguém, correto?". E pela primeira vez na história do Parlamento do mundo, uma "questão de ordem" levantada foi respondida na mesma hora por escrito. O Marechal, coitado, fez a resposta porque já imaginava, mais ou menos, o que falaríamos.

Neste dia aconteceram coisas interessantes, fui escolhido, em um sorteio, para levantar a "questão de ordem". Muito bem, e lá fui eu... Havia uma palavra que sintetizava minha questão: era usurpação. Dizia que a ditadura usurpava isso, usurpava aquilo, usurpava direitos, usurpava mil coisas... Quando comecei a levantar a "questão de ordem", Petrônio Portela, que era homem da ditadura, gritava a plenos pulmões para o presidente:

— "É proibida pelo regimento esta "questão de ordem", é proibida!" Daí, o Paes de Andrade chegou junto dele e disse:

"Fique quieto, senão vou ler a carta de solidariedade que você mandou ao Jango!" Ao ouvi-lo, Petrônio sentou-se imediatamente. Veja que engraçado! Fizemos o nosso protesto, recusamo-nos a votar de acordo com a declaração encaminhada à mesa. Outros Autênticos gritavam:

— "Recuso-me a votar em uma eleição sem povo."

O meu livro *Salgando a Terra* traz o nome dos que se negaram a votar naquela eleição sem povo. Normalmente, éramos quarenta e tantos deputados Autênticos, contudo para esse episódio, apenas 23 assinaram, porque havia ameaça... Ameaça, não... Na véspera do nosso pronunciamento, o líder do Governo, Cantídio Sampaio, comunicou-nos que seríamos cassados caso protestássemos contra a eleição do ditador. Com aquela notícia, dos quarenta e tantos Autênticos, apenas 23 assinaram, os demais achavam que não deveriam compactuar com o grupo, pois se arriscariam demais, uma vez que a cassação era um fato iminente.

Não fomos cassados, ou melhor, só não nos cassaram porque... Bem, esse foi um dado obtido "por fora", que mostrou como a política é incongruente e como as coisas acontecem... Estava definida a nossa cassação: era um fato consumado! Esse documento foi colocado, rodou pelos militares interessados e correu quartéis para justificar a cassação. Tratava-se, porém, de 23 deputados que seriam cassados, porque se recusaram a votar. Isso pesaria muito na opinião pública. Seria o marco de uma violência extrema... Um ato inominável! Isso ocorreu na época da sucessão do Médici, e era pública a vontade de seu filho, para que o pai continuasse presidente. O pessoal do Geisel sabendo disso, entendeu que a cassação dos 23 deputados redundaria em um caso muito grave nacionalmente, podendo culminar na permanência do Médici, em prejuízo do Geisel. Obviamente, esse pessoal todo entrou em campo para não haver nada contra o Grupo Autêntico... Eles queriam a sucessão normal, e a eleição colegiada e farsante do general Geisel.

Os perseguidos políticos sempre procuravam proteção nos gabinetes do presidente e do líder do MDB. Por sinal, nesse particular, quero lembrar que todos os embaixadores da época foram de uma pusilanimidade sem tamanho. Com exceção de um, o da Venezuela. Esse homem, em 1977, disse:

— "Alencar, o perseguido político que lhe procurar, faça chegar à minha embaixada que será protegido." Embaixador decente, nos ajudou bastante, enquanto os outros negavam acolhimento, ou se esquivavam. Ah, foi decepcionante... Isso no começo, depois foi clareando, eles vislumbravam que haveria abertura política, e até a própria embaixada americana passou a nos apoiar.

Na época, o Jimmy Carter iniciou a luta pelos direitos humanos, e eu fui até os Estados Unidos em busca da solidariedade da Ordem dos Advogados e da Anistia Internacional. Procurei respaldo mesmo! Fui ao Senado americano e conheci o senador Frank Charche, que procedera a uma investigação sobre as multinacionais, nos mesmo moldes da feita por mim, aqui no Brasil. Ele já havia concluído o inquérito, e neste sentido, pedi a documentação que dissesse respeito ao Brasil. Expliquei tratar-se de assunto do nosso maior interesse. O senador relatou-me que havia descoberto "maracutaia" feita na Aeronáutica durante a compra de aviões. Reiterei meu desejo em trazer a conclusão desse trabalho, e ele disse:

— "Pois não, mando fazer cópias; mas não deve leva-las, não dará certo, o senhor está sendo seguido aqui nos Estados Unidos. Seus passos estão vigiados por agentes a serviço de seu país." Comprometeu-se a mandar os documentos por navio, infelizmente, nunca os recebi.

O Governo Carter anunciou a vinda da primeira dama dos Estados Unidos, madame Rosalyn Carter, ao Brasil. Solicitei, ao departamento político da embaixada, uma audiência particular quando da sua estada em Brasília. Nossa solicitação foi atendida. No dia do encontro, fomos à embaixada, havia uma fila imensa de cumprimentos e, quando chegou a minha vez, o assessor em alto e bom som, disse:

— "Alencar Furtado, o líder da oposição." Mais tarde, nos encontramos a sós, e eu lhe falei:

— "Sabemos que seu marido está desfraldando a bandeira dos direitos humanos e precisamos de sua ajuda para levar ao conhecimento dele as informações sobre as barbaridades aqui cometidas..." Comecei a contar, e ela disse:

— "Farei o possível. Mas o senhor teria uma sugestão concreta através da qual o governo americano exerça influência aqui?"

— "Tenho, a questão econômica! O sr. Jimmy Carter condiciona o atendimento dos pleitos econômicos a uma abertura política..." Respondi imediatamente.

— "Por favor, faça por escrito!" Ela solicitou.

— "Vou falar e decidir com meu Grupo". Decidimos que não poderíamos fazer uma sugestão dessas, eu não deveria nem ter dito; mas realmente estávamos desesperados e qualquer pressão seria justa.

Enfim, contei esse episódio para dizer que o comportamento da embaixada norte-americana foi melhorando, e também querendo ressaltar o comportamento desse rapaz da embaixada da Venezuela, que foi extraordinário.

Dos Autênticos, 95 por cento eram homens de esquerda, e todos travaram o combate contra a ditadura. Não havia uma rigidez ideológica, nem uma linha predominante, porque realmente o básico era a conquista do regime democrático e da liberdade política. Isso era o essencial.

O Grupo Autêntico era muito unido e solidário, por que vivíamos objetivos comuns e acreditávamos uns nos outros, havendo muita lealdade, muita sinceridade. Tínhamos metas comuns a todos no processo principal, que era a busca da democracia e da liberdade, sendo isso o que nos unia basicamente.

A dívida do Brasil para com a sociedade é muito grande; vejo com muita preocupação esses sessenta milhões de criaturas famintas, subnutridas, na miséria... É o maior exército do mundo, que alcançando consciência política, tomará conta deste país. Acredito que não estamos livres de comoções sociais desordenadas e muito relevantes, em razão da fome. O general feijão é importante! Esse grave problema precisa ser priorizado pelo governo com toda urgência, justificando-se, aí, também, a necessidade da reforma agrária feita com responsabilidade social e organicidade, alcançando daí, o social justamente reclamado.

O mundo vive movido em uma velocidade espetacular, não obstante, a política brasileira anda com velocidade do "carro de boi". A velocidade é fenômeno aplicado no desenvolvimento bélico e tecnológico, que não pode ser ignorado pela política. Precisamos ser velozes no atendimento aos problemas sociais do Brasil.

A propósito dos partidos no Brasil, creio que se nivelaram estando aquém das exigências do país. Avalio, ainda, que os partidos políticos não existem praticamente como tais, sendo desvalorizados e minimizados pelo povo. As legendas pouco importam e nas eleições, vota-se em candidatos. Há a necessidade de se fazer uma reformulação para que o conteúdo dos partidos prevaleça na vida sócio-político brasileira, e para que eles se obriguem, responsabilizem-se em difundir o que pensam do conteúdo de seus programas, não se enclausurem e cheguem ao povo. Em suma, mostrem os seus objetivos, principalmente na prática de suas ações.

A questão partidária é uma meta que a nova fase constitucional deveria cuidar, para que a política brasileira tome rumos mais conscientes, permitindo que o partido na pregação, na programática da sua vida, leve esclarecimento, informação, ideário, posicionamento ao povo, o que não está acontecendo, senão ocasional ou circunstancialmente. Creio que os partidos estão bastante vulneráveis.

Uma síntese de minha vida política? Em 1966 fui eleito deputado estadual. Depois três vezes deputado federal, sendo que no ano de 1977, tive o mandato cassado pelo ditador Ernesto Geisel. Nesse período de cassação, meu filho Heitor, substituiu-me. Com a anistia, fui novamente candidato e eleito, voltando a cumprir mandato a partir 1982.

Estamos vivendo, a meu ver, um período semitrágico, desaparecendo o Estado-nação... O país sendo completamente alienado, entregue de bandeja... Tanto sobre o aspecto econômico, como político-cultural. A língua se deformando, o sentido maior da unidade nacional se degradando, correndo de uma outra forma; tudo evolui, inclusive a cabeça do Pentágono. Lembro-me de um discurso do Reagan, que dizia o seguinte:

— "Não precisamos mais de tropa de ocupação, precisamos ocupar consciências". Esta ocupação cultural é muito mais séria do que a ocupação por tropas".

A luta do povo não está valendo nada nos nossos dias, muita gente boa sendo renegada por aí... Por estas razões eu queria ser novamente deputado. Gostaria de travar de frente esta luta, era esse o sentido. Entretanto, não me quiseram, não me aceitaram, não me deram o mandato. Estou conformado, a minha vontade de reeleição tinha essa conotação. Não foi possível, paciência... Vou então agir em outras frentes intervindo, mesmo que mais modestamente...

Consciência de que estava fazendo história? Não sei... Tinha sim consciência de que estava cumprindo o dever, e para mim isto é sagrado. Sobretudo porque o comportamento da ditadura vinha de encontro à minha formação, e me repugnava essa superlegalidade que presidia as ações do governo, além do arbítrio que campeava solto. A democracia era a conquista almejada, porque entendíamos que sem ela não poderíamos nem respirar, era componente *sine qua non*. Sem as liberdades públicas não havia sentido a vida, não tinha nem sentido viver.

Se eu tivesse preocupações azinhavradas de ficar rico, por exemplo, à custa de corrupção, teria saído arquimilionário da CPI das multinacionais. Eles, contudo, sentiram que não me cercariam por aí e passaram a ameaçar a minha esposa por telefone. Eu sofri bastante. Essas preocupações ocupavam-nos demais no dia-a-dia, mas agíamos. Não tínhamos qualquer sentido personalista de fazer aquilo por uma vaidade, não absolutamente... Ao contrário, era difícil, porém nos sentíamos bem. A maior compensação que tínhamos era a certeza do serviço prestado ao povo, à nação, com todas as possibilidades de que dispúnhamos. Era isso!

Se fosse para repetir a caminhada, eu a faria com mais experiência, evidentemente, mas repetiria. Entendo a importância da atuação do Grupo Autêntico para a história política desse país, e quero congratular-me com você pelo ineditismo do seu trabalho. Esta pesquisa, este levantamento de dados ninguém realizou, e os feitos dos Autênticos perder-se-iam na poeira dos tempos. Você está espanando a poeira, trazendo os fatos novamente a lume. Seu trabalho é importante para que as novas gerações, a mocidade, veja que vale a pena lutar, mesmo na adversidade total como na ditadura deflagrada em 1964.

Vale a pena lutar, especialmente se o combustível é o ideal, e quando se acredita na causa, a conquista do objetivo é inexorável, mesmo que alguns fiquem no meio do caminho. E, quantos ficaram no caminho e não puderam chegar lá, devido à perversidade política da ditadura. Hoje, no fundo, tenho um certo prazer, ou melhor, orgulho, em dizer que nós, do Grupo Autêntico, contribuímos, mesmo que modestamente, para a restauração da democracia no Brasil. Valeu a pena!

O pessoal ficava espantado, muitos nos viam como uns "porra louca", desvairados, mas se nós não avançássemos, se o Grupo não avançasse, quem avançaria? Quem? Fizemos alianças com artistas, com intelectuais, com todo mundo. O pessoal, aqui fora, dizia que não deveríamos nem estar lá dentro. Como não? Era lá que podíamos atuar!

Veja, eu era líder da bancada na Câmara; Ulysses Guimarães, presidente do partido; Montoro, líder da bancada do Senado e Alceu Collares, diretor da Fundação Pedroso Horta. Conseguimos do TRE autorização para falarmos pelo MDB via Embratel, por rádio e televisão em cadeia, por iniciativa do brilhante jurista, deputado Lindovino Fanton, representante do Rio Grande do Sul, infelizmente já falecido. Hoje, ninguém mais fala nele, e isto é terrível. Tinha uma cabeça privilegiada, jurista de mão cheia, conseguiu essa brecha junto ao Tribunal Superior Eleitoral em pleno apogeu da ditadura, foi quando, eles firmaram a minha cassação. No dia seguinte ao programa, Paulo Brossard dizia:

— "Dois programas deste derrubam o governo." E abalou sim, porque aquilo foi uma surpresa nacional... A ditadura podia aceitar críticas sobre a política econômica, trabalhista, previdenciária, financeira, tudo, porém não suportava críticas denunciando o comportamento contra os direitos humanos. E neste programa de rádio e televisão, objeto da minha cassação, denunciei porque era líder da bancada e precisava aproveitar a oportunidade. Tinha o dever de fazer vir à tona esses atentados aos direitos humanos para que a nação tomasse conhecimento. E daí me pegaram. Fui cassado também em razão desse discurso, mas já haviam decidido a minha sanção, precisavam apenas de uma oportunidade. E, foi esta.

Um ano depois, eu estava no Rio de Janeiro e fui à casa de um amigo na Gávea, atendendo a um convite de almoço. Ao chegar lá, ele disse:

— "Alencar, desculpe-me, mas convidei uma outra pessoa, não sei se você vai gostar... É o Armando Falcão."

— "A casa é sua...", respondi-lhe.

Chegou o Armando Falcão, ministro da Justiça na época de minha cassação. Depois do terceiro uísque, eu disse:

— "Ministro, eu queria fazer uma pergunta, como é que foi minha cassação?"

— "Eu vou lhe contar. Vocês fizeram aquele programa duro, pesado, e o chefe do SNI, João Batista Figueiredo, em nome das Forças Armadas levou o ultimato para o Geisel pedindo a cassação do Montoro, Collares, Ulysses e a sua... Telefonaram-me e eu fui lá, ponderando que não fizessem aquilo porque seria muito ruim para a imagem do Brasil no exterior. Como se justificaria a cassação do presidente do partido de oposição? E Figueiredo disse: "Presidente se as Forças Armadas não forem atendidas, eu como chefe do SNI, peço demissão!" Ele contou.

Era a crise militar, e como as feras estavam ávidas por sangue e carne, eu fui lançado a elas.

Tradição de políticos na família? Tem Miguel Arraes, que é meu parente; José de Alencar, do mesmo tronco familiar, foi senador; Paes de Andrade é da família. O Paes foi uma figura importante na vida do Grupo Autêntico, foi muito firme. Aliás, o time todo: Freitas Nobre, Fernando Lyra, Marcondes Gadelha... Ah! essa turma é para mim inesquecível.

Destaquemos também, a Bárbara de Alencar, que é do meu tronco familiar, lá de Exu, cidade vizinha a Crato. Antes da abolição da escravatura, essa mulher libertou seus escravos, criando um problema muito sério com os vizinhos. Uma família tradicionalmente política; Tristão Alencar Araripe... E uma porção de gente por aí.

Houve uma passagem que gostaria de deixar registrada. Na noite da minha cassação, a casa estava cheia de deputados amigos, e minha filha se aproximou dizendo:

— "Papai, há um rapaz querendo falar com o senhor, mas não quer entrar, está na porta do elevador, e pede que o senhor chegue lá". Dirigi-me à porta e ele disse:

— "Alencar Furtado, sou o major fulano de tal... (pensei que ele queria me prender). Vim aqui em missão para hipotecar-lhe solidariedade em nome dos meus colegas de farda". Eu fiquei emocionado, sou uma pessoa muito emotiva. Foi confortador. Deu-me um abraço... Foi uma solidariedade inesperada, vindo da área militar que, sem sabermos, posicionava-se, naquele episódio, contra a ditadura. Daí, eu disse:

— "O senhor vai fazer um favor. Vai entrar."

— "Não, absolutamente, eu vim aqui em missão para lhe transmitir a solidariedade dos meus colegas de farda." Foi inesquecível!

Outra coisa, no dia seguinte à cassação, eu saí à rua, aqui em Brasília, todo mundo que me encontrava acenava, com o dedo polegar para cima! Gente vibrando na rua, dizendo: "Valeu!"

Estava também um dia, com Freitas Nobre, na fila para tirar ficha de café, quando chegou um rapaz, e disse:

— "Não, o senhor não paga café aqui... Quero lhe dar sua ficha e um abraço. O senhor falou por nós!".

Outra ocasião estava com Fernando Gasparian — que durante a existência do Grupo, sempre nos possibilitou espaço em seu jornal *Opinião* — no Rio de Janeiro, em um restaurante grande, mas com pouca gente. Conversávamos despretensiosamente, quando se aproximou um casal e disse:

— "O senhor é o Alencar Furtado? Queremos cumprimentá-lo!"

Como já mencionei, sou um homem de poucos recursos; tenho a minha profissão, e continuei em Brasília depois da cassação. Nessa ocasião, Leite Chaves estava cumprindo o seu mandato de senador e como ele possuía um escritório, aqui, fechado, propôs que eu o ocupasse advogando... E tudo foi uma beleza. Sou grato a ele por ter tido esse gesto comigo, do contrário, eu não poderia e não teria condições para fazer nada...

Fiquei no escritório, mas não havia cliente... Dez dias sem aparecer ninguém... Até que chegaram dois cidadãos, homens altos, cabelo escovinha, pensei, são militares. Apresentaram-se como coronel fulano e sicrano:

— "Queremos contratar o senhor para ser nosso advogado. Fomos preteridos em uma promoção, em Itaqui, no Rio Grande do Sul. Perdemos no STM e o processo está aqui, no Tribunal Superior de Recursos."

— "Sou contra-indicado, estou louco por uma questão, mas sou absolutamente contra-indicado. O chefe de vocês me cassou um dia desses, precisamente há dez dias." Eu lhes disse.

— "Mas nós temos conhecimento disso e sabemos também que o senhor está com uma raiva muito grande dessa gente, e é por essa razão que queremos como nosso causídico." Um deles falou.

Estudei Direito Militar com afinco e dediquei-me totalmente ao caso. Nesse ínterim, surgiu uma questão no Mato Grosso, mas eu precisava saber quando seria o julgamento e fui falar com o ministro relator. Há, aí, um dado importante, quando o camarada está cassado — fica complexado, meio leprosado socialmente e o pessoal se afasta. Pensei que seria mal recebido por esse ministro... Mesmo com este sentimento fui lá, anunciei-me à secretária que falou com o ministro, e voltou logo, liberando minha entrada. Achei estranho. Entrei e comecei a falar:

— "Senhor ministro, estou aqui e vou tomar pouco do seu tempo... Tenho uma questão que está para o senhor relatar, mas preciso atender um cliente em Mato Grosso e queria saber quando será o julgamento". Eu, em pé e ele sentado:

— "O senhor é o deputado Alencar Furtado?" Já não gostei do jeitão do ministro...

— "Eu sou o ex-deputado Alencar Furtado".

— "Alencar Furtado..."

— "Sim ministro, Alencar Furtado". Respondi-lhe. Nessas alturas, eu já não estava agüentando! E, ele replicou:

— "Antes de lhe responder, quero dar-lhe um abraço de solidariedade". Ah! como eu vibrei naquela hora, e aquele bloqueio de constrangimento, que me envolvia, ruiu! Aí, ele falou:

— "Olha, é o seguinte, será amanhã o meu relato, mas se houver algum problema que o obrigue a ir para Mato Grosso, vá que eu o aguardarei."

— "É amanhã, eu fico!", respondi-lhe.

No dia seguinte, o Tribunal repleto de pessoas e lá fui eu. Fiz uma defesa razoável e vi no semblante dos ministros que a decisão seria a meu favor, quer dizer a favor dos meus clientes. Resultado, só um voto contra, de um ministro, exatamente, do Rio Grande do Sul! Dos 23 votos, tive 22. Ah! eu saí dali na maior felicidade, liguei para o meu cliente, lá em Itaqui, e falei:

— "Acabamos de ganhar a questão!". Ele vibrou, deu um grito e disse:

— "Temos mais de cem colegas nessa situação."

— "Para mim não, pelo amor de Deus, vão falar que eu vou fazer uma revolução aí, não quero!" Repliquei.

Ainda, quando fui resolver essa questão no Mato Grosso, peguei a estrada Cuiabá-Brilhante, duzentos quilômetros de carro para a cidade de Rosário. Como fazia um calor insuportável, entrei em um povoado e resolvi tomar um refrigerante. Cheguei ao boteco, pedi um guaraná, e o rapaz do balcão ficou inquieto. Ia para lá, vinha para cá, andando meio nervoso e olhava para mim... E eu também fiquei meio preocupado. Vi que ele estava aflito, e disse:

— "Venha cá, o senhor está querendo falar comigo?"

— "Estou. O senhor não é o deputado Alencar Furtado, que foi cassado?"

— "Sou eu mesmo." Afirmei.

— "Pelo amor de Deus, não saia daqui, eu já volto". Ele disse.

Pensei que tivesse ido chamar alguém para me apresentar... Porém, trouxe um rádio toca-fitas. Ele gravou meu pronunciamento, e quando havia quatro ou cinco pessoas no boteco, o aparelho era ligado para o pessoal ouvir. Naquele fim de mundo!

Como herdeiro político tive meu filho, Heitor. Quando fui cassado, ele foi deputado federal, aos 22 anos, mas infelizmente foi assassinado.

Tivemos ao todo, sete filhos: três mulheres casadas, felizes e quatro homens que morreram. Uma vida muito sofrida, muito acidentada. A perda de um filho é uma dor infinita... Não há o que supere. É uma coisa que ainda me deixa muito emocionado... Enfim, é isso.

As três filhas são concursadas na Câmara. Thaís, está com trinta e poucos anos, é casada com o Chico Pinto. A Stael, esposa de um funcionário da Câmara; e Dionée, a caçula, casada com o ex-deputado Odorico Pinto. Familiarmente, tudo bem graças à Deus, família muito solidária, amiga e unida, além da alegria de ter sete netos! O homem que tem sete netos, é o homem mais rico do mundo!

É mais ou menos isso, uma vida de certa forma acidentada, mas sempre tendo ao meu lado dona Miriã que é uma grande figura, meu querer bem há 43 anos. Somos uma espécie em extinção! Dona Miriã é advogada, foi promotora no Ceará.

Em 9 de janeiro de 1952, aportamos no Paraná e tornamonos paranaenses de coração! Inicialmente, ela advogou comigo... Depois, vieram os filhos, e deixou de militar na profissão, mas, de vez em quando, ela entrava em campo; professora também, de Língua Portuguesa. Uma figura de muita fibra; essa vida conturbada, Miriã foi sempre uma companheira muito firme. Haja vista no dia em que fui cassado, eu não me encontrava aqui, estava no Paraná, e recebi a notícia. Vários deputados reunidos lá em casa, o pessoal todo lamentando e Miriã falou:

— "Não há de ser nada, temos o Heitor e vou lançar a candidatura do meu filho a deputado federal!". Dona Miriã foi quem lançou a candidatura dele. Veja que mulher, que lucidez!

Estamos muito bem graças a Deus, tivemos sete filhos, uma vida muito intensa, cheia de lutas e acidentes, porém permeada de muita compreensão e união familiar. Com o mundo dentro de casa em harmonia, enfrentamos melhor as adversidades.

O Grupo Autêntico é uma importante referência para a história política do Brasil e para a minha vida."

Amaury Müller

(Amaury Müller)

NASCIMENTO :

17 de janeiro de 1936
Cruz Alta, RS

FILIAÇÃO :

Henrique Müller e Virgínia Martins Müller

FORMAÇÃO :

Bacharel em Ciências Econômicas
Faculdade de Ciências Políticas e Econômicas
PUC — Porto Alegre
Rio Grande do Sul, 1959
Jornalista
PUC — Porto Alegre
Rio Grande do Sul, 1962

CÔNJUGE :

Samira El Ammar Müller

FILHOS :

Márcio, Alexandre e Fernanda

"É a minha coerência, e não mais que minha, a minha coerência, meu grande legado".

Brasília, 15 de junho de 1994

"Nasci na zona rural da cidade de Cruz Alta, Rio Grande do Sul, em uma pequena localidade chamada Colônia São João, no dia 17 de janeiro de 1936. Meu pai, Henrique, era fruto de uma mistura de alemão com polonês (Müller e Boyarski). Já minha mãe — Vírginia Martins Campos — era a gaúcha típica: uma cruza de português, negro, índio e remotamente espanhol. Embora semi-analfabeta ou um pouco mais que isso, mamãe tinha opiniões próprias e forte personalidade. Aliás, o ramo Campos está na própria origem de Cruz Alta e teve alguns descendentes com vida pública ativa. Aristides Basílio de Campos, primo de minha mãe, foi prefeito de Cruz Alta e deputado estadual em duas oportunidades; Heitor Campos, também primo de mamãe, foi prefeito de Santa Maria e se elegeu uma vez para a Assembléia Legislativa do Estado. Outro primo mais distante de minha mãe — Múcio Castro, pai do grande jornalista Tarso de Castro (o criador do *Pasquim*) — também foi deputado estadual em uma legislatura. Assim, de algum modo, o ramo materno de minha família tinha relação intensa com a atividade política, não surpreendendo que eu e meu irmão mais moço, Erani Müller, tenhamos abraçado a vida pública. Mesmo tendo esses parentes envolvidos com política, eles jamais puderam me ajudar. É que quando concorri, em 1970, à Câmara dos Deputados e tive a felicidade de me eleger, eles já haviam morrido.

Feitas essas observações iniciais, devo dizer que constituíamos uma família mais ou menos numerosa para os padrões da época: oito irmãos (cinco homens e três mulheres). É possível imaginar que, possuindo apenas um pedaço de terra, não era fácil oferecer um bom padrão de vida para dez pessoas, principalmente quando fomos compelidos a deixar o campo e migrar para a cidade. Claro que essa mudança não se deu por falta de terra ou de comida. É que lá não havia escola. Meus dois irmãos mais velhos já estudavam na cidade, morando na casa de um tio militar (irmão de minha mãe). Meu pai, que era um homem com profundo senso de justiça, não admitia que eu, então com sete anos, fosse pesar ainda mais no minguado orçamento de tio Dídimo Martins Campos. Assim, a decisão foi arrendar os 25 hectares e mudar para a cidade. Lá, ele que originalmente era guarda-livros (algo como contabilista), decidiu montar um pequeno depósito de madeira (o pinho era abundante na região). Não se deu bem.

Com o fracasso do empreendimento, foi trabalhar no ramo de contabilidade. Mesmo ganhando pouco e tendo que sustentar oito filhos, proporcionou a todos nós, na medida de suas limitações, um padrão de vida digno. Como sempre foi um homem respeitável, de honradez inatacável e, como filho de alemão, fiel cumpridor das leis, possibilitou-nos o normal acesso a boas escolas (públicas) e aos melhores clubes sociais da cidade. Todos nós trabalhávamos e estudávamos. Erani e eu concluímos o terceiro grau. Duas de minhas três irmãs igualmente conseguiram diplomar-se em cursos superiores. Não há, pois, do que se queixar...

A vida rural até os sete anos? Bem, lá eu fazia de tudo um pouco. Arava e gradeava a terra, semeava, colhia. Era tipicamente um pequeno agricultor. Meus irmão mais moços (Erani, por exemplo, tinha apenas dois anos quando migramos para a cidade) não tiveram a mesma experiência rural que eu tive. Aliás, duas de minhas três irmãs nasceram no meio urbano.

A vida urbana? Ora, como disse, tivemos algumas dificuldades iniciais, tanto financeiras como de adaptação. A cidade é diferente, as pessoas desconfiam uma das outras, embora fosse uma época em que "fio de bigode era diploma de honra", ou seja, uma vez empenhada a palavra, o compromisso era honrado. Não era preciso passar documento em cartório. Tanto isso é verdade que, naquele tempo, as propriedades rurais não tinham cerca e o gado era marcado na "paleta". Entretanto, conseguimos nos ajustar à nova realidade sem maiores problemas.

Com certo espírito de liderança, que imagino ser inato, tive a oportunidade, quando menino já urbano, de comandar brincadeiras típicas da idade. Era uma espécie de líder da turma. Com o correr dos anos, essa liderança foi se consolidando entre os meus amigos e colegas, levando-me a ser orador da turma nas cerimônias de formatura dos antigos cursos ginasial e científico. Mais tarde, já adulto, também fui orador nos dois cursos de graduação superior.

Todos nós temos uma iniciação na política, e comigo aconteceu quando já freqüentava curso ginasial. O país, em fins da década de 40 e no início dos anos 50, foi sacudido pela campanha "o petróleo é nosso". Como dirigente secundarista, tive acesso a debates e discussões intensas sobre o tema. Com alguns dirigentes comunistas, então proscritos mas ativos em sua ação, aprendi o "beabá" do petróleo, sua importância estratégica e o significado de tê-lo sob o controle estatal. Acendeu-se fortemente em mim o sentido de um patriotismo que não fosse passivo, ou seja, de um nacionalismo racional e consciente. Eu e outros líderes secundaristas, de formação mais ou menos trabalhista, nos engajamos na batalha pelo monopólio estatal do petróleo. No colégio, nos clubes ou nos bares, éramos vistos como "instrumentos dóceis" do comunismo internacional. Mesmo assim, não recuamos nem desistimos. Pouco nos importava o fato de alguns professores e empresários insinuarem que, de algum modo, estávamos contribuindo para a supressão da democracia e da liberdade. Sabíamos que essa era a técnica do rótulo, da mentira reiteradamente repetida. Quer dizer: muitas verdades não passam de grandes mentiras e resultam da sua intermitente veiculação. Nacionalista e comunista é a mesma coisa? Tanto faz, desde que as leis dos próprios brasileiros protejam seu patrimônio.

A intensa participação nos movimentos de rua durante o período secundarista abriu largo e importante caminho para a militância universitária. Inicialmente, no único ano que freqüentei a Faculdade de Arquitetura da UFRGS, em 1955, fui eleito representante da sala. No ano subseqüente, fui compelido a trancar a matrícula do curso ou dele desistir, porque sendo de família pobre, meu pai não podia me sustentar na capital. Aliás, o ano de 1955 foi muito doloroso para mim. Além de ser obrigado a deixar a Faculdade de Arquitetura, perdi minha mãe, o que sem dúvida, provocou profunda ferida que custou muito a cicatrizar. Como a idéia era trabalhar de dia e estudar à noite, fiz vestibular e consegui ingressar na Faculdade de Ciências Políticas e Econômicas da Pontifícia Universidade Católica do Rio Grande do Sul, o único curso noturno da época. O que me levou a estudar economia? Ora, a perspectiva de abrir novos horizontes e sentir melhor a necessidade de profundas mudanças políticas, econômicas e sociais do país. Desde cedo, tornei-me um referencial para os moços que, compelidos a trabalhar durante o dia, eram obrigados a pagar seus estudos noturnos. Logo me elegi presidente do então Centro Acadêmico "Visconde de Mauá". Quebrando um velho tabu, logrei-me reeleger para o cargo no ano seguinte. No terceiro ano de vida universitária, compondo uma chapa com os setores progressistas da PUC, cheguei à vice-presidência do Diretório Central dos Estudantes. Antes de concluir o curso de Ciências Econômicas, fiz vestibular e fui aprovado para o novíssimo curso de jornalismo. Nesse período, também exerci a presidência do Centro Acadêmico "Arlindo Pasqualini".

Em 1961, já formado em Economia e prestes a concluir o curso de Jornalismo, decidi estudar Direito. A intensa militância e a identificação com os avanços que o meio estudantil experimentava no sentido de incrementar as chamadas "reformas de base", fizeram-me presidente do Centro Acadêmico "Maurício Cardoso", da Faculdade de Direito da PUC. Foram nove anos de ativa participação no movimento universitário. Tive a honra de comparecer a todos os congressos da UNE livre, antes do golpe de 1964. O atual ministro e senador José Serra foi eleito presidente da entidade em uma composição da Ação Popular com o velho "partidão" e outras correntes progressistas. É paradoxal que Serra, tido como um jovem de esquerda, tenha mudado tanto...

Por que fazer tantos cursos? Na verdade, a idéia não era acumular diplomas, mas aprofundar o conhecimento em vários campos, e sobretudo permanecer na militância estudantil, participar dos movimentos populares. Lembro, por exemplo, que na UNE havia o Centro Popular de Cultura, que fazia teatro despojado, absolutamente informal, com o objetivo de politizar o povo, e o método de alfabetização audiovisual de Paulo Freire, com idêntica finalidade. Foram bons tempos... Tempos de demonstrar ao cidadão seus direitos, os quais precisavam ser respeitados. Creio que esse período, vivido intensamente, rasgou-me importantes horizontes. Foi um permanente aprendizado.

Como era impossível não ter algum vínculo partidário, e apesar da origem conservadora de meu pai, senti que deveria militar no antigo PTB, que, na visão reformadora e nacionalista de Getúlio Vargas dos anos 50, abrigava as correntes à esquerda do processo político, margem da lei pelo governo entreguista de Eurico Gaspar Dutra. Nascem aí as condições para a industrialização do país: Petrobrás, Eletrobrás, CSN... Claro que havia divergência, mas não tão fortes que impedissem uma visão nacionalista, com fortes traços socializantes, da economia brasileira. Com a trágica morte de Vargas e eleição de Juscelino, o processo mudou de rumo e o Brasil escancarou as portas de sua economia para a penetração do capital estrangeiro. Mesmo assim, JK não foi um mau presidente! Resistiu a tentativas golpistas — Jacareacanga e Aragarças — concluindo seu mandato sem macular a Constituição. Com Jânio as coisas foram diferentes. Da renúncia à resistência de Brizola, Arraes e Mauro Borges, em 1961, à posse tumultuada de Jango e a tentativa de levar a cabo as "reformas de base", o salto foi rápido e quase trágico. Mas, voltando ao PTB, gostaria de dizer que, por divergências operacionais, acabei abandonando o partido, mas sempre votando em seus melhores candidatos. A questão é que Brizola transformou-se rapidamente em uma espécie de mito. Ora, como estamos cansados de saber, em torno dos grandes líderes, de figuras carismáticas, como era e é o caso de Brizola, pululam centenas, de áulicos e bajuladores. Infelizmente, no caso da chamada "ala moça" do PTB, os oportunistas e parasitas passaram a ditar regras de conduta. Isso me fez romper com o partido. Mas, não maldigo nem lamento essa curta militância. Foi quando aprendi e conheci figuras extraordinariamente humanas, de sólida cultura, como os comunistas Júlio Teixeira e Lauro Hagemann, este último ainda vivo e vereador em Porto Alegre. Cito esses dois, mas poderia mencionar muitos outros, quase todos ligados ao velho "partidão".

Em fins de março de 1964, quando o golpe militar começou a se configurar, eu freqüentava o quarto ano do Curso de Direito. Em primeiro de abril, com o triunfo dos golpistas, eu e mais três colegas da PUC —, inconformados com a ausência de reação ou com uma visão talvez equivocada das razões que levaram Jango e Brizola ao exílio — ousamos iniciar uma tímida movimentação popular. Malhamos em ferro frio. A invasão do DCE da PUC e a utilização do sistema de alto-falantes para convocar o povo à reação custaram-nos caro: fomos expulsos da universidade sem sequer poder usar o direito de defesa. A exclusão, como o reitor gostava de dizer, deu-se a 28 de abril de 1964. À noite dessa mesma data, explodiram alguns petardos, de efeito meramente moral, nos banheiros da PUC. Como eu fora o único dos excluídos a ser visto por lá (isso antes da noite), acusaram-me de ser o responsável pelo atentado. A acusação, mais tarde desfeita, custou-me prisão e violência física. Da sala de tortura do antigo DOPS, arrancou-me um delegado de polícia, Heitor Gralha Bonorino, que era casado com uma senhora de Cruz Alta, levando-me para sua casa e assumindo a responsabilidade de apresentar-me às autoridades durante o inquérito policial instaurado em torno da explosão. Fui seu hóspede por algum tempo. Como é de se imaginar, à míngua de provas, o inquérito foi arquivado.

Em junho de 1964, vários de nós ocuparam-se com a localização de companheiros presos, a fim de lhes proporcionar algum tipo de assistência. Todos esses esforços foram inúteis. Preso político ficava à margem da lei, não recebia visitas e menos ainda qualquer forma de apoio jurídico. Em junho desse ano, fui novamente preso e levado para um prédio inacabado do SESME (Serviço Social do Menor), onde estavam centenas de presos políticos. Lá permaneci até meados do mês seguinte, quando por influência do então senador e líder do governo, Daniel Krieger, fui posto em liberdade. Cabe dizer que Krieger era padrinho de minha então noiva. Lá no SESME nada me aconteceu, ou seja, não houve qualquer violência física contra mim. Em fins de agosto, decidi fixar residência e trabalhar em Ijuí, onde já estava meu irmão mais moço. Foi nessa cidade que reiniciei a atividade política, embora os áulicos do regime militar, rotulando-me de "subversivo" e o "homem que quis destruir a PUC", tentassem de todos os modos tolher minha modesta ação. Com o fim do pluripartidismo e a criação do MDB como partido de oposição tolerado pelos donos do poder, nele ingressei como fundador e dele me fiz secretário-geral. Anos depois, no início da década de 1970, amigos e companheiros decidiram indicar meu nome para concorrer à Câmara dos Deputados como alternativa ideológica ao então representante da região, Antonio Bresolin. Bafejado pela sorte e certamente pelas circunstâncias favoráveis, fui eleito com trinta mil votos — uma votação acima da média para os padrões da época. É certo que, além do trabalho e da ajuda dos companheiros do MDB da região Noroeste do Rio Grande do Sul, tive o apoio decisivo de boa parcela do antigo "partidão" e em escala menor de ex-colegas das faculdades que freqüentei. Vim para Brasília cumprir meu primeiro mandato com duas idéias fixas: combater a ditadura dentro dos limites possíveis e preconizar a necessidade de uma Assembléia Nacional Constituinte, que devolvesse o Estado do Direito ao país e rasgasse perspectivas de profundas reformas estruturais em seu organismo econômico-social.

Aqui chegando, logo no início dos trabalhos na Câmara, sobretudo na tribuna, os parlamentares progressistas foram se identificando: Chico Pinto, Lysâneas Maciel, JG de Araújo Jorge, Alencar Furtado, Fernando Lyra, Fernando Cunha, Marcondes Gadelha, Getúlio Dias, Nadyr Rossetti e muitos outros. Dessa identidade inicial, tímida porque ninguém sabia nada de ninguém e sempre havia o temor de algum "cabo Anselmo" infiltrado, nasceu a idéia de reuniões e troca de opiniões. A iniciativa partiu de Chico Pinto. Os primeiros encontros, limitados a uns dez ou doze deputados, eram realizados nos apartamentos de Paes de Andrade e Marcondes Gadelha. Eis o embrião do que, mais tarde, seria o Grupo Autêntico: a oposição contundente, sem fronteiras ou limites, à ditadura militar e tudo o que ela representava de nocivo à democracia, à liberdade, à justiça social e à própria soberania do país.

Em razão do recrudescimento da repressão política, nos anos amargos do governo Médici, muitos de nós consideravam — e não havia, no caso, a intenção de pré-julgar ninguém — que a luta armada, embora justa e desejável, oferecia forte pretexto para o regime prender, torturar e assassinar, encurralando cada vez mais os direitos humanos no país. Não era uma crítica aos movimentos em si e menos ainda aos que deles participavam. Vale dizer, aliás, que muitos dos que se exilaram, fizeram autocrítica no exterior. Por isso, em nossa atividade cotidiana (formalmente legal) temíamos que essas questões, transformadas em *leitmotiv* para o uso permanente da força com a fachada de "combate à subversão", pudessem diminuir a disposição de outros brasileiros de manter acesa a luta contra o regime autoritário.

Em outras palavras, achávamos que o mandato parlamentar, mesmo sujeito a violências de toda a ordem, tinha certa importância, no mínimo para denunciar as violações dos direitos humanos, o empobrecimento da população e a entrega despudorada de nossas riquezas ao capital estrangeiro. Foi mais ou menos à luz dessa visão histórica que nos ocorreu a idéia de lançar um anticandidato, uma espécie de contraponto ao nome que o regime militar imporia ao Congresso Nacional para a "presidência" da República. Sabíamos, de antemão, que a candidatura não era pra valer. O que desejávamos era espaço em rádio e na televisão para, mesmo correndo o risco de cortes da censura fardada, denunciar todas as mazelas do regime e a farsa da eleição indireta, por um Colégio Eleitoral, sem a menor representatividade.

Na condição de Grupo, era raro nos reunirmos para estabelecer formalmente alguma meta de atuação. Na verdade, o objetivo central era combater a ditadura. É evidente que, após a cassação do deputado Marcelo Gatto, em fevereiro de 1976, passamos a nos reunir mais seguidamente, a fim de fixar uma linha de comportamento que, sem embargo do combate ao regime, evitasse qualquer pretexto para novas cassações. A idéia, porém, não prosperou. A conduta parlamentar do Grupo era incontrolável fora do Congresso Nacional. Se lá, devido ao poder de polícia da mesa diretora, a censura podava quaisquer alusões mais contundentes ao regime, nos comícios, o discurso inflamado denunciador das mazelas da ditadura, era mais solto e sem nenhum controle.

Nenhum de nós ignorava que os donos eventuais do poder ansiavam por qualquer pretexto para desfigurar e desfibrar o Grupo. Mesmo assim, era muito difícil estabelecer regras para parlamentares que, com razões de sobra, expunham seus mandatos e sua própria integridade física na luta contra o inimigo comum. No âmbito congressual, em que pese a censura da mesa, era comum ocuparmos a tribuna para denunciar violências, torturas e assassinatos, como foi o caso da guerrilha do Araguaia (Xambioá).

O discurso homogêneo, articulado no sentido de execrar o regime de exceção e o empobrecimento de setores majoritários da população, produziu resultados surpreendentes. O MDB passou a gozar de respeito e credibilidade perante a opinião pública. As eleições parlamentares de 1974 provaram isso: o partido aumentou consideravelmente o número de deputados estaduais e federais, e obteve 16 vitórias em 23 disputas para o Senado Federal. Foi o clímax do Grupo Autêntico.

Infelizmente, esse maiúsculo triunfo representou o começo de nossa decomposição. Alguns de nós — não cito nomes para não criar constrangimentos desnecessários — imaginaram ser impossível galgar postos de comando, inclusive na mesa diretora da Câmara. Ao mesmo tempo, com o crescimento do MDB, chegaram ao Congresso Nacional vários outros parlamentares que, espelhados na conduta do Grupo, pretendiam ampliá-lo e transformá-lo em um instrumento ainda mais poderoso de combate ao regime militar. Com a explosão de algumas vaidades pessoais, — aliás, até explicáveis, esses novos parlamentares tiveram certa decepção. Assim, criaram o que eles próprios chamaram de "Grupo Neo-Autêntico". Dele faziam parte, entre outros, João Gilberto, Odacir Klein e Jorge Uequed, todos os três gaúchos; Tarcísio Delgado de Minas Gerais; Jorge Moura do Rio de Janeiro, os catarinenses Luiz Henrique e Walmor de Lucca; Sebastião Rodrigues do Paraná; além de Carlos Alberto Oliveira do Mato Grosso do Sul. Claro que no plenário ou mesmo fora dele, mas sem a menor articulação, nossa conduta era idêntica. Como sempre acontece, uns se expunham mais que os outros, não por valentia ou por brio, mas por temperamento.

Foi assim que, no início da campanha municipal de 1976, Nadyr Rossetti e eu, em um comício na cidade de Palmeira das Missões, ultrapassamos os limites que a ditadura fixou para a oposição. Nossos discursos, proferidos em momentos muito diferentes do comício, foram considerados insultosos às Forças Armadas. No dia seguinte à reunião, os jornais de Porto Alegre publicavam manchetes do tipo "MDB homenageia Brizola e prega queda do regime". Alguns deputados gaúchos como Fernando Gonçalves e Hugo Mardini, entre outros, intimamente ligados à ditadura, expressavam suas inquietações com o que chamaram de "agressões aos militares" e mal ocultavam suas preocupações para com o fato de que tais manifestações pudessem criar obstáculos à "abertura lenta e gradual", proposta pelo general Geisel. Durante a semana que se seguiu ao comício, os meios de comunicação, em um deplorável servilismo ao poder, criticaram nossa conduta e insinuaram que a inquietação dos quartéis só terminaria se os deputados que ousaram proferir ofensas à elite militar fossem punidos, o que, em resumo, significava a cassação de nossos mandatos. Fernando Gonçalves, hoje ministro do TCU, era deputado federal por Palmeira das Missões. Exigiu da emissora que transmitiu o comício a entrega das fitas, a lei impunha que quaisquer transmissões ao vivo fossem gravadas, devendo as fitas permanecerem à disposição do DENTEL — Departamento Nacional de Telecomunicações — pelo espaço de dez dias. De posse das fitas, o "sabujo" cuidou de entregá-las ao comando do IV Exército, sediado em Porto Alegre. Outra cópia foi trazida a Brasília e entregue ao SNI. Bem, a partir daí, a cobrança da mídia foi diária. José Bonifácio de Andrade (pai), então líder da ARENA, fez duro e covarde libelo contra nós. Dois dias depois, já ao anoitecer, os telejornais, em edições extraordinárias, anunciaram a cassação de nossos mandatos. Não tivemos, nem sequer, a oportunidade de irmos à tribuna para contestar as acusações de agitadores, e ao menos nos despedirmos de nossos colegas. Corria o dia 28 março de 1976. Foi sem dúvida, o episódio mais traumático da minha vida!

À época, tinha dois filhos pequenos, Márcio, com cinco anos incompletos, e Alexandre, com pouco mais de um ano e meio. Como sempre fui um homem de poucos recursos, que jamais se preocupou com coisas materiais, a cassação se transformou em um pesadelo. Meu pai, tão mais pobre que eu, não podia me ajudar materialmente. A família de minha mulher, embora financeiramente melhor aquinhoada, tampouco tinha condições de me auxiliar. Foi uma espécie de inferno terrestre.

Com o tempo, porém, a violência da cassação acabou sendo assimilada, não obstante meu impedimento de trabalhar no mercado formal. Nem mesmo fui aceito em um instituto, mantido pela Câmara que produzia discursos e trabalhos de pesquisa para os parlamentares, embora fosse ele dirigido por colegas deputados. Imagino que a negativa teve como fulcro o medo de desafiar a ditadura. Assim, durante algum tempo, realizei trabalhos para essa entidade com o nome de minha mulher. Pode-se verificar que, à época, o cassado político era uma espécie de hanseniano, do qual muitas pessoas fugiam ou guardavam prudente distância.

Cabe aqui um parêntesis para destacar que nem todos agiam dessa forma. Alguns deputados, como Fernando Cunha, JG de Araújo Jorge, Marcondes Gadelha, Getúlio Dias e Álvaro Dias, foram extraordinariamente solidários. Por um dever de justiça e sincero reconhecimento, quero pontuar a solidariedade especialíssima de Fernando Cunha, de quem, hoje, sou duplamente compadre. Minha filha mais nova, por sinal, deve seu nome a Fernando e a sua filha Fernanda. Por igual razão, cabe-me assinalar a atitude solidária de um jornalista, tido por alguns como um homem esperto, boa vida e oportunista. Trata-se de Josélio Gondim, da Paraíba, que havia fundado uma revista em Brasília com o nome de *O Espelho*, uma espécie de réplica da homônima alemã *Der Spiegel.* Pois bem, mesmo sabendo de minhas dificuldades político-profissionais, Josélio me acolheu, deu-me espaço e nunca censurou qualquer texto por mim produzido. Digam o que quiserem de Josélio, na minha avaliação, ele foi e, imagino que ainda seja, um homem de bem, justo e solidário. Por vários meses, mantive coluna assinada na revista. É verdade que o pagamento mensal sempre era um problema. Ainda assim, pude sobreviver dignamente. Sou-lhe grato por tudo isso.

A partir de 1977, começaram a ganhar expressão os movimentos pela anistia. Terezinha Zerbini, uma mulher de extraordinária fibra, fundou, em São Paulo, o que se chamaria mais tarde de Comitê Brasileiro pela Anistia. Esse embrião deu lugar a outros CBA's, que se espalharam rapidamente por todo o país. Aqui em Brasília, com o apoio de vários setores da sociedade, sobretudo da OAB, criamos um CBA, cujas reuniões — cada vez mais concorridas — eram vigiadas de perto pelos órgãos de repressão. Apesar disso, nenhum de nós foi preso ou sequer molestado.

O certo é que, com a ascensão de Figueiredo ao poder, a idéia cresceu e encontrou eco no próprio plantonista do regime militar. Foi ele que, em 1979, assinou a lei de anistia, — uma anistia capenga, míope, que jamais foi ampla e irrestrita, mas que acabou contemplando várias lideranças políticas, então exiladas no exterior. Também fui por ela beneficiado, embora sempre tenha criticado seu caráter limitado. Como eu, muitos anistiados em 1979 foram impedidos de concorrer às eleições de 1978. Tivemos que aguardar o pleito de 1982, quando Brizola, Arraes, Lysâneas, Nadyr e eu — para citar alguns — recebemos a unção das urnas e voltamos à vida pública. Nela estou até hoje, mas não alimento nenhuma disposição de manter meu mandato.

Considero que o Congresso Nacional, aos poucos, perdeu sua perspectiva histórica e não é a caixa de ressonância das mais legítimas aspirações populares e muito menos representa a maioria da sociedade brasileira. Demais, o custo das eleições assumiu proporções gigantescas. Hoje, no ritmo que as coisas vão, só os ricos e alguns cooperativistas reúnem condições materiais de disputar mandatos. Há um processo de degeneração das eleições, uma espécie de metástase que vai corroendo as entranhas da dignidade e da honradez do eleitorado. Uns poucos ainda mantêm viva a chama do idealismo. A maioria, infelizmente, só vota se receber favores em troca. Ora, como voto não é mercadoria, nego-me a participar dessa farsa. De resto, não possuo recursos financeiros para enfrentar o poder econômico. Mas, mesmo que os tivesse, não concordo em participar de um processo sabidamente espúrio e prostituído. Isso não quer dizer que todo parlamentar escorregue para o pântano da dissolução dos costumes políticos. Em absoluto. Remanescem alguns, talvez uma centena, que repudiam esse tipo de escambo imoral. A maioria, porém, compra votos e comercializa a própria consciência. Sempre digo a meus filhos, que minha herança é minha coerência... É a minha coerência, e não mais que minha, a minha coerência, meu grande legado.

Como disse, voltei à Câmara dos Deputados no ano de 1982 e cumpro meu quinto mandato de deputado. Como eu, alguns Autênticos também voltaram. Lysâneas é suplente pelo PDT do Rio de Janeiro; Chico Pinto e Fernando Cunha cumpriram apenas um mandato e decidiram deixar a vida pública. JG de Araújo Jorge, já falecido, infelizmente não conseguiu a reeleição para a Assembléia Nacional Constituinte, em 1986. Nadyr Rossetti também. Fernando Lyra, que não foi cassado e mudou muito em relação ao que era, parece ser o único remanescente do Grupo, além de mim, é claro.

Devo dizer que não mudei um milímetro de minhas antigas posições. É verdade que amadureci, aprendi muito, e já não tenho idade para os mesmos arroubos de antes, fui cassado aos quarenta anos. Esse amadurecimento, entretanto, em nada alterou minha visão de uma sociedade socialista, mais livre, mais igualitária e mais humana. Mantenho inabaláveis minhas convicções nacionalistas, profundamente enraizadas desde os tempos de adolescência quando participei da histórica campanha pelo monopólio estatal do petróleo e pelo controle de setores estratégicos da economia.

Hoje, porém, o quadro é diferente, não temos uma ditadura militar, mas pior, temos um neoliberalismo selvagem, ancorado na parafernália do desenvolvimento tecnológico e na idéia de que a competitividade, em um mundo globalizado, é que move o progresso. Ora, com o fim da "guerra fria" e da bipolarização entre Estados Unidos e União Soviética, os "patrões do norte" são os que decidem o que convém e o que não convém para países periféricos como o Brasil. Assim, sem nenhum respaldo da mídia impressa ou eletrônica — uma cortesã que vende sua honra ao interesse neoliberal — é muito difícil impedir que o país, em curto espaço de tempo, seja muito mais do que um simples quintal dos desígnios e do apetite voraz do imperialismo financeiro. Cedo ou tarde — mas certamente mais cedo do que tarde — acabaremos nos transformando em uma espécie de (desculpe o termo) escarradeira da volúpia e da arrogância do grande capital. E não dispomos de instrumentos para uma imediata reação. Sei que, mais adiante, tudo poderá mudar. Acho que o Brasil, entretanto, se tornou refém desses interesses estrangeiros. Resta reunir forças para a reação.

Queria, antes de encerrar, fazer um breve comentário sobre a nova Constituição. No início dos anos 70, quando Chico Pinto, Alencar Furtado, Lysâneas Maciel, JG de Araújo Jorge, Marcos Freire, Paes de Andrade e tantos outros formavam a linha de frente na luta contra a ditadura, o próprio Grupo Autêntico lançou a idéia de uma Assembléia Nacional Constituinte. Foi na cidade de Recife, em 1971. Lá militava, entre outros, o deputado Jarbas Vasconcellos, nosso anfitrião. O documento tirado à época sugeria uma grande mobilização nacional em torno da idéia, a fim de tornar vulnerável a ditadura e apressar o seu fim. Foi exatamente o que aconteceu. Os CBA's pregavam simultaneamente a anistia e a convocação da Assembléia Nacional Constituinte. Mas, mesmo antes deles, o Grupo Autêntico pautou sua atuação, em boa parcela, tendo como mote a implantação de um Estado de Direito e de uma ordem econômico-social mais justa, a partir de uma nova Constituição.

Quinze anos depois, ela veio. Fui constituinte e participei, direta e ativamente, das articulações dos setores progressistas no sentido de textualizar avanços e conquistas sociais, tidas como indispensáveis para assegurar plenamente os direitos da cidadania. Sem embargo desses avanços, que hoje estão sendo destruídos pela fúria neoliberal, lutamos para impor uma ordem econômica protetora dos interesses nacionais, aí incluídos o monopólio de setores estratégicos (petróleo, telecomunicações) e a implementação de uma reforma agrária massiva, radical e profunda. Foi o grito do Grupo Autêntico que ecoou nas consciências dos constituintes. Foi a experiência, acumulada por antigos militantes do Grupo, que deslanchou conquistas extraordinárias, não obstante a tresloucada oposição das áreas conservadoras, notadamente no capítulo referente à questão agrária. Creio, mesmo, que parte apreciável do atual texto é uma espécie de herança política e ideológica do Grupo Autêntico.

Por derradeiro, quero dizer-lhe que, ao participar desse bivaque verdadeiramente oposicionista, realizei-me como cidadão e como homem público. Claro, fui personagem menor do processo. Nem por isso, porém, sinto-me diminuído perante os demais companheiros.

Queria registrar meus cumprimentos a você por esse esforço no sentido de recompor, rescrever e perenizar no processo histórico, esse momento que vivenciamos. Você e o jornalista Marcondes Sampaio são, na verdade, as únicas pessoas que transformaram em realidade palpável, em história legítima, esse roteiro político que os Autênticos escreveram. Seu trabalho, por sinal, retoma um instante da vida nacional muito rico, não tanto pelo que tenhamos feito ou tentado fazer, mas pela profunda fé que todos nós sempre tivemos nos valores da liberdade, da justiça social e da democracia.

Os episódios aqui relatados, com vícios e imperfeições, esquecimentos e omissões, poderão ser melhor avaliados quando inseridos no conjunto de outros depoimentos, certamente mais importantes, a fim de que a sociedade brasileira possa analisar e refletir sobre os anos amargos da ditadura militar e, talvez, reagir em tempo hábil diante da desfaçatez, da empáfia e da impostura da proposta neoliberal. Por isso, cabem-me palavras de agradecimento e de congratulações pelo seu generoso empenho de registrar esse período da história brasileira, história que, aliás, não é nem será escrita pelas elites e tampouco a bico de metralhadora ou à ponta de fuzil. Nós, brasileiros, pobres, analfabetos e doentes em sua maioria, é que escreveremos a verdadeira história desse país.

Uma última palavra de profunda gratidão à coragem, ao desprendimento e à solidariedade de minha mulher. Samira é como você: uma mulher que não se contenta com flores e horizontes curtos. Foi e vai à luta com a mesma disposição com que vive o cotidiano do lar. Permita que, em homenagem à mulher brasileira, eu refaça um velho axioma machista: não é atrás de um grande homem que sempre existe uma grande mulher. Na verdade, é a seu lado e principalmente à sua frente."

Eloy Lenzi

(Eloy Lenzi)

NASCIMENTO :

22 de setembro de 1924
Água Vermelha, RS

FILIAÇÃO :

José Luís Lenzi e Magdalena Lenzi.

FORMAÇÃO :

Advogado
PUC
Porto Alegre, 1957

CÔNJUGE :

Fidélia Sanson Lenzi (primeiro casamento)
Marisa Helena Alves da Silva Lenzi (segundo casamento)

FILHOS :

Paulo Roberto, Gladstone Ricardo e Sandra

*"Não me inibo em declarar que nasci político ...
Eu sou político nato!"*

Porto Alegre, 16 de março de 1994

"Nasci em Lagoa Vermelha no Rio Grande do Sul, a 22 de setembro de 1924, filho de José Luiz Lenzi, estabelecido na industria madeireira, e de Madaglena Toaldo Lenzi, dona de casa. Sou o terceiro de uma família de cinco filhos: quatro homens, e uma mulher, dentre os quais um veterinário, e eu advogado. Na verdade nossa origem é predominantemente italiana, contudo uma parte da família é procedente da França. Vem daí meu nome, cuja pronúncia correta é "Eluí", mas para meu eleitorado sempre fui Eloy Lenzi, abrasileirado mesmo.

Vivi em Araçá, terceiro distrito de Lagoa Vermelha, hoje emancipado, até meus treze anos. Depois, fui para o município de Passo Fundo, no Colégio Conceição, dos Maristas. De lá para Florianópolis, onde cursei a Faculdade de Direito até o terceiro ano, transferindo-me para PUC de Porto Alegre, aí diplomando-me na sétima turma. Durante a Faculdade, fui vereador em Lagoa Vermelha, e findo o primeiro mandato, já formado e de volta à cidade, tentei me dedicar apenas a carreira de advogado, mas não agüentei ficar longe da política... Elegi-me como vereador por três mandatos, bem como deputado federal por outros três. Foram 24 anos de legislaturas, sempre escolhido pelo pleito popular. Não me inibo em declarar, que nasci político. Eu sou político nato!

Na legislatura de 1971 à 1974, lembro-me morava em um hotel em Brasília, com os companheiros: Freitas Nobre, Rossetti, Chico Pinto. Fazíamos as refeições no hotel e na mesma mesa, mesinha pequena... Um dia estávamos uns três ou quatro deputados tomando café da manhã e falando de política. Objetivávamos uma proposta minha, de separar os deputados da revolução e que a apoiavam infiltrados no MDB — dos deputados autenticamente populares. Tínhamos identidade de ação, éramos homens decididos a exercitar nosso mandato no sentido mais próximo possível do que considerávamos ideal para o momento. Ou seja, assumirmos definitivamente uma postura de oposição.

Entendíamos que não estávamos na Câmara para agradar ao governo, até porque a quantidade de bajuladores excedia. Estávamos preocupados, queríamos ser deputados, falar sobre os problemas do povo, e combater a ditadura. Nesse café matinal, falei para os outros três companheiros, residentes no Brasília Palace:

— "É chegada a hora de separarmos o joio do trigo. No MDB não se sabe mais quem é realmente do partido, ou da revolução. Todo mundo elogia a revolução, e não sabemos com quem podemos contar. Devemos fundar dentro do MDB, um Grupo em que pudéssemos confiar."

— Todo mundo era do MDB, mas ninguém dava prova, fazia jus, ou praticava um gesto sequer de oposição ao governo. Buscávamos deputados que, pela conduta e modo de ação parlamentar, se identificassem como oposição, pela postura política, e não por palavras ou localização partidária:

— "Eu sou ARENA ou MDB."

Deste modo, apareceu a idéia de organização dos deputados de oposição em um núcleo, surgindo a palavra Autêntico, ou seja dos deputados autênticos. Como dizia Freitas Nobre:

— "Devemos separar os anti-revolucionários dispostos à briga, dos aduladores". Começamos a descobrir dentro do MDB, os não servis, ou seja, quem era deputado Autêntico! Na ARENA todo mundo era "puxa-saco", pode até ser engraçado, mas era a função deles... Conversamos com outros deputados e logo a idéia tomou conta. No início as discussões estavam meio mornas, e confesso que me desinteressei um pouquinho, mas depois vi o movimento crescendo... Ah! fiquei muito empolgado! Depois de certo tempo até vigiávamos o plenário e avaliávamos, informalmente, lógico, os discursos:

— "Este não foi Autêntico, aquele foi..." A imprensa neste momento já se fazia presente nos apoiando. Sentiu que íamos nos sedimentar.

O Movimento Autêntico ampliou-se muito rapidamente tomando conta do partido. Interessante, é que todo mundo passou a se apresentar como membro do nosso Grupo, pouco adiantando a conduta resguardada na expressão Autêntico. Enfim, os Autênticos, sob certa perspectiva, tomaram conta do partido, "inspirando" inclusive Ulysses Guimarães, que apesar de ser presidente do MDB, passava a impressão de ser da ARENA e outras vezes, que era mesmo o líder da oposição, em uma conduta absolutamente dúbia.

No Grupo, não tivemos um líder, e sim vários líderes simultaneamente, em especial porque começamos com poucas pessoas. Em seguida o Freitas Nobre andou promovendo reuniões pelos corredores da Câmara e nos salões do Congresso. Quero ressaltar o esforço de Freitas Nobre que, despretensiosamente, foi muito dedicado à idéia do Grupo até o fim. Algumas reuniões, estou lembrado, foram sugeridas por ele até que o movimento acabou tomando conta do partido e aí desapareceu a necessidade... Depois de certo ponto, o MDB se confundia com o Grupo Autêntico, e o Grupo Autêntico se confundia com o MDB. Principalmente a partir de 1974, quando foi dado por atingido nosso objetivo primacial, aquele que tivemos no hotel, e o partido passou a ter princípios realmente definidos e diferente dos estatutos, os quais não definiam coisa nenhuma.

Passados todos estes anos, tenho a nítida impressão de que as expressões Autêntico e Movimento serviriam para definir a posição do Ulysses em torno da oposição: o da real oposição. Essa movimentação política, que começou com meia dúzia de deputados, com o tempo e dada a situação política da época, expandiu-se extrapolando os limites do Congresso Nacional.

Nossa principal luta era contra a ditadura, e quanto ao projeto de sociedade pretendido. Situava-se no apoio ao povo, consubstanciado em projetos sociais. Amizade e compromisso com o povo e não "puxa-saquismo" à revolução isto já excedia! Precisávamos de deputados legítimos, que fossem autenticamente amigos do Brasil e do povo brasileiro.

Os Autênticos se caracterizavam como a verdadeira oposição no Congresso Nacional, principalmente na Câmara, local de sua gênese. Era o Grupo que fazia oposição ao governo de forma declarada, franca, aberta, induvidosa, sendo em síntese as finalidades de sua existência.

Não propúnhamos alianças nem fazíamos alianças com ninguém, a não ser entre nós mesmos. Ou seja, aliança propriamente dita não havia. Talvez por isso, inicialmente, nos relacionávamos dentro do partido aos trancos e barrancos. Quando, todavia, nossa presença tornou-se ostensiva, o MDB procurou entrar no Grupo, misturando-se, confundindo-se quase conosco. Foi o que fizeram.

Nossa relação com a ARENA era zero... Nada! O tratamento do Grupo em relação a ela se dava no debate, no plenário da Câmara, ou onde pudéssemos discutir. Com a ARENA era mesmo no "cacete".

No princípio a imprensa procurava nos evitar, não se manifestando. Tinham medo. Iniciaram uma marcação cerrada, e o tema Autênticos esteve proscrito durante um período razoável. Com o passar do tempo a imprensa ou parte dela foi adquirindo confiança no Grupo e passou a nos apoiar com discrição, mas apoiava! Embora no começo não divulgassem nada, depois de algum tempo passaram a divulgar alguma coisa ou outra, sobretudo porque criávamos fatos políticos. Posteriormente, nos tornamos notícia dos principais jornais de todo o país.

O cotidiano de um Autêntico era conversar e descobrir entre os deputados do MDB, aqueles que tinham característica de autenticidade para convidá-los a integrar o Grupo. Nosso princípio básico de separar os deputados como pró-revolução e Autênticos, se materializava na ação, não na legenda do partido e muito menos nos programas partidários, porque não vigoravam, só existindo no papel.

Desta forma por mais surrealista que possa parecer, éramos nós Autêntico, que determinávamos, pelo nosso referencial, como deveria ser um deputado do MDB: atuante, defensor das causas populares, e de programas voltados à ação social e do combate aberto a revolução. O sujeito para ser Autêntico tinha de ser contra a revolução, e combater os generais no governo. Isso era fundamental! E nossos colegas emedebistas, depois de muita resistência, muita rejeição, apropriaram-se do nosso modo de ser Autêntico, tornando este comportamento unânime. E assim, conseguiram muita popularidade e votos. Na medida em que conseguimos adesão de todos não havia mais necessidade de um Grupo específico... Uma vez em que o partido foi aderindo, consumou-se a finalidade dos Autênticos!

A partir deste ponto, os próprios deputados não-Autênticos procuraram ser Autênticos deputados em seus discursos. Tinham medo de não se identificarem como Autênticos em seus pronunciamentos, colocando em risco as eleições posteriores e, por isto, adequavam seus discursos aos nossos.

O ponto máximo da ação dos Autênticos foi no ano de 1974, quando o governo Médici lançou a candidatura do Geisel ao Colégio Eleitoral. De nossa parte, lançamos Ulysses como candidato de protesto, posto que neste momento histórico, se apresentava com posições, digamos, mais compatíveis com as do Grupo. No processo da Anticandidatura tínhamos a nítida finalidade de denúncia da ditadura brasileira no exterior. Supúnhamos, que devido ao controle, a mordaça na imprensa da época, quase nada era publicado sobre o regime autoritário, e tampouco em relação ao MDB. Se soubessem da existência do MDB, achariam que era um partido de oposição consentida pela revolução, e, portanto, ilegítimo.

Desta forma, lançamos Ulysses Guimarães como o candidato do Grupo aproveitando os veículos de comunicação do governo para colocar o nome do candidato da oposição, em evidência na mídia, e mostrar no exterior que havia resistência. No dia da eleição, comparecemos ao Colégio Eleitoral, e na hora da votação, denunciamos aquela farsa, devolvendo nossa intenção de voto, aos respectivos eleitores. Como testemunhas oculares tivemos o corpo diplomático credenciado de Brasília, e o meu voto foi o seguinte... Ainda devo me lembrar:

— "Deixo de votar, por não se tratar de uma eleição e sim de um simulacro de eleição". Disse em pé, e de peito aberto para ser identificado por todos.

Com isso conseguimos adesões no exterior, muitas adesões... E a realidade brasileira ficou exposta fora do país. Localizo na Anticandidatura, em especial de seu epílogo, o desencadeamento do processo de abertura democrática no país. Lento e gradual — como dizia o Geisel — mas começou sobretudo, quando deputados e senadores, passaram a ter espaço na mídia, e a falar que no Brasil havia uma ditadura.

Nossa dissolução, aconteceu porque fomos absorvidos pelo partido. Mas a verdade é que o Grupo Autêntico se fez valer, principalmente por isso, porque trouxe o MDB, que era um partido inútil, para a oposição ao governo militar.

O MDB, transformou-se em Autêntico, dando um caráter partidário ao discurso de combate à revolução, pregando a restauração da democracia com projetos de natureza social, antes só do grupo.

Até o programa do MDB passou a ser respeitado e cumprido, tornando-o, daí em diante, um verdadeiro e legítimo partido de oposição. Esta foi a maneira como compreendi o processo, por mais paradoxal que possa soar...

Quando os deputados emedebistas assumiram postura oposicionista, foi engraçado, porque, a ARENA, que mantinha um entendimento amistoso com os deputados do MDB, pois entendia que eram fruto do mesmo movimento político, interrompeu todo e qualquer diálogo.

Separaram-se as coisas, "o joio do trigo", e os deputados do MDB que não eram Autênticos passaram a ser os mais Autênticos, no sentido de se credenciarem para o futuro, perante a opinião pública.". Os deputados "cordeiros", transmudaram-se em "leões". Pelo menos, rugiam forte! Alguns até foram cassados!

Não tenho acompanhado as discussões políticas. Depois de minha não-eleição no ano de 82, e de alguns derrames, estou fora da política e da advocacia. Encontro-me em uma cadeirinha de rodas, fazendo estas declarações, inteiramente fora da política, por motivos, principalmente de saúde. Mesmo estando distante, percebo que algumas coisas mudaram, seja no aspecto político, ou no moral.

Politicamente considero o fim da União Soviética fator preponderante, possibilitando uma inter-relação mais efetiva no mundo. Quando militante do Grupo Autêntico, o mundo estava dividido entre comunistas e não-comunistas, gerando muita confusão. Eu nunca fui comunista, mas com eles era confundido, porque defendia o social. A concepção que sempre tive é de que os governos foram feitos para servir ao homem, e não o homem foi feito para servir ao governo. Isso significa que sou um democrata! A revolução pensava ao contrário: que o homem deveria ajudar o governo, que por sua vez, não tinha obrigação de ajudar ninguém. Como democrata que sou, condeno toda e qualquer ditadura.

Quanto à moral dos políticos (com exceções, é claro), houve uma piora muito grande, principalmente em nível federal. Na época do Grupo, para ser um Autêntico tinha de ter acima de tudo honestidade e coragem. Coragem cívica, pública e política, para criticar o governo, o que não era fácil. Ao contrário, era muito difícil. Razão porque, muitos deputados apressavam-se em elogiar o governo da revolução. Depois do Movimento Autêntico, é que criaram coragem de ostentar uma marca na testa de oposição à revolução. Por isso afirmo, este é o ponto em que começa uma guerra política, determinando o princípio da abertura política.

Se não tivesse acontecido o Grupo Autêntico, talvez estivéssemos até hoje vivendo uma ditadura militar.

Registro que, no aspecto moral propriamente dito, não havia ladrões públicos que se soubesse, caso existissem, não sabíamos. Hoje ao contrário, surge à luz do sol para a infelicidade do Brasil, o chamado movimento dos "Anões" que roubaram desordenadamente nesta República, e ainda, como prêmio estão sendo aposentados pela Câmara, como aconteceu recentemente com alguns deles, dois ou três. Inclusive o "Presidente dos Anões", Ibsen Pinheiro, que foi deputado da ARENA, e modesto servia à revolução, porém quieto.

Veja esse Paulo César Faria: está na cadeia por um processo de sonegação fiscal, e não pelo processo de roubo e peculato, mesmo depois de comprovado que roubou milhões e milhões de cruzados!

Como disse, não estou acompanhando mais a atuação dos partidos políticos. Entretanto, continuo pensando da mesma forma, ou seja, que a função de um partido é trabalhar pela realização do bem público dentro do princípio de democracia absoluta. A última corrente política a que pertenci foi o PDT... Atualmente, nem com ele me identifico mais.

Garanto contudo, que se eu tivesse a felicidade de comandar o poder, ladrão eu não seria, de jeito nenhum! Não faria como Jânio Quadros, porque ele era "o pai dos demagogos", mas espanaria todos os ladrões, para fora do Congresso, e governaria pela realização do bem público, preferencialmente, sem descuidar do econômico e com justiça.

A minha última legislatura foi de 1978 à 1982, não fui reeleito porque organizava o PDT no Norte do país, a pedido do Brizola, apesar de ser candidato a deputado pelo Rio Grande do Sul, que é minha base. Pedro Simon resolveu e não quis vir comigo para o PDT, fez um jogo muito sujo, trabalhou por baixo, e me derrubou. Enquanto eu estava em Manaus, Roraima, Acre, Mato Grosso, Goiás.. organizando o PDT, ele me passava a perna aqui! Circulava pelas bases, comprando o apoio de muitos prefeitos da minha região e dos diretórios regionais do meu partido, usando verdades e mentiras, principalmente mentiras, solapando minha base. Fiquei como primeiro suplente. Não me candidatei mais!

Durante o período de Autêntico, não tínhamos consciência do nosso papel histórico, porque não esperávamos que o movimento tivesse a amplitude alcançada, e, que tampouco iria, de certa forma, influir no curso da história. Isso não sabíamos... Nosso desejo era que os deputados do MDB fizessem oposição à revolução e ficassem à favor do povo, o que não acontecia com a maioria. Éramos, inicialmente, um pequeno Grupo. Daqui do Rio Grande do Sul, uns três; de São Paulo, o Freitas Nobre, cearense radicalizado, lá fazia política, era um grande deputado.

Quando nosso Grupo consolidou-se, e perceberam a sua amplitude, influenciou até a Assembléia Legislativa daqui de Porto Alegre. Surgiram deputados estaduais de todos os lados que eram Autênticos aqui, no âmbito estadual! E por que isso? Porque o povo tinha interesse em saber quem era Autêntico. E, por causa das futuras eleições, que um dia deveriam sair, todos passaram a ser...

Nosso mérito, ah! este ninguém tira! Fomos os pioneiros em assimilar princípios como: combater a ditadura, trabalhar para o bem do povo e restaurar a democracia.

Qual o significado desta experiência para mim? Bom, me sentia apoiado nos companheiros, lógico, e percebendo que não estava atuando isoladamente deslanchamos e nos sentíamos em casa. Fomos como as aves que anunciam a primavera, quando através do nosso comportamento indicamos que o fim ditadura se esboçava.

É bom lembrar contudo que, esse movimento aconteceu entre 1971 e 1973. De lá para cá sofri quatro derrames, quatro AVC's! Teria muita coisa a relatar, mas estou muito esquecido..."

Fernando Cunha

(Fernando Cunha Júnior)

NASCIMENTO:

29 de maio de 1935
Itumbiara, GO

FILIAÇÃO :

Fernando Cunha e Jandyra Leão Cunha

FORMAÇÃO:

Advogado
Faculdade de Direito
Universidade Federal de Goiás
Goiânia, 1960.

CÔNJUGE :

"Lolita" Brandão Cunha

FILHOS :

Artur, Fernando, Augusto e Fernanda

NETOS :

Tatiane, Cintia, Indira, Fernando,
Hugo, João Paulo, Danilo,
Maria Fernanda, Maria Luiza,
Marcella, Manoella e Bruno

"Senti, em toda a plenitude, a luta dos Autênticos."

Brasília, 13 de junho de 1994

"Eu nasci na cidade de Itumbiara, divisa de Minas com Goiás, no dia 29 de maio de 1935. Tive uma vida escolar movimentada, sobretudo pela inúmeras mudanças de cidade, pois meu pai era coletor estadual, cargo que na época significava uma espécie de representante do governo do Estado no município. Papai foi primeiramente transferido para Anápolis, desencadeando uma série de mudanças subseqüentes. Aí, iniciei o curso primário o qual concluí, poucos anos depois, em Goiânia, para onde mudamos. Na capital de Goiás, cursei também os primeiros anos do ginásio, vindo a terminá-lo em Anápolis. Aos quinze anos de idade, mudei-me para a cidade do Rio de Janeiro, lá comecei o segundo grau, porém diplomei-me em Anápolis. Por fim, entrei na Faculdade de Direito de Goiás que precedeu a Universidade Federal daquele Estado. Sou, portanto, advogado, e hoje estou aposentado como procurador de Justiça do município de Anápolis.

Meus pais tiveram doze filhos (dez homens e duas mulheres); oito deles morreram, entre os quais, dois recém-nascidos. Meu irmão mais velho faleceu aos 28 anos. Ele era dentista e foi prefeito da cidade goiana de Guaiatuba. Hoje somos quatro vivos, todos homens.

Em 1943, meu pai adoeceu ficando semi-inválido... Naquele tempo, a legislação estadual não dava garantia nenhuma a seus funcionários, o que nos levou a uma situação dificílima, obrigando os cinco filhos a buscarem trabalho. Sendo o 11º deles e estando com oito anos de idade, comecei vendendo, no tabuleiro, salgados que minha mãe fazia. Recordo-me, com muita precisão o aroma do pão de moranga, típico de Goiás... avermelhado, delicioso!

Nessa situação, aos quinze anos, muito ávido por estudar, fui ao Rio de Janeiro onde meu irmão João já se encontrava. Lá chegando, arrumei emprego como auxiliar de escritório na "Tecelagem Paulistana", estabelecida à Rua da Alfândega. Depois mudei-me para São Paulo, trabalhando em uma gráfica de nome Bignardi, e posteriormente na Sidney Ross Company, na Rua Vieira de Carvalho, uma multinacional fabricante, dentre outros produtos, do famoso Melhoral.

De volta a Goiás, sentindo-me experimentado, vivido, considerava-me preparado para o casamento... Tinha um bom emprego, e, de certa forma, encontrava-me bem financeiramente. Lolita e eu decidimos nos casar, e como tínhamos apenas vinte anos, nossos pais precisaram nos dar autorização para que pudéssemos realizar nossa vontade. Lolita era funcionária do governo, e eu, do alto de meu machismo, considerava que mulher minha jamais poderia trabalhar fora, o que a levou a pedir demissão antes do casamento. Formei-me em Advocacia, no ano de 1960, já casado... Antes disso, entretanto, como todo moço pobre da época, tentei fazer vestibular de Medicina na Pinheiros, em São Paulo... Veja, que pretensão!

Não fui, felizmente, o único filho a chegar à Universidade. Em ordem decrescente: o 12º segundo iniciou o curso de odontologia, mas não o concluiu; eu, o 11º, formei-me em Direito; o décimo, Euclides, também advogado, é um sujeito excepcional! Imagine você que, no primeiro concurso para fiscal estadual, realizado em Goiás, entre seiscentos candidatos, ele passou em primeiro lugar! E o mais velho, morto aos 28 anos, era dentista. Meu outro irmão, que está vivo, não fez faculdade. Chama-se João, morou em São Paulo, tendo trabalhado na Lista Telefônica, por onde se aposentou. Voltando para Goiás, trabalhou comigo; foi vice-prefeito de Anápolis e mora, atualmente, na cidade de São José dos Campos.

Vivi um período de faculdade muito vibrante! Formávamos uma turma grande de estudantes e viajávamos, diariamente, de Anápolis a Goiânia, acordando de madrugada e enfrentando sessenta quilômetros de estrada de chão na qual, inúmeras vezes, ficávamos atolados. O grupo de Anápolis, graças à nossa união, é que apontava os rumos do movimento estudantil da Faculdade de Direito. Alguns colegas, inconformados com nosso poder de decisão, bem como com a minha liderança, acusavam-me de ditador. Enfrentamos batalhas sérias e definitivas... Nessa ocasião, nossa principal luta era pela transformação das diversas faculdades em uma Universidade Federal. Em meio ao nosso empenho, surgiu a Igreja Católica que, sem nenhum trabalho no campo universitário em Goiás, resolveu fundar uma Universidade. Brigamos muito contra essa possibilidade, porque não fazia sentido a igreja conseguir o seu intuito deixando-nos para trás, uma vez que nos encontrávamos em pleno processo de luta em busca de uma Universidade Federal. Felizmente, algum tempo depois, nossa batalha foi vitoriosa!

Um outro episódio bastante curioso do tempo de estudante, deu-se quando terminei o curso de Direito. Em 1960, um ano depois da experiência de Sierra Maestra, e por conta disso, resolvemos que nosso paraninfo seria ninguém menos que Fidel Castro! Alguns colegas fizeram-lhe o convite, o qual aceitou de imediato! Tal ousadia nos valeu inúmeras brigas: o bispo nos acusou de trazer ao solo de Goiás um comunista, portanto, materialista; o diretor da Faculdade ameaçou não fazer nossa colação de grau; e até, pasme! O embaixador dos Estados Unidos esteve em Goiânia alertando do mal-estar diplomático que causaria a presença de Fidel no País. Na última hora, impossibilitado de vir ao Brasil, o estadista cubano enviou o comandante Rolan Cuberras para representá-lo. Figura brilhante e inesquecível! Interessante é que, logo ao voltar a Cuba, foi preso por pertencer a uma ala mais radical que a hegemônica, sendo solto há pouco tempo. Li qualquer coisa a este respeito...

Todos esses fatos, entretanto, não impediram que minha "veia política" emergisse... A bem da verdade, desde criança sou político... Desde os quinze anos de idade, exerço política, sempre na liderança estudantil: fui presidente da União Secundarista de Estudantes de Anápolis; pertenci à chamada "ala moça" do PSD da qual fui eleito presidente. E contabilizo portanto, 44 anos de atividade política!

Na condição de advogado, trabalhei durante algum tempo na área de Processo Civil e, em seguida, fui nomeado procurador de Justiça da Prefeitura Municipal de Anápolis. Logo após o golpe de 64, participei do primeiro grupo de advogados de presos políticos do Brasil fazendo muitas defesas até 1970, quando, pela primeira vez, fui eleito deputado federal. Apesar de jamais ter exercido outro cargo eletivo, eu acumulava muita vivência partidária, pois, participava ativamente do processo político. Especialmente a partir de 1960, quando da eleição do governador Mauro Borges cuja posse se deu no ano de 1961. Nessa ocasião, fui convidado por ele para montar um sistema de comunicação social do governo do Estado de Goiás que propunha uma macroestrutura compreendendo: jornal, rádio, agência de propaganda, agência de notícia, instituto de cultura popular, além da instalação de um canal de televisão próprio.

Assim, em 1964, estive na Alemanha Oriental participando da "Feira de Liepzig" onde comprei uma indústria gráfica para substituir a bastante obsoleta que possuíamos em Goiás. Aproveitando a viagem, aportei em Bruxelas e, assessorado pela embaixada brasileira, acertei a aquisição de aparelhagem para a instalação de nosso canal de TV que, por sinal, existe até hoje no Estado, o canal 13, TV Brasil Central... Isso tudo aconteceu na véspera do golpe militar, ou seja, voltei da Europa no dia 19 de março de 1964! A partir daí, não aconteceu mais nada e com a instalação da ditadura, deixei o governo.

Ressalto que fui o primeiro secretário de governo do Mauro Borges a pedir demissão. Na oportunidade, demarquei minha posição, dizendo ao governador que eu e os demais membros da minha equipe renunciávamos porque a situação era completamente outra... O governo democrático, moderno, avançado que fazíamos não teria mais espaço naquela circunstância... Felizmente, eu era proprietário de uma empresa, uma pequena imobiliária que, com o advento do BNH, transformou-se em uma construtora na qual ocupei meu tempo. Tive, também, na condição de diretor e sócio de duas rádios locais, outra opção de trabalho após ter pedido demissão do governo de Mauro Borges. Logo depois, as rádios foram vendidas por mim.

Goiás talvez tenha sido o Estado que mais sofreu perseguição durante a ditadura, notadamente no início... Tudo porque o governador Mauro Borges era, e continua sendo, um homem extremamente idealista. Chegou até, em um primeiro momento, a acreditar que não se tratava bem de um golpe... Era apenas uma manifestação dos militares visando o restabelecimento do processo democrático. Lamentavelmente, sua leitura estava errada! Discordei dele desde o primeiro momento, o que me fez passar, praticamente, toda a noite de 31 de março no Palácio conversando com o governador e sua esposa, hoje falecida. Eu tentava convencê-lo de que vivíamos realmente um golpe militar, cujo copartícipe civil, era o governador Magalhães Pinto, de Minas Gerais, facilitando o estabelecimento de uma ditadura militar no país. Mauro, discordando, saiu em defesa de Magalhães a quem considerava um democrata. Atribuía às forças de apoio do presidente João Goulart a única tentativa possível de, naquele momento, estabelecer uma ditadura no país e afirmava não aceitar, de forma alguma, a ruptura do processo democrático. Sua ótica provou-se completamente equivocada por que, afinal de contas, a história mostrou o contrário...

Sob o manto da ditadura militar, Mauro ainda tentou ajudar naquilo que acreditava ser uma saída democrática, ou seja, buscou, juntamente com os demais governadores da época, a radicação de um nome que consideravam poder levar o Brasil ao processo de democratização: Castelo Branco. Mauro Borges foi, inclusive, o homem que representando os governadores trouxe o nome de Castelo ao Congresso Nacional.

Estando fora das funções governamentais, fiquei uma parte do tempo (de 1964 a 70) defendendo presos políticos, outra escondido. Esta atuação acarretou uma feroz perseguição por parte dos promotores militares. Houve um fato curioso na auditoria de Juiz de Fora: eu acabara de preparar, para o Supremo, uma ordem de *habeas corpus* de todo o pessoal indiciado na cidade de Anápolis por um Inquérito Policial Militar (IPM). Quando estava praticamente minutado, pronto para a datilografia, veio o Ato Institucional nº 2, passando o julgamento para a Justiça Militar e, conseqüentemente, levando também o processo para lá. Algum tempo depois, uns três ou quatro meses, estava em meu escritório quando chegaram alguns policiais à minha procura, e dando voz de prisão levaram-me para a delegacia de polícia. Ao chegar lá, deparei-me com vários componentes do grupo que defendia e, para minha surpresa, todos se encontravam presos. Fui colocado em uma sala juntamente com eles, na qual permanecemos presos por um dia inteiro e sem nenhum tipo de explicação. No entanto, devido à minha prisão, acionaram o presidente da Ordem dos Advogados, Rômulo Gonçalves, uma das figuras mais importantes desta nação pós-64. Foi o primeiro grande advogado de presos políticos no País. Figura que, logo nos minutos iniciais de 1964, saiu em defesa deles assumindo uma posição forte e intransigente! Se o Brasil tivesse memória ou se, pelo menos, fizéssemos justiça, deveríamos colocar Rômulo Gonçalves como uma figura exponencial entre os advogados de presos políticos do Brasil. Na ocasião em que fomos detidos em Anápolis, ele contrapôs-se ao delegado responsável pelo inquérito, constatando que não havia nada, nada contra mim, exceto um pedido de Juiz de Fora para que o DOPS enviasse as nossas fichas... Mesmo parecendo piada de mau gosto, fui preso por não ter ficha policial! Então, estava lá para fazê-la! Atitude que demonstrou, muito bem, a truculência da época!

Na verdade, só não ficamos encarcerados durante alguns dias, por que Rômulo foi muito duro e ameaçou o delegado que nos soltou, depois de manter-nos presos, como de praxe, até o anoitecer em uma sala sem a menor condição... Apesar de nos libertar, elaborou nossa ficha, imputando-nos crime contra a Segurança Nacional. Concluímos que o único crime cometido foi nossa identificação criminal, isto é, detidos por ele para fazer uma ficha policial!

Nesse mesmo processo, fomos chamados a Juiz de Fora onde houve outra arbitrariedade, por parte da Promotoria e do próprio juiz Auditor... Os indiciados ao serem indagados a respeito da identidade de seus advogados, disseram:

— "Rômulo Gonçalves e Fernando Cunha". O promotor, aos brados, protestou dizendo que não me aceitava como advogado porque eu era réu. Rômulo levantou-se imediatamente, fazendo ver ao promotor seu equívoco, pois a lei me conferia o direito de advogar! Eu era o advogado do processo, ele houvera entrado posteriormente... Porém, percebi a discussão muito áspera e senti que a partir daquele momento qualquer motivo serviria de razão para que as pessoas permanecessem presas. Pedi, então, ao Rômulo que aceitasse a imposição, pois o principal era não ficarmos presos em Juiz de Fora. O que, felizmente, aconteceu.

Nessa mesma época, estávamos no Rio de Janeiro, sede do Superior Tribunal Militar e após dividirmos em grupos as diversas pessoas indiciadas no processo, conseguimos *habeas corpus*. Dentre os tantos nomes componentes do processo estava o meu... O relator era o ex-ministro da Aeronáutica, Grunewald, que mostrou, de forma séria e contundente, o absurdo do processo, pois eu havia sido denunciado pelo crime de estar defendendo, com veemência, os meus constituídos, ou seja, cumprindo meu dever profissional. Grunewald pediu, inclusive, que o promotor fosse denunciado por este ato. Aquela experiência mostrou, ao impetrar um *habeas corpus* no Superior Tribunal Militar, uma bizarra mas assustadora situação na qual fui transformado de advogado em réu, graças à intolerância da "Justiça" Militar. Estávamos no auge da carnificina "revolucionária".

Os demais *habeas corpus* foram obtidos em grau de recurso no Supremo Tribunal Federal, sendo uma grande vitória alcançada por dr. Rômulo Gonçalves!

No âmbito familiar, "64", trouxe-me uma irreparável perda. Desde 1943, meu pai sobreviveu muito doente e frágil e ao final de sua vida passou a sofrer de asma crônica e de problemas cardíacos. Nesse período, meus pais moravam comigo e lembro-me de minha mulher, Lolita, aplicando injeção em papai, todas as noites, para aliviar a falta de ar. Em 1964, ele morreu, e colocamos a notificação de seu falecimento na primeira página do Jornal *O Popular*, de Goiânia. Enorme foi nosso espanto ao ver, do outro lado da página, uma convocação do Exército intimando-me a depor em outro Inquérito Policial Militar (IPM). Exatamente ao lado do obituário de meu pai! Veja, até que ponto chegava a crueldade, o terrorismo da ditadura! Quanto à mamãe, em 1965, após ter sofrido um derrame cerebral, viveu vegetativamente por uma semana, vindo a falecer.

A minha entrada na política para concorrer a um cargo aconteceu na campanha de 1970, época em que as pessoas não tinham coragem de se candidatar porque temiam a repressão. Esse fato fez com que o MDB não atingisse o número suficiente de candidatos para compor a chapa eleitoral. O governador Mauro Borges, cassado e impedido de participar, solicitou a minha candidatura. Em sua avaliação, eu talvez fosse o único membro de seu governo com condições de ser eleito. Sucumbi, lançando-me candidato a deputado federal.

Logo no início da campanha, senti que havia condição de eleger-me e, a partir disso, comecei a visitar o Estado inteiro, embora priorizasse a capital. Percorri as cidades de bairro em bairro, de rua em rua, fiz comícios nos quais denunciava abertamente a ditadura e, ao mesmo tempo, lançava luz às arbitrariedades por ela cometidas. Sentia nos olhos do povo a necessidade de expressar seus pensamentos, suas angústias, e segui denunciando e contestando o regime militar. Repito, fiz isso de bairro em bairro, de rua em rua, em todos os cantos de Goiânia e em todos os rincões do Estado onde tive condições de falar. Foi por intermédio da campanha, e exclusivamente da campanha de contestação, que consegui ser o deputado federal mais votado da história da capital goiana, com uma belíssima votação! Situação, felizmente, repetida nas eleições de 1974, 78, 82, 86... Cinco vezes!

Vale lembrar que cheguei aqui, a Brasília, vindo não só de uma campanha, mas também de uma história de participação na luta contra o autoritarismo, fruto da cultura antimilitar, antiditadura. Ainda muito jovem, estava disposto a confrontar o regime de exceção de todas as maneiras possíveis. Tenho a impressão de que boa parcela dos componentes do Grupo Autêntico, formado mais tarde, pensava do mesmo modo, pois desde o início nos desencantamos ao deparar com um partido de cabeça curvada. Dizia-se, na época, que a ARENA era o partido do "sim", e o MDB do "sim, senhor". O MDB da ocasião concordava com a tese militar da oposição, sem contestação... Tudo era muito fechado, sequer podíamos verbalizar expressões como: "golpe militar", "ditadura" porque criavam muito caso...

A bancada emedebista resumia-se a setenta e poucos deputados. Nos primeiros contatos, fomos verificando quem era quem, pois tínhamos o objetivo de aglutinar pessoas com o mesmo sentimento antiditadura e que, sobretudo, estivessem dispostas a enfrentá-la com luta e determinação. Através das manifestações na tribuna da Câmara, é que fomos, aos poucos, juntando-nos e, algum tempo depois, formamos um Grupo que nasceu, cresceu, e, penso até, decresceu naturalmente. Em um primeiro momento, conseguimos estabelecer contato com muitas pessoas, todavia com o acirramento da repressão, elas passaram a correr de medo. Nessa trilha, seguimos até chegar ao episódio da Anticandidatura de Ulysses Guimarães, quando apenas 23 deputados foram até o fim da eleição de 1973, vindo posteriormente os Neo-Autênticos. A imprensa começou a nos chamar Autênticos... O "apelido" pegou, e fomos registrados na história como Grupo Autêntico.

Não houve qualquer formalismo de nossa parte em batizar o grupo com o nome Autêntico, ou de estabelecer um coordenador, um presidente... Nada disso! Não tínhamos divisão de papéis... Nos reuníamos e tomávamos decisões buscando viabilizar algum assunto e sequer tínhamos líder. Era uma coisa muito espontânea, muito fraternal. Creio que foi um dos episódios de maior liberdade já vistos no Brasil. Quero dizer no sentido filosófico, pois contraditoriamente estou me referindo à liberdade quando vivíamos um período autoritário.

Todos nós, componentes do Grupo, tínhamos um bom embasamento político, ideológico e cultural de esquerda. Com estas características comuns e, especialmente, nosso posicionamento em relação à ditadura, juntamo-nos com ânsia de mudar, contestar e brigar. Este processo foi responsável pela vitória do MDB em 1974 e ficou conhecido como a "grande virada do Brasil"!

Ah! Não tenho dúvida de que na época era dentro do MDB que estava nossa maior dificuldade, nós incomodávamos, e incomodávamos muito! Tenho, muito presente, algumas situações. Várias vezes quando nos reuníamos, havia discussões muito ferrenhas, principalmente dos mais exacerbados como Fernando Lyra, Chico Pinto e outros... Havia um outro grupo de pessoas, digamos mais "ponderadas" como é o meu caso, sempre fui pessoa afável no trato com os demais. Até por que, eu sentia que não estava ali para brigar com companheiros. Alguns, porém, eram mais duros, e volta e meia era um "pega pra capar".

Nossa primeira luta importante foi em relação ao deputado Ulysses Guimarães que, de certa maneira, era o líder da facção moderada, do chamado Grupo Moderado. Impressionante é que permanecemos na nossa posição, e o dr. Ulysses foi avançando, avançando, e em determinado momento era inteiramente nosso, sendo protagonista do episódio da Anticandidatura.

Quando pensamos na Anticandidatura, planejamos que o anticandidato percorreria o Brasil usando todas as tribunas possíveis e, na antevéspera do Colégio Eleitoral, com uma denúncia forte à nação e ao mundo, renunciaria! As pressões, entretanto, foram muitas e uma ala do MDB decidiu receber os votos... Vale lembrar que o nosso representante na chapa, Barbosa Lima Sobrinho, também mostrou-se cooptado ao aceitar essa situação pois, não renunciou, submetendo-se ao Colégio Eleitoral.. Nós, Autênticos, entretanto, fiéis ao anteriormente estabelecido, comparecemos à sessão para fazer um manifesto e dissemos não à eleição indireta, nos recusando a participar daquela farsa.

O dia da votação da Anticandidatura foi para mim, sem dúvida, o mais importante de nossa trajetória... Não obstante, por um lado cumprimos o planejado, contestando o regime de exceção e lançando para o mundo a denúncia de que aqui havia uma ditadura militar, e a eleição era ilegítima... Por outro lado, tivemos de enfrentar uma censura partidária enorme porque o MDB, de repente, resolveu participar do colégio eleitoral, o que não aceitávamos de forma alguma. Havia uma corrente quase hegemônica dentro e fora do Congresso e, sobretudo entre os militares no poder, defendendo a tese que nós deveríamos ser presos naquele ato por contestar a ditadura. Recordo-me, com muita nitidez, que minutos antes da sessão, fui chamado por um grupo de pessoas do meu relacionamento com a seguinte colocação:

— "Não participe, Fernando! Não faça isso! Está decidido, vocês sairão presos. Vai sair todo mundo preso." Porém, decidimos fazer o combinado, e dos 23 Autênticos que assinaram o manifesto somente dois não compareceram em função da ameaça de prisão: Jerônimo Santana e Nadyr Rossetti. Ocorre que a maioria estava presente, e o episódio teve seu desdobramento na eleição de 1974, por isso o considero um marco de extrema importância na atuação do Grupo Autêntico!

Ocorreram algumas dissidências durante nosso percurso, e atribuo isso ao fato de que, em um primeiro momento, pensava-se que os Autênticos estavam ali apenas visando uma posição dentro do partido e pronto. Porém, nos revelamos posteriormente com uma postura dura, inflexível, definitiva de contestação. Algumas pessoas declinaram logo no início como, por exemplo, Fábio Fonseca, deputado mineiro, que nos deixou dizendo:

— "O que é isso... Vocês são comunistas!" Era uma pessoa que não possuía formação política, foi um entusiasta no começo e depois nos abandonou, como vários outros.

A última defecção que tivemos foi do Alceu Collares no episódio da Anticandidatura. Na noite anterior ao manifesto na Câmara, ele participou de uma reunião do nosso Grupo, com Freitas

Nobre, Marcos Freire e JG de Araújo Jorge que juntos prepararam um documento para ser, como foi, lido em plenário. No momento da reunião, ele ratificou nosso manifesto propondo o comparecimento de todos para expressar nossa recusa em votar e para devolver o voto ao grande ausente: o povo. Era a proposta mais radical que existia e foi defendida, com muita veemência, por Alceu, que no dia seguinte, (para minha surpresa) resolveu tomar outra posição dizendo:

— "Eu mudei de posição, sou contra tudo isso, sou contra a participação!" Foi um "Deus nos acuda"! Marcos Freire, Chico Pinto e, principalmente, Getúlio Dias tiveram uma posição muito dura em relação ao Alceu... Nesse dia, ele se desligou do Grupo... De nossa parte, fomos à sessão do colégio eleitoral e cumprimos com o decidido.

Crescemos bastante no sentido da luta e presença na tribuna, bem como no trabalho político e eleitoral, incorrendo na disputa pela liderança. Inicialmente, nosso candidato a líder era Paes de Andrade. Fizemos até uma reunião no Rio de Janeiro para tratar do assunto. Não sei por que nos encontramos no Rio, talvez alguns saudosistas tenham escolhido aquela cidade! Na ocasião, aproveitamos a oportunidade para tratarmos e discutirmos vários assuntos, e finalmente veio uma proposta dos moderados que foi aceita por nós. Propunham que nosso Grupo apresentasse uma lista de candidatos moderados para que pudessem escolher um deles. Essa experiência resultou na indicação de Aldo Fagundes que, endossado por nós, Autênticos, assumiu a liderança do MDB. Embora não pertencesse ao Grupo, e até com tendências à moderação, foi indicado por nós como alguém em que confiávamos...

Em troca desse apoio estabelecido, visávamos, na verdade, a liderança que seria importantíssima para nós, porém, na impossibilidade de assumi-la aceitamos duas presidências de comissões: de Agricultura e Política Rural e de Serviço Público que permitiram nosso acesso a algum instrumento de trabalho e de luta. Foi indicado para presidência de Agricultura e Política Rural, Paes de Andrade que, anteriormente, fora indicado para liderança, embora não o tenham aceito; e Marcos Freire para a Comissão de Serviço Público. No dia seguinte, Paes foi muito criticado pela imprensa que insistia em proclamar sua inabilidade com a terra, pois jamais plantara sequer um pé de couve e por isso não poderia exercer a presidência da Comissão de Agricultura. Tal colocação deixou Paes chateado, levando-o, posteriormente, durante uma reunião, a abrir mão da presidência da

Comissão, mas com a exigência de que o presidente fosse eu, Fernando Cunha.

Bem, sou de um Estado eminentemente agrícola, de modo que as coisas seriam mais fáceis para mim como presidente da Comissão de Agricultura e Política Rural e, assim ficamos Marcos Freire e eu. Logo em seguida, o líder do MDB nos procurou, dizendo que o pessoal do Palácio do Planalto vetara os nossos nomes. Aconselhou-nos que, naquele momento, estrategicamente, não era bom lutar, poderíamos, o partido poderia perder as posições, sobretudo porque a ARENA era maioria esmagadora. Deste modo, pediu-nos que concordássemos com a resolução deles e abríssemos mão... Obedecemos. Não quisemos lutar porque podíamos estar colocando em risco o pouco conquistado. Veja, fomos impedidos de indicar o líder, o presidente da Comissão de Agricultura e Política Rural e o presidente da Comissão de Serviço Público. Ficamos sem cargos...

Contávamos, na época, em relação à mídia, com alguns jornalistas que compartilhavam do nosso trabalho com muito entusiasmo, até participando das nossas reuniões, palpitando como se membros do Grupo fossem. Todas as questões levantadas nas reuniões consideradas "segredo", eles não divulgavam, só publicando o que autorizávamos, e pronto. Era um grupo pequeno de jornalistas que participava dessa intimidade. Lembro-me do Armando Rollemberg (o "Armandinho"), de Hélio Doylle... De maneira geral, os jornalistas eram simpáticos à nossa causa. O grande problema eram os donos dos jornais e a censura que, até seu réquiem, foi muito dura conosco. Reconheço que a imprensa, de uma maneira geral, teve grande parcela de responsabilidade, pelo nosso sucesso. Tudo o que conseguimos mudar, melhorar eles mostravam, dando-nos até um certo ar de "Dom Quixote" querendo enfrentar os moinhos! Isso foi notório ao chegarmos em 1974, quando o resultado das urnas foi surpreendente no Brasil inteiro, mudando os rumos da política brasileira, e quiçá até da história nacional!

Graças às diferenças, sejam elas de personalidade, estado civil, forma de vida, cada um dos componentes do Grupo tinha um ritmo... Eu sempre fui um cidadão que, por força da minha própria vida, talvez pela minha formação, levantou sempre muito cedo e por isso era um dos primeiros a chegar à Câmara, embora permanecesse até tarde... Outra característica é que sempre fui muito caseiro, muito familiar, por via de conseqüência fazíamos as reuniões, ou boa parte delas, em minha casa, especialmente por que lá, a comida e a bebida eram garantidas! Parece hilariante mas ocorre que muitos colegas viviam sozinhos em Brasília, muitos, apesar de casados, suas famílias resistiam em acompanhá-los, e outros como no caso do Chico Pinto, um empedernido solteirão, (não sei se ele continua solteirão até hoje) moravam em hotel. Chico tinha a mania de trabalhar durante a noite e dormir durante o dia. Pensar em fazer qualquer reunião com o Chico Pinto no período da manhã era besteira... Ele não ia, não ia mesmo! Cada um de nós tinha sua peculiaridade...

A questão dos gabinetes na Câmara da década de 1970 era dilemática... Normalmente, apenas contávamos com este conforto quando alguém do Grupo tinha algum cargo... Toda a bancada do Estado de Goiás, por exemplo, independentemente de partido, dispunha de um único gabinete no 25º e assim também ocorria com os demais Estados. Era bem complicada a ausência de locais de referência. Paes de Andrade, por ser mais antigo na Casa, era um dos poucos, senão o único, a contar com este privilégio, favorecendo nossas reuniões.

O Grupo Autêntico seguiu até o ano de 1973 com a Anticandidatura, culminando em 1974 com a eleição de uma grande quantidade de deputados e senadores do MDB que possuíam os mesmos objetivos e princípios abraçados por nós. Eu não diria que foi nosso fim, entretanto, esses parlamentares chegaram ao Congresso em uma atitude que considero até muito natural, pois, em vez de se juntarem a nós, Autênticos, para constituirmos um só grupo forte, eles resolveram formar os Neo-Autênticos. A partir daí, iniciaram-se alguns conflitos entre os grupos. Os Neo-Autênticos achavam que os Autênticos eram "históricos", os mais afoitos diziam até que éramos acomodados, e assim por diante...

No ano de 1978, havia uma posição mais arraigada, mais progressista no partido, e o líder de tudo isso era o Ulysses Guimarães, que reunia Autênticos, Neo-Autênticos, além de outros antigos conservadores que evoluíram para uma efetiva oposição ao regime militar.

Amaury Müller e Nadyr Rossetti foram cassados devido a uma gravação feita em um comício em que discursaram, no interior do Rio Grande. Essa gravação foi trazida para cá, culminando nas cassações as quais não foram aceitas por nós, então, partimos, no dia seguinte, para o confronto. Na sessão estavam inscritos para falar Lysâneas, JG de Araújo Jorge e eu. Resolvemos, contudo, ao invés de botar a nossa cabeça para ser ceifada, até por instinto de sobrevivência, já que a temporada de "cassa" estava aberta, seria melhor convocarmos a presidência do partido, objetivando uma manifestação de protesto contundente, virando a mesa em nome de todos nós. E, a partir do momento que Ulysses fizesse isso como presidente do MDB, não haveria cassação e, ao mesmo tempo, teríamos uma repercussão bem maior do que um discurso isolado. Fomos ao gabinete de Ulysses Guimarães e nos informaram que ele estava a caminho de Brasília, vindo de São Paulo. Começamos a nos desesperar porque o horário de abertura da sessão se aproximava... Continuamos reunidos e aguardando, até que realizamos, ali mesmo, uma preliminar, e a maioria dos votos foi favorável a não fazermos nada e nem falarmos naquele dia. Esperaríamos Ulysses para fechar um acordo. Ocorre que o João Cunha, deputado de São Paulo, embora não fizesse parte do nosso Grupo, mas do Neo-Autêntico, não estando inscrito, e tampouco com a cabeça a prêmio, disse:

— "Olha, isso é uma covardia! Vamos ficar muito mal perante a opinião pública... Enquanto nossos companheiros estão sendo cassados, não podemos e nem temos o direito de ficar aqui acovardados...". Diante dessa provocação do João Cunha, resolvemos colocar em votação outra vez, quando a decisão foi contrária à anterior, ou seja, deveríamos falar. Estávamos, ainda no gabinete, discutindo nossa decisão quando a sessão teve início. E me deram, imediatamente, a palavra. Como eu continuava na sala de reunião, ouvi a chamada, corri, mas perdi a vez... Evidentemente, se eu fizesse questão, poderia insistir para falar e, mesmo assim só seria permitido ao final da sessão, depois que todos se manifestassem. Isso acontecia no "pinga-fogo", onde o discurso era entregue para efeito de publicação e dado como lido. Tinha consciência, entretanto, de que o destino do meu discurso seria outro, e pelo conteúdo polêmico, jamais publicariam. Desse modo, perdi minha vez de falar, mas JG de Araújo Jorge e Lysâneas falaram. O JG, sendo poeta, e todos o viam assim, foi poupado. Lysâneas, com um discurso muito veemente, foi cassado! A história da cassação do Lysâneas teve um desdobramento muito grande. Célio Borja, como líder do governo, assumiu com o Lysâneas o compromisso de que ele falaria no dia seguinte. Aconteceu que após a cassação, Célio não permitiu que ele falasse, encerrando a sessão. Mesmo assim, nosso Grupo permaneceu em plenário para assegurar ao Lysâneas a palavra, que foi usada por ele. Ulysses também fez um discurso magnífico, dos mais belos e contundentes que o Congresso fora testemunha!

Vivi intensamente o momento da ditadura militar quando nosso objetivo era derrubá-la. Hoje, volto a ser o Fernando Cunha de dezoito, vinte anos de idade, idealista, pensando em um mundo inteiramente voltado para o social, no qual o capitalismo deixe de ser selvagem, permitindo que as pessoas vivam bem, sobretudo em um mundo sem guerras! Digo a meus filhos e a meus netos que se durante minha juventude houvesse guerra, eu teria escrito um atestado, uma declaração pública: "eu sou covarde!". Acredito não existir maior imbecilidade na face da Terra do que uma guerra!

Um dia desses, a minha neta Tatiane, de quinze anos, foi assistir ao filme *A Lista de Schindler* e saiu chocada do cinema. Ao chegar em casa, abraçou-me chorando copiosamente. Aproveitei o momento para conversarmos um pouco acerca da lição de vida que o filme lhe mostrou. Procurei deixar claro a necessidade de todos nós tomarmos consciência da pusilanimidade da guerra que, em última análise, não passa de luta de interesses. Por isso mesmo, a paz deve ser o princípio fundamental de nossa vida.

Considero que o mundo andou para trás, e talvez este fato, contraditoriamente, permita democracias sociais no mundo inteiro. Quiçá, isso aconteça! Aliás, o muro de Berlim é uma coisa interessante... Encontrava-me em Berlim, pouco antes do golpe militar brasileiro. Uma semana antes cheguei lá, vindo de Liepzig onde participei da feira e comprei o material gráfico... Eu estava na porta de Brademburg, que era o centro do muro, e encontrei-me com um cidadão de São Paulo cujo nome não lembro e que, coincidentemente, estava lá pelo mesmo motivo: comprando uma indústria gráfica. Naquele local, deparei-me com um livro para visitantes se expressarem. Resolvi escrever alguma coisa, e iniciei registrando a impressão chocante de ver a Alemanha dividida. Um país com tanta importância na história da Terra, com uma tecnologia e cultura tão avançadas e, de repente, dividido... Escrevi ainda, que o fundamental para aquele país e para a humanidade era a unificação das Alemanhas. Expressei-me em português, convidando meu colega de viagem para assinar. Porém, após a leitura do meu "manifesto", ele disse:

— "Você está é louco! Não vou assinar uma coisa dessa". Eu assinei, deixando registrada minha posição! E veja, trinta anos depois, o que vaticinei em 1964 aconteceu e o muro acabou!

Perdi as eleições de 1990 por uma razão muito simples. Sempre fui sozinho eleitoralmente, nunca tive grupo político, nada disso... Além do que meu perfil é de candidato marcadamente de oposição... No ano de 1989, logo após o término de minha função como deputado Constituinte, assumi a Secretaria de Governo do Estado de Goiás, para preparar a eleição que aconteceria no ano seguinte. Neste cargo, virei situação e conseqüentemente mudei meu perfil frente ao eleitorado, o que materializou-se em um dos fatores de minha derrota.

Desde o início da ascensão de Collor, fui radicalmente contra ele, pois fomos colegas no Congresso, e conhecendo-o profundamente, vislumbrava o rumo que o País tomaria sob sua regência. Pouco antes das eleições presidenciais do ano de 1989, tive um acidente vascular cerebral, e embora nem bem saído da doença e estando trôpego, caminhando ainda muito mal, fiz uma campanha arrebatadora contra Collor, e isso calou profundamente! Mesmo carregado, viajei pelo Estado inteiro defendendo a candidatura do Ulysses à presidência e acusando Collor! No ano seguinte, na minha campanha de deputado, denunciei tudo o que estava acontecendo em Brasília, no governo... Só que o Collor estava no auge do prestígio... Fui advertido, muitas vezes, de que não deveria atacar o então presidente, porque eu poderia inclusive perder a eleição. Avaliando, contudo, percebi que o importante era vender à população a verdadeira imagem do Collor.

Por tudo isso, faltaram mais ou menos dois mil votos para a reeleição, o que é considerado pouco! Foi uma campanha muito cara, com muita influência do poder econômico, e eu não contava com retaguarda financeira. Aliando-se a isso, o fato de ser considerado "governo" e potencializado ainda por minha posição anti-Collor, não consegui meu sexto mandato como deputado federal.

A partir dessa experiência, resolvi tentar reorganizar a minha vida particular. Até que um dia, almoçava no Congresso, a convite de Jorge Uequed, quando o Álvaro Dias foi à nossa mesa e conversando propôs a organização do PST, partido cuja presidência ele assumira em seu Estado, Paraná. Explicou-nos que, naquele momento, era mais uma sublegenda do PMDB, condição a qual queria superar. Alguns dias mais tarde, Henrique Santillo, ex-governador de Goiás, procurou-me para discutir essa questão do PST. Contei-lhe do convite que Álvaro fizera, e começamos as negociações. Em função disso, tivemos Santillo, Álvaro e eu alguns encontros aqui em Brasília, e aceitei assumir o PST. Por essa razão, em 1992, deixei o PMDB. Exatamente nessa ocasião, o PST uniu-se ao PTR formando o PP, onde me encontro até hoje, sendo inclusive membro do Diretório Nacional e da Executiva Regional. Atualmente, devido à função de chefe de Gabinete que estou exercendo, aqui, no Ministério da Saúde, encontro-me afastado dessas obrigações partidárias.

Como assumi a chefia de Gabinete? Aconteceu também de forma natural. Quando Henrique Santillo tomou posse no Ministério da Saúde, eu compareci, e como o cerimonial não estava muito bem organizado, ajudei-o a recepcionar as pessoas que chegavam. Terminada a posse propriamente dita, viemos para o Gabinete e ficamos aqui recebendo os cumprimentos de praxe. Bem, participei de tudo, inclusive, apresentando pessoas ao Santillo, até porque vivi vinte anos em Brasília como deputado federal, e ele, oito anos como senador, deste modo, meu rol de conhecimento era bem maior. Findo o dia, voltamos para Anápolis porque, tanto ele como eu, vivíamos lá. E, ao me deixar em casa, Santillo falou:

— "Amanhã de manhã, passo aqui para pegá-lo". No dia seguinte, logo cedo me apanhou, viemos para cá e, à tarde, pediu-me que o ajudasse no Ministério da Saúde. Aceitei o convite. Passamos uns quinze dias levantando as principais questões referentes ao seu cargo. Depois de algumas semanas, fui nomeado chefe de Gabinete do Ministério da Saúde o qual, evidentemente, comporta técnicos da área médica, da área de saúde, e o único cargo compatível com um advogado seria este. Até porque necessitavam de alguém que não fosse médico...

Geneticamente, não tenho herdeiros políticos, ou seja, nenhum dos meus quatro filhos (três homens e uma mulher) é político... Parente próximo, também nenhum. Um de meus filhos candidatou-se a vereador, mas não foi eleito. Recentemente quis sair candidato a deputado, porém pesou-lhe a consciência, pois não tinha a menor condição de eleição. Não o vejo como político, ele não faz o gênero. Apesar de ter uma boa sedimentação ideológica, não é do tipo que tenha condições de buscar voto e ser votado.

O poder é inebriante, consome e tem também várias etapas... Se tivéssemos assumido o poder, quando houve a eleição do Tancredo, penso, teríamos tido um rumo bastante diferente. O Plano Cruzado, que considero um dos episódios mais importantes da história do Brasil, aconteceu em função do Dilson Funaro e sua equipe. Se não tivessem puxado seu tapete, se as multinacionais e os banqueiros não pressionassem tanto, o Plano Cruzado teria continuado e estaríamos em uma posição muito boa hoje. Também, se Ulysses Guimarães tivesse sido eleito presidente da República, o Brasil seria outro, sem dúvida nenhuma... Sarney não havia se preparado para exercer a presidência, não possuía formação política, nem ideológica, para fazer um governo social. Como todo vice que assume, veio aos trancos e barrancos, chegando ao fim do governo, não diria de todo desastroso... Justifico minha afirmação porque quando pensamos que Sarney era a pior possibilidade em matéria de governante, tivemos Collor, superando todas as expectativas até de alguém que como eu, já o conhecia bem. Sarney pode não ter resolvido nada no seu governo, mas pelo menos o país continuou estruturado no aspecto econômico e social. O governo Collor realmente foi caótico, e acredite, vamos demorar muito tempo para recuperar tudo o que foi destruído...

Se o nosso próximo presidente da República tiver a visão do Brasil real (sem querer parafrasear o plano que está aí) poderá fazê-lo caminhar. O Brasil é um país tranqüilamente viável, faltando-lhe apenas gerenciamento e nada mais. Ele produz e produz muito; não temos catástrofes, contamos com a maior superfície agriculturável do mundo; temos um povo muito bom, generoso, trabalhador e que consegue ser extremamente competente nas áreas de atividades que se propõe; é competitivo, avançando em todos os setores!

Aqui no Ministério, quando vejo a crítica terrível que fazem à saúde nacional, olho o outro lado da moeda: o Brasil está no primeiro mundo em matéria de medicina, somos capazes de fazer, aqui, tudo aquilo que o primeiro mundo faz. Praticamente, ninguém precisa sair daqui para tratamento, temos alta tecnologia em matéria de saúde! Evidentemente que se fala apenas dos aspectos negativos da saúde. Mas é um país extremamente criativo e com um potencial muito grande. Nosso problema é realmente falta de gerenciamento, quando tivermos um bom gerente, o Brasil irá acontecer!

Minha geração toda cresceu e viveu na época de Juscelino, quando se dizia que ele foi um governante que conseguiu projetar e desenvolver o Brasil. Por outro lado, dizia-se que governou de forma irresponsável, pois em seu governo desencadeou-se a inflação, graças ao alto endividamento do país. Foi também um governo de metas, mas sem estrutura e sem planejamento. Eu privava de sua amizade, tínhamos vivido bons momentos juntos, e quando ele morreu, vi a explosão que houve em Brasília. Resolvi fazer um discurso sobre a sua trajetória e para isso consegui um horário de liderança que, na época era de uma hora. Como sempre, elaborei pessoalmente o discurso. Resolvi pesquisar todos os dados do governo Juscelino e, para minha surpresa, verifiquei que contrariando o propagado, ele conseguiu dar uma estrutura a esse país em todos os níveis. Senão vejamos: quando assumiu o governo, o Brasil devia dois bilhões e trezentos milhões de dólares, equivalente ao que se gasta hoje, em dois meses, aqui no Ministério de Saúde. Ao cabo de cinco anos de governo, mesmo construindo Brasília, mudando a fisionomia desse país, aumentou em apenas cem milhões de dólares a dívida externa brasileira. Cem milhões de dólares... Nada mais que isso. Quando iniciou sua gestão, produzíamos dez mil barris de petróleo por dia; ao término de cinco anos, passamos a produzir cem mil barris de petróleo por dia, dez vezes mais! Se tivéssemos tido um governo de continuidade, hoje o Brasil seria membro da OPEP, e estaríamos exportando petróleo. Vale lembrar que um dos grandes problemas da economia brasileira, nos últimos trinta anos, tem sido as contínuas crises do petróleo. Em relação ao aço, éramos limitados à produção de dez por cento da nossa necessidade, sendo que temos: ferro, manganês, tudo o que forma a liga do aço e exportávamos essa matéria-prima, que voltava como aço para cá. Juscelino também investiu pesado neste setor, tanto que no fim de seu governo produzíamos noventa por cento do aço consumido internamente, além de projetos em desenvolvimento que previam, no prazo de um ano, o início da exportação de aço brasileiro, o que de fato aconteceu.

Ao analisar cada setor de atividade nacional, é possível verificar que o governo JK elevou o PIB em doze por cento ao ano. Isto é inédito no mundo! Tivemos um salto no desenvolvimento econômico e social mostrando que a partir de uma boa administração as coisas podem ser feitas e, conseqüentemente garantindo uma qualidade de vida melhor ao povo, o principal objetivo de um governo. Nesta linha de raciocínio, considero que os problemas do Brasil não são grandes e, se encarados de frente, serão solucionados a contento.

Quanto ao problema da área de saúde no Brasil, penso estar totalmente equacionado, basta que se faça funcionar o SUS da forma correta e, tranqüilamente, teremos a saúde pública efetivada no País. A situação que hoje vemos ocorre, sobretudo, graças à existência de muito boicote, de uma tentativa permanente de desestabilização do SUS. Existe uma guerra fria dos grupos detentores dos seguros de saúde, dos hospitais particulares que ficam ricos com o sistema. Porém, o Sistema Único de Saúde, previsto na Constituição de 1988, irá funcionar bem em um amanhã muito breve, quando será capaz de dar saúde pública ao povo brasileiro como as outras grandes democracias do mundo. Outro dia, em contato com a Itália onde havia um brasileiro doente, falei com a Embaixada cujo representante explicou-me como funcionava o serviço de saúde pública italiano. Tudo é estatal, todos têm saúde à vontade e mantida pelo governo, portanto pelo contribuinte. Maravilha! Aqui, no Brasil, não! Quando um cidadão vai para o hospital a fim de ser atendido pelo SUS, ele é recebido como mendigo e assim ele é tratado, e assim ele se sente... Não se comporta como uma pessoa com direitos, pensa que está ali recebendo um favor e pronto!

A propósito do papel histórico do Grupo Autêntico, eu não tinha consciência de que estava fazendo história... Fazia, sim, o que era meu dever, minha obrigação... Fui advogado da primeira turma de presos políticos do Brasil, mas sem a consciência de que interpretava um papel importante na história da humanidade de maneira geral. Pensava apenas que, como advogado, era meu dever defender as pessoas, notadamente as indefesas. Durante o regime de exceção, meus colegas temiam aceitar a defesa dos presos políticos, porém eu sentia a obrigação de fazer alguma coisa, de agir mediante o peso, o tacão da ditadura, com a certeza de que deveríamos mudar a situação. Como casei muito cedo, tendo mulher e filhos, pensava que a minha família como todas as famílias do País deveriam ser salvaguardadas da brutalidade de uma ditadura militar. Por isso, e só por isso reagi... Nunca com a pretensão de estar fazendo história.

Um episódio muito marcante da minha vida foi quando fiz parte do processo envolvendo os principais membros do governo do Estado de Goiás, em 1964. Eram 164, ou 146 indiciados... Ficamos, em uma espécie de tortura chinesa, dois dias e duas noites presos em Goiânia. Foi interessante que toda a acusação era polarizada em termos do que tinha sido feito pelo órgão de comunicação social do governo, dirigido por mim. Diziam que pregávamos a subversão através das críticas aos militares... Toda acusação do processo era fundada nisso, e começaram a decretar prisão preventiva na Auditoria Militar. Quando da primeira lista, o pessoal começou a brincar dizendo que eu estaria nela — e logicamente a encabeçaria — pelo fato das acusações convergirem para mim... Sendo o superintendente, meus assessores e os demais diretores do órgão foram, um a um, tendo a prisão decretada. E, no bom humor brasileiro, diziam que a raia graúda ficaria para o fim... Permaneci lá esperando a decretação da prisão. Nesse ínterim, houve um clima de comoção muito grande pressionando de tal forma o governador Marechal Emílio Ribas (interventor indicado pela ditadura) que ele, ao ver a multidão em frente do Palácio, ligou para o major presidente do Conselho de Guerra exigindo nossa libertação para pôr um fim àquele tumulto. Eu era a "presa" mais importante daquele processo e não fui preso!

Muitos episódios como esse aconteceram nos vinte anos que estive no Congresso, como o ocorrido quando o deputado Nina Ribeiro leu um documento do Exército, dizendo que o Partido Comunista havia me presenteado com um jipe. Houve uma enorme tensão da parte de toda a gente do Congresso, comparando esse fato ao de Márcio Moreira Alves, que culminou com o seu fechamento, em 1968...

Apesar de aposentado, mantenho-me muito ocupado. Nos dias de semana fico em meu escritório o dia todo, e nos finais de semana, vou para a fazenda a qual administro pessoalmente.

Casei-me jovem, e temos 39 anos de união cujos frutos são quatro filhos: três homens e uma mulher. Dos meus filhos dois concluíram curso superior, Augusto é economista, e Fernanda, minha filha, psicóloga. Tenho também treze netos com idade variando de quatro a quinze anos. A propósito, minha neta de quinze anos é minha filha neta. Ela é filha de Augusto, nosso terceiro filho. Ele era adolescente e solteiro quando ela nasceu, e resolvemos adotá-la. Ela brinca com os irmãos, dizendo que é ao mesmo tempo tia e irmã... Tatiane, é a alegria e o brilho de nossa casa!

Naturalmente, considero um privilégio ter pertencido aos Autênticos! Ah! Como valeu! Foi um episódio bonito, importante, sério... Um grande aprendizado na minha vida! Especialmente no meu caso que tive oportunidade de participar do princípio ao fim; ou melhor, do começo, até passar para outra fase... Senti, em toda a plenitude, a luta dos Autênticos. O marco do nosso processo foi a vitória de 1974, avançamos, através do tempo, com vitórias e mais vitórias: a Anticandidatura, a convocação da Constituinte. Tenho, hoje, a clareza de que o Grupo Autêntico realmente contribuiu bastante, na construção desta nova fase da democracia brasileira!

Fernando Lyra

(Fernando Soares Lyra)

NASCIMENTO:

8 de outubro de 1938
Recife, PE

FILIAÇÃO :

João Lyra Filho e Guiomar Farias Lyra

FORMAÇÃO:

Advogado
Faculdade de Direito de Caruaru
Pernambuco, 1964

CÔNJUGE :

Márcia Maria Teixeira Lyra

FILHAS :

Patrícia, Renata e Juliana

*"Fomos o produto do que considero
a grande mágica da vida:
coincidência e conversa."*

São Paulo, 4 de novembro de 1996

"Eu nasci há muito tempo, mais de 57 anos, foi aos oito dias do mês de outubro de 1938, na cidade de Recife, em plena Segunda Guerra Mundial. Fiz o primário em Caruaru, depois estive interno nos Salesianos de Recife cursando aí, o ginásio. De volta a Caruaru, cursei o clássico — equivalente hoje ao segundo grau — no Colégio que leva o nome da cidade. Desde menino e até um pouco mais que adolescente, tinha infinito interesse por futebol... Em minha cidade, não havia quase nada de distração, inexistindo também qualquer tipo de organização de política estudantil.

Sou homem do interior, e quando fiz campanha política pela primeira vez em 1955, não era sequer eleitor. O governador de Pernambuco, Cordeiro Farias, foi a Caruaru e indicou um candidato único a prefeito. Soube, muito mais tarde, que tal procedimento se deu por que ele apoiando o Juarez Távora, não queria ver o PSD, — partido pelo qual de certa forma fora eleito — apoiando Juscelino. Seu interesse visava, portanto, uma candidatura única.

Eu, estudante secundarista de colégio noturno, tive um professor de matemática que sistematicamente discutia política em sala de aula. Nesta ocasião a proposta de candidato único era o assunto mais comentado da cidade, e certa feita perguntei-lhe qual era a sua posição, e se considerava correta a questão do candidato único. Mediante sua resposta negativa, perguntei-lhe:

—"Por que, então, o senhor não se lança candidato?" Conclusão: fui o coordenador da campanha dele e como contava com apenas dezesseis anos tornei-me, de certa forma, a estrela daquelas eleições. Isso foi em 1955!

No ano de 1958, em Pernambuco, durante a campanha de Cid Sampaio — muito forte na época — participei intensamente de todos os atos. Naquela atmosfera, meu pai, que era concessionário Ford e depois da Mercedes, em Caruaru, entusiasmado com meu desempenho político, candidatou-se a prefeito em 1959, elegendo-se. Terminado o mandato no ano de 1963, ele voltou a comandar os negócios da família... Pessoalmente, apesar de participar de campanhas políticas, restringia minhas atividades a uma empresa de transporte de passageiros de nossa propriedade.

Neste momento, veio o golpe de 1964 e, embora ainda sem muita consciência política, achei tudo aquilo muito estranho... Dei-me conta da violência política, dos atos de exceção e, naturalmente, tomei posição contrária.

Em 1965, tantas foram as cassações que faltaram deputados federais em Pernambuco. Na tentativa de completar a bancada, houve uma eleição suplementar para deputado federal. Meu primeiro voto de oposição consciente, foi nessa eleição. A partir daí, alguns companheiros me incentivaram a entrar na política partidária. Não resisti ao apelo deles e ajudei a fundar o MDB de Caruaru e de Pernambuco. Nas eleições de 1966, saí candidato a deputado estadual; e meu pai João Lyra Filho, a deputado federal. Nós dois nos elegemos para o mandato de 1967 a 71!

Na Assembléia Legislativa encontrei algumas figuras importantes que foram fundamentais em minha vida pública, entre elas ressalto Egídio Ferreira Lima. Identifico aí, o tempo de minha efetiva tomada de consciência política!

A primeira visita que fiz à Capital Federal foi em janeiro de 1968, quando o MDB mandou-me para lá. A ocasião serviu para estabelecer o contato direto com a política nacional, o acesso ao movimento da Frente Ampla, e sobretudo a oportunidade de travar conhecimento com a bancada federal do partido. Na oportunidade conheci Mário Covas, líder do MDB, e Josafá Marinho, senador da Bahia, que marcaram profundamente meu percurso político.

Meses depois veio o AI-5, fechando a Assembléia por um ano e seis meses, deixando-nos com mandato, mas sem exercício... Fomos cassados com a Assembléia. Refiro-me ao período Médici, muito duro e difícil...

A Assembléia foi reaberta em julho de 1970, havendo na ocasião um grupo organizado que reivindicava minha candidatura a deputado federal. Em função das circunstâncias, considerava remota esta possibilidade. Paulo Cavalcanti, um antigo militante do PCB, procurou-me e após muito conversarmos, ofereceu apoio à candidatura. Deste modo fui eleito, em 1970, para uma vaga da Câmara dos Deputados, com mais dois pernambucanos: Marcos Freire e Thales Ramalho. Marcos e eu, à esquerda, e Thales, de centro-direita.

Quanto a meu pai, findo o mandato do exercício federal no ano de 1970, voltou a Pernambuco, sendo dois anos depois reconduzido pelo voto popular à prefeitura de Caruaru. Posteriormente, ainda, foi eleito por dois mandatos, de 1982 e 86 para Assembléia Legislativa pernambucana.

Nessa senda, cheguei a Brasília como deputado federal e comecei os contatos. Logo no primeiro dia, encontrei Chico Pinto e Alencar Furtado; com Lysâneas já havia falado antes. Começamos a conversar e o Grupo foi tomando forma. Identificamos, desde os primeiros minutos, quem realmente queria opor-se à ditadura. Essa posição contestava a direção nacional do MDB que, fazia oposição ao governo, mas não ao regime. Nossa luta, nossa postura, é bom deixar claro, era de oposição ao regime, obviamente, com certos cuidados, pois a conjuntura política estava avessa a comportamentos críticos contundentes.

Continuamos identificando nossos pares, inicialmente: Lysâneas e JG de Araújo Jorge, do Rio de Janeiro; Chico Pinto, da Bahia; Alencar Furtado, do Paraná; Santilli Sobrinho e Freitas Nobre de São Paulo; Paes de Andrade do Ceará. Paes, por ser veterano e fazer parte da Mesa, acolheu-nos e passamos a nos reunir na Segunda Secretaria. Dessa forma, a falta de local foi resolvida, ficando mais fácil mantermos e fazermos novos contatos. Identificamo-nos também com Freitas Diniz, do Maranhão, Marcondes Gadelha, da Paraíba; Nadyr Rossetti, Getúlio Dias, Collares e Amaury Müller, do Rio Grande do Sul; Walter Silva, do Rio de Janeiro; Jaison Barreto, de Santa Catarina; Fernando Cunha, de Goiás, e o Grupo foi crescendo! Havia pessoas brilhantes, como meu conterrâneo pernambucano Marcos Freire, além de Collares, Freitas Diniz, Chico Pinto, Gadelha enfim... O núcleo era isso aí, mais ou menos... É evidente que em determinadas ocasiões como na Anticandidatura, no Colégio Eleitoral, esse Grupo ampliou-se chegando a 23. É óbvio, tivemos aliados no percurso, Josafá Marinho foi um deles, sendo nosso candidato contra Ulysses, na primeira participação que tivemos durante a eleição do Diretório Nacional.

Quero ressaltar um fator de extrema importância ao chegarmos a Câmara: a presença de Pedroso Horta. Todo mundo conhece a vida do dr. Pedroso Horta, e sabe que ele foi realmente liberal na expressão legítima da palavra. Liberal político, politicamente um liberal, dando-nos a chance de traçar nosso próprio percurso político! No último ano de sua vida que foi 1971, elegeu-se líder do MDB cumprindo uma missão muito importante. Eu só apareci, realmente, no cenário nacional, por que fui seu vice-líder, conseguindo, a partir desse fato, um vasto campo de manobra. A bancada do MDB, na época contava com 76 deputados, destes apenas dez ou quinze por cento, se identificavam conosco. Era uma luta muito difícil, todavia, foi assim que nós conseguimos...

Costumo sempre dizer que os Autênticos foram o quebra-gelo do processo, os que não apagaram a luz, os inconseqüentes, entre aspas. Fomos nós também que despertamos para o rompimento com o voto nulo, cujo resultado extraordinário tem sua maior expressão em Lysâneas. Veja, nas eleições de 1970 ele obteve dezesseis mil votos para deputado federal na Guanabara. Em 1974, chegou a cem mil votos! O Grupo, de um modo geral, recebeu uma bonita votação nesta eleição, cuja principal causa, atribuo à campanha contra o voto nulo e à Anticandidatura de 1973, um outro capítulo.

A feliz coincidência de algumas figuras serem eleitas, possibilitou um grau de organicidade no MDB. E começamos a promover seminários, acontecendo o primeiro em abril de 1971, no Rio Grande do Sul. Estabeleço esse momento como o início da nossa aparição política, na qual houve até tiro de um louco, Clemens Sampaio, da Bahia, sendo, já naquele período, aliado de Antônio Carlos Magalhães. Na oportunidade, foi também esboçado, de forma bastante contundente, o processo da luta pública contra a direção partidária e contra o regime. Na ocasião não tínhamos recesso parlamentar, e com o processo realmente deflagrado, fizemos um encontro na cidade de Recife, ouvindo-se pela primeira vez as palavras de ordem: Anistia ampla e irrestrita e Assembléia Nacional Constituinte. Exatamente no Congresso, em junho de 1971!

O Grupo Autêntico foi o produto do que considero a grande mágica da vida: coincidência e conversa. Tudo com muita dificuldade... Na época não havia discagem a longa distância, xerox ou fax. Não existia nada, nada, nem gabinete! Graças à guarida de Paes de Andrade, cedendo-nos espaço, iniciamos a trajetória dos Autênticos cujo nome nos foi dado pelo jornalista de *O Globo*, Evandro Paranaguá, durante o Seminário de Recife. Evandro ainda hoje mora em Brasília, porém deixou o jornalismo. Outro jornalista que nos ajudou muito neste período foi o cearense Marcondes Sampaio, uma pessoa muito especial para nós!

Lutávamos fundamentalmente por liberdade, esse era o bem maior e nosso principal objetivo. É evidente que o Grupo Autêntico contava com algumas tendências ideológicas, e dentre as mais nítidas tínhamos o caso do Chico Pinto, um nacionalista exacerbado que, inclusive mantinha muito contato com os militares; Lysâneas, um empedernido lutador pelos direitos humanos... Foi sempre assim... É bastante engraçado lembrar que ele queria, já na primeira hora, apresentar uma CPI da tortura! Além de ser um sujeito extraordinário, um caráter de primeira, era advogado de presos políticos e, sendo evangélico, trazia mais força, mais fé, mais crença na luta. Também, como membro do Conselho Mundial das Igrejas possuía uma visão internacional do processo, além de muita luz. Eu e os demais componentes do Grupo, éramos de certa forma, provincianos e não conhecíamos o que era o exterior, nem seu significado em política. Lysâneas tinha esta necessária visão internacional!

Em relação à luta pela liberdade e a ação dos Autênticos existem muitas passagens... Certa vez, estava em tramitação na Câmara a reformulação do Conselho do Direito da Pessoa Humana, que funcionava no Ministério da Justiça e na qual a oposição tinha assento. O relator da matéria foi o senador Rui Santos. O projeto propunha ampliar o Conselho a fim de diluir a presença da oposição. Vivíamos o ano de 1971 e, em uma tarde, indo em direção à sala onde a Comissão de Justiça apreciava o projeto, deparei-me com o dr. Pedroso Horta que acabara de deixar o recinto. Aparentando nervosismo, pediu-me que o acompanhasse até a sua sala. Lá estando, solicitou-me que fosse ao balcão da Vasp da Câmara, e marcasse passagem para São Paulo, para o dia seguinte. Com o bilhete na mão, fui para sua sala, e ele falou:

— "Não fale nem em sua casa sobre seu paradeiro, mas a finalidade de sua ida a São Paulo é perguntar a Eunice Paiva, se é verdade que seu sogro (pai de Rubens) recebeu uma informação do ministro Buzaid dizendo que Rubens está vivo... Acho que é mentira, porém não quero denunciar sem ter certeza absoluta. Quanto aos seus contatos com ela, faça-os sempre de telefone público." Completou.

No dia seguinte, peguei o avião e desembarquei em São Paulo. Fui direto para o Lux Hotel na Rua Júlio Mesquita, dali desci até a agência do correio, na Avenida São João e liguei para Eunice que estava com os filhos na casa de um irmão do Rubens, em Santos, precisamente, na Rua Equador. Conforme o combinado, eu deveria dizer só a hora do encontro, que seria às dez horas do outro dia. Ao chegar na casa, eu não conhecia porteiro eletrônico, esses de muro... Bati palmas, e através do interfone, perguntaram: "Quem é?" Eu quase morri de susto! Conversei com Eunice na biblioteca da casa e, infelizmente, a informação do ministro Buzaid, não era mesmo verdade. Um outro dado curioso ocorrido naquele dia, foi quando uma empregada veio nos trazer café. Eunice parou imediatamente de falar... Qualquer um era suspeito. Na hora da saída, perguntou-me se eu trazia algum endereço ou telefone anotado, respondi-lhe que sim. Então, ela sugeriu que o rasgasse e completou:

— "...com certeza você será seguido." Antes de rasgar os números dos telefones anotados, lembrei-me de uma fórmula matemática que meu pai usava no comércio e codifiquei-os. Recordo-me que o primeiro nome era de Eurico Andrade.

Enquanto estive com Eunice, o táxi que me trouxe aguardava meu retorno, porém ao sairmos de lá, dobrou a esquina um Aero-Willys — carro muito utilizado pela repressão — em cujo banco da frente sentavam-se dois homens de chapéu. Não tive dúvida e disse ao motorista do táxi:

—"Preciso ir para o Aeroporto de Congonhas, urgente. Vá rápido, que pago dobrado". O carro nos seguiu por algum tempo, mas depois de umas três curvas, desapareceu...

Uma outra experiência desse gênero, que nunca me esqueço, é o episódio da prisão de Rosalina Santa Cruz. As ligações eram sempre feitas de São Paulo, e um companheiro de nome Epitácio Pessoa avisou-me de sua prisão e imediatamente tornei pública mais essa arbitrariedade. Seu irmão Fernando, apesar de nossas denúncias, foi assassinado pela ditadura.

Pois bem, o que realmente unia o Grupo era a liberdade, passando também pela questão partidária. Queríamos liberdade interna para poder bater no regime. A direção partidária, por sua vez, considerava que a forma de fazer oposição não era ao regime, e sim ao governo. Essa era a estratégia utilizada por ela... Entendíamos, todavia, que para "quebrar o gelo", despertar a juventude, debelar a luta armada, extinguir voto nulo, a forma era bater no regime... Isso aí... Desse modo, deixo claro que tínhamos dois *frontes* de luta. Era esse o norte que nos unia!

É interessante que não havia "liderança" no Grupo. Compúnhamos um conjunto, havendo realmente uma unidade muito grande e a questão individual, raríssimas vezes, sobrepujava o coletivo.

Não descansávamos, eram 24 horas de luta ininterrupta. Como não havia facilidades tecnológicas, rodávamos panfletos em mimeógrafos e os distribuíamos na rua. Ou seja, não havia um canal que levasse nossa atuação e luta para fora do Congresso Nacional... Nada ecoava! A atuação da igreja, CNBB, na época, era fraca, só mais tarde teve uma participação importante. A OAB, por sua vez, também não apresentava qualquer expressividade. Éramos os únicos porta-vozes possíveis dos injustiçados e marginalizados. Ninguém sequer falava em anistia, só nós... Depois, sim!

Por tudo isso, a consciência do nosso papel era grande, embora não soubéssemos, confesso a você, a dimensão que o Grupo Autêntico teria historicamente. No fundo, sabíamos que estávamos fazendo história, e nesta direção lutávamos com muita força e contra tudo, sem trégua, refúgio, abrigo ou proteção. Éramos movidos, realmente, por um incomensurável objetivo de liberdade!

Em relação às alianças políticas, fizemos, inicialmente com Josafá Marinho. E aproveitando determinados problemas internos nos Estados, aliamo-nos a outros poucos... A única aliança, entretanto, que realmente considero positiva foi quando elegemos Alencar Furtado, em 1976, mas em um outro patamar... O Alencar foi realmente um aglutinador, conseguindo até votos da bancada "chaguista" do Rio de Janeiro, que era a antítese de nossa luta, pois conivente com o processo da ditadura. Deliberadamente, eram MDB, contudo, nomeados biônicos e criteriosamente escolhidos pelo voto indireto do Rio de Janeiro.

Tivemos momentos muito significativos, dentre eles, a grande "sacada" do Grupo Autêntico, a Anticandidatura, que extrapolando o processo interno, marcou muito. Precisamente no dia quatorze de julho de 1972, houve a inauguração do Palácio da Justiça, cujo ministro Alfredo Buzaid, um títere, era o protótipo bem nítido do autoritarismo e da repressão. Estávamos Chico Pinto e eu, no gabinete do Paes de Andrade, e começamos a imaginar, em meio à atmosfera festiva da ditadura, qual seria a forma de quebrar a hegemonia do sistema militar. Chico com suas idéias, seu nacionalismo confesso, na linha do general Albuquerque Lima, que havia perdido espaço, por ocasião da eleição de Médici. Debatemos o assunto e ficamos convencidos de que a única forma de romper com aquela estrutura seria um candidato militar para concorrer ao Colégio Eleitoral em 1973. Em outras palavras, apoiaríamos um candidato dissidente do sistema, para quebrar a supremacia militar. Achei uma estratégia perfeita!

Em uma dessas coincidências que a história nos apresenta, o Pedroso Horta estava muito doente, perto do fim. Veio a Brasília fazer seu último discurso no qual pregou uma candidatura militar, imaginando que o próprio Ernesto Geisel seria vetado pelo sistema. Deste episódio surgiu a idéia da Anticandidatura. O nosso objetivo era uma candidatura militar visando a quebra do regime e não outro. E fomos em frente! Não é difícil imaginar o quanto para nós era complicado uma candidatura militar, não só por questões, digamos, das adversidades que o próprio momento histórico impunha, mas até para conseguir acesso, diálogo com algum militar. Nosso sectarismo nos impedia, poucas pessoas conversavam com militares: o Marcos Freire teve algumas conversas, bem como o Chico Pinto, porém sem sucesso.

Embora nosso projeto vislumbrasse a fissura na hegemonia militar. Concluímos que o melhor antídoto seria um candidato militar. No entanto, esse acordo foi impossível. Diante dessa situação, Marcos Freire e eu fomos ao encontro de Barbosa Lima Sobrinho, a fim de convidá-lo para ser o anticandidato. Como ele é pernambucano, tínhamos intimidade, ligação com ele. Aproveitando-se da idéia, Ulysses Guimarães assumiu a Anticandidatura e, de certa forma, tivemos de apoiá-lo... Assim, a chapa ficou fechada e com ela nosso acordo de apoiar Ulysses... Não obstante a "nossa" Anticandidatura fosse concebida para rachar o sistema, a do Ulysses visava apenas denunciar e protestar contra a eleição... Nosso objetivo era minar. É bem diferente! E dissemos ao Ulysses:

—"Tudo bem, nós vamos em frente". Fizemos a campanha do anticandidato pelo País inteiro, embora muitos estivessem contrariados com isso... É bom registrar, que tratou-se de campanha altamente politizada e conscientizadora. Chegamos, enfim, à véspera da eleição... Da eleição não, da escolha pelo Colégio Eleitoral. E nesse ponto, dissemos:

—"Olha, nós participamos até aqui. No entanto, não coonestaremos a eleição. Sua candidatura não é a militar que racharia o sistema, mas candidatura de protesto".

O MDB, contudo, fez uma reunião e resolveu ir ao Colégio Eleitoral com dr. Ulysses e Barbosa. Deu-se aí o marco, o grande ato dos Autênticos, quando decidimos não ir ao Colégio Eleitoral, manifestando-nos contra ele e denunciando a eleição.

É emocionante relembrar esta experiência, a satisfação que senti na condição de ouvinte assíduo da Rádio BBC de Londres, a única emissora que possibilitava acesso às notícias sobre o Brasil, que na mesma noite divulgou o resultado da eleição, exatamente assim: ARENA tantos votos; o MDB outros tantos; e a Oposição Autêntica brasileira: 23 votos!

A partir daí, ameaçaram-nos de tudo, até de não recebermos "jeton". O importante disso tudo foi que conseguimos nos impor e o resultado da experiência desdobrou-se no estouro da eleição de 1974. A nossa tomada de posição, o nosso protesto evoluiu para Ulysses, depois para o Colégio Eleitoral, levando à eleição dezesseis, dos vinte e dois senadores que eram candidatos majoritários da época! O MDB criado para coonestar a ditadura, mostrava-se, a partir desse ponto, um partido representante da sociedade oprimida, cuja maior tradução, repito, ocorreu em 1974 com a eleição destes dezesseis senadores.

Avançamos de tal ordem que obtivemos como resposta o Pacote de Abril de 1977, servindo para evitar que elegêssemos governadores, cuja eleição foi postergada... Criaram o senador biônico, impedindo nossa maioria no Senado; reabriram também o processo cassatório. Como contraponto, iniciamos nossa luta pela anistia, até que veio o golpe do governo, isto é, a pretensa abertura, revelando a quebra da hegemonia por vias transversas à nossa estratégia, ao nosso objetivo. De qualquer forma, fomos inegavelmente os protagonistas, tornando o MDB desaguadouro da contestação de toda a sociedade!

Não tenho dúvidas de que o Grupo Autêntico cumpriu o papel da quebra do regime militar, localizando-se neste ponto, o auge da nossa luta. Esse processo, todavia, exauriu-se... Acabamos! Quando isso aconteceu, surgiram outras possibilidades: Tancredo foi eleito senador por Minas, Montoro começou a crescer em São Paulo e os Neo-Autênticos se elegeram, vindo com outra conotação...

Otimista que sou, consigo perceber os avanços do processo. Contribuímos na institucionalização do País, apesar de estarmos, ainda, muito aquém da democracia desejada. No meu entender, estamos às vésperas de uma ruptura não institucional, mas política, dentro dos ditames constitucionais. Os acontecimentos, nesse quesito no Brasil, foram muito tênues: mudanças no regime, depois alternativas de poder, embora sem transformação em seu núcleo, que continua o mesmo de 496 anos. A elite é a mesma! Adaptam-se às circunstâncias, pois além da tenacidade, a direita é muito competente no oportunismo. Apoiou Fernando Henrique Cardoso, que sempre foi “nosso”. Na hora em que ele se viabilizou como candidato, a elite correu para apoiá-lo.

A presença dessa elite pode ser notada nas pequenas coisas: em qualquer órgão de desenvolvimento do País, ela está incrustada e é a mesma, sempre! Por isso, eu entendo que é necessário e possível uma mudança, mais do que isto, uma metamorfose na consciência! Isto posto, tenho impressão de que o Brasil será outro. Faço esta afirmação com certa tranqüilidade, porque estou na participação nacional de transição, efetivamente, desde 1983.

No tempo dos Autênticos, o nosso objetivo era a liberdade, a liberdade democrática. Neste momento, buscamos usar a liberdade alcançada para fazermos as conquistas reais da população. Ou seja, é a mudança do governo atual, de seu perfil, do prestígio da pequena e média empresa incentivando a distribuição de renda e colocando a população como prioridade única! Vejo isto, com muita nitidez, em meu Estado, Pernambuco. Arraes voltou, exatamente, por que sempre teve a população como prioridade absoluta. A elite pernambucana, aliás, faz uma acusação muito interessante, e até engraçada, dizendo que Arraes não tem qualquer cuidado com o Estado, só cuida do povo! Esta é a crítica que se faz! Minha preocupação e luta é que os nossos futuros governos sejam assim: preocupem-se menos com o Estado e mais com a população. Acredito que seja possível! Neste sentido, tivemos um exemplo próximo, recente, o Betinho e sua campanha contra a fome que, com uma única posição política, porém apartidária, constrangeu a todos nós, políticos, fazendo-nos culpados da miséria brasileira, sem exceções! Ressalto que cada um de nós tem dado a contribuição independentemente de governos. Imagine um governo que assuma a questão da miséria... Não tenho dúvida que mudaremos o processo!

Fui ao Colégio Eleitoral em janeiro de 1985, por entender que seria a forma de ver quebrada a hegemonia do processo, o qual se encontrava em outra etapa com a candidatura de Tancredo. Por isso, afastei-me um pouco do meu Grupo, que era mais aguerrido, para ser a esquerda dos moderados, tentando a eleição de Tancredo. Contei, nesse momento, com a ajuda extraordinária do deputado Francisco Pinto, nosso Chico Pinto, uma figura ímpar! Tancredo Neves sabia o papel do Chico Pinto e também tinha conhecimento de que eu o levei para essa posição! Nosso papel foi importante! Infelizmente, o processo fez com que Tancredo morresse e Sarney assumisse o poder. Ele representava o continuísmo dos militares, através de um civil. Mas o nosso compromisso era tamanho que o presidente Sarney cumpriu, no tocante à nossa pasta da Justiça, as principais medidas que de certa forma tornaram o Ministério da Justiça, sob nosso comando, a parte avançada do processo político.

Ao deixar o ministério, estive, por um certo tempo, deprimido, carente, embora com a sensação de dever cumprido. Nossos compromissos de campanha além de algumas metas, foram sem dúvidas alcançados: Constituinte, eleição nas capitais, eliminação da censura, anistia... Tudo isso, felizmente, foi recuperado e, aos onze meses de governo, que era PMDB, deixei o partido. Não tinha como ficar... Pessoalmente me dou bem com Sarney, não tem nada... Daí, fui para o PDT, com o projeto de tentar mudar alguma coisa.

Devo lembrar que, em 1988 e 89, eu não tinha nitidez de quem era o aglutinador das forças populares, se o Brizola ou o Lula. Tanto era procedente minha dúvida que os dois chegaram praticamente empatados no primeiro turno das eleições diretas de

1989. A diferença foi de quatrocentos mil votos, de um para o outro seria uma diferença de duzentos mil votos. Nas eleições de 1994, percebi que o PSB estaria apoiando o Lula, e eu querendo ficar com ele, parti para o PSB em um projeto nacional e também estadual, por tratar-se do partido que tinha Arraes... Que o Arraes assumiu. Permaneci no PDT de 1988 até agosto de 93, quando filiei-me ao PSB, onde estou bem, de peito aberto no processo e com muita certeza de que o caminho é este!

Um resumo de minha caminhada político-partidária? Bem, fui eleito deputado estadual no ano de 1966. Em 1970, consegui minha primeira eleição como deputado federal, seguindo, 1974, 78, 82, 86, ficando em 1990 na primeira suplência, e assumindo no ano de 92, na vaga do Fernando Bezerra Coelho, que se elegeu prefeito de Petrolina. Em 1983, fui Primeiro-Secretário da Câmara. No atual mandato, logo que cheguei em 1993, assumi a vice-presidência da Câmara da qual fui corregedor, e depois, reeleito deputado federal para o mandato de 1995/98.

No Brasil, sem sombra de dúvida, não temos tradição partidária. Nossa cultura política é muito hipócrita, pobre e personalista. Tenho impressão de que se trata de herança portuguesa... As pessoas freqüentemente trocam de partido que, por sua vez, mudam até de nome! A ditadura, sem dúvida, muito contribuiu para este tipo de comportamento.

Existe uma passagem muito marcante, e que me esqueci de contar: foi a morte do meu conterrâneo e grande amigo... Marcos Freire, em um acidente de avião no ano de 1987. Uma tragédia que eu, honestamente, acredito que realmente tenha sido um acidente por falha do piloto, do avião...

Tenho um irmão, João Lyra Neto, que também está na política. É advogado, foi prefeito de Caruaru, exercendo mandato de 1989/92, e é deputado estadual e prefeito eleito de Caruaru. Porém, não é meu herdeiro político. É, sim, meu companheiro de PSB e, coincidentemente, meu irmão. Estando há 25 anos em Brasília, possibilitei o acesso de muita gente ao cenário nacional, muitos, hoje, figuras exponenciais. No campo jurídico, o Sepúlveda Pertence, da Procuradoria-Geral da República com Tancredo e Presidente do Supremo Tribunal Federal; Luiz Carlos Sigmaringa Seixas, meu diretor de estrangeiro, ex-deputado federal; dr. José Paulo Cavalcante Filho, advogado e jurista, foi meu secretário-geral e, graças a sua participação extraordinária, conseguimos fazer muita coisa no Ministério; o Marcelo Cerqueira, meu consultor, deputado federal, atualmente professor universitário, uma grande figura, muito marcante na minha trajetória. Cristovam Buarque, foi meu chefe de gabinete, posteriormente reitor da Universidade de Brasília e governador do Distrito Federal; seu substituto Joaquim Falcão, hoje diretor da Fundação Roberto Marinho. E outros, outros... Entretanto, eu não diria herdeiros, são companheiros dessa aventura!

A propósito de minha família, somos quatro irmãos e uma irmã: eu, Fernando, o mais velho; Roberto, trabalha com construção civil; João Lyra Neto, político e também empresário do ramo de transporte, em sociedade com o quarto irmão, Gilberto. Eles possuem uma empresa de ônibus intermunicipal que liga Caruaru a Recife, além de outras cidades circunvizinhas; e Angelice, minha única irmã, que é psicóloga. Papai está forte, com 83 anos... Mamãe faleceu em 1972, aos 59 anos.

Quanto ao meu núcleo familiar, sou casado com Márcia, minha companheira de luta, que durante muito tempo trabalhou em meu gabinete em Brasília, e sempre foi meu braço direito nas campanhas, minha conselheira. Temos três filhas: Patrícia, nascida em 1966, formada em Letras, mas trabalhando com informática; Renata do ano de 1971, é administradora de empresa, "está se vestindo"; e Juliana de 1972, bacharel em Direito, trabalha no TRT e tenta a magistratura, todas em Recife.

Atualmente, meu maior *hobby* é a música, de qualquer espécie! Vivo cercado por música e, neste sentido, sou prevenido, tenho sons muito bons nos meus automóveis; um aparelho razoável na minha casa de Brasília, e modéstia à parte, em Recife meu equipamento é excepcional! E por toda parte que ando, compro discos, CD's e VD's.

Foi uma experiência muito bonita ter pertencido ao Grupo dos Autênticos... A mais extraordinária experiência política de minha vida! Muito marcante, mostrou-se também a eleição de Tancredo, mas já em outro patamar, com outros objetivos e em um processo muito avançado. Durante a existência do Grupo Autêntico, vivi um momento muito rico e definitivo! Fomos "o quebra-gelo" do processo político pós-guerra!

Sinto-me gratificado em relação à vida pública... Não sei o que gostaria de ser e não fui..."

Francisco Amaral

(Francisco Amaral)

NASCIMENTO :

29 de janeiro de 1923
Campinas, SP

FILIAÇÃO :

Avelino Amaral e Rosalina Pimentel Amaral

FORMAÇÃO :

Professor, Jornalista, PUC Campinas
São Paulo, 1945
Advogado
Faculdade de Direito de Niterói
Rio de Janeiro, 1959

CÔNJUGE :

Marília Martorano

FILHAS :

Ana Cristina, Yara, Eliana e Adriana

"Eu ganhei estrutura psicológica dentro do Grupo, e isto me fez maior."

Campinas, 9 de setembro de 1994

"Nasci em Campinas, no dia 29 de janeiro de 1923, estou com 71 anos. Meu pai chamava-se Avelino Amaral, era filho de fazendeiro, do qual preservou a habilidade no trato da terra. Com a morte de meu avô, a família foi obrigada a urbanizar-se. Adulto e habitante da cidade de Campinas, papai tornou-se representante comercial. Minha mãe, Rosalina Pimentel Amaral, tinha uma pensão.. e assim tocávamos a vida. Éramos em oito irmãos, cinco mulheres e três homens. O mais velho, não conheci, morreu antes que eu nascesse. Somos hoje cinco irmãos, quatro mulheres, e só eu de homem. Sou casado com Marília Matorano Amaral e temos quatro filhas, todas casadas, além de oito netos.

No ano de 1945 conclui o curso de Filosofia na PUC de Campinas, em 1959, graduei-me em Direito, na Faculdade de Niterói. Inicialmente, lecionei Filosofia e Direito, quando passei a advogar e a defender os trabalhadores sindicalizados, fundamentalmente da região de Campinas. Estas atividades, vivenciei-as entre as décadas de 1950 e 1960, participando de numerosas greves, na condição de advogado, evidentemente.

Em razão da encampação da Companhia Paulista de Estrada de Ferro, no ano de 1962, como advogado contratado, defendi os ferroviários, e buscando representar os interesses dos ferroviários na Assembléia Legislativa de São Paulo, resolvi disputar pela primeira vez o mandato de deputado estadual. Felizmente fui eleito! A bem da verdade, elegi-me pelo PTN — Partido Trabalhista Nacional — que era uma das facções trabalhistas de São Paulo, dentre várias... Era o partido do Emílio Carlos, Lino de Matos, Chaves Amarante, Araripe Serpa, e pelo qual cumpri o mandato na Assembléia de São Paulo. Quando o Araripe saiu candidato a senador, assumi a condição de líder (já no MDB) da oposição de São Paulo. Na seqüência, no ano de 1966, disputei uma vaga para a Câmara dos Deputados, sendo eleito com a convicção de oposição, na crença de propor situações novas para o País recuperar suas verdadeiras vocações e afirmações. A esta altura, encontrava-me filiado ao MDB... Ao antigo MDB.

Constituímos, então, dentro do partido, um grupinho integrado dentre outros por Mata Machado, Paes de Andrade, Davi Lerer, e numerosas outras figuras... Numerosas em termos, porque éramos poucos e nos reuníamos na casa da "república do lago", residência de Mata Machado e Márcio Moreira Alves, meus grandes companheiros! Lá nos encontrávamos e discutíamos até altas horas da madrugada, pensando juntos um destino para a nação, na tentativa de criar e transmitir uma consciência ideal para todos os brasileiros, o que de fato, aos poucos germinou.

Inicialmente foi muito difícil, basicamente nos limitávamos a correr da polícia! Era mais isso do que qualquer outra coisa! Parece piada mas é realidade! Com o passar do tempo, afinal, nos impusemos, e o MDB transformou-se no estuário das oposições, passando a ser uma prática, uma federação de partidos de oposição, contribuindo para o seu rápido crescimento.

Em relação ao nosso nome, não quero reivindicar para mim, mas sem dúvida, lutei muito por esta denominação de Grupo Autêntico, pautado na autenticidade de nossas afirmações. Além disso, o Grupo era constituído por figuras que buscavam com autenticidade defender a soberania nacional. Vale lembrar, que inicialmente tivemos vários nomes, porém nenhum tão revelador quanto este. E, com muito orgulho, fui uma das pessoas que mais se esforçou para a fixação, na mídia e na fala do povo, do nome Autêntico.

Indiscutivelmente, o que nos unia era luta contra a ditadura! Viemos de várias origens ideológicas, além de regiões geográficas diferentes, e nos localizamos dentro de um mesmo contexto... Uns mais, outros menos, contudo, cada qual fazendo sua parte, na consolidação de um rumo efetivo e certeiro para o País.

No partido foram somadas diferentes posições, não de imediato, porém ao longo do processo... No saldo final, era possível encontrar, até MDB dentro do MDB!

O Movimento dos Autênticos foi a grande afirmação oposicionista do MDB. Por uma afinidade existente, e sobretudo pela postura assumidamente combativa dos componentes, o MDB conseguiu crescer numericamente, e até inchou!

Graças à minha própria formação espiritual, sou tranqüilo, nunca fui agressivo, talvez por ser católico, embora não muito militante. Sou também homem de luta, mas sem sangrar ninguém... Nunca fui de armar briga. Sempre me consideraram uma das figuras, tanto é que cheguei a ser cogitado para a liderança do partido! Ficou entre mim e Alencar Furtado, que acabou ganhando. Havia uma parcela do Grupo a meu favor, em cujo aglomerado, encontrava-se Chico Pinto, um dos mais ferozes, o mais atrevido! O Matta Machado foi também um personagem de muita expressão, embora pré-autêntico. Figura rica, com seu jeito quietinho, miudinho!

Esta maneira de ser um sujeito ponderado, tranqüilo, sabendo abdicar das posições, traduz o que sou, e o que sempre fui... Entretanto, na época do Grupo, minha postura era bastante extremada, e assim deveria ser, sobretudo por que representava um ponto de vista, que deveria algum dia prevalecer nacionalmente, o que realmente aconteceu.

Nosso confronto maior evidentemente na condição de partido de oposição, era contra o regime, buscávamos a democracia, pois tínhamos um governo totalitário, e completamente insensível aos anseios populares. Vivíamos porém, uma luta interna, e bem clara. Não podíamos admitir, que enquanto estávamos na linha de frente, nos expondo numa "guerra", uma outra parte do MDB negociava com o inimigo fazendo concessões. Inadmissível! Exatamente na contramarcha do que almejávamos. A grande batalha era contra o governo, todavia, não poupávamos forças para conscientizar um número maior de parlamentares. Não havia a intenção de transformar todo mundo em Autêntico, embora fosse o ideal, quase impossível! Quero dizer, que a situação do Grupo Autêntico dentro do MDB, era bem complicada, prevalecendo até o lateral... O "MDB do B", preservando contudo, um nível uniforme de grandeza.

Um dado interessante é que a audácia dos Autênticos acabava virando notícia, obrigando a mídia a nos divulgar, embora a contragosto. Alguns jornais, eram muito contidos pelos órgãos de repressão e censura, outros, não tinham sequer interesse em nos publicar. Às vezes eram obrigados, porque criávamos fatos que se transformavam em notícia. Ou seja, nossa atuação desbravada, tornava-se fato político, e não havia como deixar de noticiar! Alguns jornalistas como Dalambert do *Jornal do Brasil*, Rubem Azevedo Lima da *Folha de S. Paulo*, sempre nos davam espaço, bem como o Flamaryon, mesmo sendo do *Estadão*. Havia também alguns jornalistas, absolutamente audazes, como Alfonsín, Evandro Paranaguá e o próprio Carlos Chagas... Chaguinhas, muito meu amigo, uma das belas amizades que deixei em Brasília. No referente à imprensa chamada alternativa, era o *Opinião*, de Fernando Gasparian, que sempre nos privilegiou com seu espaço.

Quanto ao comportamento de Ulysses Guimarães, ao qual a mídia atribuiu uma aura, era um sujeito de muitas personalidades, um homem de inúmeras caras, e vários momentos. Sua habilidade foi o que o projetou. Não quero justificar seus procedimentos, contudo, em um momento histórico bem distante dos Autênticos, exatamente em 1988, admito, não fosse Ulysses, não teríamos votado a Constituição.

Sei também, que não devemos dizer certas coisas, porém, Ulysses estava mais à direita... Muito mais à direita! O "Senhor Diretas" era um "troço de doído"! Ulysses ganhou uma roupagem, que na verdade não era dele... Emprestaram-lhe. Não estou falando mal, tenho muito respeito por ele. Todavia, não era essa figura inalcançável, esse ente superior, imagem que o Brasil criou, pautado na mídia. Ao contrário, tinha altos e baixos. Incontestável era a criatividade, de uma frase ou outra, que lhe dava... Suas boas tiradas foram a meu ver, um dos principais responsáveis por sua eternização.

Outro dado marcante é que Ulysses combinava tudo conosco, mas não fazia nada! Acertava, tudo certo, e sempre acontecia alguma coisa! Realmente, Ulysses foi pródigo. Não sei, não vou nem qualificar o gesto, porém houve momentos de ir e voltar sem nos avisar. O pior é que caminhávamos compassadamente, e ele aceleradíssimo.

Refiro-me a um tempo muito complexo, a começar pelas instalações da Câmara, incomparáveis com as atuais. Só para se ter uma base, havia um salão grande, cheio de máquinas, próximo ao cafezinho, ali escrevíamos coletivamente, preparávamos discursos, enfim uma só secretária para todos os deputados. Era tudo elaborado no coletivo. Existiam umas dez, doze, quinze máquinas, e o deputado que chegasse primeiro conseguia ter acesso, do contrário...

No meu caso particular, cheguei à Câmara no ano de 1967, quando tudo era muito primitivo. Algum tempo depois, começamos a criar dispositivos de secretariado parlamentar, e também foi iniciada a construção dos gabinetes.

Um dado interessante em relação às condições de atuação na Câmara, é que a labuta para escrever era proporcional à de falar, ou seja para conseguirmos a palavra tínhamos que nos inscrever, e era uma briga cotidiana. Felizmente, hoje está tudo mudado, existe um sorteio mensal, bem como inscrição para o "pinga-fogo" diário.

É importante registrar o embaraço de qualquer parlamentar ao chegar a Brasília. Somos todos, sempre, totalmente desinformados e desequipados. Este fato me faz lembrar o senador Ermírio de Moraes, que já naquele tempo, estabeleceu na capital Federal uma fabulosa infra-estrutura, podendo ser considerada empresarial, para assessorá-lo. Montou com o que havia de melhor e, por conta disso suas falas eram perfeitas, elaboradas... O velho Ermírio foi meu amigo, pai do Antônio Ermírio, José Ermírio, da turma toda... Muito embora paulista e morando aqui, foi senador por Pernambuco.

Ao chegar em Brasília, eu não possuía apartamento. Morei no Brasília Palace Hotel e no Hotel Nacional. Mais tarde aluguei um imóvel do Pedro Aleixo na quadra 102. Viajava para a Capital Federal normalmente às segundas-feiras, e voltava quinta ou sexta-feira. Depois de algum tempo, a Câmara liberou-me um apartamento funcional, e foi quando minha família começou a freqüentar Brasília. O mais divertido é que chegavam no aeroporto, e já marcavam a passagem de volta!

Se considero a Anticandidatura nosso principal episódio? Penso sinceramente que não, pois em última análise, foi um ato simbólico. Vivemos sim, outras situações muito mais reais, e absolutamente objetivas. No entanto, este assunto foi alvo de inúmeras discussões. De minha parte, quando o Grupo todo falava em Anticandidatura, sempre tive uma posição diferente, sobretudo por que não conseguia perceber sequer ganho político momentâneo. O anticandidato não disputou nada, não fez nada... Tinha sim o sentido simbólico acima de tudo. Neste pormenor, foi um grande marco, mas fora disso, não acredito que tenha sido o "grande lance" dos Autênticos.

Tivemos outros desafios, nosso próprio cotidiano foi sem dúvida muito mais expressivo e "Autêntico"! Na Anticandidatura não havia autenticidade nenhuma! Como história, ah, sim! Em se tratando de ação real, questiono... Nossa afirmação é revelada na coragem de enfrentarmos situações, falarmos verdades e corrermos riscos. A presença da polícia — onde e quando estivéssemos — com seus cachorros nos mordendo, além dos governadores comandando a liberação de gás lacrimogêneo em cima da gente, fazia parte digamos, do nosso mandato! Deste modo, repito, nossa afirmação localizou-se no próprio cotidiano que com seus embates complicados, os quais enfrentávamos com rigor e audácia, serviu como vitrine da grandeza de nossos gestos. Se vale uma imagem, é como um sujeito saltando sem pára-quedas, crente de que portava um... No nosso caso, saltávamos sem pára-quedas, e convictos de sua inexistência!

O tempo é responsável pelo esmorecimento de algumas coisas... No nosso caso as cassações, que sob meu ponto de vista foram os momentos de maior tristeza do Grupo Autêntico... Perdíamos aqui um braço, ali um dedo, uma orelha... Éramos esquartejados pela ditadura!

Não podíamos mais continuar uma federação de partidos, porque o MDB, continha espectros políticos os mais diferenciados. Diante disto, os componentes dos Autênticos, quando da abertura, do pluripatidarismo, resolveram assumir posições diferenciadas, determinando, criando e preconizando novos partidos. Neste momento fomos dizimados, restando de nós, um para cá, outro para lá... É PT para cá, PMDB para lá... A possibilidade e a facilidade da existência de outros partidos políticos propiciou, sobretudo aos oportunistas que estavam no MDB, que muitos saíssem para criar as suas "igrejas" e tornarem-se seus donos.

Desta forma, atribuo à abertura política o principal motivo de nossa dissolução... Paradoxalmente, lutamos tanto por uma abertura, e foi ela que praticamente nos aniquilou, tirando a unidade do Grupo. São as conseqüências...

Com a mudança dos paradigmas, desapareceram determinados conceitos... Estamos vivendo uma outra realidade. Para continuar nossa luta autêntica, deveríamos participar da recuperação da sociedade, da divisão justa de renda entre os nossos compatriotas. As diferenças sociais são terríveis, muito mais graves e flagrantes do que na década de 1970. Uma luta autêntica hoje, deveria centrar-se nos problemas e dificuldades sociais. Tenho absoluta certeza de que consegui minha realização política proclamando-me o mesmo Chico de ontem, o de hoje; e o de hoje, o de amanhã. Todos sabem quem é o Chico Amaral, com sua disposição ou indisposição. Nunca engambelei ninguém! Principalmente na minha cidade, todos me conhecem!

Esta colocação tanto é verdadeira, que na eleição de 1974 fui o deputado federal mais votado do Estado de São Paulo! Eu aqui, e o Mello Reis, da ARENA, da cidade de Juiz de Fora, o deputado mais votado do Estado de Minas Gerais. No ano de 1976 fui o prefeito mais votado do Brasil!

Minha migração política? Estive no PTN, e em 1964, com o bipartidarismo, fui para o MDB... No início dos anos 80, tive uma ligeira passagem pelo PP de Cláudio Lembo, apenas por alguns meses, e logo me indispus... O PP teve um curto período e se dissolveu. Houve uma nova convenção, quando resolveu-se voltar às origens, ou seja, prevaleceram as antigas filiações. Entendo hoje o PP como um equívoco político, até inspirado pelo Tancredo Neves, e me penitencio por isso... Talvez, seja esse o motivo por que fui injustiçado pelo PMDB, pois mesmo tendo sempre lutado por sua sobrevivência e sucesso, e na condição de deputado federal e prefeito de Campinas por esta legenda, não me deram o direito de ter um candidato às eleições proporcionais do meu Estado. O partido me boicotou, não tive a chance de propor um nome do meu contexto. Meu candidato na ocasião era o José Roberto Magalhães Teixeira, o Grama.

Não há contudo partido perfeito, todos possuem momentos maiores, menores, e sobretudo são governados por homens, que algumas vezes fraquejam.

Quanto ao meu relacionamento com o Grama, divergimos em algumas coisas, todavia, nos entendemos, nos damos bem... Existem questões que pensamos de forma distinta e procuramos não tocar... Penso que isto significa respeito mútuo.

Sou amigo do Grama, mas defendo o Quércia, que em termos políticos foi um grande bem para o MDB, sendo o principal responsável pelo crescimento do partido. Muitas acusações e versões em torno dele são injustas. Não merece, não merece... E digo mais, ele deveria nos momentos de aflição ter tido um pouco mais de respeito por parte do PMDB... Algumas pessoas do partido preferiram a sombra, à enfrentar o calor de um sol escaldante. Quércia deu muito ao PMDB. Não quero santificá-lo, absolutamente! Porém, é inegável seu valor como companheiro e organizador, um grande sustentáculo, sendo apoio do PMDB por todo esse tempo, fazendo-o grande! No momento de maior dificuldade, foi largado e abandonado à própria sorte, como também aconteceu com Ulysses.

Considero o PMDB extremamente injusto em relação a dois episódios: o primeiro é o da candidatura do Ulysses, que apesar da teimosia, era candidato e não tinha como; e posteriormente, quando Quércia foi obrigado a se afastar do partido, muita gente com faca na mão, querendo apunhalá-lo! O que é isso?! Não é assim, ninguém tem direito de agir deste modo.

Os partidos brasileiros na sua quase totalidade são irreais, inautênticos, de safras eleitorais, de momentos eleitorais. Por oportunismo possuem até um programa, que geralmente não é seguido. Mera formalidade que se atende, mas não se observa. Os partidos deveriam ser mais verdadeiros... Dos que existem hoje, o de mais autenticidade é o PT... Não tenho tendências petistas, porém reconheço este valor! É um pouco xiita para o meu gosto, porém coerente.

Vale lembrar que José Roberto Magalhães Teixeira, o Grama, teve seu primeiro pleito vitorioso em 1976, na condição de meu vice-prefeito. No ano de 82 o fiz prefeito, do que muito me orgulho, pois na história de Campinas, Quércia e eu, fomos os dois únicos prefeitos, as duas únicas figuras políticas capazes deste feito. Sequer prefeitos de grande prestígio aqui na cidade, como Miguel Vicente Cury, figura idolatrada e Mendonça de Barros, conseguiram eleger o sucessor. Este foi o melhor atestado de aceitação, que significou um endosso ao meu governo. O próprio Zé Roberto terminou o governo com louros, fogos de artifício e tudo, no entanto não fez seu sucessor.

Assim, meu herdeiro político realmente foi o Grama, que após eleger-se prefeito, alçou seu próprio vôo, caminhando para seu destino... Ele nunca gostou do Quércia, e em determinada altura criou restrições, afastando-se... Na primeira oportunidade trocou de partido, pois sabia que o PMDB seria sempre do Quércia, e talvez, o acaso pudesse colocá-los em confronto, e o Grama não queria isto! Está hoje no PSDB, e continuamos amigos, não obstante existam diferenças políticas. Ajudo a cidade no que posso, ele me trata bem, embora não dê muita “colher de chá”... Apesar disto, nos damos bem, não temos dificuldades.

Há até uma passagem importante. Quando escondi Márcio Moreira Alves em Campinas, o Grama ajudou muito nos dois últimos dias, participando em um gesto de coragem! Márcio Moreira Alves era procurado pelo Brasil inteiro, e nós o escondendo. A certa altura, contei ao Grama que ele estava escondido aqui. Eu morava em uma casa minúscula com a mulher e três filhas, tudo atrapalhado... Falei, não por medo, absolutamente, e sim por razões objetivas. Márcio ficava 24 horas, preso dentro de casa, sem poder sair para tomar sol. Às vezes se revoltava, ficava doido, ameaçando:

— “Vou sair para a contra-revolução”. Eu tentava acalmá-lo, pedindo que acordasse para realidade, e indagava dele, quem iria pegar em armas... Ninguém, ninguém!

De maneira que nos dois últimos dias de sua permanência em Campinas, Márcio esteve no apartamento do Grama, no centro da cidade. A idéia, que tive, de esconder Márcio em Campinas, ocorreu sobretudo por sermos sede de três unidades militares. E, por mais hilariante que possa parecer, nenhum militar pensaria em procurá-lo na “porta do quartel”.

Tudo começou no final do ano de 1968, quando a Câmara julgaria Márcio, aprovando ou não seu processo. Fui procurado por ele, perto de uma hora da tarde, quando disse:

— "Ah! Chico estou vivendo um drama horrível, tenho que deixar Brasília às cinco horas desta tarde, e não tenho para onde ir. Estava tudo acertado com uma pessoa, que há pouco ligou dizendo não ter condições de me esconder". Daí falei:

— "Fique tranqüilo, Márcio, se tenho ou não condições, não sei... mas você vai para a minha casa, e acabou! Acredito ser o melhor lugar, pois Campinas tem três unidades militares e ninguém vai pensar que você vai se esconder lá".

Márcio tomou um aviãozinho em Brasília, por volta das seis horas da tarde, descendo em Ribeirão Preto, de onde deveria vir direto para cá, de automóvel. Eu estava agoniado porque neste dia houve um grande tumulto, e até o meu avião que sairia de Brasília às nove e meia da noite, acabou atrasando e só decolou à meia noite e meia. Atormentava-me a idéia de que Márcio tivesse chegado em Campinas (pelos meus cálculos, uma e meia da manhã), e minha mulher sem saber da situação, não o deixasse entrar, uma vez que me vi impedido de ligar para preveni-la.

— "Não sei quem você é, nesta casa você não entra... Nunca te vi, estou só com as meninas. Aqui o senhor não entra, de jeito nenhum!" Diria ela, e esta possibilidade era minha maior preocupação!

Felizmente, ele parou em Ribeirão Preto e ligou para Campinas e eu o apanhei no dia seguinte indo direto para minha casa. Marcito ficou conosco aproximadamente doze dias. Permaneceu ainda dois dias no apartamento do Grama, no centro da cidade, partindo a seguir para São Paulo, sendo hóspede de Pedroso Horta por mais alguns dias. É bom lembrar que havia um esquema, mais ou menos armado. De São Paulo foi para São João da Boa Vista, onde um avião o esperava, levando-o ao Paraguai.

Durante a estadia de Márcio em Campinas, um dia estava em meu escritório de advocacia, e chegaram algumas pessoas, dentre elas um antigo conhecido daqui de Campinas, padre Jordano, além de mais duas outras pessoas estranhas. E o padre falou:

— "Olá Chico, tudo bom? Trouxe uns amigos que querem conversar com você". Inicialmente pensei que fossem agentes do SNI, e imaginei, fomos descobertos e pronto! Porém o senhor mais velho dirigiu-se a mim dizendo:

— "Estou trazendo aqui uma encomenda... É dinheiro para ser entregue ao deputado Márcio Moreira Alves".

— "Márcio Moreira Alves? Dinheiro? E, por que devo entregar? Ele sumiu do Brasil, eu não sei de seu paradeiro..." Foi assim que me comportei, pois apesar de ele estar em minha casa, eu não sabia quem eram aquelas pessoas.

— "Olha, não vamos discutir, tampouco entrar em pormenores, vou deixar com o senhor este pacote, e de alguma maneira, faça-o chegar até Márcio. Só isso..." Disse o senhor mais idoso .

Peguei o pacote, e ele silenciosamente, tirou a aliança mostrando as iniciais B.M.F.A gravadas. Naquele instante, atônito que estava, não identifiquei, mais tarde percebi tratarem-se das iniciais de dona Branca, mãe do Márcio.

Em suma, Márcito chegou ao Paraguai, indo de lá para o Chile, depois para a França, Portugal... Ele foi um muito direito comigo, voltando com a anistia ao Brasil, o primeiro lugar que visitou, foi minha casa, juntamente com Mariá, sua mulher. Veja que expressão de gratidão! Foi um gesto, realmente, muito bonito... E neste mundo, em que ninguém mais tem esse tipo de sentimento. Parece-me até que iniciativas deste porte, infelizmente, caíram em desuso!

Minha real afirmação como parlamentar, deu-se no Grupo Autêntico. Seguindo a ânsia do político da terra, em dirigir a sua cidade, fui Prefeito de Campinas... Perdi a eleição de 1972 à prefeitura, e até por isso, ganhei a de 1976, me realizando perfeitamente. Entretanto confesso, sempre gostei realmente do Parlamento, faz mais o meu gênero, muito mais do que qualquer outro cargo.

A última eleição que disputei perdi, por causa do Grama, pois disputamos o mesmo posto de deputado federal. Ele enquanto foi prefeito, teve muita habilidade no marketing político... Teve como sucessor o Jacó Bittar do PT, cuja administração foi trágica. Assim, seu prestígio cresceu violentamente, e o povo comparava sua gestão, de certo modo digamos recomendável, com outra péssima. Este fato muito o evidenciou, e acabamos disputando o mesmo cargo. Eu, que tradicionalmente obtinha oitenta, noventa mil votos, na oportunidade fiz apenas dezoito mil. O Grama por sua vez, chegou na frente com 112 ou 115 mil votos, absorvendo toda votação. O excesso de votos que conseguiu, foi minha morte eleitoral. Ou seja, se eu tivesse tido um pouquinho mais de votos em Campinas, teria alcançado uma vaga. Esgotada a votação daqui, não tive como... Fui derrotado por ele.

Interessante que o Grama exerceu o mandato de deputado federal por apenas dois anos, e acabou abrindo mão para ser novamente prefeito de Campinas. Estando no PSDB, seu suplente foi alguém do mesmo partido. Isto deixou Campinas sem representante na Câmara dos Deputados. Espero que esta condição esteja por pouco, e eu consiga ser eleito neste pleito de outubro de 1994.

Minha trajetória política, iniciou-se no ano de 1962 como deputado estadual, e a seguir, em 1966 elegi-me deputado federal. Quando o Quércia concorreu à Prefeitura de Campinas, em 1968, existiam sublegendas: ARENA e MDB, e havia uma senhora, professora da ARENA, que sairia candidata da sublegenda, desde que eu fosse seu vice-prefeito. Aceitei esta condição até para compor a legenda e sair três a três. E, desde então, tenho disputado quase todas as eleições, senão vejamos: 1966, 68, 70, 72, 74, 76, 82, 86 e 90.

Em 1986, o Montoro me nomeou juiz do Tribunal Militar de São Paulo, todavia, por fazer questão de ser Constituinte e disputar a eleição, mandei uma carta a ele abrindo mão da indicação. Não assumi o cargo, para poder disputar a uma vaga pelo PMDB à Câmara dos Deputados. E tenho orgulho em dizer que fui Deputado Constituinte! Foi muito bom estar presente, possibilitando a presença de Campinas na Constituição de 1988. Graças à Deus, pude viver esta felicidade!

Havia sim consciência de que fazíamos história, do papel histórico dos Autênticos. De minha parte, sempre tive como proposta participar da vida política para tentar de alguma maneira fazer parte da história. Mesmo não me cabendo ser o principal protagonista, fui com muito orgulho um coadjuvante da história política contemporânea do meu país!

Se valeu? Muito! Embora a minha família não pense desta forma. Passamos por muitos dramas, muitas dificuldades e momentos de sobressalto. O período que Márcio esteve em casa foi sem dúvida um dos mais marcantes. A família assustada, porque a qualquer momento podiam descobrir e, não sei o que poderia ter acontecido...

Creio, entretanto, que elas falam "da boca para fora", e intimamente as cinco (minha mulher e as quatro filhas) concordam comigo. Valeu a pena!

O significado dos Autênticos na minha vida política é tema que me emociona muito, pois trata-se da experiência que me afirmou como parlamentar, revelando-me a clareza da trajetória correta. Eu ganhei estrutura psicológica dentro do grupo, e isto me fez maior."

Francisco Pinto

(Francisco Pinto dos Santos)

NASCIMENTO:

16 de abril de 1930
Feira de Santana, BA

FILIAÇÃO :

José Pinto dos Santos e Inácia Pinto dos Santos

FORMAÇÃO:

Advogado
Faculdade de Direito
Universidade da Bahia, 1954

CÔNJUGE :

Thais Cavalcanti Alencar

FILHA:

Thais Alencar Pinto dos Santos

"Meu discurso objetivava encontrar uma saída para o Brasil..."

Rio de Janeiro 17 de dezembro de 1993

"Sou de Feira de Santana, na Bahia, onde nasci sob o signo da revolução de 1930, em dezesseis de abril. Meu pai, José Pinto dos Santos, possuía fazenda em Feira de Santana e no vizinho município de Coração de Maria, além de uma destilaria. Morreu em 1946, quando encontrava-me com dezesseis anos. Somos quatro irmãos. A mais velha Maria Isabel, professora, casou-se com Joaquim Lopes Azevedo e mudou-se para o Rio de Janeiro, antes do falecimento de meu pai. Eu sou o mais velho dos homens. Meu irmão Antônio Pinto dos Santos é também formado em Direito. Ainda universitário, foi eleito vereador em Feira para o mandato de 1962 a 66. Atualmente é juiz de direito em Salvador. E, José Pinto dos Santos Júnior, o "caçula", concluiu o curso colegial, preferindo assumir a direção do alambique, além de uma fazenda que herdou.

Minha mãe, Inácia Pinto dos Santos, "dona de casa", não fazia qualquer interferência nos negócios de meu pai, como aliás, era costume na época. Após a morte do marido, desdobrou-se com energia, firmeza e dedicação para superar sua inexperiência, amparando-se em uma extraordinária fé em Deus e nos Santos da Igreja Católica, para suportar a dor, manter-se e educar os filhos, estudantes na capital do Estado. Ficou de luto fechado por mais de vinte anos. Sendo o mais velho dos homens, fui acionado para ajudá-la na tarefa da administração dos negócios.

Mamãe faleceu no final de 1989, aos 93 anos. Lembro-me que coincidiu com o comício do Lula em Salvador, no segundo turno das primeiras eleições presidenciais diretas, após o fim da ditadura formal. Neste dia eu deveria falar naquele comício como representante do "Novo PMDB" (um grupo dentro do partido), porque o PT não aceitava qualquer indicação do diretório moderado. Creio que agiu corretamente, pois a maioria do PMDB baiano, votou com Collor. Minha mãe agonizava e não pude comparecer ao comício, sendo substituído pelo então deputado estadual Emiliano José.

Minha vida política começou cedo, exatamente no curso ginasial... Era considerado um dos líderes do movimento secundarista em Salvador. Fui eleito orador da turma, no colégio Carneiro Ribeiro, ao concluir o curso — na época denominado Formatura em "Bacharel em Ciências e Letras" — e ocupei os mais variados cargos no grêmio do colégio. Ingressei na Faculdade de Direito da Universidade Federal da Bahia, em Salvador, em 1954 e, neste mesmo ano, elegi-me vereador pelo PSD (ala progressista), em Feira de Santana, exercendo o cargo nos anos de 55 a 59. Mandato gratuito, na ocasião.

Não foi fácil conciliar os estudos e o exercício do mandato em duas cidades diferentes, interligadas por uma estrada horrorosa, onde no inverno se gastava quatro horas de viagem. O que me facilitava é que a Câmara de Vereadores se reunia à noite, permitindo-me comparecer com assiduidade às sessões, e, ainda, ser considerado o melhor vereador da cidade. Tive de abdicar constrangidamente, contudo, de participar da política universitária. Seria impossível.

Meu pai era da UDN. Minha mãe era getulista. Por esta razão, não requereu seu título eleitoral, para não votar contra os candidatos de papai, eleito Conselheiro Municipal em 1934, que apoiava o Brigadeiro Eduardo Gomes, da UDN para Presidente da República em 1945. Ajudava porém em todas as tarefas secundárias, que meu pai solicitava junto aos seus eleitores. Foi a forma harmoniosa encontrada. Do seu voto a UDN nunca se beneficiou. Tornou-se eleitora em 1950 para votar em Getúlio para Presidente e em seu filho para vereador. Papai já havia morrido.

Para não demonstrar minha indefinição diante dessa dualidade de posições, devo esclarecer que, embora sem idade para alistar-me eleitor, participei na capital, onde estudava do Comitê Estudantil pró-Eduardo Gomes. A campanha libertária pelo fim da ditadura me seduzia. Foi, no entanto, a primeira e única vez.

De qualquer sorte, sou um produto do populismo (sem aspas) do Getulismo, da rígida ética que a UDN pelo menos externava e, mais tarde, dos ideais socialistas absorvidos na universidade.

Em 1950, Getúlio Vargas esteve em Feira de Santana, em campanha eleitoral, disputando a Presidência da República. Hospedou-se na residência de mamãe, onde almoçou e passou parte do dia. Até hoje existe uma placa de mármore registrando a efeméride. Seu comício abalou emocionalmente a cidade, com getulistas apaixonados, e uma minoria agressiva da UDN tentando tumultuar o ato político. Getúlio Vargas, apesar disso, venceu as eleições no município por maioria absoluta, derrotando os demais candidatos reunidos: Eduardo Gomes da UDN, Cristiano Machado do PSB.

Neste ano, disputei uma vaga na Câmara Municipal pelo PSD. Votei, porém, em Getúlio e fui um dos vereadores mais votados da cidade. Em companhia de outros jovens e alguns profissionais liberais, ainda no início de 1950, articulamos a criação de um novo partido na cidade. Comecei a "fazer" eleitores, como se dizia à época, isto é, trabalhando no alistamento eleitoral. Já havia inscrito mais de uma centena de eleitores, quando fui procurado, em nossa residência, pelo deputado federal constituinte de 1946 e ex-prefeito do município, dr. Eduardo Froes da Mota, uma das maiores figuras que conheci na vida pública, que convidou-me para ser candidato pelo PSD. Respondi que pensava em criar um novo partido em Feira. Paternalmente, desaconselhou-me, dizendo que era uma aventura, pois o partido não alcançaria o coeficiente eleitoral, fato verdadeiro, e por mim constatado, posteriormente, nas eleições. Afirmou conhecer meu trabalho e que também me beneficiaria com o apoio de alguns correligionários do meu pai, sobretudo no Distrito de Humildes, embora muitos deles continuassem na UDN, fato também verdadeiro. Acrescentou, ainda, que queria renovar o PSD no município. Citou vários jovens recrutados por ele (alguns se elegeram vereadores comigo). Avisei-lhe, então, que iria conversar com os demais companheiros e acabei no PSD, liderado por um político sério, coerente, experiente, solidário, sincero e que não prometia em vão, quer na política ou fora dela.

Um fato marcante que serviu de exemplo, para mim e muitos jovens, foi o discurso de Vargas defendendo a Soberania e o Patrimônio Nacional. Prometeu, afinal, que eleito instalaria serviço de água encanada na cidade, uma de suas maiores reivindicações. Ao assumir o mandato de vereador e eleito Primeiro-Secretário da Câmara, apresentei requerimento solicitando a designação de uma comissão de vereadores para cobrar do presidente, pessoalmente, no Rio de Janeiro — antiga sede do governo federal — a promessa do candidato em praça pública. Constituída, oficialmente, a comissão integrada pelos vereadores Antônio Araújo do PSD, Wilson Falcão da UDN, Hamilton Cohim do PTB, Renato Santos Silva do PR e eu do PSD, compramos passagens de avião com nossos próprios recursos, além de pagarmos, por nossa conta, hospedagem em hotel na então capital da República. Um dos vereadores precisou tomar dinheiro emprestado de terceiros, para cumprir seu dever com a cidade e seu povo.

É de se salientar que o mandato era gratuito, sem qualquer espécie de vantagem pecuniária: subsídio, ajuda de custo... Nada!

Este fato relatado, parece nos dia de hoje inacreditável, diante dos exemplos que os atuais políticos oferecem à população!

Na audiência, Vargas reconheceu-me. Lembrou-se do comício tumultuado, ressaltando, porém a vitória que alcançou no município. Expostas as razões de nossa presença, o Presidente confirmou a promessa e nos encaminhou, por intermédio do deputado federal Carlos Valadares do PSD, ao ministro da Educação, o baiano Simões Filho, a cujo ministério estava subordinado o SESP, e encerrou a audiência:

— "Agora só depende do Simões, e ele vai fazer!"

No dia seguinte estivemos com o ministro. Entusiasmado, nos disse ser o responsável pela instalação de energia elétrica em Feira de Santana quando moço e que, canalizaria água para a cidade. Dias depois chegaram os técnicos. Elaboraram o projeto e meses depois abriram os primeiros poços artesianos, canalizando água para as primeiras residências. Para os iniciantes na política institucional, este exemplo valeu para o resto da vida. Ou seja, as promessas de políticos devem ser cumpridas. O tempo mostrou, porém, que essa regra existe para ser descumprida.

Antes que eu concluísse o curso de Direito em dezembro de 1954, Getúlio suicidou-se. Em Salvador, a revolta foi generalizada. Uma multidão exaltada e sem rumos percorria as ruas quebrando casas comerciais e gritando: "Morte aos líderes da UDN". Foi um quadro indescritível de dor, exaltação, choro e ódio. A Aeronáutica socorreu alguns líderes udenistas, protegendo-os na Base Área de Salvador. O palanque na praça da Sé, no qual a UDN fizera, na antevéspera, um comício violento pregando a derrubada de Vargas, transformou-se em uma imensa fogueira. A multidão enfurecida pretendia queimar os inimigos de Vargas, responsáveis indiretos pela sua morte. Eu também estava no meio da multidão.

Comecei a advogar em Feira e na região no início de 1955, e o fato de ter sido um vereador atuante contribuiu para que clientes aparecessem nos primeiros dias. Tornei-me advogado dos sindicatos de Construção Civil, Fumageira, Feirantes, Metalúrgicos e Comerciários e cheguei a ter a maior banca de advocacia da região, embora não a mais rendosa.

No ano de 1962, depois de seguidas derrotas do PSD no município, fui convocado pelo partido para disputar a Prefeitura de Feira de Santana. O desalento entre os correligionários era grande, não só pelas sucessivas derrotas, mas por que o PTB, tradicional aliado do PSD, coligara-se com a UDN local, abrigo preferido da burguesia. Além do meu partido e de todos os sindicatos, contei com o apoio do PCB, na clandestinidade, contra os outros três maiores partidos do município: UDN, PR, que detinham o controle da prefeitura há muitos anos, e mais o PTB.

Radicalizei na campanha, e nos comícios proclamava:

— "Não quero votos da burguesia. Não servirei a dois senhores, Deus e o Diabo". Comecei a esvaziar o PTB, que conduzia parte do eleitorado da periferia. Os frades Capuchinhos, na ocasião, e ainda hoje proprietários da Rádio Sociedade local, desencadearam uma campanha, que se estendeu aos púlpitos, com sermões irradiados e, até no confessionário, pediam para não votar no candidato dos comunistas. No entanto, eu não era comunista!

Concluía meus discursos diariamente, nos comícios, com o *slogan*:

— "Francisco Pinto na prefeitura é o povo governando".

João Durval, meu adversário que, mais tarde entre 1982 e 86 foi governador da Bahia, contrastava:

— "João Durval na prefeitura é João Durval governando".

Ganhei as eleições e coloquei em prática o *slogan* da campanha!

Inicialmente, organizamos a população em Associações de Bairro, ainda inexistentes no município e criamos uma Federação das Associações nascentes; nenhuma obra era realizada na cidade sem uma discussão em cada bairro e em praça pública, onde falavam, no início dos trabalhos, o prefeito e alguns secretários, a fim de defender as reformas de Base, programadas pelo governo de João Goulart: agrária, tributária, bancária (estatização dos bancos), cambial, fiscal, com os acréscimos por nossa conta. Depois saíamos de cena e era a vez dos moradores apresentarem suas propostas sem nossa interferência e, depois, eram votadas. No dia imediato, iniciávamos a obra aprovada. Fundamos e construímos o prédio do Ginásio Municipal, pois os existentes eram privados. Construímos e implantamos um Centro de Abastecimento fixo e outros volantes, em caminhões apropriados, vendendo, em cada bairro, somente aos filiados, às associações e aos sindicalizados, os produtos básicos, pela metade do preço do mercado.

Montamos uma Farmácia do Povo, comprando grandes estoques diretamente dos laboratórios e deles exigindo amostras grátis, o que nos permitia vender remédios pela metade do preço. E, ainda, o Orçamento Municipal, uma abstração que a população ignorava. Fato pioneiro no país, a alocação de verbas passou a ser discutida e o orçamento elaborado pela comunidade, nos bairros, e levado à praça pública. Os técnicos só lhe davam a feição exigida pelas normas legais. Veja que esta iniciativa, não é, portanto, uma invenção do PT... Fiz isso com mais amplitude em 1963, há de trinta anos.

O comprometimento da população com o Orçamento foi de tal ordem, que ao ser submetido à apreciação da Câmara de Vereadores e rejeitado — éramos minoria — a população revoltada destruiu todas as dependências da Câmara. Galerias lotadas e milhares de pessoas concentradas na praça. Os vereadores refugiaram-se na diretoria da Câmara com as portas escoradas e o povo tentando arrombá-las, armado de paus provenientes das cadeiras e mesas quebradas, além de outras armas. O Batalhão da Polícia deslocou-se para o local. Houve confronto, e até feridos à bala. O Batalhão se retirou, debaixo de pedradas, depois que assumi compromisso com o comandante de garantir a fuga dos vereadores da oposição. As emissoras de rádio, que transmitiam o tumulto, facilitaram a confluência de milhares de outras pessoas, provenientes dos bairros para defender o Orçamento. Falei à população exaltada, cerca de dez a quinze mil pessoas, e lhes disse:

— "A Câmara acabou. Daqui em diante a Câmara dos Vereadores de Feira de Santana é o seu próprio povo". Pedi que deixassem os vereadores saírem. Fizemos um cordão de isolamento, com lideranças populares, e retiramos os vereadores. Um deles desmaiado, o Vereador Jorge Mascarenhas da UDN, que foi transportado em uma padiola para uma ambulância. Os demais saíram em um carro providenciado por mim. Perceba, isto ocorreu nos primeiros dias de dezembro de 1963.

Quando o golpe estourou, em abril de 1964, fui acusado de ser o responsável pelo "quebra-quebra da Câmara", como ficou conhecido e, respondi, entre outros processos, por mais este. Os vereadores, que salvei a vida, foram as testemunhas de acusação. E eu não tive nada a ver com aquilo, a não ser, indiretamente, porque ajudei a conscientizar o povo de sua própria força.

Ah!, Também em convênio com o Governo Federal, na gestão do ministro da Educação Paulo de Tarso, implantamos, em Feira, o método de alfabetização de Paulo Freire. Alfabetizávamos e conscientizávamos politicamente. Era um método extraordinário. No final do meu mandato, não deveria existir nenhum analfabeto na cidade. Embora a história registre a experiência deste método em Angicos — no Rio Grande do Norte — em Feira ele se desenvolveu de forma brilhante. Com o Golpe de 1964, vários de seus monitores foram presos ou fugiram. As Kombis usadas para este fim foram roubadas pelas forças policiais, e nunca se esclareceu se pela Polícia Militar ou pelo Exército. Os projetores de *slides* tiveram o mesmo destino, alguns foram quebrados e pisoteados por militares raivosos. Pisavam os "projetores comunistas", como eles diziam. Nesta ocasião, encontrava-me preso.

Apesar de construirmos dezenas de prédios escolares e, educarmos a população, éramos forçados a enfrentar a violência dos adversários. Um incidente com o Governo do Estado e com a Polícia Militar, cumprindo ordens superiores, em uma tentativa de invasão do campo do gado — a cidade de Feira, era o maior centro de comercialização de gado no Estado — gerou outro grande conflito. Só dispúnhamos de 140 homens armados na Guarda Municipal, e algumas armas conhecidas como "papo amarelo", usadas por Lampião nas guerrilhas nas caatingas. Mas esta é outra história. O povo estava lá conosco, e os magarefes, com suas facas de sangrar bois, gritavam para mim:

— "Hoje nóis come esses burgueses na faca, prefeito".

Os incidentes se sucediam. Que bons tempos aqueles! Como é importante governar com o povo ao seu lado! Brigávamos para construir, e chegou a vez da luta contra a Light — conhecida como "Polvo Canadense" — era concessionária da exploração de energia elétrica no município de Feira de Santana. Seu contrato se extinguiria dois anos antes do final do meu mandato. Contudo, a partir do governo dos meus últimos antecessores, a Companhia só fazia extensão da rede elétrica com pagamento prévio e uma escritura de doação do patrimônio à própria Light. Recusei-me, a fazer esta doação, entendendo ser um roubo aos cofres públicos. Por outro lado, a Companhia simplesmente se recusou a ligá-la. Denunciei pela rádio à população a extorsão que o "Polvo" queria submeter à prefeitura. Povo mobilizado! Resultado, eletricistas voluntários, ligações feitas, invasão popular ao prédio da Light — um dos mais bonitos da cidade — devidamente depredado, rebelião, polícia... Enfim, recuou e no meu governo nenhuma doação foi feita à Light.

Foi sob o signo de permanentes lutas populares contra forças economicamente poderosas e organizadas, que governei o município durante um ano, até ser tragado pelo golpe de 1964. Refiro-me a um município no qual não existia um Código Tributário e nem um único fiscal de rendas. Os comerciantes e industriais pagavam o imposto que queriam, sem serem fiscalizados. Existiam casas comerciais vizinhas à Prefeitura sem, ao menos, possuir licença de funcionamento. Cinemas, nas "barbas" da Prefeitura, recolhiam a taxa de diversões públicas embutidas no preço do ingresso e os proprietários a embolsavam impunemente, constituindo crime de apropriação indébita na qualidade de depositários infiéis e praticadas até por um deputado estadual. A sonegação era monstruosa e o contrabando institucionalizado. Mas a subversão que enxergavam no município não passava de uma reação legítima do governo na defesa dos "cofres" e do Patrimônio Público. Enfim, uma lição de ética!

Elaboramos um Código Tributário. Fizemos uma Reforma Administrativa. Contratamos fiscais competentes na capital do Estado e intensificamos a fiscalização. Declaramos guerra ao contrabando, e, em apenas um ano, o município, que ocupava o quarto lugar na arrecadação de impostos, sem qualquer aumento, pulou para o primeiro lugar, excluindo Salvador.

Nada disso se faz sem grandes reações, e como não contávamos com a polícia, nem com o governo do Estado, só era possível concretizar essas reformas com um decidido apoio popular e adquirindo armas para os combates. Esta luta no interior do município ganhou amplitude estadual. Dois jornais da capital, pertencentes aos Diários Associados — *Diário de Notícias* (matutino) e *Estado da Bahia* (vespertino) e, com ampla circulação na Bahia, davam cobertura aos nossos adversários e ampliavam as invencionices do jornal local *Folha do Norte* de propriedade do ex-prefeito Arnold Silva da UDN e da rádio "Sociedade de Feira Santana", pertencente aos frades capuchinhos, que mancheteavam a existência de um *Soviet* em Feira ou "comunistas badernam a cidade", distorcendo e inventando notícias, as mais absurdas, para acirrar os ânimos. Contrabalançávamos esse domínio dos meios de comunicação com reuniões em praça pública, aos sábados, com o auxílio da rádio "Cultura", com menor potência, e um outro pequeno jornal *Gazeta do Povo*, depredado e fechado em 1964.

Tal campanha sistemática dos adversários produzia efeito diverso na opinião pública. Quando, no final de 1963, convocamos um encontro de prefeitos para discutir a criação de um banco municipal, e de uma patrulha municipalizada, para atender aos pequenos e médios agricultores, conseguimos colocar no município 170 prefeitos e centenas de vereadores em um universo de cerca de 280 prefeituras.

Foi nesse clima de entusiasmo e inúmeras obras realizadas em um ano, que arrebentou o golpe de 64. A cidade de Salvador, encontrava-se cercada pelas tropas e centenas de prisões foram efetuadas. Vários líderes operários e estudantis que escapavam se deslocaram para o nosso município. Discutimos o que fazer e resolvemos resistir. Uma série de providências foram adotadas para enfrentar os golpistas. Não cabe aqui enumerá-las. A ausência de reação no resto do país nos levou à desmobilização. Providenciamos fuga para a maioria dessas lideranças. Os adversários reanimaram-se. Denúncias verdadeiras (algumas) e mentirosas a maioria eram levadas diariamente ao Quartel General da IV Região Militar. A bem da justiça, convém registrar que o Exército enviou a Feira de Santana, o coronel Luís Artur de Carvalho para comprovar as denúncias feitas. Como a maioria era falsa e a administração eficiente, o coronel reuniu a Câmara de Vereadores e declarou, em nome do Exército:

— "A Revolução não foi feita para destituir prefeitos capazes e realizadores". Aconselhou ainda os vereadores a unirem-se em benefício da cidade e a abandonarem a politicalha que nada constrói.

O coronel Humberto Melo, chefe do Estado Maior da IV Região Militar chegou a enviar um rádio para o tenente-chefe do Tiro de Guerra no município, confirmando que "o prefeito deveria ser mantido e apoiado". Refiro-me ao primeiros dias do golpe.

Os adversários sabiam que dispunham de trunfos maiores a serem utilizados. E o fizeram. Amigos e dedicados correligionários do general Juracy Magalhães (embaixador do Brasil em Washington e, posteriormente, ministro da Justiça) o mesmo que declarou: — "O que é bom para os Estados Unidos é bom para o Brasil" — solicitaram que apelasse para o presidente Castelo Branco para me destituir e prender. A ordem superior foi cumprida. O próprio coronel Humberto Melo, antes de ser transferido de Salvador e promovido a general, me confirmou posteriormente o fato.

As tropas do Exército, sob o comando do major Hélvio Moreira, chegaram em Feira e se alojaram em um armazém de fumo. Me prenderam. Naquele armazém as torturas foram monstruosas. Dezenas de pessoas, uma de cada vez, eram arrochadas em uma prensa para enfardar fumo, sob a ameaça de nela continuarem se não confessassem que o prefeito era comunista.

No dia imediato, enquanto encontrava-me preso no porão do Quartel da Polícia Militar, o major convocou a Câmara de Vereadores para votar meu *impeachment*. Os vereadores foram conduzidos por soldados, e a Câmara cercada. No seu próprio plenário, os vereadores tiveram as metralhadoras apontadas, a fim de aterrorizá-los. Em determinado momento as luzes se apagaram no plenário, os vereadores aliados atiram-se ao chão protegendo-se de um possível atentado. A votação, que deveria ser secreta, foi aberta e apesar de tudo não conseguiram os dois terços necessários para me destituir. Encerrada a sessão, prenderam o vereador sargento Aranha por desobediência à ordem do seu superior, pois votou contra o *impeachment.* Conduziram-no para Salvador onde ficou preso por trinta dias. Convocaram nova reunião da Câmara, com o suplente do vereador preso. As senhoras dos vereadores deram uma lição extraordinária de coragem dizendo aos maridos que preferiam vê-los presos a votar pela minha destituição. O aparato militar aumentou. O resultado da votação, porém, não mudou. Ao contrário, ganhamos mais um voto de um companheiro que fraquejou na primeira votação!

Diante do impasse, os oficiais decidiram decretar, por sua conta, o *impeachment.*

Não conheço, no Brasil, um caso idêntico de bravura e lealdade como o da Câmara de Vereadores de Feira de Santana. Em Salvador, por exemplo, o seu prefeito Virgildásio Sena só contava com dois vereadores na oposição. Na hora de votar seu impedimento, porém, apenas dois votaram contra. Apesar disso, o ato foi ilegal. Embora atingindo os dois terços exigidos por lei, não se concedeu o direito de defesa ao acusado, como aliás ocorreu em todos os casos, e ignorando prazos e demais formalidades previstos na Lei.

Enquanto encontrava-me depondo no armazém de fumo, a casa de minha mãe, uma senhora de mais de setenta anos foi cercada pelas tropas:

— "Quem está dentro não sai, quem está fora não entra", berrava o encarregado da operação.

Meu irmão Antônio foi detido e conduzido para prestar depoimento. No dia seguinte, levaram-me para Salvador. Lá, fiquei preso no Forte do Barbalho, uma masmorra construída no século XVI ou XVII e local que mais se torturou na Bahia. A prisão era medieval. Dormíamos no chão, sob o cimento, sem colchão, lençol, coberta ou travesseiro. Éramos cerca de 25 prisioneiros sem espaço. A chuva inundava a cela e nos negavam uma vassoura para retirar a água. Quando parava de chover usávamos os pés para escoá-la. "Água de beber camarada", encontrava-se em uma lata de querosene com um único caneco para todos. Enquanto estive por lá não tomei banho. Uma vez por dia íamos ao sanitário, um buraco, onde de cócoras fazíamos nossas necessidades. Em cada porta aberta um soldado de frente para o prisioneiro, com baioneta escalada em nossa direção nos vigiando. Quando ocorria distúrbio intestinal em algum companheiro, ali mesmo onde deitávamos, se evacuava. No dia seguinte, o próprio limpava o chão. À noite, pela madrugada, "eles" davam rajadas de metralhadoras e depois passavam pelas nossas celas como se conversassem entre si e diziam alto:

— "Os que tinham de subir hoje já subiram". A impressão que nos ficava, incomunicáveis como nos encontrávamos, sem visitas e sem notícias do exterior, é que eles tinham fuzilado outros presos. Na primeira noite, após as rajadas, perguntei aos companheiros:

— "Já desapareceu alguém daqui desta cela?" (existiam muitas outras). A resposta foi negativa e conclui com alívio:

— "Felizmente me colocaram onde não estão matando!"

Enfim, fui transferido para o 19º Batalhão dos Caçadores e, após sessenta dias, liberado com a obrigação de me apresentar duas vezes por semana ao chefe do Inquérito Policial Militar. Logo depois, decretaram meu domicílio coacto em Salvador, de onde não poderia sair, o que durou até abril de 1965.

Ao deixar a prisão denunciei, pessoalmente e, posteriormente, por escrito, ao então Chefe do Estado Maior, coronel Humberto Melo as violências e torturas que vi e vivi nas prisões. Ele condenou as violências e prometeu apurá-las, o que não ocorreu. Fiz o mesmo quando assumiu o Comando do IV Exército, general Mourão Filho, substituto de general Justino Bastos. Nada de providências!

Depois de readquirir a liberdade física, porque minha consciência livre "eles" nunca conseguiram aprisionar, continuei a luta pelo meu direito individual e da população, de reaver o mandato que me foi outorgado. Requeri, através do dr. Raul Chaves, professor de Direito Penal na Universidade, mandado de segurança para readquirir o mandato que me foi roubado. Ganhei na primeira instância em Feira, através da sentença do juiz dr. José Ribeiro.

Como encontrava-me na ocasião em Salvador — local em que fui obrigado a residir por ordem do Comando — um certo dia intimaram-me a comparecer ao Quartel General. Nessa ocasião, ainda nas dependências do Quartel, encontrei-me com o dr. José Falcão da Silva e Oscar Marques que me procuravam. Traziam a sentença favorável do juiz. Os dois me aconselharam a avisar ao Comando sobre a decisão favorável da Justiça à minha reintegração. Alegavam que havia — o que realmente ocorreu — um compromisso dos chefes militares em respeitar a decisão da justiça. Avisei o coronel com quem estive um pouco antes. Sorriu. Pareceu, honestamente, que ficara satisfeito. Ele me disse que precisava comunicar ao Chefe do Estado Maior e este ao Comandante da Região.

Conduzido ao coronel Chefe do Estado Maior, este na porta do seu gabinete, sem me cumprimentar e, em posição de sentido, com uma pistola 45 na cintura travou diálogo ríspido comigo. Acompanhou-me até sua presença o dr. José Falcão (ex-prefeito e ex-deputado federal, atualmente no PPB). O coronel perguntou:

— "Soube que o juiz concedeu o Mandado de Segurança?"

— "É verdade. Quero comunicar-lhe que estou viajando para assumir o cargo." Respondi, no que o coronel replicou, aos berros:

— "Não sei onde estou, e por que ainda não mandei prender esse juiz. Vou deslocar tropas para a cidade. Se o senhor for para lá, mando lhe prender". Eu disse:

— "Se sua disposição é essa coronel, o senhor pode me prender aqui mesmo. Não precisa deslocar tropa". O coronel replicou nervosamente:

— "Vou mobilizar a tropa, prendo o senhor e o juiz. O Tribunal da Bahia tem que suspender essa sentença".

Ao deixarmos o Quartel, o Falcão me disse sorrindo:

— "Rapaz, para que você disse aquelas coisas? Pensei que ele prenderia nós dois".

A história é longa, entretanto em síntese, o presidente Câmara de Vereadores requereu junto ao presidente do Tribunal de Justiça da Bahia a suspensão da sentença. E duas sentenças foram publicadas no *Diário da Justiça*. A primeira mantendo a sentença. A segunda suspendendo-a. Imagine!

Após a suspensão da sentença, a decisão final caberia à Câmara Civil. Denegou o mandado por dois votos a um, cuja defesa em plenário foi feita pelo Professor dr. Milton Tavares, da Faculdade de Direito da Universidade. Recorri para o Supremo Tribunal Federal. Houve demora no julgamento e o Ato Institucional nº 2 retirou do Judiciário a atribuição de apreciar os atos praticados pela Revolução.

Continuei lutando, o caso estava afeito a um Conselho Militar Revolucionário. Na primeira audiência no Conselho de Justiça Militar para o Exército, ao ser convocado para sentar-me no banco dos réus, ao lado de outros companheiros do mesmo processo, levantei uma "Questão de Ordem" esclarecendo que nos autos encontrava-se uma procuração para o dr. Inácio Gomes, reservando-me iguais poderes, significando, que era "advogado em causa própria". Conseqüentemente, em obediência às normas do estatuto da Ordem dos Advogados do Brasil, a quem devo obediência, não poderia sentar no banco dos réus. Não por ser simplesmente advogado, mas pelo fato de estar investido na condição de advogado em causa própria. Os advogados Jaime Guimarães, Ronilda Noblat como o Inácio, que tantos serviços dedicados prestaram aos presos políticos, haviam prudentemente, me aconselhado a não irritar os militares, porque o fundamental era conseguir a absolvição e esta posição tática, embora legítima, poderia ser mal interpretada. Compreendi o gesto solidário, todavia, mantive a "questão de ordem". O promotor, dr. Rui Pessoa, mais tarde ministro do Superior Tribunal Militar, manifestou-se dizendo que como advogado, antes de ser promotor, devia também obediência ao Estatuto da OAB. Lembrou, entretanto, que deveria trazer um pronunciamento oficial da instituição sobre o assunto.

Acionei a OAB, Seccional da Bahia, apresentando minhas razões e aguardando sua decisão. A OAB, por maioria de votos, defendeu a prerrogativa que eu argüía. Consegui que, no ofício, respondendo a consulta não se fizesse referência à decisão por maioria, mas apenas "decidiu". Em face disso, o Conselho aceitou que me sentasse na bancada reservada aos advogados.

Fui absolvido na Justiça Civil em alguns outros processos, não obstante, o sumário de culpa na Justiça Militar foi demorado. O processo se arrastou até fevereiro de 1970, quando ocorreu o julgamento. Durante este período entre os anos de 66 e 70, eu participava das sessões em que as testemunhas eram ouvidas, e saía das audiências para comícios nas eleições de prefeito, senadores e deputados federais, denunciando os descaminhos do governo golpista e seus sabujos da ARENA.

A edição do Ato Institucional nº 2 esfriou o movimento estudantil e sindical. Mas a sua revogação no final do governo Castelo Branco, permitiu a retomada, sobretudo do movimento estudantil, com uma enorme força. Reunia-me com os estudantes na universidade e tomava parte em suas passeatas. A repressão, contudo, era brutal, exercida não pelas Forças Armadas, mas pela Polícia Civil e Militar por ordem do governador, no caso da Bahia, Luís Viana Filho — ex-chefe da Casa Civil do presidente Castelo Branco. Aprendi, nessas passeatas, a conviver, defender-me e chutar bombas de gás lacrimogêneo. Foi um bom treinamento. Bem ao meu lado, na Rua da Ajuda, vi cair baleado e agonizante um manifestante... O apoio popular nos prédios da Rua Chile era comovente. Se nas ruas os cacetetes descansavam nas costas dos manifestantes, cachorros policiais mordiam e tiros espocavam, em compensação, do alto, a população atirava cinzeiros e outros objetos sobre os soldados. Mais tarde, essas violências se repetiram no governo do dr. Roberto Santos que proibiu um comício do dr. Ulysses Guimarães, no Campo Grande em Salvador e mandou atiçar os cachorros contra o presidente do MDB e seus seguidores. Ao Comandante da Tropa que lhe tomava a frente, Uysses disse:

— "Saia da frente. Respeite o Chefe da Oposição brasileira". Por ironia do destino ou coisa que o valha, o dr. Roberto filiou-se ao PMDB no início dos anos 80 e, também, o dr. Luís Viana, em 1986. Atualmente, o dr. Roberto é deputado federal na legenda do PSDB. Fui ainda contemplado, entre o final de 1964 até 68, com algumas prisões de curto prazo, que não precisam ser relatadas.

Com o terror desencadeado pelo AI-5, em treze de dezembro de 1968, as manifestações populares foram sufocadas e desapareceram.

Informado que meu nome se encontrava na lista para ser novamente preso, já garantira com anterioridade local para uma eventual retirada estratégica. Parti para o sertão em companhia de dois companheiros também ameaçados, dr. Adelmo Oliveira, advogado à época do Mosteiro de São Bento, em Salvador, e mais tarde deputado estadual e Antônio Carlos Coelho, atual vereador em Feira. Homiziamo-nos na fazenda Camboatá, no município de Água Fria. Era uma casa rústica, mas com colchão no chão para dormirmos. Ali passamos o Natal, regressando no Ano Novo.

Em fevereiro de 1970, fui julgado pelo Conselho Permanente de Justiça Militar para o Exército. No convívio na Auditoria Militar conheci vários oficiais idealistas e de boa formação nacionalista e perguntava-me:

— "Por que estamos em campos opostos?"

Quando morreu o presidente Costa e Silva a sucessão, embora decidida em um círculo reduzido, foi tumultuada. Minhas relações com oficiais nativistas como preferiam ser conhecidos — na verdade nacionalistas — se ampliou. O grupo Centelha era razoavelmente forte. Preferiam o general Albuquerque Lima na presidência. A dificuldade é que o general não possuía quatro estrelas, no entanto nas consultas internas realizadas entre oficiais de várias armas, era o preferido. Engajei-me nesta disputa que parecia desaguar em um confronto. Contudo, o escolhido foi o Médici e confronto armado não houve.

Certo dia peguei meu Volks e fui da Bahia ao Rio de Janeiro, e perguntei ao general Albuquerque em sua casa:

— "General, por que o senhor não resistiu? Tínhamos condições de ganhar essa batalha". Ao que ele respondeu:

— "É possível... Tínhamos o seu Exército, que é pequeno, (referia-se ao IV Exército, do qual a Bahia fazia parte) conosco. O I Exército, também. E é forte. Mas, não contávamos com o III (Rio Grande do Sul e adjacências) e o II (com sede em São Paulo) a não ser pequena parte dele." Argumentei:

— "Mas se colocássemos o povo ao lado do movimento armado... Usar rádio e Tvs, depois de devidamente ocupadas pelas tropas para tentar esclarecer e conscientizar o povo sobre os objetivos do movimento e convocá-lo a apoiá-lo. Já havia me articulado com algumas lideranças civis, o IV Exército passaria a ser forte. Não haveria necessidade de mobilizar grande parte do efetivo militar para conter o povo e assim a tropa poderia ser deslocada, quase toda, para o Sul".

O general concordou. Disse-me que resolveu recuar porque não queria concorrer para destruir grande parte do país, pontes, estradas, fortalezas, edifícios... Além de ser uma luta fratricida matando nossos próprios irmãos. Retruquei:

— "Desculpe general, porém o senhor não pensou nisso quando ajudou a deflagrar o movimento de 64. Se Jango tivesse resistido teria ocorrido o mesmo. Às vezes destruir é necessário para se construir melhor. Desculpe mais uma vez, mas o senhor ao recuar, por essas razões afetivas, deixou-me a impressão de que não é um revolucionário".

Houve um certo constrangimento, mas a conversa se descontraiu depois, até porque falei essas coisas em tom muito suave, ameno e fraternal. Era, naquele momento, um companheiro!

Certo dia na Auditoria Militar, o dr. Inácio Gomes cumprimentou alguns oficiais do novo Conselho de Justiça Militar (não os mesmo oficiais que mais tarde me julgaram) e apresentou-me aos mesmos. Enquanto conversavam, mantive-me calado. Aproximou-se o promotor Antônio Brandão trazendo a notícia de que o traidor havia sido descoberto e estava cercado. Creio que foi no episódio do Vale da Ribeira. Alguém perguntou:

— "Que traidor?"

— "O bandido comunista, traidor do Exército, e vendilhão da pátria, o Lamarca. Desta vez não escapa".

E continuou, exaltado, desqualificando o ex-capitão, quando o capitão o interrompeu e falou com firmeza:

— "Doutor, desertor ele é. Mas na minha presença não diga que Lamarca é bandido, nem vendilhão da pátria. Foi meu colega, servi com ele em São Paulo, éramos solteiros. Sempre foi um nacionalista, embora não concorde com o que está fazendo. Esteve no Exército e foi um excelente oficial.". Este episódio me surpreendeu, pela coragem e dignidade do oficial. Não era momento para leviandades e brincadeiras. Vivíamos sob a égide do terror, na vigência do AI-5. Mais tarde aproximei-se deste oficial. Fui convidado a sua casa. Era um grande patriota!

Nesta época estava convencido de que não sairíamos da ditadura, sem contar com aliados dentro das Forças Armadas para exercer pressão dentro do próprio sistema de poder, ou para deflagrar um processo de ruptura institucional.

Retornando ao dia do meu julgamento pela Justiça Militar, confesso que os dias que o antecederam foram extremamente tensos. Entretanto, era um desafio que me estimulava. Além de conhecer bem o processo, meu interesse era fazer uma defesa eminentemente política. Li o que encontrei sobre psicologia do militar. Procurei informar-me, dentro do possível, sobre o comportamento profissional, ético, formação política (obviamente não partidária), grau de patriotismo, temperamento pessoal de cada um dos integrantes do Conselho e como analisavam os problemas nacionais.

Os militares que constituíam o Conselho eram substituídos a cada quatro meses. Em caráter permanente somente o auditor, no caso o dr. Amilcar e o promotor, na época o dr. Antônio Brandão que substituíra o dr. Rui Pessoa, mais tarde nomeado ministro do Superior Tribunal Militar. Este último, dr. Rui, era calmo, articulado e racional. O primeiro era agitado, emotivo, passional. Na tribuna falava aos gritos, raivoso com os que apoiaram o governo "baderneiro" de Jango, como definia, e implacável com os comunistas, socialistas.

Minha presença constante na auditoria, em função de ser advogado em causa própria, e a necessidade de acompanhar o andamento do processo, permitia-me um contato pessoal, embora formal e cordial com os integrantes do aparelho judiciário militar. Percebi em algumas conversas casuais, fora das audiências, mas nas dependências da Auditoria Militar, que o dr. Brandão não era aquele "monstro", como nós os réus, o julgávamos diante de suas exteriorizações arrebatadas e destemperadas na tribuna de acusação, onde por vezes exaltado proclamava:

— "Este verme comunista que se encontra aí sentado na cadeira dos réus..." ou "Este comunista vendido aos soviéticos e a serviço de Moscou..." ou "Ora, traidor da pátria". Essa ira correspondia a uma convicção íntima do mal que a vitória do comunismo poderia representar. Era uma visão vesga, distorcida, introjetada pela campanha infame que jorrava dos meios de comunicação. Este comportamento exasperado em suas exteriorizações, encobria uma personalidade em conflito consigo mesmo. Cumpria um dever funcional no exagero de prestar serviços à ditadura burguesa triunfante. Paradoxalmente, amava o ser humano e imaginava salvá-lo do erro de ser comunista ou assemelhado. Mas o promotor é que estava equivocado ou ludibriado por informações elaboradas de má-fé por tantos outros teóricos e propagandistas do anticomunismo.

No dia e hora do julgamento, auditório repleto de populares tensos e preocupados, os advogados dos demais réus — os já citados dr. Jaime Guimarães da OAB, Ronilda Noblat e Inácio Gomes — insistiram para que deixassem a minha defesa para eles. Perceberam que eu estava nervoso e poderia prejudicar-me. Permaneci irredutível. Combinei com o dr. Inácio que ele faria a análise das provas, a defesa jurídica propriamente dita, e comigo ficaria a defesa política à luz das provas, mas sobretudo uma análise da conjuntura anterior e a do momento, defendendo com vigor o nacionalismo e um governo popular desvinculado das forças imperialistas que nos subjugam.

O primeiro e, diria, o único atrito sério durante o julgamento ocorreu quando o promotor fazia a acusação. Como não nominava os réus com a qualificação de doutor àqueles que possuíam esse título, distinguiu-me com esse tratamento, da seguinte forma:

— "Sei que o dr. Francisco Pinto não é comunista. Sei que foi um bom administrador. Sei que cercou-se na prefeitura de muitos comunistas. Sei que foi um inocente útil dos comunistas no governo". Irritei-me, mas me contive. Continuou:

— "Mas na verdade era mesmo um oportunista político!". Perdi as estribeiras, e respondi:

— "É a puta que lhe pariu!"

Poderia, com esse gesto, ter posto tudo a perder. Entendi que esta era a ofensa mais grave que alguém poderia me fazer. Ironicamente, quem me salvou foi o próprio promotor que, cavalheirescamente, fez que não ouviu. Porém, os militares registraram e o presidente do Conselho, major Bendochi Alves, não só ouviu como desceu do alto do estrado onde coordenava a sessão e dirigiu-se à bancada dos advogados, enquanto o promotor prosseguia na acusação. Debruçou-se e disse aos demais advogados, para que eu ouvisse:

— "Ouvi o que este moço disse. É bom que ele saiba logo, votarei pela condenação dele". Foi terrível. Pensei, sobretudo, que aquela atitude incontida poderia prejudicar, também, aos demais réus. Conscientizei-me da necessidade de virar aquele jogo.

Iniciei analisando o papel das Forças Armadas ao longo de nossa história. Exaltei o seu patriotismo e suas preocupações sociais na defesa da Abolição da Escravatura, na recusa em capturar escravos fugitivos, na Proclamação da República, a luta contra as oligarquias dominantes que o Marechal Floriano combatia e sua atitude audaciosa de enfrentar o imperialismo inglês que, nas nossas costas, ancoraram os seus navios de guerra para cobrar dívidas e sua resposta ao embaixador que lhe perguntara como receberia as tropas de Sua Majestade? E o bravo representante do povo e das Forças Armadas respondeu-lhes: "À Bala", e prossegui analisando fatos posteriores.

Localizei os verdadeiros inimigos do país, diante dos quais tínhamos o dever de lutar com risco de nossas próprias vidas.

— "E ninguém mais do que os militares sabem arriscar a vida em defesa dos interesses da pátria e do seu povo", acrescentei. Passei a examinar as provas colhidas nos autos, mostrei as razões do ódio dos sonegadores de impostos, contrabandistas e corruptos pelo combate que lhes declarei no governo. Citei as testemunhas suspeitas por que comprometidas com a corrupção. Acusei o método de tortura utilizado pelo encarregado do inquérito para coagir e arrancar depoimentos contra mim, e que, em outras circunstâncias, não teriam mentido, nem falseado a verdade. Descrevi, também, com detalhes as violências e torturas praticadas.

Em determinado instante passei a defender o dr. Waldemar Matos, ex-secretário de agricultura no meu governo, que declarou no seu depoimento ser comunista, embora não fosse militante. Outra prova que pesava contra ele, também, era o fato de ter organizado o chamado "Grupo dos 13" (Brizola conclamava na ocasião a formação de grupos formados por treze pessoas, a fim de pressionar o governo de Jango e enfrentar os gorilas). O dr. Waldemar Matos negou este fato, porém testemunhas o acusaram.

Aproveitei para tentar salvá-lo (já que pela ameaça do presidente eu estava condenado) usando uma linguagem e postura de militar:

— "Senhor presidente, no meu governo o comandante sou eu. O chefe sou eu. No meu governo, como em uma instituição militar, o superior é responsável pelos atos dos seus subordinados. Se o subordinado errou, pune-se. Se não pune é conivente com o erro. Portanto, senhor presidente, se alguma pena tiver que recair sobre o dr. Waldemar Matos, que recaia sobre mim, seu chefe, seu comandante".

E terminei a minha defesa oral, de uma hora, conclamando:

— "Sei, senhor presidente, que Vossa Excelência, é um durão. Contudo, gosto dos durões, porque durão também sou. Sei que Vossa Excelência é rigoroso e disciplinador. Também o sou. Sei que Vossa Excelência é um patriota e um nacionalista que defende a sua pátria acima de tudo, mas saiba que sou tão patriota quanto Vossa Excelência. Sei que Vossa Excelência é capaz de sacrificar sua própria vida em defesa desta pátria, sobretudo em momentos como o que estamos vivendo, com a interferência indevida do FMI em nossos negócios internos e nossa pátria submetida a diretrizes de outras pátrias. Sei, senhor presidente que esta pátria ainda haverá de convocar seus filhos para defendê-la e ninguém melhor do que Vossa Excelência para comandar essa Revolução Nacionalista, e quando isso ocorrer, no cárcere ou fora dele estarei a sua disposição!". Neste instante bati os dois calcanhares um contra o outro, fiquei em posição de sentido, bati continência e me apresentei:

— "Pronto meu Comandante. Vamos à luta!"

As palmas estrugiram no auditório. Em momentos anteriores, quando elas surgiam o presidente ameaçava vigorosamente, que qualquer manifestação a mais ele mandaria evacuar a sala. Entretanto, naquele instante, a sala foi esvaziada pelos soldados por sua determinação porque, daí por diante, a sessão seria secreta, sem a presença dos advogados e réus.

O capitão Rangel um dos membros do Conselho desceu as escadas e antes da decisão, apertando-me fortemente a mão, disse-me:

— "Parabéns!"

Fui absolvido por unanimidade! O capitão Rangel contou-me, posteriormente, que o argumento por ele usado na sessão secreta para absolver o dr. Matos, foi o de condenar os dois ou absolver os dois. A absolvição do dr. Matos foi por um voto de diferença. Um outro sujeito da cidade de Alagoinhas, foi condenado.

O promotor apelou das duas absolvições. Naquela época, quem estivesse enquadrado na Lei de Segurança Nacional, o recurso era obrigatório no caso de absolvição, mesmo que por decisão unânime.

O Superior Tribunal Militar, com sede no Rio de Janeiro, embora Brasília fosse a capital, não demorou para julgar o recurso. Em 30 de julho do mesmo ano de 1970 o Tribunal se pronunciou.

O advogado do dr. Waldemar Matos, perante o Superior Tribunal Militar, por indicação do seu advogado em Salvador, foi o dr. Serrano Neves, notável advogado criminalista e integrante da direção da OAB Nacional. Acompanhou-me ao Rio de Janeiro, o dr. Inácio Gomes. Estivemos no escritório do dr. Serrano, para discutir as linhas da defesa, descrevendo como transcorreu o julgamento em Salvador, e ele com sua experiência nos instruiu sobre os pontos relevantes que deveriam ser ressaltados.

Quando lhe disse que seria advogado em causa própria, dividindo meu tempo com o dr. Inácio, discordou. Disse-nos:

— "Não há antecedentes de alguém se defender em causa própria no Superior Tribunal Militar, sua atitude poderá ser interpretada como uma provocação de um subversivo, comunista, sei lá como eles lhe julgam, diante da Alta Corte da Justiça Militar..." Quando evoquei o exemplo, bem sucedido, no meu julgamento na Bahia, replicou:

— "Não faça um coisa dessa. Você fez seu discurso nacionalista lá, para capitães, mas aqui é diferente. Aqui são generais, almirantes, brigadeiros que não se sensibilizam com essas teses. Ademais são suscetíveis de irritação diante de um subversivo e inimigo da revolução".

No dia do julgamento o dr. Serrano, delicadamente me disse:

— "Não vá à tribuna. Eu faço sua defesa gratuitamente. Quero, apenas ajudá-lo". Pedi mil desculpas, agradeci o gesto solidário, no entanto permaneci na determinação de falar aos altos escalões das Forças Armadas, ainda que investidos na função de juízes.

A linha de defesa, menos exaltada, todavia não menos firme, foi a mesma que adotei na Bahia. O tempo a ser utilizado era mais reduzido, porém, defendi o nacionalismo, denunciei as torturas utilizadas para arrancar provas contra mim, enfim não alterei a conduta anterior.

Fomos eu e o dr. Waldemar Matos absolvidos por unanimidade, o mesmo ocorrendo com o outro réu condenado na Bahia.

Após a absolvição, e ainda no Rio de Janeiro, estive longamente com o dr. Waldir Pires, mais tarde governador da Bahia em 1986, que havia regressado do exílio. Vibrou com o resultado do julgamento e disse-me que minha nova missão era ser candidato a deputado federal nas eleições de novembro. Estávamos no dia primeiro de agosto. A idéia não me seduzia. O Congresso Nacional depois do AI-5, não valia nada. Os que se elegeram em 1966 combateram a ditadura em uma época em que o AI-2 se extinguira, no final do governo Castelo Branco e acabaram cassados com a edição do AI-5 em treze de dezembro de 1968. Os remanescentes no Congresso, mesmo os integrantes do chamado partido de oposição, o MDB, ou eram colaboracionistas ou contemporizavam com o governo, não obstante, Waldir insistisse que, em cada eleição surgiriam novos combatentes.

Não me convenci. A opinião pública estava descrente da luta institucional. Uma parte dos adversários do regime optou pela luta insurrecional. A outra, não aderiu à luta armada, todavia não acreditava que houvesse saída democrática, pela via eleitoral. Eram passivos, politicamente. Preferiam, anular o voto. E, neste ponto se identificavam com as organizações clandestinas, que também pregavam o voto nulo: PC do B — AP, MR-8, Colina, ALN, REDE, MRT, VPR, VAR-Palmares.

Disse a Waldir que eu poderia desempenhar outras tarefas, e o meu convívio — por força das circunstâncias — com oficiais do Exército, deixou-me a certeza que existia nas Forças Armadas muitos patriotas com uma visão ampla da realidade brasileira e crítica em relação à política entreguista do governo. Defendiam a soberania nacional e condenavam as torturas. Isto ficou translúcido, nos contatos estabelecidos com alguns integrantes do grupo "Centelha" das Forças Armadas. Prometi, porém, ao Waldir que iria fazer consultas na Bahia e encontraria um legítimo candidato oposicionista, o qual se eleito, manter-se-ia firme contra o sistema, ainda que isolado no Parlamento.

Ao regressar à Bahia com o Inácio, passamos na cidade de Vitória da Conquista e procurei o ex-prefeito cassado no ano de 1964, dr. Pedral Sampaio, consultando-o sobre a possibilidade de um candidato realmente comprometido com nossas posições para a Câmara dos Deputados. Não existia... O MDB de Conquista lançaria apenas um candidato a deputado estadual, Antônio José, sem experiência para desempenhar este papel na Câmara dos Deputados, segundo Pedral.

Em Salvador conversei com muita gente. Nada... Jantei com o ex-prefeito do município de Alagoinhas, dr. Murilo Cavalcante, que exercera mandato entre 1962 e 66, colocando o apoio das cidades de Feira e Salvador e demais municípios conosco vinculados, além da base própria que ele dispunha no seu município e adjacências. Não concordou. Preferia candidatar-se, novamente, a prefeito daquele município. Elegeu-se e, mais tarde, como era costume entre muitos prefeitos eleitos pela legenda do MDB, aderiu ao governo, para evitar ser preso.

Ainda em Salvador, as forças oposicionistas de esquerda que participavam do processo eleitoral, contataram conosco. Ressalto dentre elas, o PC, único grupo clandestino que apostava na validade da via eleitoral e diziam, todos, não ter em quem votar. Argüíam a necessidade de ter um candidato progressista e combativo e ninguém melhor que eu para desempenhar esse papel. Em Feira de Santana as pressões aumentaram.

O MDB que poderia apresentar cerca de quarenta candidatos a deputado federal, não encontrava quem quisesse disputar eleição. Na verdade, mais por medo de se indispor com o regime, do que por convicção democrática. Assim, o partido só encontrou quatro candidatos à Câmara dos Deputados, o deputado Ney Ferreira, disputando a reeleição, considerado adesista pela própria imprensa. O dr. João Borges um liberal convicto, Wilson Lopes, (vereador na capital) e Tarcilo Vieira de Melo, que sempre residiu no Rio de Janeiro e era filho de Vieria de Melo, líder de Juscelino na Câmara dos Deputados, um dos maiores tribunos da história parlamentar, e eu.

Na minha visão, realmente não havia contradição em participar da luta no plano institucional contra o regime e colaborar, ou ser um ponto de apoio logístico em nível insurrecional. Assim, o MDB com cinco candidatos, elegeu três.

Estávamos em plena "Era Médici", a mais atroz e sanguinária de todo o período ditatorial. Fiz uma campanha conscientizadora, considerada a mais agressiva e ideológica do Brasil, segundo levantamento do *Jornal do Brasil*, realizado em todos os Estados brasileiros e publicado em mais de uma página, em uma edição, poucos dias antes das eleições. O Marcos Freire, de Pernambuco, vinha em segundo lugar.

O fato é que, durante a campanha, alguns dirigentes estaduais dos grupos clandestinos, que pregavam o voto nulo, comprometeram-se a votar pessoalmente em mim. Não obstante, cumpririam a decisão nacional de continuar recomendando o voto nulo. E, confessavam:

— "A decisão nacional deveria ser mais flexível, pois nos Estados nos quais houvessem candidatos cumprindo o papel que você desempenha, deveríamos apoiar suas campanhas". O PC participava efetivamente do processo ao nosso lado, e inclusive, havia vários pontos de concordância com este partido. Dele divergia, porque condenava a luta armada, enquanto eu entendia que todos aqueles que estivessem na mesma trincheira lutando contra a ditadura, eram aliados. Na TV, no programa eleitoral cheguei a dizer:

— "Cada um luta como pode. A omissão é que é um crime. Não quero saber a posição ideológica de cada um. Quem sabe atirar, atira. Quem não sabe ou acredita na força da palavra, conscientiza". Foi o máximo que pude dizer naquelas circunstâncias.

As dificuldades enfrentadas na campanha foram enormes e de todos os tipos. No Brasil existiam dois Estados em que o MDB estava dividido: na Bahia entre adesistas e ortodoxos; no Rio entre chaguistas e antichaguistas. Essa expressão "ortodoxos" como a imprensa baiana definia os oposicionistas mais radicais e cujas notícias, por vezes, eram publicadas na imprensa nacional, foi o qualificativo aproveitado para definir os que se organizavam na Câmara dos Deputados, em 1971. Mais tarde é que fomos denominados Autênticos. O senador Josafá Marinho integrava o grupo dos ortodoxos, na Bahia. Na verdade, era apenas um liberal, firme na oposição aos governos discricionários. Sua luta se caracterizava pelo combate ao governo, por desrespeitar as normas constitucionais; à violação dos direitos humanos; à inconstitucionalidade das leis. Não avançava na luta ideológica. Quando o Presidente Médici visitou o Senado e cumprimentou, pessoalmente, os senadores, ao apertar a mão do senador Josafá disse rindo:

— "Mande brasa, senador". Em 1970, porém não conseguiu a reeleição.

No ano de 1970, o atual senador Antônio Carlos Magalhães, eleito por via indireta, governador da Bahia, logo no primeiro dia do horário eleitoral gratuito na TV, para eleger senador, deputados, prefeitos e vereadores, provocou o partido de oposição:

— "O MDB a mim não engana, nem permitirei que vá enganar o povo. Comigo, aqui na Bahia, isso não vai acontecer. Desafio o MDB a se definir claramente, sem trapacear. O MDB é a favor do comunismo ou contra o comunismo? O MDB é a favor da revolução ou conta a revolução? O MDB é a favor dos militares ou contra os militares?"

Os dias se sucediam e ninguém o respondia. Falei ao nosso candidato a senador, Josafá Marinho, que aquele desafio precisava ser respondido. Josafá me disse:

— "Não vou responder às provocações e molecagens de Antônio Carlos". Os demais candidatos silenciaram.

Pelo clima de terror existente no Brasil, posicionar-se diante daquele dilema provocativo era arriscado. E Antônio Carlos sabia disso. O Diretório do MDB, na Bahia, era controlado pelos chamados "adesistas". Para os "ortodoxos" era difícil conseguir espaço no horário eleitoral. Concederam-me a oportunidade de falar em primeiro lugar, para que a ARENA falasse depois. Ao todo foram quatro vezes que falei em dois meses de campanha. Sempre em primeiro lugar, embora houvesse rodízio entre os partidos. Um dia falava o MDB em primeiro, no dia seguinte em segundo. O tempo disponível era de quinze minutos para cada candidato. Oscar Marques, candidato a deputado estadual, cedeu-me, todas as vezes, o seu tempo. Deste modo, dispunha de trinta minutos.

Os companheiros de militância colocaram carros de alto falante percorrendo as ruas de Salvador e Feira de Santana e panfletaram estas cidades, anunciando:

— "Ouçam, hoje, Francisco Pinto no horário eleitoral. Com ele vai acabar o blá-blá na televisão". Um grupo de universitários telefonou durante dois dias usando o catálogo telefônico, despertando o interesse dos assinantes e fazendo algumas provocações como telefonar para lideranças da ARENA, embora educadamente.

No tempo do general Médici na Presidência da República, a propaganda eleitoral televisiva era feita diretamente ao público, sem essa parafernália eletrônica de gastos enormes. O candidato sentava-se em uma cadeira e fazia seu discurso, diante dos censores de plantão, que poderiam tirar o candidato do ar, se houvesse excessos. Eu pretendia denunciar esses espantalhos, pois a opinião pública ignorava sua existência.

Ao chegar à TV, já encontrei ACM de prontidão. Comecei o programa virando-me de lado, ignorando os telespectadores e dirigi-me aos censores, antes de falar ao público:

— "Quero saber dos censores o que posso e não posso dizer aqui? O que é proibido, e o que é permitido? Quais os limites da minha atuação? Até onde posso ir, para não ser retirado do ar?" Silêncio... Deste modo, fiz a denúncia da existência da censura, ignorada pela população. Quem não viveu e participou da luta, contra esse período nefasto, é incapaz de avaliar os riscos que se corria. Continuei:

— "Essa é a democracia que vivemos, na qual a opinião é controlada, vigiada como se fosse um crime denunciar o governo ilegítimo e despótico instalado no poder. Porém, antes de tudo quero dizer, que falo em nome pessoal e não do partido. A responsabilidade do que aqui for dito é exclusivamente minha". Ainda:

— "Há poucos dias atrás, o interventor da Bahia, senhor Antônio Carlos Magalhães, que alguns denominam, indevidamente, de governador, desafiou o MDB a se definir sobre algumas questões dividindo a nação. (Repeti os termos do desafio). Também concordo que devemos dividir o país. Não, como quer o interventor, entre comunistas e não comunistas, entre civis e militares, entre a chamada revolução e a anti-revolução. Precisamos, dividir o país sim, porém entre os que o entregam e os que o defendem. De que lado está o interventor? O interventor está a favor da desnacionalização da nossa economia e de nossas empresas ou é um entreguista? O interventor é a favor da política posta em prática pelo ex-presidente Castelo Branco, permitindo que o país fique subjugado aos interesses do imperialismo americano ou é contra? É a favor da desmantelamento, literalmente, da nossa rede ferroviária, como fez o ministro de Castelo, o general Juarez Távora, para satisfazer interesses da indústria automobilística, quando se sabe que o transporte por via férrea, marítima e fluvial, além de mais barato, corresponde aos interesses nacionais, ou é contra?"

E, por aí fui, neste diapasão. Ataquei o Governo Castelo Branco, Costa e Silva, Médici e todos os sabujos que os seguiam. Chamei o interventor de "lambedor de botas dos militares."

Quando terminei o "bicho" entrou furioso no estúdio, e começou proclamando:

— "Vou responder as provocações deste subversivo comunista, que a revolução embora o tenha prendido, o libertou. O único mérito foi ter livrado o povo de Feira de Santana do seu maldito governo. O erro maior, de o ter deixado livre, cometeu a Justiça Militar absolvendo-o. Aproveita-se da tolerância democrática da revolução, e vem aqui ferir a memória de homens dignos, como Castelo Branco..." Espinafrou-me enquanto pode, e mostrou os feitos da "revolução" democrática e cristã.

Não satisfeito, no dia seguinte queixou-se ao general Comandante da VI Região Militar, mostrando que eu tentei desmoralizar a "revolução", sobretudo ao denegrir a memória do ex-presidente Castelo Branco, como também ataquei, grosseiramente, o "chefe da revolução civil" na Bahia, o próprio ACM.

Dois dias depois fui convocado a comparecer à Polícia Federal, durante à noite e, mesmo sendo candidato a deputado federal tinha de me explicar. O Chefe da Polícia não foi agressivo, contudo do subchefe, nas poucas vezes que interviu, não posso dizer o mesmo. Comunicou-me que o comandante da Região não ficou satisfeito com o meu programa e a minha felicidade foi que o próprio estava viajando e não ouviu o programa. Se tivesse ouvido teria mandado prender-me. Deu-me alguns conselhos. Perguntou-me por que em vez de discutir assuntos ligados aos interesses da Bahia, estava fazendo campanha discutindo assuntos internacionais e atacando o presidente da República? Disse-lhe que era candidato à Câmara dos Deputados e conseqüentemente deveria discutir questões nacionais e suas implicações que me pareciam contrárias aos interesses do país, como a interferência do FMI em nossos negócios... Perguntou-me, ainda:

— "Por que o senhor fica falando na TV de corrupção do pessoal da revolução e não denuncia a corrupção dos seus colegas desembargadores? (colegas porque advogados). É por solidariedade de classe"? Repliquei delicadamente:

— "Soube que os senhores estão fazendo um inquérito para apurar corrupção no Tribunal de Justiça da Bahia, visando alguns desembargadores, todavia, não possuo prova alguma. Se os senhores me fornecerem essas provas, para que eu os denuncie, o farei. Nunca fui solidário a corruptos, mesmo que sejam colegas." Respondeu-me que o inquérito ainda não havia sido concluído.

Quando tive outra oportunidade de ir novamente à televisão, fui procurado durante o dia por oficiais do Exército, que se identificavam comigo e eram meus eleitores, aconselhando-me cautela. Perguntaram-me com quem eu contava para fazer um programa tão violento? Disseram:

— "Quem não tem tropa suficiente para combater, não provoca quem tem todas as condições para vencer." E acrescentaram:

— "O general comandante nos chamou ao Quartel General para avisar-nos que, se você repetir as agressões feitas no programa anterior, seremos convocados a "quebrar-lhe no pau" na própria TV". Respondi-lhes:

— "A forma que eu disponho para combater o governo é com a palavra, e através dela informar e conscientizar a população". E, arrematei brincando:

— "Quando baterem com os cacetetes levantem-os com força e batam devagar". Saíram preocupados:

— "Veja o que você vai fazer e o risco que está correndo. É importante sua eleição, mas repare que pode ser impedido".

Realmente, minha candidatura a deputado federal, logo que me registrei, sofreu pedido de impugnação, pela ARENA perante o Tribunal Eleitoral da Bahia. Felizmente, ele foi rejeitado. Fiz a defesa na tribuna do TRE, dividindo o tempo com o senador Josafá Marinho. Apenas dois juízes votaram contra. Um deles fora meu professor de Direito, o desembargador Aderbal Gonçalves, com quem tive pequena indisposição na faculdade. Porém os oficiais se referiam a outras medidas.

Finalmente, cheguei à Câmara dos Deputados entre os deputados mais votados da Bahia. Antes da posse, muito debati com os companheiros da campanha na Bahia sobre o que fazer? Chegamos à conclusão de que eu não poderia ficar isolado. Era preciso ter uma proposta e uma organização. Enfim, criar no Congresso uma "Frente Parlamentar Nacionalista" que depois se estenderia pelos Estados. Procurei informação sobre os novos deputados, mas eram escassas. Dirigentes do PC forneceram-me uma lista dos candidatos que o partido apoiou nos mais diversos Estados. Lembro-me de Fernando Lyra, em Pernambuco. Incluíram o nome de Marcos Freire, que não apoiaram, mas teve o apoio da Igreja Progressista com Dom Helder Câmara. Walter Silva e JG de Araújo Jorge, no Rio de Janeiro. Santilli Sobrinho, em São Paulo. Nadyr Rossetti, no Rio Grande do Sul. Olivir Gabardo e Sílvio Barros, no Paraná, que integraram o grupo no início, e depois se desligaram, Paes de Andrade, no Ceará e Fernando Cunha, em Goiás.

Outras informações foram chegando. Hélio Duque, baiano que residia no Paraná e mais tarde, no ano de 1978, elegeu-se deputado federal por aquele Estado, falou-me que os melhores da bancada do Paraná eram Alencar Furtado e Fernando Gama. Falei com ambos. O Gama no início da organização nos ajudou, depois afastou-se.

Chegando a Brasília procurei Fernando Lyra que, por sua vez, me apresentou ao Marcos Freire. Ambos se entusiasmaram com a idéia da formação da Frente. Mais tarde, o Fernando levou-me ao Hotel Brasília Palace, para apresentar-me Lysâneas Maciel, excelente companheiro!

O Fernando Gama falou-me do Paes de Andrade, não obstante quem o apresentou a mim, foi o Thales Ramalho, segundo secretário da Câmara. Thales, queria eleger Paes seu sucessor, fato que contou logo com o apoio do Grupo em gestação, pois seria importante a sua eleição, teríamos na secretaria uma base de operação. Naquela época os deputados não dispunham de gabinetes, nem assessores. Freitas Nobre também engajou-se desde o início; Freitas Diniz foi uma outra grande conquista. Daí por diante cada companheiro fazia novos contatos. Surgiram nomes importantes Getúlio Dias, Amaury Müller, Alceu Collares, que arregimentou outros companheiros.

O Grupo já dispunha de uns quinze companheiros, quando Lyra e eu conversamos com Marcondes Gadelha. Disse-nos que o seu pai, influenciado por informações distorcidas o teria aconselhado a não se aproximar do Grupo, formado por comunistas. Mas, que iria ficar conosco e convencer o pai do equívoco. Jaison Barreto e Francisco Amaral foram duas conquistas. Elóy Lenzi, deputado gaúcho, também, se integrou conosco. Finalmente, o baiano João Borges, que era suplente, assumindo o mandato após o falecimento de Wilson Lopes, apresentou-se ao Grupo.

Os 23 Autênticos ficaram até o final. O MDB em todo o país elegeu, em 1970, apenas 78 deputados federais, contra mais de duzentos da ARENA. O deputado carioca Adolfo de Oliveira, desfiliou-se do MDB e sua bancada reduziu-se a 77.

A existência do Grupo Autêntico foi um fato importante na história política do Brasil. Deu-nos a oportunidade de discutir temas básicos, unificar posições, estabelecer táticas e estratégias de luta, reconhecer melhor a realidade nacional e fortalecer nossa união. Combatíamos a ditadura e fustigávamos, internamente, o partido à luta. Como por exemplo: o enfrentamento do AI-5, 477, as torturas, o entreguismos, desnacionalização da economia e a favor dos Direitos Humanos. Tais preocupações eram comuns a todos e constituíram objeto dos pronunciamentos nas campanhas e na tribuna da Câmara dos Deputados.

Na busca de ampliar o Grupo em formação, achei que deveria, também, procurar o deputado Tancredo Neves. Por que Tancredo Neves? Porque foi ele, um dos poucos, durante a crise que levou o presidente Getúlio Vargas ao suicídio, a demonstrar firmeza de caráter, coragem e, também votara, contra a eleição de Castelo. Veja, logo eu, um "tabaréu" de Feira de Santana, recém-chegado a Brasília, procurar Tancredo, aquele mito. Disse-lhe:

— "Estamos organizando um Grupo, ministro, e estamos precisando de sua colaboração, seu trabalho, sua coragem como na época de Getúlio..." Ele perguntou:

— "Para quê?" Respondi:

— "Para enfrentarmos este regime aí!". Tancredo então falou:

— "Filho, não bote o peito na ponta da baioneta! Vamos ficar abrigados debaixo da árvore e esperar a tempestade passar. Ela passará, como todas as outras tempestades. Depois nós retornaremos à luta. Não é assim que faz o homem do campo?" Diante da posição de Tancredo Neves, argumentei:

— "Este aqui não é um processo da natureza, Ministro. Que a tempestade vai passar, nós sabemos, pois não há nada eterno. Refiro-me a um processo de luta política. Se pudermos apressar a queda da ditadura será a nossa grande contribuição. Nosso dever é tentar desgastar e enfraquecer o regime. Esse é o nosso papel". Infelizmente, não deu resultado.

Procurei em seguida Henrique Alves, do Rio Grande do Norte, que era o deputado mais jovem da Câmara, com 21 anos. Seu pai, Aloysio Alves, fora deputado e estava cassado. Apesar disto, Henrique disse-me que o pai o aconselhara a ligar-se a Ulysses, Tancredo e Amaral. Tentei conversar com Rubem Medina, do Rio de Janeiro, que tinha sido presidente da CPI da desnacionalização. Escreveu um livro muito interessante a este respeito. Não se dispôs a participar.

Um dado engraçado do Grupo Autêntico é que nos reuníamos sempre dentro de uma hierarquia. Brincávamos chamando Fernando Lyra de "Cabo Lyra"; Alceu Collares de "Sargento"; Alencar Furtado de "Coronel", Marcos Freire (todo louro de olhos claros, parecia a elite aristocrática da Marinha) era nosso "Almirante"; e eu "Marechal". Até a simulação da tomada de poder, fazia parte deste jogo. Era o nosso Exército. Porém, havia os que não toleravam militares e não gostavam dessa nomenclatura.

Brincadeiras à parte, em relação a uma postura ideológica, não havia uma absoluta identidade, embora fôssemos todos nacionalistas e alguns socialistas. Nadyr Rossetti, por exemplo, tinha um razoável embasamento marxista. Eu tive a oportunidade de ler e discutir grande parte da produção literária de Lenin e Marx anos depois, quando saí da prisão durante o governo Geisel.

A propósito do nome Autênticos, como coloquei anteriormente, em dois Estados, o MDB encontrava-se dividido. No Rio de Janeiro, com a luta "chaguista e antichaguista" e na Bahia, "adesistas e ortodoxos", palavra que sempre considerei ruim todavia, assim a imprensa bahiana nos qualificava. Essa expressão ortodoxos passou a ser usada pela imprensa nacional, quando os futuros Autênticos se organizaram, em Brasília.

Na ocasião eu tinha uma namorada, psicóloga na Bahia, que não era política, entretanto, dizia que deveríamos mudar a palavra ortodoxo, pois era um nome muito feio! Eu explicava que, a imprensa já nos batizara de ortodoxo e que seria complicado mudar o nome. Foi então que ela sugeriu:

— "Por que não Autênticos? Autêntico tem uma contrapartida, que é inautêntico."

A sugestão pareceu-me muito interessante, mas achei que não daria para mudar. Até que um dia, subindo a escada do plenário da Câmara, encontrei-me com o jornalista Evandro Paranaguá e contei-lhe da sugestão. Considerando-a muito boa, começou a colocá-la, no jornal *O Globo*, e passou a ser o padrinho da nova denominação. Os outros jornais começaram a escrever :

— "Os que querem ser chamados de Autênticos". E, posteriormente adotaram Autênticos em definitivo.

A bancada do MDB, em 1971, no Congresso Nacional se dividiu entre Autênticos, que faziam oposição radical e sistemática à ditadura; adesistas, que se caracterizavam por elogiar e apoiar todos os atos da ditadura; e os "moderados" composto por Ulysses Guimarães, Tancredo Neves, Thales Ramalho e Laerte Vieira, os "chefes" da moderação e que contavam, nas nossas divergências, com o apoio dos adesistas.

Ao chegarmos à Câmara, novos, em sua quase totalidade, exercendo primeiro mandato e, sem maiores contatos na área federal... Sem maiores, não, sem nenhum contato, percebemos que o jornal *O Estado de S. Paulo* vinha anunciando, insistentemente, que Pedroso Horta seria o líder do MDB. Por isso, ficamos com má vontade em relação a Pedroso Horta que, no entanto, foi uma revelação extraordinária. Gosto de repetir isso! Apesar de vir com o apoio de *O Estado de S. Paulo*, e com marca de liberal, foi de uma firmeza incrível na luta contra o regime, e sempre solidário com o Grupo Autêntico. No final deste mesmo ano, atingido por um enfarto, se afastou da liderança, sendo substituído por Laerte Vieira.

Pedroso muito nos prestigiou. Ao organizar suas vice-lideranças, convidou vários companheiros do Grupo Autêntico: Freitas Nobre, Marcos Freire, Fernando Lyra. Convidou-me também para ser vice-líder. Declinei:

— "Tem vários companheiros nossos, deputado Pedroso Horta, que querem ser vice-líder. De minha parte, entretanto, prestarei estes serviços ao senhor, independente do título." Sua eleição ampliou nossos espaço. Tínhamos a secretaria do Paes de Andrade, onde nos reuníamos e a seguir as vice-lideranças do Pedroso, que nos davam toda cobertura!

Com entusiasmo começamos a elaborar discursos de análises da situação nacional, de denúncias e de ataques ao regime. Os discursos do Lysâneas na defesa dos direitos humanos; do Alceu

Collares, na área trabalhista. Alceu era um excelente debatedor; Freitas Nobre discursava sobre a desnacionalização da economia brasileira; Alencar Furtado nessa mesma linha e com um estilo admirável; Freitas Diniz no campo dos recursos minerais. Enfim, todos os Autênticos se destacaram naquela legislatura de forma brilhante e destemida.

Tudo caminhava bem até que, no dia cinco de maio de 1971, proferi meu primeiro discurso, que causou muita irritação na área governamental e quase fui cassado. Coincidentemente, quando me dirigia à tribuna, dona Eunice Paiva, viúva de Rubens Paiva — a quem já conhecia anteriormente — pediu-me, ao lado de D'Alambert Jacoud, jornalista do *Jornal do Brasil* e atualmente advogado em Brasília, que denunciasse a prisão do seu marido e o seu desaparecimento posterior. Era preciso chamar a atenção do país e cobrar do governo uma providência. Até hoje, concluiu, ninguém na Câmara falou sobre o assunto. E a imprensa silenciou... Diante desse pedido, fiz uma intervenção no meio de meu discurso, cobrando a apuração do caso Rubens Paiva.

Pedroso Horta designou Marcos Freire para fazer uma investigação completa do fato. Marcos dedicou-se a este trabalho e mostrou através de vários discursos as contradições das informações que o sistema oferecia, com relação ao desaparecimento e acusou o governo de ser responsável pela vida daquele ex-parlamentar. Por isso foi ameaçado de cassação.

Pedroso Horta denunciou, na Comissão de Direitos Humanos, integrada, também, pela oposição e presidida pelo Ministério da Justiça, o desaparecimento de Rubens Paiva, responsabilizando o governo por sua morte. Os assuntos tratados na Comissão eram sigilosos. O líder rebelou-se, anunciando, pela imprensa, que não respeitaria a proibição de tornar pública as reuniões da Comissão. O senador Eurico Rezende, do Estado do Espírito Santo (que teve um filho acusado de ter assassinado a menina Ana Lídia) fez um discurso, dizendo que Marcos Freire, Pedroso Horta e eu, seríamos cassados. Um deputado baiano também insistiu, na tribuna, com a tese de minha cassação. Chamei Fernando Lyra e Marcos Freire e disse:

— "Façamos o seguinte: entregaremos a renúncia do nosso mandato a Pedroso Horta, para usá-la caso seja atingido". Sabíamos que não estávamos entregando nossa renúncia a qualquer um! Tratava-se do cidadão que entregou, sem vacilar, ao presidente do Congresso a renúncia do próprio Jânio Quadros, de cujo governo fora ministro da Justiça. Ficamos de fazer isso. De minha parte fiz uma carta ao Pedroso, juntamente da qual seguia minha renúncia. E o acompanhei até ao aeroporto de Brasília, entregando-lhe o envelope e dizendo:

— "Dr., leia somente ao chegar a São Paulo". Mais tarde, ele fez referência deste episódio, ao Thales Ramalho, elogiando meu gesto, minha solidariedade e desprendimento.

Ainda a propósito do conteúdo de meu discurso do dia cinco de maio, fiz uma análise do comportamento dos militares, através do resgate histórico do Exército brasileiro desde sua fundação. Mostrei, como aquela "tenentada" de 1922/24/25 e 30 e vários militares, ao longo da história, se posicionaram na luta contra as oligarquias, a favor do voto secreto e aprimoramento do regime democrático. Citei decisões do Supremo Tribunal, que puniam uma série de tenentes, e a maneira como se referiam por exemplo, ao Brigadeiro Eduardo Gomes "um subversivo de alta periculosidade". Dizia, ainda, um ministro:

— "Este homem nunca será glorificado". Costa e Silva, quando tenente, também esteve preso. Disse ainda, que nosso Grupo era acusado de ser subversivo, da mesma forma como também os tenentes e outros oficiais mais tarde foram considerados heróis das Forças Armadas. E por que eram considerados subversivos? Porque lutavam em favor dos interesses nacionais; da eleições diretas e secretas. Então, somos subversivos porque estamos atuando na mesma linha! Completei meu discurso acusando o governo de fascista. Pior, porque aqui, o que se implantou foi o fascismo colonial e dependente, a serviço do imperialismo.

Meu discurso, mais tarde publicado, objetivava encontrar uma saída para o Brasil. O presidente Médici determinou a suspensão da circulação do *Diário do Congresso*, por cinco dias, enquanto o Conselho de Segurança apreciava o discurso. Considerei uma atitude primária. Bastaria retirar o discurso e continuar a publicação do *Diário do Congresso Nacional*.

Os deputados ligados ao governo só falavam de minha inexorável cassação. Os jornais noticiavam que eu havia feito um discurso violento contra os militares. O jornal *O Estado de S. Paulo* aproveitou-se de uma parte do meu discurso, na qual fazia referência à revolução peruana, e fez um editorial sobre minha incoerência pois, enquanto atacava o que eu chamava de ditadura aqui no Brasil, defendia a ditadura do general Alvarado, do Peru.

O fato é que este discurso acabou circulando nas áreas militares, sendo mimeografado e distribuído pelos quartéis. Alguns militares, que o leram, consideraram:

— "O discurso não é contra as Forças Armadas. É até elogioso, embora se entenda que busca estabelecer um paralelo entre as posições do Exército do passado com o atual."

Em junho de 1971, foi marcado o Seminário de Recife, por Jarbas Vasconcellos, presidente do MDB e deputado estadual. Pedroso chamou-me, solicitando que escrevesse um documento para o Seminário, com a explicação:

— "Deputado, você sabe que um Seminário como este exige elaboração de um esboço de documento, para que seja, posteriormente, discutido. A partir das propostas aprovadas no plenário, far-se-á possíveis alterações e daí, surgirá o documento definitivo". Redigi o documento e o levei a Pedroso, acompanhado por Marcos Freire e Fernando Lyra. Pedroso ouviu, achou muito bom, pedindo em seguida, que o levasse para apreciação de Ulysses Guimarães. Fui até ele, que ouviu a minha leitura em silêncio. Não comentou o seu conteúdo e apenas disse:

— "Felizmente, temos no MDB quem sabe escrever. Vou levar à consideração da direção do partido". E nada mais disse.

Eu e o Marcos prevíamos diante daquela postura enigmática do dr. Ulysses em que aquilo iria dar...

Resultado, quando já estávamos no Seminário em Recife, chega toda a "tropa" moderada do MDB, com Tancredo Neves, portando um documento pronto. Pouca coisa tinha a ver com o nosso e, ainda, excluía a proposta da convocação de uma Assembléia Nacional Constituinte. Era a primeira vez que levantávamos esta bandeira. Neste Seminário, foram afloradas as divergências acompanhadas de violências, agressões e truculências até então latentes, no MDB. Fomos chamados publicamente de comunistas. O que surpreendia é que éramos tratados da mesma forma, tanto pela ditadura quanto pelo nosso partido, o MDB. Como é que a ditadura nos chamava de comunista e o nosso partido também? Sobretudo, quando não éramos. E com o beneplácito de figuras respeitadas do partido. Os chamados "adesistas" foram para o Seminário com ameaça de uma guerra, não só verbal, mas física também. Levaram alguns seguranças para o Recife. Tenho em meu poder carta do ex-deputado Clemens Sampaio, que de forma desaforada me apontava como o chefe dos comunistas brasileiros e assegurava que cumpriram esse papel no Seminário, a pedido de Tancredo e Ulysses. Será verdade?

No início da reunião, em discussão com Tancredo, nos foi mostrado o documento que, segundo ele, era a posição da direção do partido. Questionamos por que não o nosso documento? Ele respondeu:

— "Não, não pode". Observamos que a objeção à leitura de nosso documento, entre outras razões, seria com certeza, devido a defesa da tese da Assembléia Nacional Constituinte, a que Tancredo quando questionado argumentou:

— "No nosso documento, também esta implícito a convocação da Assembléia Nacional Constituinte". E eu retruquei:

— "Se está implícito, então explicite!" Não houve acordo. E o documento aprovado foi lido, no dia seguinte ao encerramento do Seminário, na Tribuna da Câmara, por Freitas Nobre, a pedido de Pedroso Horta.

Em agosto, por ocasião do Dia do Soldado, Pedroso chamou-me, em seu gabinete:

— "Tem uma solenidade comemorativa do Dia do Soldado e você vai falar em nome do MDB". Ponderei:

— "Dr. Pedroso, depois da confusão de maio, me deixe de fora e põe o Marcos Freire". Marcos que estava ao lado, retrucou:

— "Mas, eu não entendo nada de militar". Então, Pedroso finalizou:

— "Fala você, Chico."

Os caciques do partido acharam que a atitude do dr. Pedroso, indicando-me para falar em nome do MDB, em uma solenidade do dia do soldado, era uma temeridade e uma provocação.

Neste discurso, aproveitei-me da oportunidade para lembrar da figura do pacificador que foi Caxias, tratando com benevolência os vencidos, e conseguindo anistiá-los. Procurei estabelecer um paralelo entre o comportamento do Patrono do Exército, o exemplo que deixou à posteridade, e o comportamento dos atuais chefes militares no poder, perseguindo os vencidos de 1964.

No mesmo ano, dr. Ulysses que ocupou a Presidência do MDB, com a renúncia de Oscar Passos, apresentou-se candidato na convenção do partido. O Grupo Autêntico, consciente de seu comportamento demasiadamente conciliador, apresentou a candidatura de Josafá Marinho, que havia perdido a eleição para senador pela Bahia. Apesar de ter sido uma disputa violenta, nós perdemos a eleição, entretanto, a briga interna, acirrou-se.

Na sucessão de Médici, eu pessoalmente tentei convencer o Grupo (embora alguns reagissem) sobre a importância do MDB ter candidato próprio, e que falasse, também, para o um auditório mais amplo, como para as Forças Armadas. Entendia que era necessário afastar preconceitos e criar novos aliados dentro da própria fortaleza do governo. Ou seja, deveríamos ter um candidato militar. Fui ao Rio e Marcos Freire foi comigo. Conversamos com alguns militares na tentativa de acharmos um candidato, nesta área. Depois de alguns contatos em vão, — somente um coronel da ativa topou, e, entendíamos que melhor seria um general —, mais tarde, eu, Marcos, Fernando Lyra e outros, procuramos o jornalista Barbosa Lima Sobrinho, pernambucano, que morava na cidade do Rio de Janeiro. Ele aceitou disputar a Presidência da República, pelo MDB.

Quando Ulysses soube que Barbosa Lima aceitara o convite mudou repentinamente de posição, lançando-se candidato, embora fosse contrário à tese do MDB ter candidatura própria. Foi ao Rio, com Nelson Carneiro e Amaral Peixoto, à procura de Barbosa Lima, com o propósito de convencê-lo a ser o seu vice. Barbosa aceitou para manter a unidade do partido.

A preliminar sustentada pelo Grupo Autêntico era a seguinte: a lei eleitoral estabelecia que os partidos teriam direito a usar rádio e TV, e não faziam distinções entre eleições diretas ou indiretas. Eu argumentava que era importante o MDB ter um candidato. Primeiro porque poderíamos fazer comícios e denúncias; segundo, usaríamos a mídia e, em seguida, no dia da reunião do Colégio Eleitoral, renunciaríamos à candidatura, denunciando aquela farsa. Tratava-se de eleição de cartas marcadas, a qual contava com eleitorado constituído apenas por congressistas, a maioria filiada à ARENA, e obrigados por lei a votar no candidato oficial, sob pena de perda do mandato e suspensão dos direitos políticos. Uma eleição definida por antecipação.

A direção do MDB não aceitava, de modo algum, o condicionamento da candidatura a uma renúncia posterior, defendida pelos Autênticos.

No dia da convenção, aí sim! Ulysses aparece como verdadeiro oposicionista. Fez um excelente discurso, o "Navegar é preciso". E nós aplaudimos! Foi a primeira vez que bati palmas para Ulysses. A partir dali nasceu um novo Ulysses, afirmativo e contundente. Fez um pronunciamento na linha do Grupo Autêntico, embora se recusasse a renunciar à candidatura. Tivemos várias reuniões com ele, até que dias antes da eleição, tivemos a certeza de que não renunciaria. Em uma última tentativa, argumentamos que se o próprio Geisel, declarou à imprensa o quanto era bom que o MDB tivesse um candidato, ficava claro que iríamos apenas coonestar a legitimidade daquela eleição. Além disto, daríamos a impressão ao mundo, que no Brasil houvera uma disputa democrática. Ora, no nosso entender, se o próprio governo desejava um candidato do MDB, teria que pagar um preço: permitir a utilização de rádio e televisão pelo partido da oposição e correr o risco de ser denunciado. Taticamente, depois que fizéssemos uso destes meios de comunicação nosso candidato renunciaria, o que seria uma denúncia da ilegitimidade da eleição.

Como a ditadura sabia que Ulysses não renunciaria, influenciou o Tribunal Superior Eleitoral a denegar nossa participação na mídia. Alegavam que as eleições eram indiretas, embora a lei não fizesse tal distinção e, conseqüentemente, tanto em uma como em outra eleição, o partido não ficaria à margem desse direito.

Na antevéspera, estivemos reunidos e no clamor das discussões, Alceu Collares que era do Grupo Autêntico radicalizou mas no dia seguinte, porém, encontrou razões para votar em Ulysses. Esta é a razão de não ter assinado o documento dos Autênticos. Foi uma das dissensões que tivemos no Grupo. Nadyr Rossetti, apesar de ter assinado a carta, resolveu ignorar a eleição, e não compareceu, assim como Jerônimo Santana. Os demais membros do Grupo, entendendo que era preciso fazer uma denúncia pública daquele momento histórico, foram à sessão do Congresso, que antes servira de palco para a disputa de Ulysses e Geisel, levando um documento redigido a cinco mãos: Freitas Nobre, Alencar, Marcos, Lysâneas e eu, mais a colaboração dos chamados "pitacos" do Fernando Lyra. Este documento aprovado, posteriormente, pelo Grupo deveria ser lido no dia das eleições. Segundo o regimento, não tínhamos direito a palavra, mas Alencar Furtado levantou uma "questão de ordem", diante do Colégio reunido, gerando um tumulto. O presidente do Congresso não queria permitir, nem mesmo a "questão de ordem", e muito menos a leitura do documento. Contudo, acabaram negociando. Ameaçávamos não permitir a realização da eleição, o que para o governo seria um desastre. Feita a leitura do documento deu-se início a votação. Quando os integrantes do Grupo eram chamados para proferir o voto, fazíamos uma provocação ao governo e dizíamos um dichote qualquer contra a ditadura, e não votamos em nenhum dos dois candidatos.

Na mesma noite, ligamos na BBC de Londres para ouvir as repercussões das eleições brasileiras no exterior. Após breve análise, noticiaram:

— "General Geisel da ARENA, tantos votos; Ulysses Guimarães do MBD, tantos votos; oposição brasileira, 23 votos". Somente nós do Grupo Autêntico éramos considerados no campo institucional, a única oposição no Brasil. Este episódio nos deixou muito felizes, revelando que os dois primeiros estavam conciliando e legitimando uma eleição espúria, o que não acontecia com os 23 votos de repúdio do Grupo Autêntico.

Posteriormente, em 1974, fui preso por seis meses, por causa do discurso contra o general Pinochet, considerado provocativo. Essa versão está registrada até no livro de Thomas Skidmore. A história, no entanto, é mais longa e tem seu início por volta do ano de 1972 ou 1973, quando o ditador do Paraguai, Stroessner veio ao Brasil, e foi homenageado pela Câmara dos Deputados. Justamente ele que fechou a Câmara do Paraguai. Esta homenagem contou com a presença, inclusive do MDB. Estava lá Ulysses Guimarães e muitos outros!

O Grupo Autêntico resolveu não comparecer. Não fizemos discurso contra mas, simplesmente não comparecemos. Quer dizer, de qualquer forma, fizemos nosso protesto. Os jornais da época tinham um espaço mínimo para a política. Existia censura e autocensura nos jornais. O *Estadão*, quando censurado, preenchia os espaços vazios trazendo receitas de bolos e versos de Camões. Desta forma, a imprensa não noticiou a respeito de nossa ausência que era, também, um protesto.

Após esta visita de Stroessner, recebi cartas do Rio de Janeiro, São Paulo e Bahia estranhando o fato do MDB ter integralmente homenageado Stroessner, um ditador que entre outras barbaridades exilou, torturou nas prisões muitos dos seus patriotas além de ter fechado o Congresso de seu país. Deveríamos ter denunciado. Não o fizemos...

Por ocasião da posse de Geisel encontravam-se em Brasília: Stoessner, do Paraguai; Benzer, da Bolívia; Bourdabery, do Uruguai; Pinochet, do Chile; e Paty Nyxon, representando o Presidente Richard Nixon, seu marido e Presidente dos Estados Unidos. Eu era solteiro e, na mesma noite, chegando ao Hotel Brasília Palace, onde morava, deparei-me com o jornal *Correio Braziliense*, trazendo a seguinte manchete: "Forma-se eixo Brasil-Bolívia-Chile-Uruguai". Lembrei-me do eixo, Itália-Alemanha-Japão, como também das cartas que eu havia recebido na ocasião da visita do Stroessner. Decidi fazer um discurso sobre este assunto no dia seguinte: "Os três ditadores festejados em Brasília". Isso aconteceu às vésperas da posse, porque no dia seguinte não se poderia falar. O jornal *Correio Braziliense* transcreveu parte do meu discurso.

No dia da posse de Geisel, fui ao Congresso, como de costume, mas resolvi, sem qualquer decisão do Grupo, que não participaria daquela solenidade. Entretanto, ao chegar à Câmara, logo na entrada, o chefe da segurança da Casa, advertiu-me:

— "Tenha cuidado, deputado. O pessoal do Pinochet esta atrás do senhor, querem saber quem é o deputado Francisco Pinto."

O Marcos Freire estava sentado um pouco atrás do Pinochet, ouviu quando um oficial chileno perguntou a alguém da segurança:

— "Aquele é o Chico Pinto?"

Não assisti a solenidade da posse, fiquei no cafezinho, ao lado do plenário, conversando. Queria, porém, no final da solenidade, ver a cara dos ditadores. A Câmara tinha colocado vários tapetes na saída principal, uma espécie de passarela, na qual os chefes de governo desfilariam na saída, após o ato de posse. Situei-me ao lado desta passarela e vi a saída da Paty Nixon, elegante; depois o Bourdabery, um tipo simpático; o Banzer; e nada do Pinochet... que saiu pela porta dos fundos do plenário, rodeou o salão, com uma segurança enorme e passou junto a um jardim existente nas imediações. Rapidamente desceu as escadas protegido por um forte esquema de segurança.

Será que a sua segurança imaginou que eu estaria ali para dar algum tiro nele?

Dois dias depois, jantando em uma churrascaria de Brasília, avistei uma conhecida, acompanhada por alguns senhores. Quando os homens saíram, dirigiu-se à minha mesa e falou:

— "Olha Chico, cuide-se. Os homens que estavam naquela mesa jantando, são militares. Quando você entrou, eles perguntaram: — Aquele é o Chico Pinto? Mediante minha afirmativa, disseram, que você não perde por esperar, e que precisava saber, como foi saudado o general Pinochet, na visita ao "Forte Apache", quando os quepes dos militares brasileiros foram jogados para o alto. Este ato significa a mais honrosa das homenagens nos meios militares!" Pensei, a situação está pior que eu imaginava.

Poucos dias depois, estando em meu gabinete recebi, às 6h30 da tarde, telefonema do Chefe de Gabinete da Presidência da Câmara, em nome de Flávio Marcílio comunicando-me que o

Presidente precisava falar comigo. Respondi que estava ocupado e no dia seguinte iria vê-lo. Novo telefonema. Era o próprio Presidente insistindo para que eu o procurasse com urgência pois havia ocorrido um sério problema, o qual eu precisaria conhecer. Desconfiei do que poderia ser. Avisei ao deputado Alencar Furtado, cujo gabinete situava-se em frente ao meu.

Encontrei Flávio Marcílio, em companhia do líder da ARENA e do Governo, deputado Célio Borja (mais tarde Ministro do STF, e depois ministro da Justiça no governo liberal democrático de Fernando Collor). Ambos sérios e formais mandaram-me sentar. No semblante de cada um, certa dose de preocupação. No coração daqueles servidores da ditadura não sei se havia alegria... Disse o Presidente:

— "Lastimo comunicar-lhe que acabei de receber ofício do ministro da Justiça Armando Falcão que, por determinação do Presidente Geisel, encaminhou representação à Procuradoria Geral da Justiça para processá-lo." Passou-me o ofício. Li, e devolvendo-lhe disse:

— "O que se pode esperar de um ditador? O resultado disso, no atual regime, eu já sei qual é." Um de cada vez, disseram, educadamente, que eu tivesse paciência e constituísse um advogado. Disseram ainda que, esta foi melhor forma, pior seria uma cassação. E, por fim, acrescentaram, que eu poderia me defender. Respondi-lhes:

— "Está bem, com um Supremo sem as garantias constitucionais que lhe foram subtraídas, como se pode acreditar em um julgamento imparcial? Irão, apenas, cumprir as ordens do governo para não perderem os cargos. De qualquer sorte, os senhores sabem que cumpri uma decisão da Comissão Interparlamentar, de âmbito internacional, que recomendava a todos os Parlamentos do mundo que denunciassem o que ocorria no Chile. Enfim, fiz a minha parte. O Governo Geisel, aliado de Pinochet, fará o que quiser."

Ao sair dessa conversa, encontrei-me com os deputados Lysâneas Maciel e Alencar Furtado. Ambos mostraram-se indignados. Lysâneas telefonou para o jornalista Castelo Branco, comunicando o fato e pedindo-lhe que escrevesse sobre o assunto. Castelo informou que já havia enviado seu artigo para o Rio de Janeiro (onde se edita o *Jornal do Brasil*), mas que escreveria um outro sobre o assunto e pediria ao editor para substituir o artigo anterior pelo novo. No dia seguinte, Castelo comunicou que seu artigo fora censurado. Havia ordens superiores para não publicar nada sobre o assunto.

Na verdade, o governo não queria que o fato tivesse repercussão. E a nós o que interessava era exatamente a repercussão, para desgastá-lo.

Vários deputados do Grupo Autêntico, porém, resolveram se revezar na tribuna, todas as semanas, denunciando a violência e solidarizando-se comigo. Alguns destes deputados assumiram os termos do meu discurso e acrescentaram outros crimes do general Pinochet que não mencionei. Entre os que falaram lembro-me de Lysâneas, Lyra, Alencar, Marcos, Fernando Cunha, Marcondes Gadelha, Freitas Nobre, Paes de Andrade, Nadyr Rossetti, Getúlio Dias, Aldo Fagundes, Walter Silva... e, no Senado, Nelson Carneiro.

O Governo, por outro lado, tinha seus defensores que respondiam as críticas dos nossos companheiros e elogiavam o comportamento democrático de estadista do Presidente Geisel. Naquela época, faltavam adjetivos nos dicionários para os sabujos da ditadura elogiarem, por qualquer razão ou sem razão, os atos dos seus chefes. Entre os que se manifestaram, trago bem presente os nomes dos deputado cariocas Célio Borja e Dail de Almeida, do gaúcho Lauro Leitão, e do baiano Prisco Viana, além de Wilmar Dallanhou e dezenas de outros.

O MDB através do Diretório Nacional e em nota à Imprensa protestou contra o ato do governo.

Iniciou-se o processo com a denúncia do procurador geral da Justiça, dr. Moreira Alves, posteriormente, ministro do STF. Submetida à deliberação do plenário do STF este, unanimemente, acolheu a denúncia. Fui interrogado pelo ministro Relator, Xavier de Albuquerque. Confirmei os termos do discurso, mas que não tivera o propósito de ofender e sim denunciar e condenar um fato verdadeiro que ocorria no Chile. Meus advogados, Josafá Marinho e Paulo Brossard, anexaram documentos comprobatórios da veracidade do meu discurso. Vários jornais do mundo denunciaram os fatos. Os brasileiros, a partir desse episódio, passaram a noticiar o que ocorria no Chile e até um discurso do senador Ted Kennedy, pronunciado no Senado americano, condenando o comportamento do governo no meu caso, foi anexado aos autos. Fernando Cunha, por outro lado, o registrou na Câmara.

No julgamento final, os ministros do Supremo dividiram-se entre aplicar a Lei de Segurança Nacional ou o Código Penal. Por maioria condenaram-me com base no Código Penal, que por sinal, não diferia da Lei de Segurança Nacional: "Ofender Chefe de Estado de nação estrangeira". O que distinguia os dois diplomas era a gravidade da pena, maior na Lei de Segurança Nacional, menor no Código Penal. Ao optar por este último aplicaram-me, por unanimidade, a pena de seis meses de reclusão, em vez de dois anos de Lei de Segurança. Suspenderam meus direitos políticos apesar do dispositivo constitucional não haver sido regulamentado. Tanto é verdade que, anteriormente, em outros casos, sob a alegação de falta de regulamentação, deixaram de aplicá-lo. O dispositivo constitucional, no entendimento anterior do STF, não era auto-aplicável. Negaram-me, também, o *sursis* previsto na lei em benefício de réus primários.

Somaram-se, portanto, às violências praticadas pelos poderes, Executivo e Judiciário, mais uma, a da Câmara dos Deputados, quando sua direção, cassou-me o mandato. Assim fui atingido de uma só vez pelos três Poderes da República.

Por uma dessas ironias do destino, fui condenado pela mais alta Corte Civil, Supremo Tribunal Federal, e absolvido pela mais alta Corte Militar, o Superior Tribunal Militar, pois perante esse último pesava sobre mim as acusações de ter tentado resistir à "revolução" por meios violentos, tais como: assaltar o Tiro de Guerra de Feira de Santana para apoderar-me de suas armas; ter sido aliado dos comunistas e, na Prefeitura, ter nomeado vários deles; de ser contra-revolucionário e também avesso a política dos americanos no Brasil. Assim, fui absolvido pelos militares, como já vimos, e condenado pelos civis por ter "ofendido" um ditador militar do Chile.

Antes da publicação da sentença condenatória, recorri da decisão do TRE da Bahia que negara registro à minha candidatura. O Superior Tribunal Eleitoral negou-me, também, esse direito.

Procurei inscrever-me para falar, pela última vez, antes da prisão, na Câmara dos Deputados. O presidente da Câmara, deputado Flávio Marcílio, garantiu ao dr. Ulysses Guimarães e ao líder do MDB, Laerte Vieira, que me concederia a palavra, pois a sentença ainda não produzira nenhum efeito, não fora publicada no *Diário Oficial* e caberia ainda recurso.

Chegando ao plenário o próprio Presidente da Câmara ordenou que um funcionário me trouxesse o livro de inscrição para assiná-lo. Encontrava-me sentado no plenário e essa atitude poderia ser interpretada como um gesto cordial. Antes de ser chamado, o telefone privativo da Presidência tocou. Atendeu o Presidente do Legislativo e, do outro lado da linha, o ministro Armando Falcão, em nome do general Geisel, transmitiu a ordem de que eu não poderia falar. Fui à tribuna. O líder da ARENA e do governo, Célio Borja, que após a queda da ditadura converteu-se em um liberal democrata, levantou uma "questão de ordem", depois de receber a "ordem unida" de impedir-me falar. Argüiu que era fato público e notório que eu havia sido condenado e conseqüentemente não poderia usar da palavra. O Presidente deferiu. dr. Ulysses, Laerte e outros reclamaram em vão. Insisti da tribuna e o Presidente encerrou a sessão. Desligaram o microfone. O deputado Célio Borja mandou os deputados da ARENA se retirarem do plenário. O Presidente ordenou aos funcionários que também se retirassem. Ficou a bancada do MDB e funcionários rebeldes. Ameaçaram, ainda, apagar as luzes do plenário. Alguns amigos saíram e compraram velas. Falei assim mesmo! Fiz discurso duro contra o regime, contra o Executivo, contra o Judiciário. Ao descer da tribuna aplaudido, conduziram-me ao serviço médico, a fim de obter atestado de saúde física e mental atestando que não possuía qualquer sinal de violência corporal. Era a cobertura para, no caso de violência na prisão, ficar comprovado que nela entrei sem qualquer lesão.

O jornalista Pedro Campos relatou esse fato, em matéria denominada: "Chico Pinto: último ato", não publicada pela imprensa. A ordem era não publicar nada sobre o episódio. A imprensa silenciou.

Daí conduziram-me para a casa do deputado Lysâneas Maciel, onde passei a noite. No dia seguinte, resolvemos que eu deveria me apresentar ao presidente do STF, ministro Eloy da Rocha, mesmo antes da sentença publicada e, conseqüentemente, sem existir ainda qualquer mandato de prisão. Queríamos caracterizar o ato de violência do Supremo. Queria ouvir do próprio presidente o:

— "Teje preso".

Acompanhado de vários deputados batemos à porta do presidente do STF. Foi um tumulto no seu gabinete. A princípio, ele não queria nos receber. Os "Autênticos" protestando e gritando entre eles lembro-me de Lysâneas que me conduziu no carro de Getúlio Dias. O Presidente do Tribunal começou a ditar o auto de apresentação espontânea para cumprir a pena, e errou várias vezes. Assinado o auto os deputados começaram a argüi-lo, fato que o deixou muito nervoso. Apresentei-me:

— "Senhor presidente, estou pronto para cumprir sua condenação por crime que não cometi." O clima era tenso e exaltado. Lysâneas perguntou onde eu ficaria preso, porque não precisaria levar-me escoltado, ele me conduziria. O presidente ponderou que o mandado de prisão deveria ser levado por um oficial convocado, quando soube da minha presença no Tribunal, mas este oficial poderia ir em outro carro. Exigiram ainda:

— "Presidente, queremos que o senhor garanta a integridade física do deputado Chico Pinto".

Resposta do presidente:

— "Ah! Quanto a isso não tenha dúvidas!"

Apresentamos uma cópia do atestado de minha saúde. O presidente disse que não havia necessidade, e os Autênticos ponderaram:

— "Há sim, porque nas prisões brasileiras se torturam e assassinam presos políticos".

O Presidente disse:

— "Não sei nada disso".

Getúlio replicou:

— "O senhor não sabe por que não quer saber!"

Desde o início do julgamento não via a minha cidade de Feira de Santana. Pretendia apressar o processo, uma vez que o procurador geral da República, ministro Moreira Alves, ao enquadrar-me na Lei de Segurança, tornou-me inelegível. O absurdo da legislação da época é que bastava um promotor ou procurador denunciar alguém, com base na Lei de Segurança, para que o cidadão ficasse impedido de disputar eleições. Ora o procurador da República era cargo de absoluta confiança do Presidente, por este escolhido, nomeado e demissível *ad nutum*. Logo, era um preposto do Governo. Bastava que este, querendo atingir alguém, acionasse seus agentes para denunciá-lo e conseguir obstar a participação do denunciado no processo eleitoral como candidato, ainda que no final a decisão fosse favorável. Urgia, pois, acelerar os procedimentos judiciais.

Estávamos em 1974, ano de renovação dos mandatos. Precisava ser julgado até setembro ou outubro. As eleições estavam marcadas para quinze de novembro. Não esperava, portanto, que fluíssem os prazos da defesa até o dia *ad quem*, quer para contraditar a denúncia, fazer a defesa prévia ou cumprir alguma diligência. Quase sempre quando intimado, mesmo com alguns prazos longos até de quinze dias, só nos utilizávamos de um a dois dias.

Ao chegar à cidade de Feira de Santana em junho, se não me engano, recebendo enorme solidariedade da população, verdadeiras romarias da periferia da cidade para minha residência, fui entrevistado, longamente, pela rádio *Cultura*. Era natural que a população da cidade na qual sempre fui o mais votado deputado federal, tivesse curiosidade em saber o que ocorrera em Brasília, sobretudo, por que o noticiário, nos primeiros dias, foi parco, ganhando intensidade com o tempo.

Relatei os fatos, comentei o discurso sobre Pinochet, e quais deveriam ser as conseqüências. Obviamente, disse entre outras coisas que o governo do presidente Geisel era um governo de mentira — inimigo da verdade.

O ministro das Comunicações requisitou a entrevista à direção da rádio suspendendo o seu funcionamento por quarenta dias, e mais tarde fechou-a em definitivo. Novo processo se abriu contra mim por ordem do Presidente. Nova denúncia do procurador, desta vez por crime de imprensa. Anexaram a fita gravada da entrevista, pois naquela época as emissoras de rádio e TV tinham de gravar qualquer entrevista e mantê-la no arquivo. O Supremo determinou a sua transcrição. O procurador ainda tentou, a fim de procrastinar o andamento do processo, argüir crime conexo, o que tornaria impossível o julgamento naquele ano. O Supremo, através do relator, preferiu considerar um novo crime.

Geisel mandou fechar a rádio, no início de 1974, que pertencia a um militante do MDB, senhor Oscar Marques. A rádio só foi reaberta vários anos depois, quando Oscar transferiu-se para a ARENA. Mandou, também, abrir novo processo contra mim. Recebi a intimação para defender-me desse novo processo no próprio quartel onde cumpria pena. Fui, novamente, julgado pelo STF em 1978, quando absolveram-me.

Antes do Natal do ano de 1974, quando já cumprira dois meses da pena, o comandante do quartel em uma de suas visitas à minha cela, informou-me, com ares de satisfação, que o governo havia solicitado um relatório sobre meu comportamento na prisão. Ele, por sua vez, informara que era muito bom. Exclamei:

— “Ah! Isso eu sei, não é coronel? Fico aqui quieto, sozinho e não saio nem para tomar banho de sol, embora os senhores insistam para que o faça”.

— “Mas é preciso fazer exercícios para sua própria saúde”. Respondi que fazia na cela mesmo. E o coronel acrescentou:

— “O senhor sabe por que me pediram esse relatório? É para indultá-lo no fim do ano.”

— “Ah! É?” respondi. Conversamos mais um pouco e ele se despediu.

A imprensa já noticiara várias vezes que o governo me indultaria. Fiquei pensando. Preciso ler esse novo Decreto do Geisel para verificar quais os requisitos necessários para receber o benefício do ditador. Eu não queria perdão do governo! Sabia, por outro lado, que o indulto não pode ser rejeitado, e eu precisava encontrar uma brecha no decreto e na lei para recusá-lo. A recusa pura e simples seria apenas um gesto, sem conseqüências. Lembrava-me que eu preenchia alguns requisitos: primeiro, bom comportamento; segundo, ter cumprido, pelo menos, um terço da pena, e terceiro, o condenado deveria estar recuperado. Disse comigo mesmo, é por aqui que vou me desenquadrar.

Em uma das visitas do dr. Josafá Marinho, meu advogado até então, informei-lhe o que estava acontecendo e disse-lhe que não aceitaria o indulto. Ele achou um absurdo. No dia seguinte, o dr. Sobral Pinto esteve comigo no quartel. Sabia da minha disposição de recusar o indulto. Também não concordou com minha posição e levantando-se, com rapidez e energia, incomum para uma pessoa de sua idade, disse-me:

— "Faça como eu, quando estive preso, ilegalmente, pela ditadura. A OAB impetrou uma ordem de *habeas-corpus*. O governo ao saber que o *h.c* deveria ser concedido, antecipou-se libertando-me. Ao tenente que comunicou minha liberdade, perguntei se estava cumprindo ordem do Tribunal, e ele respondeu:

— "A ordem é do meu superior no Exército". Disse-lhe:

— "Não saio daqui a não ser por determinação da Justiça". Houve muita confusão e eles me carregaram, fiquei sacudindo as pernas e colocaram-me fora da prisão". E, dr. Sobral Pinto concluiu:

— "Faça a mesma coisa".

Achei interessante, mas não mudei de opinião.

Não falei com mais ninguém sobre minha disposição de renunciar o indulto. Recebi uma visita do jornalista D'Alambert Jacoud, do *Jornal do Brasil* e dele solicitei que fosse portador de uma carta ao Presidente da República. Leu a carta e julgou que era um gesto digno e altivo. Entendia porém, que seria melhor eu sair da prisão do que nela permanecer. Disse-lhe ser uma atitude política e que não pretendia ser devedor nem beneficiário de gestos, os quais poderiam ser interpretados como magnânimos, quando eram provenientes de um carrasco. Tanto era verdade que este indivíduo através de prepostos seus cassou-me o mandato, suspendeu meus direitos políticos, negou-me o *sursis* e impediu-me que disputasse a eleição no mês de novembro daquele ano, e pretendia passar por "bonzinho". Pedi que tirasse cópias da carta para a imprensa, mas só a distribuísse depois de entregue ao Presidente, ou seja, após às 18h. Precavia-me quanto à possibilidade de o governo impedir sua publicação. Apesar desses cuidados não deu outra. Os jornais foram proibidos de publicá-la. Não sei por que razão, escapou o *Correio Braziliense* que a estampou em sua edição do dia seguinte.

Assim cumpri mais quatros meses de reclusão e abortei a tentativa do Presidente que preparara aquela farsa, depois de transcorridas as eleições.

Creio que foi no mês de março. Fiz uma greve na prisão e não recebi mais visitas até minha libertação.

Algumas senhoras de deputados Autênticos, como Regina, Carolina, Márcia, junto aos seus maridos respectivamente Lysâneas, Marcos e Lyra, além de outros companheiros, decidiram fazer uma carreata na hora da minha libertação, conduzindo-me para casa. Eu deveria sair entre seis e sete horas da noite, contudo às 9h da manhã, o comandante do Batalhão comunicou-me que eu deveria sair imediatamente do Quartel. Ponderei que minha pena só se esgotaria entre seis e sete da noite e, eu não queria ficar devendo ao general Geisel, nem ao Supremo, sequer um minuto da pena a mim imposta. Foi inútil. Insistiu dizendo cumprir ordens taxativas para conduzir-me ao local onde deveria hospedar-me, e que meus pertences seriam levados posteriormente.

Não sai sacudindo as pernas e carregado como o dr. Sobral Pinto. Sai com as minhas próprias.

Eu abortei o indulto. Eles abortaram a carreata!

Muitos dos deputados recém-eleitos, que me visitaram logo após o pleito de novembro, manifestaram o desejo de agrupar-se aos Autênticos, muitos dos quais já participavam do Grupo em seus Estados.

Algumas divergências secundárias com os antigos Autênticos reeleitos, conduziram os novos a criar o que chamaram "Neo-Autênticos". Marchavam separados, mas unidos na ação. Eu servia de ponte de ligação entre eles. Participava de reuniões com uns e outros, tentando evitar um racha. Afinal, rachar a esquerda nunca foi novidade. Basta rememorar sua história. Felizmente não aconteceu, como fatos posteriores comprovaram.

Como já vai longo este depoimento, convém ressaltar que o grupo Autêntico ramificou-se pelos Estados e alguns municípios. Tanto assim, que nas convenções do MDB, vários deputados estaduais, alguns vereadores e delegados dos Estado à convenção nacional, nos procuravam para estabelecer a tática a ser adotada no plenário. Lembro-me entre muitos do deputado Iranildo Pereira, do Ceará, pela sua bravura, mais tarde deputado federal; do pernambucano Jarbas Vaconcellos; de Sebastião Rodrigues e Euclides Scalco, ambos do Paraná; Marcos Tito, de Minas Gerais, e dezenas de outros, sobretudo dos Estados do Rio Grande do Sul, Bahia, Rio de Janeiro, Minas Gerais, São Paulo, Maranhão, Piauí, Rondônia, Paraná, Goiás.

No Brasil, apenas dois jornais alternativos tinham circulação nacional — *Opinião*, sob o comando de Fernando Gasparian e o *Pasquim*, ambos semanários. Houve um racha na redação do *Opinião*, e creio que no mês de janeiro ou fevereiro visitou-me, na prisão, o jornalista Raimundo Pereira, editor-chefe do jornal *Opinião*, comunicando-me das divergências existentes e convidando-me para fundar um novo semanário o *Movimento*. Já contava com algum apoio. Achei ótima a idéia, até porque, ao deixar a prisão, encontraria uma nova tribuna para continuar a luta. Logo nos primeiros dias da minha libertação articulamos, ao lado do recém-eleito deputado Airton Soares de São Paulo, o apoio de todo o Grupo (autênticos e neo-autênticos) que se tornaram acionistas do jornal. Airton, sabendo das dificuldades que eu enfrentava, convidou-me para residir em seu apartamento.

Tornei-me chefe da sucursal do *Movimento* em Brasília, com duas salas no Edifício Márcia, mantendo uma coluna permanente "Coluna do Chico Pinto". Na sucursal trabalhavam excelentes jornalistas como Teodomiro Braga, Jaime Sautichuk, Vera Manzolini e Antônio Carlos Queiroz.

Nos mês de maio de 1975 saiu a edição número zero (experimental). O governo determinou à polícia sua apreensão. Todos os exemplares nas bancas e na sede do jornal em São Paulo, foram levados para a Polícia Federal. Alguns diretores estiveram com o chefe da Polícia Federal e receberam a comunicação de que o jornal só circularia com censura prévia. Isto é, todas as matérias datilografadas deveriam ser enviadas à polícia, até quinta-feira, pela manhã — eles devolveriam na sexta — a fim de que o jornal circulasse na segunda. A censura foi brutal. Tentavam esfriar o jornal, ou seja, o que ocorria no país da quinta ao domingo não poderia ser aproveitado no noticiário. Trabalhava-se com matérias suficientes para preencher dois jornais e, às vezes, o que sobrava da censura, era insuficiente para, apenas, uma edição.

Foi uma rica e extraordinária experiência. Desde 1975 permaneci no jornal, deixando-o em meados de 78, quando fui absolvido no processo da entrevista da rádio *Cultura*, candidatando-me, novamente, a deputado federal.

Ao voltar para Feira de Santana, em companhia do dr. Sigmaringa Seixas, mais tarde deputado federal, e de jornalistas como Armando Rollemberg e outros, recebi uma das maiores e entusiásticas manifestações que um homem público pode receber. A partir do Aeroporto Dois de Julho, em Salvador, lotado de populares, formou-se uma carreata em direção à cidade.

Participamos, em uma noite chuvosa, de um comício em praça pública, com cerca de cinqüenta mil pessoas e uma emoção extraordinária, que se converteu em explosões de entusiasmo durante todo o ato público. Ao encerrar, carregado nos braços do povo, em um percurso de cerca de dois quilômetros, chegamos em casa.

O cineasta Osney São Paulo fez um filme, cujo título é *Chico Pinto vem aí* e um cineasta e professor da Universidade de Brasília, também, fez outro, descrevendo a atmosfera na região.

Durante o tempo em que estive no jornal *Movimento*, o Presidente Geisel cassou vários parlamentares federais como, Amaury Müller, Nadyr Rossetti, Lysâneas Maciel, Marcos Tito, além do deputado estadual Marcelo Gato. Alencar Furtado foi o último cassado do Brasil. Depois de excelente programa do MDB na TV, com a participação de Ulysses Guimarães, Franco Montoro (líder do partido no Senado), Alceu Collares e Alencar Furtado, líder na Câmara, este último, com um discurso forte e contundente, denunciou o assassinato nas prisões do Brasil e teve uma repercussão extraordinária no país. O Presidente Geisel o cassou. O desgaste do governo foi tão grande que, a partir daí, o AI-5, já agonizante, não matou, politicamente, mais ninguém.

Antes já haviam cassado Nadyr Rossetti e Amaury Müller, por discurso proferido em uma cidadezinha do Rio Grande do Sul, na região da fronteira, sem qualquer repercussão nacional ou mesmo estadual, gerou uma indignação forte. O governo cassava não explicava a razão e, por isso mesmo, deixava a todos perplexos. Pelos próprios cassados é que tomamos conhecimento do que disseram naquele comício. Os boatos que órgãos como o SNI espalhavam, eram de que a cassação teria sido por ataques às instituições militares.

Ainda no jornal *Movimento*, os Autênticos convocaram-me a redigir um documento de protesto a estas cassações, traduzindo o pensamento do Grupo, a ser levado à direção do partido e converter-se em documento oficial, escrito em reunião numerosíssima, na casa do deputado paulista Santilli Sobrinho, e que foi aprovado. Potencializado pela indignação e dolorido pela injustiça, tratou-se de um documento duro. Não vou citar nomes, mas alguns tremeram nas bases. Apoiavam, mas com manifestação deste nível:

— "O documento está muito bom, porém na situação em que estamos, seremos cassados". Outros:

— "Assino o documento sabendo que vou ser cassado".

O deputado Tancredo compareceu uma hora depois do início da reunião, como havia sido combinado, incumbido pelo presidente Ulysses Guimarães. Nova leitura. Tancredo ouviu, elogiou, como era do seu estilo, e deixou a suspeita:

— "Não sei se a Executiva do partido o aprovará nestes termos".

Eles, possivelmente já haviam redigido outra nota, tanto assim, que em reunião permanente, aguardávamos seu regresso. Trouxe uma nota curta e com um trecho de interpretação dúbia. Nas entrelinhas transpirava conciliação. Leu-a rápido e disse:

— "Foi o máximo que conseguimos da Executiva". Alguns companheiros desferiram ataques ao documento. Argüiram a necessidade de aproveitar, ao menos, trechos do documento que redigi. Tancredo inflexível:

— "Não posso mudar o que já está aprovado". Retirou-se. Apesar disso, continuamos discutindo. Reunião esvaziando-se. Uma comissão foi nomeada para alterar o documento e retornar a Tancredo. A Executiva se reuniria, no dia seguinte, às 9h da manhã. Cortamos trechos conciliadores. O deputado Marcondes Gadelha foi encarregado de acordar dr. Tancredo, às 2h da manhã, e o fez. Tancredo atendeu-o de roupão. Marcondes começou:

— "Ministro, nós entendemos que é necessário retirar algumas frases do seu documento e queríamos..." Tancredo o interrompeu:

— "Tirar, vocês podem. Não precisam mostrar-me. O que não podem, é acrescentar".

A propósito, a cassação do líder Alencar, como vimos, não se deu no dia seguinte ao pronunciamento. Encontrava-se no Paraná quando foi informado. Regressou. Em sua casa à noite, recebeu a solidariedade de deputados, funcionários e pessoas da sociedade de Brasília, em clima de muita emoção. Vi deputados chorarem, inclusive, alguns que não eram do Grupo como o deputado paulista Joaquim Bevilácqua.

Já a cassação de Lysâneas se deveu, entre outras razões, à sua enorme capacidade de ser solidário. Diante das cassações de Nadyr e Amaury, vários Autênticos e Neo-Autênticos queriam ocupar a tribuna para solidarizar-se com os companheiros atingidos e, naturalmente, atacar o responsável por aquela violência. Lysâneas inscreveu-se para falar. As notícias provenientes do Palácio eram aterradoras. Quem falar se solidarizando será cassado, também. O senador Magalhães Pinto, amigo de Lysâneas, esteve com Geisel que confirmou sua determinação de não permitir manifestações. Procurou Lysâneas e o advertiu, pedindo que não falasse. Lysâneas falou e foi cassado.

Todos esses fatos, e tantos outros aqui não relatados, constituem a própria história do Grupo Autêntico, construída na luta diária e constante, ininterrupta e sofrida em todas as dimensões. Era como se estivéssemos em uma guerra — embora guerra também fosse — na conquista de uma cidade, de rua em rua, de casa em casa e a cada passo à frente, tiroteio de todos os lados, deixando "viúvas de maridos vivos", como acentuou Alencar Furtado.

Por que não me candidatei a partir de 1990? Primeiro quero deixar claro que não foi por receio de perder eleições. Nunca perdi eleição, desde o tempo em que fazia política estudantil. Sempre fui um dos candidatos mais votados do Estado da Bahia para deputado federal. Em 1978, por exemplo, obtive uma votação que proporcionalmente, até hoje, não foi alcançada por qualquer outro candidato baiano. No ano de 1982, fui o mais votado do PMDB. Em 1986, a última eleição que disputei o PMDB era governo, com Sarney. Começaram as cobranças e solicitações de cimento, emprego (eu não tinha ligações com empresários), tijolo, telhas... Recusava-me a atender. Os eleitores na ocasião já entendiam que todos os políticos eram ladrões. Quem não "socializava" o roubo, era "avaro". Quem "socializava" era o que merecia o voto. Apesar de minha recusa, ainda fui um dos mais votados do Estado. Não tenho dúvidas, pelo apoio que possuía em 1990, que voltaria à Câmara, ainda entre os mais votados. Porém, estava enojado. Quando saia às ruas das cidades e alguém gritava de longe: "Deputado", eu fingia não ouvir. Chamavam-me pelo nome, atendia.

Esse desvio começou a partir de 1974, quando estive preso. Na década de 1970 dizíamos nos palanques:

— "Tome o dinheiro roubado do povo pela ARENA e vote no MDB!" Naquele tempo o MDB, e depois PMDB, era um partido sério e usufruía desse respeito. Como repetir a mesma coisa mais tarde se PMDB e PFL não se diferenciam?

As eleições se transformaram em um mercado persa. Sempre fiz campanha sem dinheiro, a não ser a feitura de "santinhos", cartazes... As pessoas não me pediam nada.

A partir da incorporação do PP ao PMDB, no início da década de 1980, dezenas de arenistas sentindo que o barco do seu partido fazia água, transferiram-se para o PMDB. Em 1986, a maioria dos ratos abandonaram o navio, que afundava. Encorajaram-se os trânsfugas. O AI-5 havia sido revogado. Uma legião de oportunistas filiou-se ao PMDB. Não chegavam como soldados, mas como chefes. A culpa foi, em parte, do dr. Ulysses e, maior ainda, dos candidatos a governador dos Estados, que estimulavam a deserção e os acolhia como comandantes. O PMDB ganhou as eleições de 1986 em 21, dos 22 Estados. Ganharia em muitos deles sem essas adesões, inclusive na Bahia. Os governadores eleitos, prestigiaram fortemente esses oligarcas. O próprio Waldir Pires ressuscitou a enfraquecida oligarquia juracisista. Essa oligarquia se implantou desde a nomeação de Juraci Magalhães para interventor na década de 1930. Paradoxalmente, quem começou a destruí-la foi Antônio Carlos Magalhães, ao exercer o seu segundo mandato de governador, de 1978 à 1982, não por ser contra as oligarquias. Queria criar a sua própria, como o fez.

Deste modo, o PMDB passou a ser controlado pelos ex-arenistas. Na Constituinte cinqüenta por cento do partido na Câmara dos Deputados e Senado era composto de ex-arenistas. Aliaram-se ao PFL e criaram o "Centrão". Com a fundação do PSDB houve uma debandada para o PSDB: Mário Covas, FHC, Euclides Scalco, Pimenta de Veiga. Outros, inconformados com a linha do partido, emigraram para outras legendas, entre estes Miguel Arraes, o deputado Hélio Duque, senador Nelson Wedeckin, Bete Mendes, João Hermann, Dante de Oliveira, João Gilberto, Jorge Uequed e tantos outros. Muitos dos Autênticos, já haviam abandonado o partido como Lysâneas Maciel, Nadyr Rossetti, Amaury Müller, Alceu Collares, Getúlio Dias que foram para o PDT, e Freitas Diniz para o PT.

Se estivesse no poder o que faria? Depende da forma de acesso ao poder. Se através de eleições, dependeria da correlação das forças, dos que me apoiaram, e se houvesse coesão entre essas forças para dispor de uma maioria sólida na Câmara e no Senado. Se não obtivesse essa maioria estaria prisioneiro do Legislativo. Isso significa muita negociação que, em tese, é necessário na democracia. Mas, em que termos? Com que métodos? A maioria do Congresso só entende a forma simples da teoria da vantagem, fazer barganhas na base do "toma lá e me dá cá", da política do é "dando que se recebe". Aceitando-se essa fórmula, não há retorno. A cada projeto, novas concessões, em prejuízo da nação. Ao recusar esse método, projetos importantes são rejeitados. Para mudar esse sistema seria necessário uma Revolução Cultural. Como fazê-la?

É inegável que a maioria da classe política, em nosso país, está intrinsecamente viciada, em todos os níveis: federal, estadual e municipal. Quando alguns teorizam sobre as vantagens da "descentralização" e a adoção do "municipalismo", contemplo a realidade da vida municipal. Argúi-se que a transferência da execução de obras a cargo das Prefeituras, facilita a fiscalização por parte da sociedade local. Todavia, tenho constatado que na grande maioria dos municípios a realidade é outra. Atualmente, onde mais se rouba é nas Prefeituras. Por quê? Porque embora os cidadãos estejam mais próximos do local da realização das obras, sua capacidade investigatória é nula. Não conhecem o contrato, não acompanham os ardis dos editais de concorrência, a quantidade de metros construídos e como se processam as "propinas".

Se alcanço o poder pela via revolucionária, embora dependa, também, da correlação de forças, presume-se a existência de objetivos comuns.

Nesta perspectiva, a primeira providência, falando sem rodeios, seria limpar a área. Prender e fuzilar corruptos e vendilhões da pátria irrecuperáveis, após julgamento, através de júri popular, mais ou menos assemelhados ao existente no Brasil e que julga os denunciados por crime de homicídio. Não estarei inovando. Por várias vezes declarei isso em praça pública. Investiria também maciçamente em Pesquisa, Ciência e Tecnologia. Sempre se investiu pouco no Brasil. A partir do governo Sarney, reduziram-se drasticamente recursos para essa e outras áreas do conhecimento. Tecnologia própria e voltada para os interesses do povo e não das elites. No Japão e na Coréia, entre outros países, o Estado investiu pesado nesses setores, embora visando fundamentalmente o mercado externo.

Rasgaria a Lei de Patentes, recentemente aprovada e sancionada. Não me submeteria a essa monstruosidade, imposta pelo Presidente George Bush, quando esteve no Rio de Janeiro para Eco 92, ao ex-presidente Collor. Lei elaborada fora das nossas fronteiras. Collor submeteu-se. A demora na aprovação na Câmara dos Deputados provocou a ira do Governo e do Congresso americano. Chegaram ao desplante de marcar, por duas vezes, prazos para sua aprovação. Um deles, trazia uma mensagem simbólica: 31 de março, data do golpe de 64, inspirado e ajudado pela potência do Norte. Esse atrevimento e ingerência indevida em nossa atividade legislativa não mereceu reação do governo, nem destaque na imprensa nacional, a não ser registro em canto de página.

Considero-me socialista, sem adjetivos. O socialismo é intrinsecamente democrático. Não precisa ser chamado de "socialismo democrático". É importante que se entenda que o grau, a intensidade e o processo de utilização da expressão liberdade, não deve necessariamente ter como parâmetro o modelo da democracia burguesa. Para muitos, ou se copia esse modelo ou não há democracia. É um equívoco. O que caracteriza e distingue um regime é a existência ou não de pólos dominantes e dominados na sociedade. Se não existe classe dominante, os desvios e abusos de um regime não o descaracterizam. Apenas, significa a necessidade de correção desses erros e ajustá-lo ao leito teórico que o alicerça.

O que faço atualmente? Resido em Brasília, onde constituí família e na Bahia alternadamente. Minha esposa é funcionária da Câmara. É bom que fique claro que ao casar-me ela já era funcionária concursada do Legislativo. Vivo da aposentadoria de deputado. Recebo dois mil e novecentos reais... Como vê, não se trata de um absurdo, como procura denunciar "esse" Boris Casoy e "aquela" Hebe Camargo. Eles dizem que os trabalhadores levam de 30 a 35 anos para se aposentar, enquanto o deputado se aposenta com um mandato de quatro anos. Não é verdade. A aposentadoria é proporcional ao tempo de serviço e somente após dois mandatos, isto é, oito anos e com a idade mínima de cinqüenta anos. Aposentadoria integral no Instituto de Previdência dos Congressistas só com 35 anos de mandato. Mas isto não é dito à população.

Inúmeras outras histórias a contar. Fatos a enumerar. Episódios a comentar e posições políticas a defender significariam umas dezenas de horas de conversa e centenas de páginas a preencher..."

Freitas Diniz

(Domingos Freitas Diniz Neto)

NASCIMENTO:

20 de março de 1933
Araioses, MA

FILIAÇÃO:

Silvio Freitas Diniz e Filomena Afonso Freitas

FORMAÇÃO:

Engenheiro Civil
Escola Nacional de Engenharia
Universidade do Brasil
Guanabara, RJ, 1956

CÔNJUGE:

Perpétua

FILHA:

Patrícia

"... Maranhão, esta é a trincheira de onde devo atirar!"

São Luís, 20 de março de 1995

"O que eu poderia dizer a respeito da minha vida particular, é pouco. Sou maranhense do município de Araioses, no baixo Parnaíba, que caracteriza-se por ser o único rio brasileiro com delta. No mundo existe apenas mais três rios com esta característica: Nilo, Mekong e Mississipi. No delta nasci, em 20 de março de 1933, que por coincidência é hoje, e nesta região passei minha infância!

Tratava-se de um local muito promissor, em razão da economia baseada na extração e exportação da cera de carnaúba. Na época, a grosso modo, uma arroba da chamada cera de primeira qualidade custava mil dólares. Este tipo de vegetação é encontrada apenas no nordeste brasileiro, basicamente no Ceará, Piauí, e nesta pequena parte do Maranhão, localizada no delta do Parnaíba. Hoje, praticamente, não se extrai mais cera, o sintético a substituiu.

Meus pais e meus avós estavam todos juntos, tipo família antiga, cujo patriarca era meu avô. Trabalhavam na criação de gado e extração de cera de carnaúba, não eram propriamente exportadores, mas extrativistas. Os grandes exportadores estavam na cidade de Parnaíba, do outro lado do delta, no Estado do Piauí.

Ah! Minha família era enorme, meu avô teve doze filhos, e papai dezoito, sendo doze com minha mãe. Antes ele teve seis filhos, não era viúvo, teve filhos... Mamãe está bem, com oitenta anos, morando em Fortaleza; meu pai com 93, continua vivendo no delta, mas vai sempre ao Ceará vê-la. Dos meus irmãos, somente um mora aqui na ilha de São Luís, os outros estão em Fortaleza, Rio de Janeiro, Brasília. Família muito grande se espalha.

A pujança econômica desproporcional aos demais recursos da região, obrigava os jovens a procurarem colégios internos. Eu mesmo, fiz o primeiro grau no Colégio Salesiano e o segundo grau cumpri também no Rio de Janeiro, no Colégio Santo Inácio, dos Jesuítas. Posteriormente, ingressei na faculdade de engenharia, que na época chamava-se Escola Nacional de Engenharia da Universidade do Brasil. Um nome muito pomposo! E ainda, nos primeiros meses cheguei a cursar a Universidade Católica (também fundada por jesuítas) que funcionava exatamente dentro do Colégio Santo Inácio, na Rua São Clemente, sendo mais tarde transferida para a Gávea. Fazíamos, normalmente, dois vestibulares para a Católica e para a Nacional. Todos os alunos que concluíam o segundo grau no Colégio Santo Inácio ingressavam automaticamente na escola superior, seu índice de aproveitamento era quase cem por cento. No meu caso, tranquei a matrícula na Católica e cursei a Nacional de Engenharia.

A universidade funcionava mais sob o aspecto formal, pois na realidade constituíam escolas isoladas: Direito, Engenharia, Medicina, Belas Artes, não existindo um ambiente universitário. O reitor Pedro Calmon, com toda a sua empáfia, ficava na Praia Vermelha.

Formado Engenheiro Civil, voltei para o Maranhão, trabalhando no Serviço Público de Energia Elétrica, Estradas, e Água e Esgoto.

Com o advento do golpe militar em 1964, indignado, resolvi participar. Neste período, organizava-se, entre aspas, o Movimento Democrático Brasileiro. A origem do MDB todos sabem. Foi fruto de uma atitude arbitrária nascendo a partir da criação da Aliança Renovadora Nacional — ARENA, que precisava de uma contrapartida, de um partido formal de oposição, somente para contracenar.

Honestamente, pensei bastante antes de entrar no MDB. O fato de existirem figuras de muito respeito como Martins Rodrigues, do Ceará e o Renato Archer, do Maranhão, que haviam ingressado nesta agremiação, estimulou-me, pois eram políticos com posições muito boas na época, e merecedores de confiança e apreço.

Convenci-me que, até por questão tática, deveria ingressar em uma entidade como o MDB procurando alargar os caminhos da redemocratização do país. A outra saída era partir para a clandestinidade e atuar com outros elementos. Sabia que minha entrada no MDB causaria um desgaste inexorável, porém preponderava a necessidade de participar e por isso valeria a pena, compensaria. Diante desta avaliação ingressei consciente do que o MDB representava. Evidente que de pronto recebi críticas e mesmo os companheiros muito próximos questionaram:

— "Como? Você vai compactuar?!" Eu respondia:

— "Vou para lá, sem coonestar, ao contrário, usarei os instrumentos e as armas deles na tentativa de derrotá-los." Fui para o MDB, logo após sua organização, que se deu quando o Castelo Branco, por um ato de força, extinguiu os partidos políticos permitindo a estruturação de dois: ARENA situação e o MDB "oposição".

Para mim esteve sempre muito claro, que as críticas feitas eram válidas, e neste sentido, o ingresso no MDB exigia reflexão apurada, até para saber qual seria meu papel em Brasília. Não adiantaria usá-lo para contracenar, como queriam os militares, mas, para tentar, como um aríete, romper o regime autoritário, com vistas a uma futura redemocratização. Por isso ingressei no MDB!

Em 1966, fui eleito deputado federal, e logo no meu primeiro ano de mandato ao encontrar companheiros valorosos, tive a certeza das possibilidades legítimas de oposição ao partido. Prova disto — o governo no ano de 1968 baixou um Ato Institucional fechando o Congresso e cassando deputados sob o pretexto do discurso de Márcio Moreira Alves. Na realidade, eles queriam mesmo era fechar o Congresso. Começávamos a incomodar.

Não fui cassado, entretanto, fiquei em uma situação muito constrangedora, talvez até pior dos que o foram, porque na realidade, com o Congresso fechado, o mandato estava suspenso e não havia nenhuma prerrogativa. Vivi, desta forma, uma situação dilemática, sem a certeza se deveria, ou não, renunciar ao mandato. Permaneço? Renuncio? Era minha grande dúvida, até que cheguei à seguinte conclusão: ruim com o mandato, pior sem ele. Poderia ali ter adotado uma atitude orgulhosa e que não teria conseqüência nenhuma. Inúmeras situações semelhantes foram enfrentadas ao longo deste tempo duro e hostil quando, alguns companheiros dispersaram, muitos foram cassados e outros exilados, como ocorreu com Márcio Moreira Alves e Hermano Alves.

Em dezembro de 1968, com a imposição do AI-5, recordo-me bem, quem estava em Brasília não podia mais sair. Ficamos ilhados na Capital Federal por vários dias. O líder do MDB na Câmara era o Mário Covas, atual governador de São Paulo, também ele esteve conosco por este período. Os companheiros, que como eu viviam em hotel, devem lembrar, muitas vezes já estávamos deitados e a repressão chegava arrombava a porta em atitude grotesca e arbitrária. Não tínhamos privacidade, tampouco segurança. Logo que o ambiente melhorou um pouco, cada um pegou a sua mala e foi para seu Estado de origem.

Neste ínterim, o Costa e Silva morreu, assumindo a Junta Militar, que abriu o Congresso, e nomeou Médici, Presidente.

O MDB encontrava-se quebrado em razão da diáspora, sobretudo, causada pelas cassações. Nesse meio tempo, os grupos de esquerda começaram a se articular na luta armada. Em 1970, vieram as eleições, e fui reeleito deputado federal.

Deste modo, no princípio de 1971, iniciamos a formação no Congresso Nacional do que seria denominado Grupo Autêntico. Fomos nos aproximando sem nenhuma formalidade, pois nem nos conhecíamos pessoalmente. Eu não conhecia ninguém do Grupo e, nossa união se deu pelas posições que adotávamos no plenário, nas comissões, enfim...

Neste ponto localiza-se um certo equívoco, pois as pessoas entendem que o MDB constituía um verdadeiro partido, isto é, militantes unidos em torno de um programa mas não, até o nome expressava este fato: era um Movimento. A própria palavra traduz tudo. Tratava-se de uma frente na qual, alguns de seus participantes viam como instrumento útil para derrubar o regime militar. Abrigava liberais, conservadores, progressistas, marxistas, socialistas, e cuja perspectiva de avançar visando a redemocratização do país, consistia no principal fator de união. Reside exatamente aí, um dos principais pontos de nidação do Grupo. Depois, cada um seguiria o seu caminho. E isto, desde nosso início era previsível.

Não tínhamos muita afinidade com os conservadores, embora nos esforçássemos para superar esta condição entendendo que uma convivência "civilizada" seria fundamental, pois nossa meta era a derrubada do regime autoritário.

O MDB foi uma ferramenta utilizada com este propósito. Muitos companheiros, principalmente os de esquerda, só compreenderam nossa postura tempos depois. Tanto que foram para a luta armada, entregando a juventude, o sangue e todo o idealismo. A meu ver, a ação da guerrilha servia para aumentar e lubrificar a máquina repressora dos militares. Adoravam a atuação dos militantes da luta armada, viviam daquilo e ficavam na maior satisfação:

— "Vejam a subversão!" Com o caminhar da história, os companheiros na luta extra-Congresso entenderam que foi sem dúvida a ação do Grupo Autêntico, fator preponderante na credibilidade conquistada pelo MDB, cuja prova concreta ocorreu nas eleições de 1974, quando os votos brancos e nulos diminuíram sensivelmente, fruto de nossa práxis.

Atuávamos de maneira concreta. Ao tomar conhecimento da existência de tortura e corrupção, era o nosso Grupo o primeiro a levantar as questões, mobilizando até o interesse da grande imprensa, expresso no espaço que davam aos Autênticos. No entanto, a censura estava sempre atenta, para que os jornalistas não divulgassem nossos discursos especialmente sobre tortura, pois a repercussão internacional era enorme. O Grupo tinha coragem cívica de ir à tribuna e denunciar, mesmo contrariando a ala conservadora do partido. Isto repercutia lá fora e incomodava o regime autoritário, pois era fortemente cobrado.

Um outro dado interessante: éramos os únicos deputados que conversavam entre si, os outros não. Mantínhamos um diálogo constante, no plenário, no café. Sempre debatendo. Vale ressaltar que as propostas e idéias mais trabalhadas pertenciam sempre a nós Autênticos, embora fôssemos minoria. Muitos atribuíam-nas a Ulysses ou a Tancredo, que também não conversavam e não discutiam. Dentre nossos projetos, o mais interessante que levamos ao MDB foi o exatamente criado por Francisco Pinto: a Anticandidatura.

Não me recordo precisamente, como Francisco elaborou a Anticandidatura. Lembro-me de uma reunião ampla em que a idéia foi explicitada. Porém, ela já estava, digamos, previamente rascunhada, por um grupo menor. A seguir foi apresentada àqueles que comungavam das idéias dos Autênticos, sendo então, muito discutida, até concluirmos sobre a sua viabilidade.

Na minha opinião, a Anticandidatura teve o efeito de um choque na direção do MDB, sempre temerosa de nossas idéias. Entendiam que queríamos "virar a mesa", quando isso não era verdade. Quem ingressou nessa agremiação, já havia feito a sua análise e não estava ali para se rebelar, tampouco criar impasses. Mesmo assim, temiam o comportamento do nosso Grupo.

Aqui cabe um parênteses. Houve um Seminário do MDB em Recife, que data de junho de 1971, e lá, a proposta da Constituinte foi levantada pelo Grupo Autêntico... Pouca gente sabe que esta iniciativa é nossa e foi aflorada pela primeira vez por ousadia dos Autênticos. Não pude estar presente, mas os companheiros me contaram que o Tancredo ficou louco e dizia:

— "Vocês estão pondo o pano vermelho na cara dos militares...". Quero com isto dizer que, a proposta da Constituinte vem de longe, e era sempre jogada de lado. Este assunto deixava Ulysses terrivelmente estressado, especialmente porque consubstanciava-se na questão que mais atemorizava os militares, sendo um verdadeiro tabu!

A palavra Constituinte era algo terminal dentro, e fora, do MDB, e depois acabou acontecendo. Ainda hoje, alguns atribuem a Constituinte a Ulysses e a Tancredo, mas ao contrário, eles a combateram com muita veemência. Esta idéia é de nossa autoria e existe desde os primórdios do Grupo. Apesar de não estarmos ainda bem afinados, por uma questão de tempo (assumimos em fevereiro) já havíamos nos reunido e discutido o assunto, tanto que foi levado para o Seminário de Recife. Isto prova que, ao chegarmos à Câmara dos Deputados, começamos a agir e não ficamos inertes.

Pedroso Horta era o líder da bancada do MDB, por que Mário Covas tivera seu mandato cassado. O Pedroso foi um liberal com visão frentista nítida. Tinha consciência de que não comungávamos deste ideal, embora estivéssemos ali como ele para derrubar o regime autoritário, e por isto, nos dava espaço na Tribuna. Interessante é que não nos facilitava simplesmente a palavra, havia um detalhe precioso:

— "Deputado, quando é que você quer falar?" Ele perguntava quando queríamos falar. Veja, um liberal é quem fez isso, não foram os conservadores, como Ulysses e Tancredo, engraçado...

Sou progressista e admito que teoricamente estou mais próximo de um conservador do que de um liberal, cujas restrições em relação às questões sociais são mais acentuadas. Assim, um sujeito progressista ou de esquerda está mais próximo do conservador do que do liberal, em tese deveria estar mais afinado com Ulysses e Tancredo, do que com Pedroso Horta. Quer dizer, Pedroso não era homem de direita e sim um liberal mas, possibilitava-nos espaço. Estas questões precisam ser bem conceituadas, para não incorrermos em erros. Somava-se a isto, o fato de que os deputados de outras tendências não queriam falar por inúmeras razões. Assim, nós, Autênticos, ocupávamos constantemente a tribuna, sendo um dos principais motivos de nosso contato e nossa identificação. Devemos muito a Pedroso Horta, um liberal!

Bem, quanto à Anticandidatura idealizada por Chico, depois de refletirmos bastante, fomos à direção do MDB, exercida por Ulysses, Thales Ramalho e Tancredo. O líder Pedroso estava com a saúde debilitada, e logo depois faleceu. No primeiro momento sentimos rejeição à nossa proposta que, muito clara, previa uma campanha nacional. Os militares, por sua vez, não poderiam nos barrar, porque também possuíam candidato, não obstante a nossa fosse uma Anticandidatura, cujos objetivos e teses visavam a democratização do país, além de denunciar aquela farsa eleitoral

Alguns dias depois, fomos convidados a conversar com Ulysses, cujas questões naquele momento já se colocavam diferentes. Ou seja, ele que inicialmente refutou qualquer possibilidade de candidatura presidencial do MDB, seria (pasme!) o anticandidato. A nós, Autênticos, caberia a indicação do vice, de preferência alguém da sociedade civil, o que realmente aconteceu ao escolhermos o Barbosa Lima Sobrinho. Durante o processo da Anticandidatura, em cuja oportunidade aproveitaríamos para denunciar mazelas do regime autoritário, corrupção, entreguismo, evidenciamos e insistimos, que considerávamos a renúncia condição fundamental, para não caracterizar uma contracenação, proposta por sinal, muito objetiva.

Ulysses descumprindo o combinado, não renunciou e recebeu os votos. Creio que essa foi uma fraqueza irreparável, manchando sua biografia. Não poderia ter deixado de renunciar. Ele nunca se explicou. Morreu e ficou a incógnita.

Pessoalmente tenho dúvidas, se o recebimento dos votos caracterizou um compromisso. Nos quatro dias anteriores à sessão do Colégio Eleitoral, passamos reunidos, discutindo como proceder e, foi nesse momento que Alceu Collares deixou o Grupo.

Queríamos entrar no plenário e ler nosso documento, o que seria muito difícil, porque os regimentos do Congresso e do Colégio Eleitoral, não permitiam. O presidente do Congresso, na época, era um senador do Estado do Rio de Janeiro, general ou marechal reformado, que acabou concordando com nossa leitura. Na liderança do governo estava o Jarbas Passarinho, que ficou uma "arara". No entanto, era ordem do general-presidente do Congresso Nacional, e ele teve que cumpri-la. Enfim, uma questão de hierarquia, vez que Passarinho era coronel.

O documento foi lido, e até consta dos Anais. De qualquer maneira, e mesmo sendo uma questão do MDB, este fato repercutiu em toda a sociedade brasileira.

Em que pese o comportamento desleal do Ulysses, as conseqüências da Anticandidatura foram muito boas. Veio como uma idéia fértil, dando credibilidade ao MDB, e até as lideranças conservadoras usufruíram, especialmente o próprio Ulysses Guimarães.

Na minha opinião, o Grupo prestou um grande trabalho de natureza institucional ao país, sobretudo, através dos nossos discursos sobre tortura e corrupção, possibilitando um crescimento visível das nossas aparições na mídia, e conseqüentemente, da mobilização e indignação da opinião pública. A mesma coisa não aconteceu, infelizmente, em relação a área socioeconômica, até por que não tínhamos como nos articular. O regime autoritário não permitia.

Vivenciamos episódios, nos quais até o Supremo Tribunal mostrava um comportamento dúbio, evidenciando um certo comprometimento com o regime ditatorial, antítese da Justiça. Eu, particularmente, me vi processado por duas vezes, tendo recebido tratamento distinto em cada uma delas, em vista apenas das diferenças de conjuntura política. A primeira vez, logo depois do AI-5, fui processado por crime de imprensa, em artigos que publiquei aqui no Maranhão, denunciando corrupção no governo local. Por incrível que possa parecer, a "tal" Constituição do Castelo Branco de 1967, assegurava imunidades materiais para deputados e senadores, por opiniões, palavras e votos.

Pergunto a você, como pode um condenado ser deputado? Pode!

Na época, a Emenda-1 ainda não estava regulamentada. Ora, o Supremo existe exatamente para dizer o direito. Desta maneira, continuei condenado e exercendo o mandato. Eu comentava com os companheiros:

— "O AI-5 para mim não vale, minha conversa é com o Supremo." Brincadeiras à parte, de qualquer maneira, com o meu caso, firmou-se jurisprudência.

Quando me deram o benefício do *sursis*, o juiz do caso era o presidente do Supremo Tribunal, Aliomar Baleeiro e o procurador Geral da República, Moreira Alves, hoje ministro. Meu advogado, olhando do plano jurídico, afirmava que eu deveria aceitar as condições impostas. Em uma perspectiva política, explicava-lhe que isto era impossível pois fui eleito deputado. O advogado exasperado dizia:

— "Você vai ser preso lá, na hora!"

— "Mas estou gozando da *sursis*...", eu retrucava.

— "Você não pode dizer que não aceita. É complicado...", insistia ele.

Fomos à sessão e o presidente do Tribunal, Aliomar Baleeiro, ex-deputado da antiga UDN, em cujas fileiras, somava com outros liberais, (observe o que é um liberal, com necessidade de dar vazão ao seu liberalismo...) na frente de Moreira Alves, disse:

— "Não tem problema, isto aqui é mera formalidade. Vá e cumpra o seu mandato".

Cumpri meu mandato e exerci plenamente o direito de ir e vir, viajava para todos os lugares que queria, discursava, enfim... Aliomar não estabeleceu condições, e portanto, o que eu assinei lá, foi "letra morta". Isto tudo diante de Moreira Alves, procurador Geral da República. Se tivesse imposto condições, eu teria de comparecer sistematicamente ao Tribunal e não poderia viajar. O presidente do Tribunal viu que, se assim fosse, não teria como exercer meu mandato, portanto, tais limitações não poderiam ser estabelecidas. Fui um condenado *sui generis*.

De qualquer maneira, eu era deputado condenado por crime de imprensa previsto no Código Penal. Mesmo assim, continuei com os direitos políticos e o mandato. Repito, firmaram a jurisprudência. Fui enquadrado na Lei de Imprensa, lei comum, sendo me concedido o *sursis*, em vista de ser réu primário.

A segunda vez em que me vi processado, em face do meu comportamento político, ocorreu também no exercício de mandato parlamentar, quando dei início a uma ação social no campo, com trabalhadores rurais, no Bico do Papagaio, hoje Estado de Tocantins, uma região muito conturbada. Havia ali, o Grupo Executivo das Terras do Araguaia e Tocantins, composto por militares ligados ao Conselho de Segurança Nacional que fazia reforma agrária. Uma loucura total! Imagine militares acostumados com a rigidez do quartel promovendo a reforma agrária. Como porta-voz destes trabalhadores fiz um discurso na Câmara criticando a maneira como estava se dando aquele arremedo de reforma agrária, a qual consistia na retirada violenta dos posseiros por tropas do Exército. Como resultado fui processado por infração à Lei de Segurança Nacional. Foi um episódio de certa forma engraçado. Isto aconteceu durante o governo Figueiredo. Todos os oficiais da ativa, serviam no gabinete do Presidente da República, no Conselho de Segurança Nacional. E nós denunciamos este absurdo.

Na ocasião, o Supremo processava alguns deputados, e pelo que posso recordar, além de mim, o João Cunha respondia processo. No meu caso, foi tanta a demora, que cheguei ao fim do mandato, houve nova eleição, (quando não consegui me reeleger) e o processo continuava. O Supremo, a partir de uma resolução da Câmara, entendeu que os deputados reeleitos no pleito de 1974, estavam fora do processo, uma vez que mudara novamente a Constituição: foi tirada a Segurança Nacional e voltou a inviolabilidade absoluta.

Desta forma, mesmo não reeleito, aquele órgão entendeu que o meu processo prosseguiria, embora ao tempo do fato eu estivesse em pleno exercício do mandato. No limite, a única acusação possível era o tipificado no Código Penal como calúnia contra o presidente da República e o ministro da Aeronáutica. Ou seja, a afirmação poderia se configurar em difamação do Figueiredo, nunca Segurança Nacional. Como é que um deputado, em uma tribuna no Parlamento, reclamando contra uma situação nacional, poderia atentar contra a Segurança, quando o Governo tinha sua bancada para rebater? Apesar disto, eles aceitaram a tese de crime contra a Segurança Nacional, e não teve jeito, o processo continuou. Nesse tempo, mesmo sem mandato continuei em Brasília, fazendo assessoria na liderança do PT na Câmara.

Os mesmos juízes, que no início do processo queriam minha condenação por atentado contra a Segurança Nacional, absolveram-me devido pura e tão-somente a mudança da conjuntura política. Se o processo tivesse corrido célere, eles teriam me condenado.

Em nome desta indignação, e da luta contra a ditadura, tivemos dentro do Grupo figuras que se sacrificaram, como foi o caso do Chico Pinto, preso por causa do discurso contra a visita do Pinochet, além de terríveis experiências que vivi pessoalmente.

Ressalto estas questões, para chegar ao caso de uma figura chave dos Autênticos, o Francisco Pinto, preso e enquadrado na Lei de Segurança Nacional, pelo procurador da República, por ter feito um discurso protestando contra a visita que o ditador chileno Augusto Pinochet fez ao Congresso Nacional. Chico também nunca teve condenação; esteve preso e processado, porém, foi julgado e absolvido, porque era primário.

Tive duas experiências com o Supremo. Em uma permitiram que eu continuasse com o mandato apesar de condenado, pois foi concedido o *sursis.* Isto eles tiveram de dizer textualmente no acórdão. Na outra, fui enquadrado em crime previsto no Código Penal, porém isento de pena por estar, à época do fato, gozando de imunidade parlamentar. No caso do Chico Pinto desclassificaram, mas não deram *sursis* (o benefício) e ele foi obrigado a cumprir a pena na prisão.

O processo do Chico Pinto foi julgado por volta de 1974, quando comparecemos, todos nós, os Autênticos, à sessão. O advogado de Chico tentou na primeira preliminar desclassificar, tirando da Lei de Segurança Nacional e passando para o Código Penal. O Supremo aceitou esta preliminar, votando no Código Penal, e conseqüentemente no meu caso. E, todos nós Autênticos, falamos:

— "Ótimo, o Chico continua deputado". No entanto, o Supremo não deu o benefício do *sursis,* apesar de ser seu direito e pôs o Chico na cadeia. Nítida política! A instrução que aqueles juízes traziam era para condená-lo. Todavia de uma maneira a não mantê-lo muito tempo na cadeia, para não tumultuar. Se fosse condenado pela Lei de Segurança Nacional, pegaria de cinco a seis anos. Acharam melhor colocá-lo no Código Penal e, para isto tinham de deixar o benefício de fora. Eram os mesmos juízes e Chico foi preso! Pessoas como o Francisco tiveram sacrifícios pessoais, foram muito importantes para o Grupo e conseqüentemente para o fim da ditadura.

Durante a prisão de Chico, houve um episódio interessante: quando chegou o Natal, Geisel quis dar-lhe o indulto, e ele escreveu uma carta recusando. Fez muito bem.

Uma outra figura fundamental do Grupo, sem querer diminuir ninguém, foi Lysâneas Maciel. Não fui reeleito em 1974, voltando para o Maranhão. Lysâneas estava na presidência da Comissão de Minas e Energia, levando-me muitas vezes a Brasília, somente para conversar com ele. Nesta função, Lysâneas começou a incomodar, pois atuava muito na questão do gás liquefeito, e todos sabem, estes empresários eram os financiadores da repressão forte, da tortura em São Paulo e no Brasil como um todo. "Bancavam" este mecanismo vergonhoso, utilizadíssimo durante a ditadura militar. Outra atuação destacada foi o caso do acordo Brasil/Alemanha, ainda hoje em vigor. O Brasil fez um péssimo negócio e Lysâneas elaborou um trabalho muito sério denunciando o absurdo da negociata.

Na verdade tudo é uma questão de tática... Lysâneas começou a se distanciar do Grupo. Eu não era nessa época deputado, mas tive oportunidade de ponderar com ele:

"O Grupo deve se reunir e avançar, chegando até você. É mais fácil do que fazê-lo recuar."

Na minha interpretação, Lysâneas foi cassado porque estava em uma ação muito à frente do pessoal do Grupo, meio isolado. E, em um grupo não se pode permitir que haja, digamos assim, uma distância, seja nos processos, ou nas posições. Quem está na frente torna-se presa fácil! Estávamos lutando contra a ditadura e deveríamos nos manter juntos. Ninguém poderia avançar mais ou avançar menos, senão o dragão pisava. É uma tática lógica, não precisa nem ser "milico" para atinar isto! Lysâneas avançou muito, e os companheiros não acompanharam.

O Grupo neste momento já não era o mesmo, vivíamos o mandato de 1975/78, quando chegaram deputados novos, também bons, mas imprimindo um outro perfil e outra característica.

Encontrava-me na presidência do MDB, aqui do Maranhão; o Jarbas Vasconcellos, de Pernambuco; Scalco, do Paraná; e o Pedro Simon, do Rio Grande do Sul. No antigo MDB, o nosso Grupo não tinha o comando do partido, a não ser em Pernambuco e aqui no Maranhão. Recordo-me de que nos articulamos para tentar uma posição mais forte do partido com relação a cassação de Lysâneas, porém, lamentavelmente, não conseguimos.

Na minha opinião, Chico e Lysâneas foram duas figuras (sem querer diminuir os outros) exponenciais. O Alencar Furtado e Freitas Nobre também contribuíram muito. Refiro-me aos que se distanciaram mais e acabaram degolados.

O Alencar, em um determinado momento, também se distanciou muito. Fez um discurso violento contra o governo em programa de propaganda política, levado ao ar na televisão, e o cassaram. Geisel precisava pegar alguém naquele momento e o arrebatou.

O Grupo Autêntico, acredito, foi pioneiro ao levantar o debate sobre as questões políticas institucionais, possibilitando que estas discussões alcançassem diversos setores da sociedade.

Com a abertura passamos a nos articular com os movimentos sociais, até porque a repressão estava mais branda e muitas das lideranças, que nos viam de maneira oblíqua, passaram a confiar, permitindo nossa participação em suas ações. Este é um dado concreto, éramos considerados verdadeiros "leprosos", sobretudo pelo pessoal da guerrilha, que acreditavam que estávamos "comprometidos" com o regime autoritário. E veja bem, não tiro a razão deles... Repito, antes de ingressar no MDB fiz essa análise, sabendo que pagaria um preço e seria criticado, ou seja, considerava estes fatores nos cálculos. Os companheiros, que estavam fora, só passaram a nos enxergar depois de fazerem uma autocrítica e concluírem que não éramos esses "bichos tão ruins", "cães" e não estávamos a serviço da ditadura. Em minha opinião, cumprimos nossa obrigação.

Do MDB, creio honestamente, existiram poucas pessoas que coonestaram o regime militar. Mesmo os conservadores e liberais do partido, apesar de uma atuação, a meu ver, extremamente cautelosa, não serviram à ditadura. Ulysses e Tancredo, só apareceram depois e até então, eram apenas conservadores! Por isso, em certas circunstâncias institucionais, um liberal pode avançar mais que um conservador, como nitidamente ocorreu com Pedroso Horta.

O Grupo Autêntico teve realmente participação importante na redemocratização do país, especialmente nas questões como Anticandidatura e Constituinte. Em relação à anistia, era unanimidade no partido, o diferencial dava-se com relação à sua extensão. Sob o aspecto jurídico, é uma questão muito complexa e um aprofundamento neste sentido acaba se contrapondo à própria anistia. Eu defendia realmente a anistia ampla, geral, que de fato não ocorreu. A votada foi capenga! Serviu apenas para anistiar torturadores, e conseqüentemente havia muito a ser criticado.

Entendo que em uma agremiação, precisamos de programa de ação e nada de propostas acabadas e finalistas, as quais, mais cedo ou mais tarde, levarão ao dogmatismo e o partido acaba virando religião... Nunca fui finalista, e por isso rompi com a religião. Quanto à opção política partidária, sempre almejei um tipo de agremiação não dogmática, daí o PT. E por isto, o PT. Tornei-me o terceiro ou quarto parlamentar a me filiar a ele.

As pessoas não sabem o que é o Partido dos Trabalhadores. Conheço muito petista que não conhece seu próprio partido. Na condição de opção de esquerda, é a grande novidade que existe, não apenas no Brasil, mas no mundo! E, exatamente no seu programa consta que o partido parte das lutas, portanto não é acabado, tampouco finalista. Isto, gerou críticas, inclusive dos marxistas, acusando-o de espontaneísta.

Uma sociedade "sem explorados", é a meta do PT, porém não determina a maneira de alcançá-la. Isto não está dito. É tão simples trabalhar em um partido assim. Infelizmente o dogmatismo próprio da nossa cultura, religião e da tradição judaico-cristã, ainda domina. Há até intelectuais que não conseguiram sair disso, e estão sempre procurando determinismo que aponte onde o barco vai chegar, só que o barco não vai chegar...

Não adquiri esta visão da noite para o dia, não! Minha formação vem de muito... Minha tomada de consciência deu-se aos dezessete anos, quando estudei nos jesuítas. Até então eu era dogmático, professava mesmo, e estudante de colégio católico, recebi uma formação razoável inclusive em outros setores. Lembro-me da figura do padre Vasconcelos, jesuíta e professor de filosofia, que há mais de quarenta anos (eu tinha dezessete anos, estou com 62) defendia a igreja no processo de Galileu Galilei. No Colégio a filosofia era toda Aristotélica, Tomística. São Tomás de Aquino era o "ídolo", se bem que foi indiscutivelmente, uma grande figura. Não tínhamos acesso a filósofos como Descartes, que só conhecíamos na Matemática.

Foi um período, inegavelmente, muito criativo, quando passei a ler Bertrand Russel, que me influenciou demais, sobretudo por que nivelava o dogmatismo da igreja, com o dos comunistas. O seu livro: *Problemas da Filosofia*, cuja frase: "O que liberta é a dúvida", levou-me a ler e gostar de filosofia. Russel considerava a dúvida libertadora, quer dizer, não é metódica como para Descarte, mas sim elemento que impulsiona para a liberdade. Declarava ainda: "À medida que aparece o dogmatismo, morre a liberdade, surge o cerceamento." E, eu estava longe de querer as coisas prontas. Meu desejo era discutir, debater e exatamente me libertar.

Nesta perspectiva e plano, cheguei à escola de engenharia, cujo partido dominante, era o Partido Comunista, o "Partidão", que reinava absoluto. As dissidências surgiram depois. Existia uma pequena ala trotskista, mas de longe, pois era temerosa do Partidão. A política estudantil esteve distante de minhas prioridades, e o primeiro partido a que realmente me filiei foi o MDB.

Filosoficamente, sou indeterminista, libertando-me a tal ponto do dogmatismo, que me parece muito engraçada a atitude maniqueísta, posta pela atual conjuntura: mercado *versus* Estado, que é a meu ver uma discussão absolutamente estéril... Fico surpreso quando percebo tal posição atrasada, da luta de Deus e o diabo, até por parte dos intelectuais brasileiros. É assustador e precisávamos nos libertar disto.

Quanto à participação partidária, estou afastado do PT (meu partido), há algum tempo, e digo mais, para voltar a fazer política só se for neste partido, contudo, precisa haver ambiente propício, o que aqui inexiste. A militância, não me refiro ao tamanho, sim à ação, é completamente atrasada.

Pedi afastamento do partido, porque tive problemas, questões locais, porém não quero sair daqui, tampouco do PT. Se tiver de voltar à política partidária, tem que ser aqui no Maranhão, esta é a trincheira de onde devo atirar!

Alguns elementos do PT chegaram a me procurar com uma proposta, digamos eleitoreira, uma candidatura para ajudar a legenda. Em determinadas circunstâncias, concordo que são necessárias candidaturas para ajudar, e na condição de membro do partido, temos até de fazê-la. Naquele momento, entretanto, vi que seria desnecessário tal "sacrifício". Eu não iria contribuir, estava desarticulado e retomaria o PT só para ser candidato. Em uma outra oportunidade, sem dúvida voltarei, visando começar um trabalho, e aí sim serei candidato por conseqüência do meu trabalho.

A propósito, existe um fato que poucas pessoas sabem. Trata-se da eleição de 1974, na qual muitos companheiros Autênticos pensam que eu não quis sair candidato ao Senado Federal. Entretanto, esta opção fatalmente não dependia da minha vontade, e sim da Executiva do MDB, e o que ela resolvesse, deveria ser acatado.

Tudo começou em virtude da existência de uma só vaga do MDB para o Senado. O dr. Jackson Lago, ex-prefeito de São Luís, e ex-candidato a governador, já havia até se lançado. Também Nelson

Archer (irmão do Renato), além de um outro, que não recordo o nome... Era um médico, inclusive muito conhecido. Eu concorria à Câmara dos Deputados, e não ao Senado, e em um determinado momento, todos desistiram.

Fomos à Executiva buscando resolver esta questão, por se tratar do fórum correto para tal discussão. Se o Jackson Lago não queria, fulano também não e sicrano idem, inevitavelmente seria eu. Perceba, à medida que fui para uma reunião defender um candidato ao Senado, automaticamente, estava colocando o meu nome. Fiquei na maior dificuldade, porque a tese da candidatura havia sido derrotada na Executiva, e eu era o presidente do MDB no Maranhão, e o vice-presidente, o atual Senador, Epitácio Cafeteira. Deste modo, esta proposta não foi incluída na pauta da convenção, e não adiantava levantar uma isolada... Não fazia sentido. Foi um dos episódios mais difíceis que enfrentei em minha vida política, porque entrei em brutal contradição. Se a Executiva decidisse que teríamos candidato, inexoravelmente seria eu. Votei pela candidatura, todavia prevaleceu a vontade da maioria da Executiva, no que o partido perdeu muito! Não sei se me elegeria. Não sei. Mas o MDB teria crescido. Perdi o comando e não me elegi sequer para deputado.

A bem da verdade, não havia muita alternativa, porque o Henrique La Roque, era o candidato da ARENA ao Senado, e um homem de relacionamento muito forte com as pessoas, inclusive com figuras do MDB, que pretendiam apoiá-lo, e deste modo repudiavam qualquer outra candidatura.

Além deste quadro, há aí um outro dado importante. Fui para a televisão fazer uma anticampanha, situação terrível! Não pedi voto para deputado, e durante meu tempo na televisão buscava, pura e exclusivamente, garantir o voto em branco para senador, um negócio completamente louco. Completamente louco! Diante disto, tinha realmente de perder a eleição, porque o povo pensava:

— "Este aí enlouqueceu, é candidato e pedindo voto branco ou nulo. Não voto neste louco!". O eleitorado quando me derrotou, agiu corretamente, eu não merecia ser eleito naquele momento, não tinha sequer plataforma. Como poderia ser candidato a deputado, e ir à televisão pregar voto em branco?

Minha sorte é que não havia a Lei Falcão, e só existiam dois partidos: ARENA e MDB, por isso dispúnhamos de uma hora para falar. Os que possuíam disposição e coragem poderiam dizer tudo. Aproveitei também a TV para denunciar muita coisa que o povo do Maranhão não sabia, graças à censura. Veja, em plena ditadura com AI-5, período Médici, e quem tivesse coragem falaria à vontade, porque não havia gravação prévia, era ao vivo e o juiz não metia a mão! Depois é que veio a Lei Falcão. Muitas pessoas não sabem e sequer avaliam o quão traumática foi minha campanha de 1973, que concretamente foi assim!

Depois de perder a eleição para deputado, iniciei, sistematicamente, uma assessoria informal a Lysâneas Maciel, que se encontrava na Comissão de Minas e Energia. Neste período, o líder da ARENA era o José Bonifácio de Andrada, conhecido como "Zezinho", o qual sempre que me encontrava no corredor, perguntava:

— "Onde é que você vai?" E, ele mesmo concluía:

— "Já sei! Andando no corredor das Comissões, tu vais para aquela "célula"!" Com uma colocação deste tipo, é evidente que ele não sabia quem eu era.

Essa gente convive com os colegas deputados durante muitos anos, e não sabe nada, não consegue distinguir nem a posição política. Sequer as "raposas velhas" são capazes. De tal ordem, que o Grupo Autêntico era tido como partido radical de esquerda, "super" comunista e na verdade, não havia ninguém do PCB em nossas fileiras. Os comunistas do MDB, estavam todos formando com o Ulysses e Tancredo, haja vista o Goldman, o Roberto Freire... Se os próprios companheiros da Casa, nos tinham como pessoas radicais de esquerda, desconhecendo nossa verdadeira posição, imagine o povão, o senso comum!

Recordo-me de uma experiência com Pinheiro Machado, deputado da ARENA do Piauí, casado com minha tia, e cuja sobrinha era casada com o deputado Marão Filho da ARENA do Maranhão. Somos ambos da região do baixo Parnaíba, fronteira do Maranhão com Piauí. Pois bem, Pinheiro era deputado federal e tinha dois sobrinhos no mesmo cargo: eu que era sobrinho da mulher dele, portanto sobrinho afim; e o outro casado com sua sobrinha. Pinheiro Machado não era qualquer um. Tratava-se de comerciante, que inclusive estudou no exterior. Naquele tempo, o pessoal do baixo Parnaíba estudava na Europa ou no Estados Unidos, como foi o caso dele. Não era, portanto, bobo, entretanto, nunca conseguiu distinguir na Câmara a posição de seus pares ou díspares.

Um belo dia, colocaram em todos os escaninhos da Câmara, a relação dos deputados comunistas, talvez tenha sido um ato da repressão, não sei... Indubitavelmente, todos os componentes do Grupo Autêntico estavam lá, todavia os verdadeiros comunistas não! Este tio me chamou apavorado, pois meu nome constava na relação. Disse-me que tomasse cuidado, pois eu poderia ser cassado... Respondi-lhe:

— "Você não tem jeito, vai morrer velho, não sabendo de nada... Não tens a menor noção!"

Até hoje na Câmara, a questão ideológica é uma confusão, sempre foi muito mal interpretada, e me parece um mal crônico.

Herdeiros políticos? Nunca tive, minha escola é muito difícil! Pregar o indeterminismo ninguém aceita, não conforta as pessoas. Fazer esse tipo de proselitismo é penoso. É o antiproselitismo propriamente dito! Levantar a tese de que a dúvida liberta... Ninguém quer dúvida, todo mundo quer a certeza, para se segurar nela, seja material ou emocionalmente. Não tenho contudo qualquer problema psicológico por não ter deixado uma tendência ou escola política...

Na política que compreendo, devemos estar sempre de corpo inteiro. Veja o "nosso" Fernando Henrique, deu-nos uma pancada e nos deixou. Ele está em outra, conjugando as teses do Delfim: "Governar para determinados brasileiros". A aliança com o PFL tornou o esquema FHC muito forte!

Fernando Henrique pegou carona no outro Fernando, liberando importações. Entretanto, por esse canal, em um país como o Brasil, há que se ter um certo cuidado... Não pode haver uma abertura total, escancarada. O próprio Serra está falando em cota de importação. Repare, é sinal que não teremos crise cambial, vamos continuar é com crise social, embora os jornais nunca falem nestes moldes, tentam escamotear, dando loas ao Plano Real.

Nossa elite, de tão voraz, simula uma reciclagem, adquirindo uma novo aspecto. Estão por cima, e com a imagem melhorada, por causa da aliança! Quem perde é o Fernando, eles ganham! E como não teremos crise cambial, o governo irá retomar esse processo e continuar com seu programa dirigido para aqueles que entende como seus aliados. São talvez trinta, quarenta ou cinqüenta milhões de pessoas, ficando pelo menos cem milhões excluídos do processo.

O Grupo Autêntico não surgiu como algo orgânico, mas sim de maneira espontânea. Tenho consciência de que agimos em uma realidade terrível, e funcionou! Brotaram idéias interessantíssimas, do Francisco Pinto, do Alencar, do pessoal todo. Sentia-me muito bem com esse tipo de trabalho, de prática, sem pré-determinações.

Fomos para a Câmara dos Deputados com um propósito, diga-se de passagem, que não foi elaborado por nós. Chegamos lá, fruto do clamor da maioria da sociedade brasileira, para derrubar a ditadura. Não chegamos à Câmara com um projeto, nos elegemos para a redemocratização do país, contrariando a vontade do regime autoritário. Talvez, se tivéssemos elaborado um projeto desses mirabolantes, a emergência da realidade teria ficado camuflada e nossa luta teria sido vã.

Nossa ousadia foi a principal responsável pelas conquistas que tivemos. Uma ação deste tipo, com postura mais acanhada, poderia ser inviabilizada.

Ficou a lição de que em uma luta deste porte o grande mérito localiza-se na determinação de agir, de fazer, não apenas de resistir, mas de confrontar! Por isso, para mim o fundamental do Grupo, não foi elucubração ou a inteligência nas formulações das estratégias ou táticas, mas, notadamente, a coragem cívica do enfrentamento.

Distanciei-me da atividade de engenharia, contudo enquanto estive na ativa, insisti no serviço público: água, força e luz, estrada. Passei muitos anos em Brasília como deputado, de 1966 à 1982, posteriormente como assessor parlamentar do PT, por mais dez anos... Voltar à atividade profissional, depois de cerca de 25 anos, é complicado sob todos os aspectos.

Atualmente, tenho alguns contatos em São Paulo, pretendo retomá-los, para um trabalho de assessoria, que possa ser feito em casa, e acredite, o futuro passa por aí... Especialmente pelo nível de avanço do sistema de comunicações em computadores, é previsível que, brevemente, não precisaremos sair de casa para trabalhar.

Quando atuava como engenheiro, isso há muitos anos, nos idos dos anos 1950/60, sendo um homem novo, trazia em mim, a perspectiva de um trabalho de infra-estrutura, exatamente quando foram construídas aqui no Maranhão, estradas, pequenas hidroelétricas. Entendia que a obra de engenharia não tinha um fim em si mesma, teria que ser implantada como conseqüência das necessidades do povo. Na minha área de atuação, na medida do possível, preocupava-me com as pessoas que trabalhavam comigo e naquela época a administração de construções e serviços públicos era em grande parte executada de forma direta.

Desta maneira, o contingente de mão de obra era grande, mas mesmo assim, a preocupação com o pagamento de um bom salário e assistência razoável eram premissas básicas. Exigíamos bastante, contudo os servidores não avançavam na corrupção que sempre existiu. Não se sentiam motivados, porque viviam bem com o salário pago pelo governo do Estado do Maranhão. Hoje, o salário degradante do serviço público serve também como um incentivo para a corrupção.

Embora nunca tenha feito qualquer proselitismo, sem dúvida, minha eleição expressou meu comprometimento, quando todo contingente resolveu votar em mim. Tenho a consciência de que nunca fiz demagogia. Ao contrário, no cumprimento do dever aliás, sempre fui muito severo. E, com esta visão entrei na política, não obstante, outras motivações de ordem institucional tenham influído... Vivíamos uma ditadura.

Veja o caso do Sarney, uma peculiaridade maranhense, filiado à UDN, que era um partido de liberais, e que abrigava um grupo, digamos, "progressista". Um partido como a UDN, progressista? Coisas do Brasil! Sarney se entrosava com esta fração do partido mais aberta, que a imprensa chamava de "bossa nova", e dentre seus integrantes estavam o José Aparecido, Seixas Doria, além de outros deputados. Quer dizer, era um grupo que inclusive apoiava o governo de Juscelino, embora o partido fosse oposição. Posteriormente, no governo João Goulart os componentes do grupo "bossa nova", confrontaram a chamada "banda de música" da UDN, composta por Aliomar Baleeiro, Bilac Pinto e outros.

Sarney procurava ter imagem de vanguarda, porém sempre acendeu uma vela a Deus e outra ao diabo. Existe um fato que corrobora e ilustra esta afirmação: os deputados da ala progressista da UDN, foram todos cassados, com exceção do Sarney, ou seja, todos seus "pares" do "bossa nova" foram cassados e José Sarney poupado!

Imediatamente após a cassação de seus colegas de partido como, Seixas Dória, José Aparecido — pessoas de peso — Sarney tornou-se figura querida do Castelo Branco... Eu sempre registrei este fato e dizia que ele era uma espécie de precursor do cabo Anselmo. Repare, é muita coincidência todo mundo cassado e Sarney logo depois, lá dentro do Palácio... Isto é, estava no "bossa nova", mas por baixo do pano com os militares e obviamente dando informações... Do contrário, não o perdoariam.

Sarney, aqui no Maranhão não era oposicionista e sim governista. Em 1965, Castelo Branco impôs sua candidatura à oposição liderada por La Roque e Milliet, que tiveram de aceitá-lo. O

Neiva não, porque também fora cassado. Acataram Sarney como candidato da oposição, entretanto apenas uma candidatura oposicionista não resolveria, porque a política de Vitorino continuava hegemônica, naquele momento não mais pessoalmente, mas na pessoa de seu ex-secretário, Nilton Belo que como governador continuava seu trabalho. Nilton era homem de princípios conservadores, mas decente e, tinha como candidato Renato Archer, com o qual Castelo Branco estava muito aborrecido, porque como membro da Comissão de Relações Exteriores organizou contra o envio de tropas a São Domingos. Este fato culminou no rompimento com Archer, que (todos sabiam) na condição de candidato do PSD, ganharia a eleição tranqüilamente.

O Governador Nilton Belo, muito ligado ao Renato, o considerava um filho, e em uma política muito patriarcal, apavorou-se, quando Castelo Branco impôs:

— "O Renato Archer não pode ser o seu candidato. Caso entre na disputa, será eleito e isto não pode acontecer. Esteja avisado, se o senhor lançá-lo candidato a governador, ele será cassado!" E Belo inconformado, expressou:

— "O próprio governo vai cassar meu filho..." Foi deste jeito! Os militares chegaram aqui e impuseram! Nilton ficou em dificuldades.

O Renato foi candidato (para perder) pelo PTB, e os militares não se incomodaram, porque sabiam que, sem o apoio do governador, não se elegeria e ainda dividiria as forças. Portanto, era a chance do Sarney! E assim foi feito, Sarney se elegeu governador do Estado do Maranhão, com o apoio direto e em cima exatamente da ação dos militares. Inclusive o coronel Dilermano que depois tornou-se general, sendo subchefe do gabinete militar (o chefe era o Geisel) vivia aqui no quartel, comandando.

Não discutirei aqui, como tudo aconteceu, é uma longa história... O que estou procurando sintetizar e enfatizar é como Sarney sendo homem, digamos assim, da "UDN progressista" — que teve seus deputados todos cassados, com exceção dele — tornou-se na seqüência o candidato do Castelo Branco, cuja interferência direta fez cindir as forças para elegê-lo. Estes subsídios indicam sua relação estreita com os militares. Ora, se não tivesse tamanha intimidade, teria sido cassado como os outros! Imagine que Sarney firmara manifesto pró-Cuba e não foi cassado pelo governo militar. Dos demais deputados que assinaram, ninguém escapou!

Esta panacéia era para enganar, ficando provado que tudo funcionava de acordo com o governo militar, e Sarney simulava um comportamento compatível com o grupo progressista, ao qual fingia pertencer.

Como governador, tentou fazer um bom governo, porém, não conseguiu, pois é incompetente, e seu grupo não tinha qualquer vivência administrativa, além do que, veio logo a corrupção.

Para felicidade e sorte de Sarney, ao assumir o governo, os Estados do Norte e do Nordeste tiveram uma injeção muito grande de recursos, começando a vigorar a Emenda Constitucional nº 18, da Constituição de 1946, que alterou a distribuição de recursos, sendo criado o fundo de participação dos Estados e Municípios. Até então, vivíamos simplesmente com recursos da arrecadação estadual, do velho imposto de vendas e consignação, não havendo fundo de participação. Foi o Sarney quem pela primeira vez os recebeu. Vale lembrar que o governo anterior deixou todas as contas pagas. Com esta avalanche de dinheiro, iniciou a prática de corrupção, e de minha parte comecei a escrever artigos denunciando as "mamatas".

A primeira remessa do fundo foi utilizada na construção de apenas algumas obras. Por força da própria legislação, o Tribunal exigia que a prestação de contas fosse previamente publicada no *Diário Oficial*. Muito bem, Sarney recebeu a primeira parcela. De minha parte, sabia de muitas obras que estavam na prestação de contas, e não foram construídas...

O Sarney me conhece, não é de hoje, e tinha consciência, como ainda tem, de que se estou vivendo em uma comunidade, vou sempre querer saber o que estão fazendo e, com este propósito, dentre outras iniciativas, faço regularmente a leitura do *Diário Oficial*.

Desta forma, Sarney fazia o que podia para livrar-se da minha fiscalização... Quando digo da " minha fiscalização", perdoe, não estou querendo ser pretensioso, é que ele era consciente dessa ação pessoal! O importante é que deveria publicar a prestação de contas, por força da legislação e da regulamentação do Tribunal. A primeira remessa de dinheiro, foi no início de 1967 e, deveria publicar a relação inteira em todos os jornais, até o dia 30 de abril. Chegou este dia, e nada... Cá comigo, pensei:

— "Perdeu o prazo..." Nesse tempo eu exercia meu primeiro mandato de deputado, fui eleito em 1966 e ele no ano anterior. Em uma sexta-feira, quando acabava de chegar de Brasília, recebi em minha casa, um pacote, com a segunda edição do *Diário Oficial* do dia 30 de abril. O jornal não havia circulado e ele mandou "fabricar" uma tiragem "clandestina" do *Diário Oficial*, para prestar contas.

Muito bem, alguém lá da repartição que imprimiu o jornal me conhecia e enviou, porque a circulação era exclusiva. Repare aí o primeiro absurdo: *Diário Oficial* não tem segunda edição, o que se faz geralmente, quando necessário, é publicar um suplemento. Digamos que fosse uma lei com muitos artigos, para facilitar sua divulgação como também a impressão usa-se o suplemento, cujos tópicos devem constar do índice... Lógico, não pode ser de outra forma! O detalhe é que a impressão normal do jornal circulara anteriormente e, não trazia nada.... A seguir, fabricaram uma segunda edição, constando os elementos que eu exatamente desejava. Ou seja, a prova que havia ocorrido desvio.

Apesar de ter sido elaborado posteriormente a 30 de abril, trazia esta data na segunda edição. No entanto, ao folhear o jornal encontrei em suas páginas internas, provas da falsificação. Aquela tiragem além de clandestina por não circular, era falsa. Guardo comigo, até hoje a edição normal e a "tal" segunda edição. Isto é fato concreto!

Fiz a representação para o Tribunal de Contas da União, provando o acobertamento de irregularidades como as verbas que Sarney havia recebido da Mendes Júnior, para sua campanha e no jornal disfarçara como contratos e financiamentos para obras públicas. Articulei tudo isso, e encaminhei ao Tribunal, além de muitos artigos a este respeito.

Cabe lembrar que o Tribunal de Contas da União no ano de 1968, era composto por pessoas ligadas ao governo. Fiz a representação e o Tribunal começou a adiar. Porém, não teve saída e mandou que fosse republicado. Sarney aproveitou a oportunidade, imprimiu uma terceira relação mas, depois de quase quatro meses.

O Tribunal ficou em dificuldades porque tratava-se de representação de um deputado federal. O Sarney queria se ver livre daquilo pois se o Tribunal não julgasse favoravelmente a ele, as verbas seriam suspensas, além de responder inquérito ou processo. Isso era feito abertamente, não tinha nada escondido.

Com o advento do Ato Institucional nº 5, nós deputados perdemos todo poder de articulação e fiscalização, muitos foram cassados e os outros tiveram o mandato suspenso, como aconteceu comigo.

Perceba o comportamento do Tribunal neste caso... Enquanto eu tive mandato, houve uma morosidade espetacular em decidir a representação que fiz, como se diz na gíria "empurraram com a barriga". Sem fiscalização parlamentar, rapidamente deram ganho de causa ao Sarney, aprovando suas contas.

Pois bem, depois desta vitória, Sarney emitiu uma nota no jornal de sua propriedade me insultando. Apesar de estar fora do Parlamento, fiz artigos sérios denunciando fraudes como a do *Diário Oficial*, além de um outro, com o título "Governador Corretor", no qual registrei a proposta que Sarney recebeu, e aceitou, da Mendes Júnior para construir uma estrada. Não era uma construção pura e simples, ela previa financiamento com juros muito altos, bem acima do mercado.

O artigo mostrava que o Estado da Guanabara (ainda existente na época) havia contraído empréstimo com juros de cinco e meio por cento, o da Mendes Júnior foi de sete e meio ou seja, um acréscimo de quarenta por cento. Na realidade, não havia financiamento nenhum, era uma patranha! Sarney disse que iria para o exterior tratar de empréstimo para a estrada. Ora! Se ele já havia assinado um com a Mendes Júnior, como é que iria tratar de empréstimo para a mesma empresa, desta vez com garantias constitucionais federais, que o Estado recebera pela via do fundo de participação, que é fruto de uma determinação constitucional. Quando ele disse que faria isto, eu indaguei:

— "Bom, ele vai como governador, ou como corretor da Mendes Júnior?" Esta matéria teve uma enorme repercussão! Pela Constituição de 1967 nós tínhamos imunidades materiais por opiniões, palavras e votos, isto é fato. Portanto, Sarney não poderia me processar, por isso processou o jornalista Ribamar Bagé, dono do jornal, no qual sempre escrevi.

Pois bem, Sarney encontrou na Lei de Imprensa, promulgada por Castelo Branco, (e em vigor até hoje) um dispositivo "draconiano" prescrevendo que o dono do jornal seja processado, caso o responsável pelo artigo tenha imunidade. Eu, o autor Freitas Diniz, apesar de ser o verdadeiro réu, não fui denunciado e sim o jornal. A única saída foi contratarmos um advogado. De minha parte, assumi compromisso de colocar os elementos que dispunha às ordens do nosso defensor, este por sua vez, apresentou como defesa a figura jurídica da exceção da verdade. Assim, se o acusado provar que são verdadeiras as afirmações tidas como difamatórias, a ação é declarada improcedente, acatada pelo juiz.

Nesta hora, o Sarney se apavorou e entrou com *habeas corpus*. Imagine, o réu era o jornalista, e ele, Sarney, o ofendido, entrou com o pedido de benefício para o acusado! Quem deve requerer *habeas corpus* é o réu, ou seja, quem está sendo processado. No entanto, Sarney fez questão de encaminhar. E, não concordando com a decisão do juiz monocrático, recorreu ao Tribunal Estadual. Este era composto por pessoas (em sua grande maioria) nomeadas por ele, levaram o processo para instruí-lo e ao final reformaram a sentença. Isto causou muita polêmica e confusão...

E o Tribunal acabou condenando o dono do jornal, em uma situação que não poderia. Condenou no mérito cometendo uma irregularidade processual. O jornalista tornara-se parte ilegítima na ação pois o julgamento deu-se depois da promulgação do AI-5, quando eu já havia perdido a imunidade material, e assim o réu deveria ser eu. O Tribunal, no entanto, julgou e processou alguém que não era mais réu. Foi feito um recurso para o Supremo que mandou arquivar o processo, não teve jeito. Ah! já faz muito anos, foi em 1968, no ano do AI-5.

Na mesma ocasião, houve um outro fato interessante e importante, que também demonstra o caráter do Sarney. Refiro-me ao movimento liderado por Juscelino/Lacerda/Jango, a chamada Frente Ampla na qual Brizola não entrou. O coordenador da Frente Ampla, era o deputado federal do MDB maranhense, Renato Archer, eleito como eu em 1966.

Quando Sarney vislumbrou a possibilidade desse movimento levar de roldão o regime autoritário, começou a jogar, e de certo pensava:

— "Se esta Frente der certo, lá estarei com o meu pezinho." O Renato era um articulador e como apareceu um governador simpático à causa da Frente Ampla, com ele conversou. Eu continuei na minha posição contra o Sarney, pois tinha certeza de que seu jogo era duplo.

Tanto é verdade o jogo, que o Juscelino aqui esteve no dia 12 de dezembro de 1968 (dia anterior ao AI-5) paraninfando formandos da Faculdade de Economia, penso que a primeira turma. Logicamente, com interferência do Renato que, quando procurado pelos alunos, garantiu a presença do ex-presidente.

Recordo-me claramente disto, porque no dia 12 dezembro, ou um pouco antes, eu embarcava para Brasília, quando votaria justamente o processo do Márcio Moreira Alves. Encontrei-me com Renato chegando de lá, que disse:

— "Eu tive de vir porque o Juscelino vai chegar. Estou aqui somente para recebê-lo, e volto para Brasília". Como realmente ocorreu. Ele recebeu Juscelino e foi embora.

O AI-5 pegou o Juscelino aqui em São Luís, em uma manifestação dos estudantes no Clube Jaguarema, onde foi homenageado pelos economistas. O Sarney esteve lá, era governador, e fez um discurso chamando o Juscelino de "Meu Presidente".

Em seguida, Juscelino retornou ao Rio de Janeiro, e ao chegar lá foi preso, bem como o Renato Archer. Ora, observe que coisa incrível! O que faz Sarney? Escreve e publica uma nota ambígua, na qual tentava conciliar uma provável cassação e ao mesmo tempo trazia elementos para negociar com o general Costa e Silva. Encontrava-me em Brasília, e tive acesso a este episódio porque o senador Clodomiro Miliet me contou.

A minha luta era uma luta aberta, apesar de provar a corrupção do governador, não iria corroborar com a ação de militares, que poderiam cassá-lo por isto. Acima de tudo, era contra o Ato Institucional nº 5. Se o Sarney estava praticando corrupção, entendia ter ele o direito de se defender, se fosse punido com base no AI-5, não teria defesa.

Rondon Pacheco, figura bastante expressiva no governo Costa e Silva, era ligado a Sarney. Fora também da UDN, e facilitou a recomposição de Sarney com os militares. Na primeira reunião dos governadores com Costa e Silva, no mesmo Rio de Janeiro onde estavam presos Juscelino e o Renato Archer, lá estava Sarney, saudando o Presidente da República, em nome de seus pares. Já que a Frente Ampla não dera certo, voltara-se novamente ao regime. Veja a capacidade que ele tem de compor, e sempre com lucro!

De minha parte, não fui absolutamente contra a Frente Ampla, porém, era consciente da inexistência de base para o enfrentamento, o Renato pensava o contrário. A realidade, mostrou que eu estava correto: veio o golpe em cima do golpe, com a decretação do AI-5 e, a Frente Ampla foi dissipada com a maior tranqüilidade, pois não houve reação, não houve nada... A única reação veio, exatamente, do movimento estudantil, que não estava articulado com ela, a questão deles inclusive era outra. Quanto aos operários, a massa, nada! Não havia mobilização popular, nem coordenação, fosse do Juscelino, do Lacerda ou do próprio Jango que estava exilado.

Para mim, o maior equívoco foi sem dúvida o fato do movimento não ter "chegado" até o povão. A Frente Ampla limitou-se à cúpula!

Outro exemplo do fisiologismo do Sarney, aconteceu no caso do Tancredo, de quem acabou sendo vice. A maioria dos maranhenses não tem consciência, sobretudo porque essas questões não são debatidas, a imprensa é toda dele, tudo é muito velado e camuflado. Além do mais, é uma pessoa da terra que virou Presidente do Brasil!

Havia um jornalista aqui, que também se elegeu deputado, de nome José Pires Saboya, ligado ao jornal de propriedade do Sarney, *O Imparcial*. Sua mulher é minha parente. Na época, eu era do MDB, ele da ARENA, e para agradar o Sarney, fez um artigo sobre um tema muito pesado. Respondi com outro artigo, nos mesmos termos, chamando Saboya de "debilóide". É professor de Direito, mas tem um comportamento...

Este fato teve uma repercussão muito forte, inclusive no seio de minha família. Embora ele tenha ficado muito aborrecido, não quis me processar. Penso que na época não poderia. Contudo, ficou insistindo para que Sarney o fizesse. Soube do ocorrido com bastante precisão, porque uma pessoa assistiu e me contou. Saboya foi até muito violento com o Sarney, que acabou assinando uma representação, e eu acabei processado e condenado. Não obstante a condenação, em uma atitude bastante esdrúxula do Supremo, foram assegurados meus direitos políticos e continuei deputado.

Pois bem, anos mais tarde, um belo dia, recebi um telegrama do Sarney, que li com um certo asco, no qual chamava-me de "meu amigo". Convidava-me para uma recepção ao Maluf, que viria para cá. É verdade, Sarney, era malufista! Queria ser o vice desta chapa, mas não foi aceito e rompeu, aliando-se ao Aureliano. Neste telegrama havia o convite para recebermos o Maluf aqui no Aeroporto do Tirirical. Eu tenho tudo isso guardado... "Meu amigo"! Engraçado!

Certa feita, contei ao Freitas Nobre que havia recebido um telegrama, no qual Sarney — tão cínico — me chamara de "amigo". Freitas insistia em rever o processo em que fui acusado por Sarney, não se conformava com a minha condenação por crime de imprensa. Exatamente ele que era especialista nisso, entendia muito do assunto, sendo até autor de um estudo sobre a Lei de Imprensa. Vivia insistindo, e eu respondia parafraseando Sobral Pinto, em um documento muito bonito, dirigido ao Francisco Pinto quando de sua condenação:

— "Condenações há que glorificam!"

Freitas Nobre vivia alucinado pelo telegrama, pois queria promover junto ao Supremo a revisão do processo. Eu sempre prometia que íamos aventar isso, mas nunca tratamos do assunto. Ele faleceu e continuo guardando este telegrama.

Imagine, fui condenado, e depois Sarney passou um telegrama, chamando-me de "meu amigo". Não é possível, mas este é o Sarney!

Voltando à questão do Grupo Autêntico, no princípio o MDB era pessimamente visto e com razão, pois fora criado por decreto pelo regime militar, para contracenar com a ARENA. Ora, quem estava fora perguntava:

— "Será uma oposição pra valer?" E, sem sombra de dúvida, foi o trabalho feito pelos Autênticos que contribuiu para que o MDB passasse a adquirir mais credibilidade. Ulysses, Tancredo, cresceram por força do real valor do nosso Grupo e quero deixar claro que não foram eles os responsáveis pelo prestígio do MDB, não!

Cabe lembrar ainda, que no início Ulysses estava com o golpe. Haja vista, o primeiro Ato Institucional (quando surgiu não era numerado, com a existência do segundo, iniciou-se a numeração), na sua primeira formulação previa no caso de cassação, a suspensão dos direitos políticos por quinze anos. Dizem que esta proposta foi do Ulysses e de tão extremada os próprios militares reduziram-na.

O fato é que a "frente" passou a ter credibilidade depois da ação do Grupo Autêntico. Como Ulysses, Tancredo e Thales estavam à frente da frente, usufruíram do nosso bom trabalho, das nossas idéias, inclusive eleitoralmente. Aliás, foi o que manteve Ulysses vivo, essa imagem de oposicionista que ele não era, mas perfilou e perpetuou na sua carreira. A idéia da Anticandidatura de Ulysses foi do Grupo, proposta por Chico Pinto.

O Grupo Autêntico, na realidade, existiu por um curto período, entretanto, chegou a um ponto, não diria esgotado ou cansado mas, com a mudança da conjuntura, fomos ficando no caminho.

Existia sim um ideal comum: derrubar o regime autoritário. Constituíamos uma "frente" dentro da "frente", que era o MDB. Isto é, nos organizamos dentro dele para impulsioná-lo. Era evidente que não adiantaria tratar de assuntos dessa natureza, com o risco de fragmentar a "frente" composta por liberais, conservadores, marxistas transformando-a em partido.

Após a cassação do Lysâneas, e com a campanha da anistia, outros setores se aproximaram, até alguns que colaboraram com a ditadura e não estavam mais nesta posição vieram somar, como é o caso do Teotônio Vilela.

Não nos esfacelamos porque nunca existiu entre nós nenhum antagonismo, não! Atuamos bem naquela conjuntura, em outra teria de ser um Grupo diferente. Lembro que existia uma cobrança enorme, principalmente dos deputados novos, os quais se elegeram ouvindo falar dos Autênticos e nos fizerem legendários, pensavam que éramos "super-homens". Daí surgiram os Neo-Autênticos. A campanha da anistia estava na rua com muita força, e nela todos se engajaram, era uma proposta que agradava a gregos e troianos. Todo mundo queria participar, atuar, aglutinando até gente do regime autoritário.

Deste modo, sinto que o Grupo Autêntico não se dissolveu, foi dissolvido pela conjuntura. Durante o processo havia, dependendo do desafio, alguns companheiros que "escorregavam". Nunca, porém, tivemos um "racha", mesmo porque não havia o que "rachar", nosso objetivo era um só!

Exerci, ao longo de minha vida, três mandatos parlamentares de 1966/70, 1970/74 e 1978/82. O Grupo realmente só funcionou em minha segunda legislatura. Após meu último mandato estive como assessor do PT por mais de dez anos. Praticamente, em termos políticos, estou afastado... Minha ação hoje, aqui em São Luís é como cidadão. Até participar de reuniões tem sido difícil, não me convidam, não querem confusão! Estou restrito a escrever artigos para um pequeno jornal, quase manual.

Pessoalmente, até há pouco tempo eu era solteiro, hoje vivo com uma mulher... Perpétua, que tem uma menina, Patrícia, de catorze anos, a qual adotei quando fomos viver juntos. Minha mulher era funcionária pública, todavia existem serviços que não pagam o transporte, a roupa ou o sapato, impressionante! Por isso resolveu sair. Deste modo, vivemos de minhas aposentadorias, da Câmara dos Deputados e da Força e Luz do Maranhão.

Quanto à minha trajetória política, não tive a veleidade de pensar que fazia história. Não quero ser incoerente, pelo que já falei. Tomei muito cuidado com tudo que eu disse. O que sentia no meu tempo de Autêntico, e ainda sinto, é o dever de participar e contribuir para que este estado de injustiça social se transforme. Nos idos dos anos 70, eu almejava modificar a situação pois vivíamos sob uma ditadura indesejada e cruel. Se isso é fazer história, acredito que fiz...

Não fazemos história voluntariamente, ela não é determinista, é sim dinâmica. A única vinculação que ela tem com o passado, é o presente, posto seu desdobramento, que poderia ser de outra forma mas não foi.

No período em que estive no Grupo, não havia muitas alternativas, além disto, nós realmente fazíamos e agíamos, não receávamos errar! Este comportamento, nos diferenciava dos moderados que temiam, por essa ou por aquela circunstância, desagradar quem estava no poder.

Vou fazer uma confissão: Eu relutei em dar esta entrevista, tinha consciência que teria de falar na primeira pessoa. Não são os assuntos, sim a inibição! Se bem que pelo telefone fui desarmado um pouco, e também já havia conversado com os outros companheiros, mas não sei... Hoje é meu aniversário e minha mulher sabe que não tem festa, nem homenagem, nada! Não gosto, não suporto... Sou inibido para isso. Quem quiser me desagradar, promova uma homenagem posso até aceitar por força das circunstâncias, mas intimamente estarei constrangido.

Existe até uma passagem: sou nascido em Araioses, e não na capital, São Luís. No tempo do MDB, eu morava em Brasília, um dia cheguei aqui, e um amigo disse que havia enviado um projeto à Câmara homenageando-me com o título de cidadão desta cidade. Como fora aprovado, solicitava que eu marcasse a data da cerimônia. Então expliquei a este amigo:

— "Você vai me perdoar, mas não irei..." E, realmente nunca fui buscar o título. Considero um constrangimento terrível, estas homenagens... A atividade política, não me constrange, mas homenagem, fico sem ação... Sinto-me em uma espécie de prisão.

O que me conforta e dá segurança, em minha condição de ser humano, é o fato de poder agir, realizar. Quando tenho esta condição, estou bem, senão, procuro criar uma atmosfera que possibilite a ação ou intervenção. E, naquele momento apesar todas as adversidades, agimos e fizemos!

A experiência que tive com o Grupo foi importante na minha biografia, não resta dúvida. Especialmente, porque foi vivido junto a pessoas com a mesma motivação, ou seja, sem medo, apesar dos riscos próprios de uma ditadura sangrenta, nefasta e indesejada.

A práxis é o que sempre defendi, e não saberia dizer se fora dela é possível algum tipo de contribuição efetiva. Nosso Grupo Autêntico entendeu que havia muito a fazer e fez. A análise desses resultados, acredito, ainda irá demorar. É história muito recente, as pessoas, muitas delas, estão vivas e tivemos muitos atritos, principalmente com a direção do MDB.

Uma síntese da trajetória do Grupo? Diria que o difícil foi realmente a luta interna no MDB mas que, de certo modo, frutificava nossa ação. Ou seja, a direção queria nos frear, segurar, mas agimos e agimos!

Sofríamos críticas, principalmente dos muitos companheiros que foram à luta armada, pois partiam do pressuposto de que não havia espaço institucional para atuar, e o remédio era a guerrilha. De nossa parte, entendíamos a luta insurrecional, como suicida e acreditávamos que conseguiríamos desenvolver um trabalho efetivo dentro da Câmara dos Deputados.

Não podemos prever se amanhã talvez, os Autênticos sejam até massacrados... Ninguém mais fala do Grupo, estamos no limbo... A primeira que ouço retomar o tema é você."

Getúlio Dias

(Getúlio Pereira Dias)

NASCIMENTO :

4 de maio de 1934
Pelotas, RS

FILIAÇÃO:

Moacyr MacDonough Dias e Alcida Pereira Dias

FORMAÇÃO:

Jornalista
Universidade Católica de Pelotas, 1967

CÔNJUGE:

Zoe Rodrigues Dias

FILHOS:

Uil Rodrigues, Ian Rodrigues e Ail Rodrigues

"... Nossa presença no Congresso Nacional, posto chama da resistência, não permitiu que a centelha da democracia se apagasse."

Rio de Janeiro, 31 de janeiro de 1994

"Nasci em Pelotas, no dia 4 de maio de 1934, caminho, portanto, inexoravelmente para ser um homem mais sex... sexagenário!

O meu pai era um sujeito que fazia de tudo, aquele "faz tudo"... Como profissional da construção e na atividade de pedreiro era um pouco artífice, um artista, artesão, restaurava obras de arte. Restaurou muitas fachadas de prédios antigos de Pelotas, conseguindo até um bom dinheiro com esse ofício. Não sendo reconhecido por seu dom artístico, sentiu-se fracassado e partiu para o campo, passando a praticar a agricultura. Por tratar-se de minifúndio, infelizmente, as coisas logo tomaram um rumo contrário às suas expectativas, mas era um homem muito habilidoso, fazia de tudo. Politicamente tinha uma atividade, digamos, trabalhista, sem cargo eletivo... Um militante do trabalhismo. Embora, em 1937, discordasse do Getúlio no que se referia à redemocratização e ao seu retorno ao governo, apoiou-o. Era um homem de princípios, modesto, mas com opinião política formada. Minha mãe ocupava-se dos afazeres domésticos. Somos um casal de filhos... Tenho apenas uma irmã que, por sua vez, casou-se logo após o término do ginásio.

Tivemos uma vida de classe média. Estudei em escola pública até a terceira série, porém, como me encontrava atrasado nos estudos devido às mudanças e as dificuldades de vir da colônia para cidade, matriculei-me em uma "cooperativa de ensino" na tentativa de recuperar esse tempo perdido. Veja que vanguarda! Chamava-se "Cooperativa de Ensino dr. Jorge Salles Goulart", um grande pensador pelotense cuja obra, *Sentido da Evolução*, é citada até na Sorbonne. Como ele já havia morrido na ocasião, o nome da cooperativa serviu para homenageá-lo. Nessa escola, a direção pedagógica ficava sob a responsabilidade do professor Celso Sellas, uma pessoa voltada totalmente ao magistério, paulista, oriundo, não tenho muito claro, parece-me que de Campinas; os pais dos alunos eram mantenedores, e a fiscalização feita, com todo rigor, pelo governo. Sempre buscavam novos cooperados na sociedade para o prosseguimento da instituição. Diplomei-me nessa escola, uma experiência importantíssima para mim.

Diferente da maioria dos colegas Autênticos, advogados, minha formação é de jornalista, apesar de inicialmente ter intencionado estudar Direito. Logo cedo, aos dezessete anos, comecei minha vida profissional trabalhando em jornal. Nessa época, na liderança estudantil, fundei a UPES (União Pelotense dos Estudantes Secundaristas). Nossas reuniões eram feitas na Casa do Trabalhador, um casarão enorme que abrigava catorze sindicatos, possibilidade esta proporcionada pela democracia!

Existia, naquele tempo, em Pelotas, na Universidade Católica, um curso específico de Jornalismo — não era comunicações, mas jornalismo puro. Nessa faculdade, fiz minha graduação e continuei na mesma atividade, iniciada tão precocemente, no Jornal *Alvorada*. Trabalhei também nas empresas jornalísticas: *O Diário Popular*, *Jornal da Tarde* e *Diário de Notícias*, todos na cidade de Pelotas.

Graças à minha tradição trabalhista, sobretudo em razão da família, encontrava-me desde a década de 1960 no processo político, no exercício da vereança, sendo líder da bancada do PTB em Pelotas. Posteriormente, concorri à Vice-Prefeitura.

Após o golpe de 1964, entre alguns IPM's e algumas cadeias, candidatei-me, no ano de 1970, à Câmara dos Deputados, sempre com posição historicamente trabalhista, vindo a desaguar como deputado no MDB, quando afinidades com outros homens de pensamento esboçaram-se. Em primeira instância, evidentemente, éramos contra a ditadura e inconformados com o regime e, como tantos outros políticos da época, trazíamos presente na memória o que tinha sido o grande episódio democrático vivido antes de 1964 — as famosas "Reformas de Base". Estas, traduzidas na visão do Brasil que tínhamos e somadas à luta contra a ditadura, fizeram emergir o Grupo Autêntico dessa vertente. As reformas de base preconizadas pelos trabalhistas, socialistas e homens de esquerda, infelizmente, continuam à espera de iniciativas e sua não realização, sem dúvida, causou trinta anos de atraso ao país. Dessa forma, convivíamos regidos por uma linha comum: a luta contra a ditadura e a visão da emergência de uma reforma da sociedade.

É importante ressaltar e distinguir que, embora fôssemos do MDB, emprestamos um perfil nitidamente oposicionista ao partido, surgido do alinhamento desses deputados aos quais a imprensa passou a chamar de Autênticos. Constituímos uma posição nova na luta institucional do Brasil... Posição inédita!

Havia a ARENA que era o partido do governo; o MDB; e o Grupo Autêntico. Até da maneira do humor brasileiro e da descrença brasileira, afirmava-se: a ARENA era o partido do "sim", e o MDB do "sim, senhor". Outra pilhéria também muito popular: A

ARENA era o partido do governo e o MDB era o partido da resistência, ou seja, resistiria até o último guichê. Assim, a presença dos Autênticos deu nitidez à luta contra a ditadura a partir do momento em que escolhemos como caminho a estratégia de não irmos a reboque dos fatóides do sistema. Criamos fatos novos na política, denunciando com mais vigor, a censura, os maus tratos e as torturas. E, por aí...

Dentre nossos principais episódios destacam-se: a Anticandidatura e a candidatura alternativa do General Euler Bentes Monteiro.

A Anticandidatura não se consolidou porque o grupo moderado do MDB, liderado por Ulysses e Tancredo, concordou em coonestar a eleição, transformando-a em candidatura no momento em que foram ao Colégio Eleitoral, quando havia o acordo de renúncia por parte do Ulysses. Esse episódio fez com que a imprensa internacional noticiasse: o General Geisel, da ARENA, teve tantos votos; o candidato do MDB, Ulysses Guimarães, outros tantos; e a oposição autêntica brasileira, 23 votos, denunciando o Colégio Eleitoral como uma fraude.

Parece-me que a existência desses episódios, que se tornaram história, motivou uma oposição autêntica, colocando o sistema "na parede" perante o julgamento da opinião pública.

Nosso encontro foi, realmente, muito espontâneo! Naquela época, evidentemente, as pessoas se procuravam pelo perfil, pela maneira de falar em plenário, pelo modo de atacar o governo, enfim, de dar murro sem medo. Começamos a observar os comportamentos na Câmara:

— "Olha o Chico Pinto, esse baiano aí"... Constatávamos as afinidades no cafezinho da Câmara e começávamos nossa conversa. Foi assim que conheci Chico Pinto, Fernando Lyra, Alencar Furtado, Freitas Nobre, e demos início ao Grupo. Na minha memória, está muito bem gravado... Não sei se por temperamento, ou por ser um tipo mais tranqüilo, mais calmo na época, considero que o Chico exerceu uma certa "reitoria". Parece ser ele quem realizou o maior número de contatos, e sempre explicando.

— "Será importante nos constituirmos em um agrupamento, aqui, dentro do MDB." E lá, estendeu-se essa tenda árabe do Grupo Autêntico.

Eu me tornei vice-líder pelos Autênticos e fizemos vários líderes e vice-líderes no MDB. Aldo Fagundes foi o primeiro a ser articulado por nós e para atingir nosso objetivo. Elaboramos uma engenharia com sua candidatura, pois era, vamos dizer, um elemento de nossa confiança, um homem sério, de bom senso, embora moderado. Também colaboramos para tornar Freitas Nobre um líder, pois ele nos parecia o mais adequado, além de ter a vantagem soberana de "conviver bem" com São Paulo: Ulysses, Montoro...

Nosso líder natural, o líder do Grupo Autêntico, reforço, foi o Chico Pinto. Ele exercia uma reitoria... Não posso dizer uma liderança, até porque não se impunha para isso — não queria... Nunca foi o seu estilo de política, e o Grupo não era uma coisa convencional, reuníamo-nos e elegíamos, informalmente, membros para as funções de relator, secretário, como foi o caso do Paes de Andrade. Tínhamos, evidentemente, de dar uma organicidade ao movimento.

Sempre nos deparamos com muitos obstáculos... A guerra externa contra a ditadura era mais árdua, contudo, mais clara. A luta dentro do MDB tornava-se muito mais difícil! Acusavam-nos de "provocar o leão com vara curta" e sofríamos todas as acusações, discriminações internas e, evidentemente, isso dificultava nossa ação. Era como se tivéssemos uma briga em casa, além de enfrentar a batalha lá fora... Briga interna, briga familiar que, muitas vezes, não deveria transpirar porque tiraria a credibilidade da oposição como um todo... Não queríamos isso! Essa situação, entretanto, foi se tornando nítida, ou seja: revelou-se como uma postura coerente e a mais correta para uma oposição.

Com o passar do tempo, os moderados tomaram carona em nossas teses e conseguiram bastante votos, tornando-se governadores e senadores... Elegendo-se como Autênticos, falavam para o povo como se Autênticos fossem, porém, procediam como moderados. Para mim, o melhor exemplo é o Ulysses Guimarães. Não há nada igual ao Ulysses!

A grande verdade é que na época, sobretudo no período duro do AI-5, de 1968 a 1975, (foram sete anos) a nossa função na Câmara, deveria, até sob o ponto de vista pedagógico, ser importante, porém, serviu para pouca coisa.

Particularmente, discordei da importância de nossa permanência no Congresso. Inicialmente, aspirei até por uma autodissolução, porque predominava o MDB desde a resistência até o último guichê! "Os caras" estavam lá só para receber e isto, sem dúvida, tirava a nossa autoridade. Por outro lado, acreditava que deveríamos tentar uma janela para poder transformá-la em uma porta a fim de ganharmos as ruas... Posteriormente a essa percepção, constatei, afinal, o quanto foi correta nossa presença e permanência no Congresso, mesmo à custa de cassações e amputações que chegaram até ao meu conterrâneo Nadyr, ao próprio Alencar Furtado, líder da oposição, além de muitos outros. Sob essa perspectiva, foi útil amarrar nossa presença no Congresso Nacional, posto que a chama da resistência não permitiu que a centelha da democracia se apagasse.

É muito difícil examinarmos aquilo que não aconteceu... Se tivéssemos nos autodissolvido, teria se formado um vácuo com nossa própria ausência, e deixado a ditadura desnuda, mais desnuda, catalisando seu fim. Desse modo, o Grupo Autêntico serviu, basicamente, para dar nitidez oposicionista ao MDB, e se não deu seqüência a um projeto verdadeiramente antagônico não foi por nossa culpa. Nós, Autênticos, não estávamos mais no Congresso Nacional devido às cassações, exílios, decepções...

Nesse sentido, pelo amor de Deus! Não é nenhuma crítica a ex-companheiros de movimento, não é nada disso! O Movimento Autêntico que se iniciou puro, propondo um projeto alternativo de sociedade, de repente, estava lá no Ministério com a figura de Marcos Freire, sujeito espetacular, mas, ao lado de quem? Da direita. Vivendo outros episódios, outro momento histórico, tudo pela transição... Transição negociada via Tancredo. Nada do ocorrido na ditadura foi inventariado devido ao caráter da transição. Até hoje, no Brasil, continuamos sem inventário, pois se esse tivesse sido realizado, muitos que estão ainda no poder, estariam na cadeia.

O que digo é o seguinte: entendíamos que era importante o pluripartidarismo. Por quê? Porque ficar na camisa de força de dois partidos era complicadíssimo. Com a anistia e o pluripartidarismo em 1979, cada um de nós, Autênticos, tomou seu rumo. E mais, o pluripartidarismo mostrou que o número de partidos é proporcional ao engajamento social na vida pública, e, conseqüentemente, ao aumento considerável do nível de consciência política, o qual se efetiva com gente dessa qualidade. Tomo como exemplo o Estado de São Paulo que tem os maiores salários, melhores condições, mas, eleitoralmente, tem um comportamento político conservador. Vejo isso como fruto da alienação do povo, o qual não é autor das questões políticas, sofrendo toda inibição de formação em pontos que interferem na consciência. Os governos podem até dar escola convencional, podem fornecer tudo, mas as questões fundamentais do povo lhes são subtraídas, impedindo-o de ser sujeito da sua história. Nesse ponto, valorizo o Partido Comunista; posso não concordar com seu passado, particularmente nunca fui marxista, sempre fui trabalhista com uma visão de que se deve dar prioridade ao trabalho em detrimento do capital. É inegável, todavia que o PC lutava pela conscientização do povo e formava um agrupamento com consciência e análise política.

Nossa grande marca foi a nitidez oposicionista, fazendo-nos criar fatos para o *stablishment* militar como o grito nacional pela Constituinte, no famoso encontro de Recife. Fomos o primeiro Grupo, em plena ditadura, a clamar por uma Constituinte e, posteriormente, pela Anticandidatura e candidatura alternativa do General Euler. Esses movimentos ultrapassaram os limites previstos, permitindo que a oposição falasse nos programas de rádio, televisão, comícios, viabilizando nossa fuga do cerco pretendido pela ditadura ao limitar nossa luta no Congresso.

Se eu pudesse definir a marca ou o auge dos Autênticos, diria que foi o fato de ter rompido o cerco dos limites impostos pelo movimento militar no Congresso Nacional. Conseguimos escapar, definitivamente, da sistemática do Congresso, quando a ARENA escolheu o general Figueiredo na sucessão do Geisel no processo de abertura, e nós levamos a candidatura do general Euler a ser debatida nos quartéis. Tínhamos um perfil melhor de candidato o qual oferecia segurança também ao *stablishment*. Naquele momento, começamos a abrir a porta... A transformar a janela em porta. O debate foi colocado para os quartéis, porque Euler não era um homem apenas do MDB, e sim, alguém que se propunha a uma união nacional. Nosso movimento era, portanto, de união democrática nacional! Algumas pessoas, equivocadamente, até nos criticavam, dizendo:

— "Ué, o Grupo Autêntico queria que Ulysses renunciasse como anticandidato, não indo ao Colégio Eleitoral; depois, o mesmo Grupo inventa a candidatura do General Euler e vai até o Colégio Eleitoral?".

Ocorre que, nesse caso, era diferente porque não se tratava de uma candidatura exclusiva do Grupo Autêntico ou do MDB. Era uma candidatura, repito, de união nacional, tanto que até o Magalhães Pinto participou. Procurávamos engajar forças fora do Congresso Nacional e levar o debate para dentro dos quartéis para a redemocratização. Honestamente, não sei se depois dessa redemocratização negociada perdemos ou ganhamos... Eu fui um dos principais articuladores da candidatura do Euler, cujo vice, proposto por mim, era ninguém menos que Fernando Gasparian.

Segui na Câmara e, embora tivessem pedido minha cassação em muitos IPM's, nunca fui cassado. No ano de 1982, concorri e perdi as eleições para o Senado em função da incipiente formação do PDT no pluripartidarismo. Voltei em 1986 e, mesmo estando um pouco afastado do Rio Grande, concorri contra o Plano Cruzado que o povo apoiava e nós, brizolistas do PDT, denunciávamos como farsa e, novamente, não obtive sucesso nesse pleito. Em 1990, fui candidato à suplência da Câmara, em Brasília, só para compor a chapa do PDT pois faltavam nomes, e saí na suplência de Senador. Este foi meu último episódio político, não milito mais, digamos, assim em nível de participação. A partir dessa experiência, tenho me dedicado à minha vida privada, aqui no Rio de Janeiro.

Analisando, e embora com certa resistência, não descarto totalmente a possibilidade de candidatar-me. Devo confessar, porém, em um bom "gauchês", que na vida existem duas coisas às quais não consigo resistir: a uma mulher bonita e à luta política! Tenho me segurado, mas não garanto até quando!

Está faltando uma proposta densa suficiente para chegarmos à solução dos principais problemas do país. Não acredito que nessa eleição presidencial apareçam pessoas com garra para realizações. Será um governo, no máximo, próximo ao do Itamar.

Como "ser" político, entretanto, não preciso estar eleito para fazer política. Pertenço ao Diretório Nacional do PDT e estou sempre aí, por vício, por "cacoete" profissional.

Ao examinar o quadro político contemporâneo, verifiquei que, ao longo dos anos, mais do que nunca continuo trabalhista. Fui trabalhista, em uma época, por intuição, por considerar o trabalhismo um caminho. Certa vez, ouvi Rui Ramos dizer que entre o paroxismo dos extremos: o capitalismo selvagem e o comunismo, que é uma espécie de capitalismo de Estado, conforme se configurava na União Soviética. O trabalhismo não era um caminho do meio, e sim um caminho de frente, de vanguarda. Colocação correta, pois o trabalho é a origem da riqueza do homem, seja como indivíduo ou sociedade e, portanto, deve ter prioridade sobre o capital.

Não fiquei satisfeito com a implosão do comunismo. Não concordo com o capitalismo de Estado da ex-União Soviética, porque considero o Estado, o mais cruel e desumano dos patrões. Ou seja, não é só tirar, transformar a riqueza privada e torná-la estatal.

Nestes moldes, o Estado fica mais poderoso que os cidadãos a seu serviço, quando deve ser o contrário: quem deve ser rico é o homem. O homem, tendo o seu trabalho (não pela negociação, mas que se faça do trabalho, lei) suficientemente remunerado, é capaz de produzir em qualquer nível. Não me serve também este capitalismo que está aí, o chamado capitalismo ocidental. Por isso, tenho a esperança de que dessa experiência resultará alguma coisa melhor: um salto no processo da consciência coletiva, talvez... Não basta este ufanismo dos capitalistas de que o comunismo afundou. Pergunto: e o capitalismo está coeso? Está construindo uma sociedade que nós desejamos?

A visão trabalhista conserva sua coerência, e eu me felicito por ter sempre sido trabalhista, mesmo que inicialmente fosse por intuição; hoje, mesmo com uma postura mais racional, ideológica, sou mais trabalhista do que nunca. O que há de mais moderno no campo do pensamento é o trabalhismo, é a valorização do trabalho sobre o capital, a partir de uma sociedade cujo trabalho seja remunerado hegemonicamente sobre o capital e ambos não apenas se harmonizem. Esta é a sociedade que defendo. Se é uma visão social democrata? Sim, porém, com conteúdo transformador. Não me pergunte, contudo, por que caminhos chegar a isto. Pode ser que se inicie, até modestamente, com uma participação do empregado no lucro das empresas, mas não é só isto, não!

Desejo um projeto que dê “tesão” cívico e estimule a participação. E participar, não significa ser deputado ou não ser, nunca foi esta a razão que me dirigiu, um dia, para a vida pública. Não me tornei deputado para fazer disso uma carreira. No meu caso específico, não é para ter cargo de deputado, senador, ou governador. Deputado já fui, senador, fui candidato, apesar de não ser eleito... Alguns companheiros Autênticos foram deputados, senadores, governadores e ministros... Quero dizer que isto não me seduz, não é o principal. É fundamental sim, o engajamento em um projeto de transformação da realidade.

Nós, Autênticos, sempre tivemos a pretensão de mudar (pode até ser pretensão nossa mesmo!) e éramos obstinados em realizar transformações. Fizemos da política um efetivo instrumento transformador da vida social. Não sou, todavia, pessimista em relação ao futuro, ao mundo, ao meu país. Consigo perceber que o mundo evoluiu e vai continuar evoluindo, com ou sem a minha participação... Virão outros políticos melhores e até mais instrumentalizados. Isto, com certeza, acontecerá. Evidentemente, se a leviandade continuar a presidir a política nacional, pagaremos o preço. A história cobra!

Na eleição de outubro de 1994, vejo um partido que, aparentemente, mantém-se cristalizado na oposição. Uma candidatura que já foi para o segundo turno e está aí novamente é a do Lula e ele pode ser o candidato vitorioso, impulsionado pela irresponsabilidade e negligência do governo atual. Ele tem a chance de vencer pelo negativo. Como está tudo ruim e desarrumado, vamos votar nele para que seja o candidato da chibata do povo; seja o candidato do protesto. É muito difícil o Brasil acertar com uma candidatura de protesto, até porque quem protesta vai querer a solução para o dia seguinte. Enquanto isso, a direita, com forças poderosas, vai instrumentalizando sua candidatura a qual poderá ter como desdobramento a vitória de um candidato ultraconservador na eleição presidencial. Pessoalmente, eu considerava a candidatura de Jaime Lerner viável. Um homem novo, porém é difícil... Os aparelhos partidários não estão suficientemente, digamos, atentos. Além disso, eles têm donos, também. É engraçado, mas é verdade, cada um tem seu dono, e...

Enquanto estive em cena, evidentemente que criei uma geração de políticos. Muitos se elegeram prefeitos, deputados... Meu filho, Uil, foi vereador em Pelotas durante doze anos e presidente da Câmara, já no PDT; porém, em função de nossas atividades empresariais, ele também se afastou da política. Os herdeiros que fiz eleitoralmente seguiram outros caminhos. Hoje, nenhum deles permanece no PDT; alguns estão no PMDB e em outros partidos; apenas um no PSDB, não havendo uma continuidade... Claro, existem outros preservando nossa luta, mas...

Se eu tivesse o poder, com certeza, não tomaria por base qualquer desses modelos de política existentes. Praticaria uma política sem temor de transformação, isenta de patrulhamento e de conteúdo fascista. Acredito que a grande força da sociedade se consolida quando sua organização acontece a partir da fraternidade e só assim são levantadas as bandeiras realmente almejadas. Seria necessário o engajamento de todos, ninguém seria excluído. Não haveria o receio de coibir forças que ainda se dissessem poderosas e tentassem ignorar o mais valioso de nossa causa: o social. Os que se levantassem contra seriam fatalmente excluídos. Fazer política pensando desta forma não passa de uma boa ficção, uma vez que a matéria-prima está muito degenerada. Seria preciso desenvolver uma consciência política neste povo cujas possibilidades de organização, conscientização e participação na sociedade foram extirpadas. Não sei, claramente, como isso deve ser desencadeado, mas não me privo em repetir que considero extremamente importante um fazer política com informação, possibilitando ao povo a tomada de consciência política. Sem isso, é difícil!

Estas razões, não obstante fortes, não inibem, nem proíbem meu engajamento, pelo contrário, até por isso continuo em um partido político. Não sou um derrotista, sei que sempre existe uma chance de ação. Por isso, não excluo a possibilidade de voltar a fazer política formalmente, mas vejo dificuldade, vejo muita dificuldade...

Caso retornasse, atuaria sob uma visão moderna, a mais moderna possível, que é para mim a participação de todos no conjunto da riqueza nacional, ou seja, o direito de ter o que comer; o acesso à educação, à formação profissional e ao emprego. Fundamentalmente emprego, o homem tem de ter emprego — o trabalho é a riqueza do homem. Nesta senda, a campanha contra a fome dirigida por Betinho parece-me perigosa... Não se pode dar o peixe, tem de se dar o anzol... E mais, o interessante da campanha é a imprecisão de término, dando a impressão de que o povo não sairá da condição de estagnação e de miserabilidade.

Quanto a minha vida privada, tenho um casamento só e três filhos homens. Sou empresário do setor de tickets de alimentação e congelados. Sempre fui um "escrevedor" de poesia. Participarei de um concurso com um livro dedicado a Yuri, meu neto, cujo nome uso como pseudônimo e vou lhe dar um, com dedicatória."

Jaison Barreto

(Jaison Tupy Barreto)

NASCIMENTO:

16 de agosto de 1933
Laguna, SC

FILIAÇÃO:

Tupy Barreto e Ceres Silva Barreto

FORMAÇÃO:

Médico
Faculdade Nacional de Medicina
Rio de Janeiro, 1957

FILHO:

André Felipe

"... não adianta atropelar a história."

Balneário Camboriu, 14 de março de 1994

"Nasci no dia 16 de agosto de 1933, na cidade de Laguna, Santa Catarina, terra da Anita Garibaldi. Sou único homem nascido lá, depois dela... Antes que a piada se faça. De família modesta, acabei me formando médico... Meu pai era delegado de polícia, cuja função exerceu por cinqüenta anos. Creio ter sido ele, o delegado com mais tempo de permanência nesse posto. Foi, entretanto, um liberal democrata, deputado estadual, da banda de música da UDN, com discurso moralista, eleito duas vezes, pela cidade de Joinville. Independente das críticas existentes... não considero correto minimizar o papel da UDN na luta pela liberdade, sob pena de se cometer injustiça, pois a visão social dos problemas e o clima de liberdade constituíam a bandeira da UDN!

Meu núcleo familiar é composto por seis irmãos: eu, o mais velho; Tupy Barreto Filho, advogado na Prefeitura de Curitiba; Jaira Barreto, advogada e jornalista, apesar de aposentada, é chefe de gabinete do Prefeito de Curitiba, mas com muita vontade de vir morar na praia; Ceres Barreto, desenhista industrial; Jacson Barreto, médico oftalmologista em Curitiba, é o mais jovem dos filhos; e Jânia, solteira, morando, também em Curitiba, com mamãe que está com 81 anos, lépida e na rua... Meu pai é falecido há uns quatro anos. Tive uma infância feliz e despreocupada, porém sempre muito interessado e compenetrado nos assuntos relativos ao conhecimento.

Estudei no Rio de Janeiro, na Faculdade Nacional de Medicina, formando-me em 1957, quando fui orador da turma, já com um discurso não tão socialista, mas social-democrata, romântico e sonhador...

De acordo com a realidade brasileira, o médico é muito propenso a ser envolvido pelo processo político e a tomar consciência dele. Essa profissão, em especial, nos faz perceber que o trabalho individual é limítrofe, não resolve os problemas e nos coloca como parte da engrenagem... É inexorável a necessidade de uma visão global das coisas, procurando solucionar essa tragédia.

Nesse contexto, minha formação teve como cenário um Rio de Janeiro que era, na ocasião, o centro político do Brasil, muito diferente de Brasília, esta coisa morta. O Rio significava o estuário da indústria nacional, além de ser a capital política do país. É claro que isso influiu na minha formação... Desse modo, ali fiquei até 1961, fazendo curso de oftalmologia, muito "c.d.f.", como dizem, porém, com uma visão politicamente clara.

Com 31 anos de idade, percebi que havia chegado a hora de ser mais responsável, de constituir família, enfim, fazer aquilo que todo ser humano deve procurar, independentemente de qualquer formação ideológica. Voltei para Santa Catarina, indo trabalhar no interior, na cidade de Rio do Sul. As coisas na vida, contudo, sempre sofrem influências... Parece que um estranho desígnio orienta e conduz as pessoas... Eu iria substituir o deputado de Rio do Sul em um esquema meio oficializado, no qual se encontram todas essas coisas de tráfico de influência, ou seja, fazer carreira e ganhar muito dinheiro. Ocorre que as enchentes, episódios marcantes dessa região, acabaram me levando para a cidade de Brusque, como médico do Sindicato dos Trabalhadores da Fiação e Tecelagem. Esse Sindicato, ainda hoje, é um dos melhores e naquela época, já conjugava a preocupação social de atender seus filiados. Os médicos que lá trabalhavam eram muito contestados pelos colegas locais, que viam uma invasão da área deles e ainda afirmavam:

— "Médico de sindicato só pode ser comunista!"

Comigo não aconteceu outra coisa, mas exatamente isso! Logo ao chegar, envolvi-me completamente no processo político, participei de confrontos previstos pela luta de classes, visando, sobretudo, um país melhor. Houve, porém, um fato muito comentado pela imprensa nacional na época, pois me casei com a filha do proprietário das Indústrias Renaux, e fui acusado de dar "o golpe do baú". Esses comentários surgiram, especialmente, porque a família constitui-se de um clã, muito fechado, presbiteriano... Por forças das circunstâncias, o meu casamento foi no dia 4 de abril de 1964, imediatamente após o estouro do golpe militar. Meu padrinho de casamento, o médico trabalhista, Francisco Dalligna, já falecido, fora vice-governador do Estado e preocupado com a data do casamento, dizia:

— "Como é que pode, você casar em pleno período autoritário do regime da "caça às bruxas", e tendo como padrinho de casamento, eu, um médico do PTB?".

O fato é que casei e viajei no mesmo dia, mas já, naquele momento, questionando a revolução. Apesar da realidade escamoteada que nos era apresentada, foi-me possível distinguir, corretamente, o panorama através dos apoios e objetivos acerca da revolução. A minha formação e experiência política possibilitaram-me a percepção de que o movimento de 1964 não era para atender aos reclamos populares... Tratava-se de golpe das elites a serviço das classes dominantes.

Marcado por essa indignação, parti para a Espanha que também vivia o "período terminal" da ditadura do Franco. Observei e analisei, muito criteriosamente, o fenômeno: Estado e religião juntos. Permaneci um ano em Barcelona financiado pelo sogro, mesmo porque ele sempre teve muito dinheiro. E, apesar de estar fora, continuei atento à realidade de meu país, sobretudo às notícias de violência e repressão... Isto me incomodava muito...

No ano de 1965, voltei ao Brasil determinado a me rebelar, e fundamos o MDB que era uma loucura na cabeça da maioria das pessoas. Nessas alturas, não contava mais com o apoio de minha mulher e também era questionado pelo aparato do restante da família. Era como colocar um corpo estranho. Como é que alguém, naquele período, poderia ser filiado a um partido anti-revolucionário?

Precisávamos mostrar um mínimo de organização e oposição para enfrentar aquela farsa. Senti-me obrigado, pelas circunstâncias, a candidatar-me a deputado estadual. Lançamos três candidatos, mesmo não havendo nenhuma perspectiva ou vislumbre de vitória... Seria sonhar muito! Intencionávamos, naquele momento, marcar posição concorrendo para protestar.

Nesse ínterim, devido à minha excelente formação profissional, se me permite a falsa modéstia, com especialização no Instituto Barraquer da Espanha, ainda hoje reconhecido internacionalmente, transferi-me para Blumenau. Por ser um centro maior, indicava mais possibilidades profissionais, porém, nessa época, fiquei um pouco afastado da vida partidária. Entretanto, sempre que podia, me posicionava contra o regime. Exercia a profissão em minha clínica e participava do Sindicato dos Médicos e da Associação Médica. Nessa ocasião, até formei uma agência correspondente do Departamento de Oftalmologia do Estado, em Blumenau.

Resumindo um pouco a história, em 1968, veio o AI-5... e "aquela limpa geral" com as cassações. Diante da política da terra arrasada da revolução, indagavam:

— "Bom, alguém tem que se candidatar.."

Concorri a deputado federal em 1970, elegendo-me com 49 mil votos, e, assim, começou a minha carreira política oficial. No ano de 1974, fui eleito novamente, sendo o mais votado do Estado de Santa Catarina. Nas eleições de 1978, candidatei-me a senador, cargo para o qual fui eleito. Constatada a popularidade expressa nesses sufrágios, em 1982, saí candidato a governador pelo

PMDB, e me roubaram a eleição... Um escândalo! Montaram um esquema em nível nacional, visando castrar o que havia de esquerda e só quem conseguiu sobreviver foi o Brizola, devido à imprensa internacional. Veja, sempre excluindo o problema da vaidade pessoal, as pessoas que mais representavam esse sentimento oposicionista no país eram: Pedro Simon, no Rio Grande do Sul; Jarbas Vasconcellos, em Pernambuco; Brizola, no Rio de Janeiro; e eu, aqui em Santa Catarina; claro que deve haver outros nomes... Como éramos oposição, houve uma forte organização pretendendo nos roubar, como realmente conseguiram... O Brizola, repito, graças à imprensa internacional, conseguiu romper o cerco, fazendo denúncias. Aqui, no Sul, fomos ilhados antes, durante e depois da eleição. Estando em pleno exercício de meu mandato de senador e com mais quatro anos pela frente, permaneci nisso... Depois, veio a luta pelas Diretas e toda a farsa montada... Uma coisa muito trágica para a história do país, com a conivência de lideranças políticas.

Sem dúvida, durante o período mais fechado da ditadura, o Grupo Autêntico teve um papel muito importante ao denunciar as votações sucessivas para eleição de militares na presidência da República. O Grupo se indignava ao presenciar, sempre, o uso e o abuso da mesma prática de "faz de conta", tradicional nas ditaduras de terceiro mundo. Para que isso se efetivasse havia as preparações de voto, sempre muito difíceis, tudo complicado, tudo manipulado, pois a farsa precisava continuar... Essa atitude era justificada pela necessidade imperiosa de legitimação do poder somada à falta de visão e conivência da elite política que considerava o regime militar um mecanismo melhor.

Perto do que vivemos durante a ditadura militar, fazer política hoje é um piquenique. Naquela época, o sujeito era lesado no seu dia-a-dia, na sua vida pública e quando não era excluído, era discriminado. Posso afirmar que foi um processo de amadurecimento muito grande, dando solidez às convicções, contudo, restaram profundas seqüelas em todos, sem exceção. Se você fizer um balanço dessas cicatrizes, verá que somos todos amargurados, apesar desta tranqüilidade aparente... Às vezes, surge um sentimento de vingança próprio de ser humano e, revoltado, fico imaginando o dia da revanche para mostrar a essas pessoas o quanto somos melhores do que eles. Por enquanto, não aconteceu, infelizmente... E ainda vivemos uma sucessão de agressões, frustrações e recalques que ainda conseguiremos superar, penso eu, mas, é uma vida de muito sofrimento interior.

Na seqüência, veio o episódio, talvez o mais definitivo dessa grande montagem: a articulação do Golbery. Ele era o mentor, "o autor intelectual do crime", homem da maior respeitabilidade intelectual, não há dúvida nenhuma. Naquele momento, Golbery buscava montar um partido que desse base ao governo, contudo sem fisionomia, e sem vínculo com os militares. Retrocedendo um pouco na história partidária brasileira, seria uma espécie de PSD. Procurava, todavia, determinar que a noção de tempo e de história iria acabar...

Perdemos vinte anos de história naquele período lamentável. Meu Grupo foi muito testado e terminamos, no entanto, sem nenhuma concessão. Agüentei muitas violências... Tentavam me cooptar, convencer-me a participar de toda aquela hipocrisia, dizendo que eu seria ministro, suposição que imediatamente refutava, dizendo não ter o menor interesse por aquele cargo. Tinha certeza de que aquelas manobras não poderiam dar certo. Essa conclusão se deu muito mais por lógica do que pela análise política. Provavelmente, iremos enfrentar o mesmo dilema com este apoio da Frente Liberal ao PSDB, na candidatura de Fernando Henrique à presidência. No fundo, é a mesma prática do envolvimento aliciado... Quando perdem o cacife, procuram se envolver com as "ditas" esquerdas.

De modo que não votei no Colégio Eleitoral, em 1984... Aparentemente era um gesto heróico, mas não havia nada disso... Ninguém é herói contra a vontade dos outros. Na verdade, existia uma unanimidade nacional. Fui muito contestado dentro da esquerda, onde, praticamente, fiz a minha carreira política... Esse processo culminou na Nova República, quando fiquei incompatibilizado com o PMDB, ou o PMDB comigo, exatamente em função do Colégio Eleitoral, quando me neguei a votar. O partido perdeu a homogeneidade, muito embora esse traço não seja, mesmo, característico dessas agremiações. No caso do PMDB foi muito mais comprometedor, porque perdeu a identidade e incorporando o PP — ficou um "Partido Pior" do que os outros. Tornei-me, portanto, um ser incompatível dentro do partido que, àquelas alturas, já assumira o poder, o governo, à maneira deles, descaracterizado, misturado com o PFL, com o Sarney. Não era prudente continuar no PMDB. Saí, e alguns foram até muito acres na crítica que me fizeram, acusando-me de traição. Posteriormente, acabaram saindo. Eu fui mais corajoso, assumindo uma posição de vanguarda.

Nesse quadro político, tinha como única alternativa o PDT, ao qual me filiei e vivi o drama do caudilhismo do partido: "do eu só!" Valorizo Brizola na condição de figura, que é patrimônio político, sem dúvida, embora o considere um político profundamente equivocado, ou seja, ele se enreda em seu próprio misticismo:

— "Eu vou salvar, eu vou salvar!".

Tenho consciência de que é necessária a criação de estrutura envolvendo a sociedade. Sozinho, não se muda nada, ou muda-se para pior. No PDT, tentei algumas articulações sempre lutando pelas diretas e sob a perspectiva desse "tudo ou nada" de cada eleição no Brasil...

Sou parlamentarista por formação e não entendo como alguém de esquerda possa ser presidencialista; é uma contradição. Nenhuma teoria ou argumentação pode mover o que a esquerda fez nesse processo de escolha do presidencialismo em detrimento do parlamentarismo; foi uma heresia política. Justificar a defesa do presidencialismo é uma incoerência a toda teoria de esquerda, e não existe ninguém capaz, com honestidade intelectual, de justificar isso. Concorri às eleições em 1986 em uma situação péssima... Fui questionado pela liderança ignara do PDT, nesse "conchavismo" do Brizola, com meia dúzia de seguidores que querem manobrar o partido, não abrindo espaço para nada. Fiz quase trinta mil votos para deputado federal e, apesar dessa ótima votação, não me elegi, não consegui; o partido não fez legenda. São esses problemas da matemática eleitoral. E aí, voltei para a planície.

A partir daquele momento, sendo um homem sem posses, resolvi tratar de sobreviver, cuidando de minha vida. Foi o que fiz. Sentia-me deslocado no PDT, fiquei ilhado, isolado do mundo. Tinha acabado de sair rompido do PMDB onde era considerado um traidor... Buscar guarida no PFL, na época PDS, nem pensar! Foi um período muito complicado, mas que serviu para mostrar o tempo perdido. Isto posto, fiz um auto-exílio, considerando-me até desautorizado a dar palpite, embora sempre, envolvido. As pessoas me respeitam, e dizem:

— "O Barreto sabe das coisas, conhece os quadrilheiros todos".

E aqui estou, no Balneário de Camboriú, onde tem sido minha vida há oito anos. Nesse interregno, a primeira campanha que participei foi a do parlamentarismo. Senti-me na obrigação, não sou alienado, nem amargo, e ficar calado seria impróprio de quem tem responsabilidade e recebeu do povo o privilégio de conhecer a engrenagem política do país. Mesmo à distância, entrei na campanha do parlamentarismo, e vale ressaltar que a derrota não foi uma decepção, porque entendo o baixo nível de conhecimento político da população, e como é fácil induzir as pessoas a acreditarem no irreal.

Em uma autocrítica, vi que, na verdade, joguei fora dezoito anos da minha vida. Fui um médico competente, teria sido rico. Entretanto, o exercício da política é desagregador... Não há como conciliar o trabalho de oftalmologista com a vida de político. Adoro minha profissão, mas a Medicina exige disciplina, dedicação exclusiva. Não poderia exercer minha função em Brasília e atender a minha clientela aqui, ou mesmo lá. Se optasse por uma outra atividade até poderia... Advocacia, talvez. Desse modo, para não ser desleal comigo mesmo, larguei a Medicina. Esse mesmo nível de arrependimento ocorreu com muita gente que perdeu eleição, e isto nos mostrou que na vida particular éramos bons.

Encontrava-me, de certa forma, recluso politicamente até que no ano de 1987, talvez pela falta de alguém para ocupar um espaço político, vieram me buscar de volta, fazendo um certo "oba-oba"... Diziam tratar-se de um partido que deveria crescer devagar e, portanto, eu não seria questionado, nem precisaria ficar todo dia na rua fazendo o trabalho braçal. Acabei envolvido nessa nova articulação sempre na luta por uma frente popular. Esse convite ocorreu logo após minha candidatura a deputado, quando fiz 28 mil votos, mas não consegui... Desse modo, não ousei me meter na Constituinte. Fui para o PSDB, mais como proteção... Porém, deixei claro que considero o PSDB um partido com privilégios. Reconheço, todavia, a sua procura por uma nova prática política com ética, o que não é definitivo, embora importante em um país de baixo nível moral da classe política. O PSDB conta também com quadros que podem e têm obrigação de dar uma enorme contribuição política ao país, especialmente pela formação que tiveram. Dentre os quais destaca-se Fernando Henrique Cardoso, um sociólogo, intelectual com enorme conhecimento das elites, além do senso de realismo e conhecimento da identidade nacional de miséria e do sofrimento das classes desamparadas.

Santa Catarina é um estado "nordestinizado" na política e exatamente por ser esse o esquema é que entro em atrito com muitas pessoas. Há, aqui no Sul, um sentimento muito forte, muito acentuado, quase nazista, que é até compreensível... Quero dizer, politicamente, o que se faz no Maranhão com Sarney, se faz aqui com Espiridião Amin e Jorge Bonhausen. O procedimento é igual. O atenuante é que nós não temos aqueles currais nordestinos, pois contamos com pouquíssimos analfabetos, além do que a distribuição de renda é muito mais equilibrada e equânime. Os políticos catarinenses, entretanto, elegem-se, reproduzem-se, substituem-se e castram a participação da maioria da população. São os usufrutuários do aparelho do Estado. A única oportunidade de quebrar essa hegemonia nos últimos cinqüenta anos foi com a eleição do PMDB que pensávamos ser capaz de dar a virada. Toda a expectativa depositada, no entanto, traduziu-se na grande mágoa, na revolta, como conseqüência de um governo medíocre, sobretudo porque o PMDB de Santa Catarina, naquele momento, já havia perdido seus melhores quadros — exatamente isso... Foram quatro anos improdutivos nessa luta, nessa rebelião. Na verdade, a minha expressão "nordestinizar" tem esse sentido. Não é pejorativo, mas sim refere-se à prática política preconizada nos Estados do Nordeste, em especial no Maranhão.

Falando mais especificamente dos Autênticos, decodificar a questão do Grupo é fácil. A minha interpretação é que oposição todos faziam... A direita fazia... Havia gente de direita que ao não ser paparicada pelo esquema de poder "virava" oposição. Contudo, tínhamos peculiaridades e por isso o surgimento da expressão "Autêntico", que sintetizava, a meu ver, uma postura diferente... Não era só lutar contra a ditadura, isso qualquer um fazia, até o passarinho... O passarinho ave, mesmo! Não era essa a nossa marca, nós queríamos muito mais. Buscávamos democracia para realizar o sonho de uma sociedade melhor. Era isso que, no fundo, queríamos... Posições ideológicas definidas, concepção clara do papel do Estado em um país como o nosso, com realidade de terceiro mundo, com espoliação e perdas. Esse recheio, essa substância, é que acabou determinando o nome. Poderia ter sido outro, mas foi Autêntico para personalizar a nossa atuação crítica. Trouxemos também uma nova concepção de sociedade como a marca registrada do Grupo. Fazer legítima oposição não era ser mais ou menos malcriado, isto, todos poderiam, e é pouco. Ou seja, a liberdade mal usada não muda nada, aliás, é o grande reclamo, hoje, da sociedade. Durante a ditadura, tínhamos um sentimento, mais profundo de liberdade. Para quê? Para libertar economicamente as pessoas, para fazer a sociedade igualitária, fraterna, justa, correta, ética. Considero que a definição Autêntico incorpora todo esse conjunto de idéias, e o amálgama era muito mais do que a luta contra a ditadura, precisamente a qualidade e perspectiva de uma nova vida.

Nossa união se deu pelas características do discurso questionador e embora atualmente, todos se utilizem dele, naquela época éramos os únicos com coragem e ousadia de incorporar esta preocupação social às nossas falas. Não tínhamos o instrumental de que dispomos hoje, nosso espaço de denúncia, quase exclusivo, era o "pinga-fogo". Acesso a rádio ou televisão? Nem pensar! Engraçado é que muitos políticos de oposição, sobretudo do nosso Grupo, ainda cultivam "o complexo de árbitro". É interessante que o "incorporamos" sempre quando somos abordados por repórteres ou jornalistas, ou mesmo quando vamos a programas e nos dão a palavra, é um tal de "blá, blá, blá, blá..." Até que o repórter interrompe:

— "Desculpe-me, mas daria para o senhor falar com mais calma?"

É que foram vinte anos de pressa e hoje, mesmo podendo falar pausado... Fica difícil!

Muita gente da direita nos usou, ou teve essa intenção, e isso, contraditoriamente, nos ajudou. Por seleção natural, as pessoas com pensamentos semelhantes acabam juntas... Éramos políticos diferentes do restante, por isso brigávamos e lutávamos para a formalização de uma união de propósitos, tentando uma atuação efetiva em um período tão ruim. E a boa luta, sabemos hoje, é feita na hora da necessidade, do contrário não há muito entusiasmo. Não contabilizávamos a previsão de sucesso a curto prazo, mas era importante agir, resistir a qualquer preço. O fator que nos unia era, mais do que tudo, a resistência. Resistir e resistir, mesmo debaixo de derrotas, e não eram poucas as que acumulávamos... Aliás, sob o ponto de vista eleitoral, e partindo da análise própria de pessoas medíocres que vêem o sucesso eleitoral como a única expressão do êxito, somos todos uns derrotados.

Possuíamos a clareza da necessidade da luta, da resistência e isso nos aglutinou. Tivemos muitas decepções... Não cabe a mim, nem a ninguém fazer julgamentos... A história talvez escreva isso. Seria profundamente injusto excetuar os companheiros, apontando uns como bons lutadores, outros ruins, covardes...

Temos a obrigação de perceber a noção do tempo e da circunstância para julgar as pessoas. É inegável que fizemos um bom trabalho, principalmente, no tocante à qualidade do discurso... Fugíamos do discurso primário: — "Liberdade! Queremos liberdade! Abaixo a ditadura". Nossos discursos tinham uma qualidade intrínseca, e preocupada com questões como a dos monopólios estatais do petróleo, na condição de instrumento definidor do próprio país, da dignidade nacional. Este problema já se mostrava, naquele período histórico, muito importante para o movimento da nação, pois traduzia o que é patrimônio nacional, determinando o crescimento e o desenvolvimento do país. Não sou nacionalista, nem xenófobo, isso é bobagem, acusação gratuita que me fazem para estimular os sentimentos baixos desse neoliberalismo safado, nefasto. Tenho consciência da importância do monopólio como instrumento de sobrevivência nacional e, é evidente, sei distinguir bem isso. O Estado não é bom ou ruim, tampouco à iniciativa privada cabe nesse maniqueísmo. O controle social sim, é o verdadeiro definidor destes papéis.

Estando bem definida minha visão do papel do Estado e da iniciativa privada, e entrando em um campo de flexibilidade, que podemos permitir... A Petrobrás, por exemplo, está consolidada em seu corporativismo e não pela importância de sua representação para o país. Corrijam-se esses erros que, aliás, existem também no Poder Judiciário e fica tudo resolvido. Colocar esse interesse fundamental para o país através do oligopólio das Seis Irmãs é burrice, safadeza, indecência. A questão não é acabar com o monopólio para entregá-lo aos interesses internacionais... O mesmo acontece com as Comunicações. É óbvio, podemos permitir a participação da iniciativa privada. Por quê, não? O que incomoda é o desdém pelo interesse do coletivo. Pegar o filé mignon para resolver os problemas de lucro e não avançar na ampliação do atendimento às necessidades da população é crime de lesa-pátria! Estão desservindo os interesses da maioria do país, isso não é xenofobia, nem radicalismo. Até para ilustrar, há um episódio recente: a Embratel procura seguir o modelo da Argentina que vendeu sua empresa análoga para uma estatal espanhola e uma estatal francesa. Veja só a incongruência. Privatizaram para quem? Para as estatais espanhola e francesa tomarem conta dos meios de comunicação argentinos. Observe o nível de desinformação...

Relativo à liderança dentro do Grupo, posso dizer que não havia... Tudo era meio colegiado, mais ou menos equilibrado. Essa característica talvez ocorresse por razões pessoais, ou por que não existia quem se sobressaísse intelectualmente. Éramos muito heterogêneos, existiam trotskistas, marxistas, positivistas, porém com identidade, afinidade e as decisões sempre tomadas conjuntamente... Um ou outro companheiro, pelas características individuais, talvez, acabava sendo mais articulador e objetivo... Não vou citar nomes, tivemos vários...

Quanto à minha participação no Grupo, considero que tive um bom papel, no entanto, poderia ter sido melhor... Isso me faz lembrar que, outro dia, tive um trabalho prosaico de recortar uma frase bastante inteligente: "A sabedoria tem um aspecto interessante, nós só a adquirimos quando já não sabemos mais o que fazer com ela". Estou rindo, mas fico imaginando se antigamente soubesse o que sei hoje, teria prestado melhores serviços à causa. Considero-me, todavia, respeitado dentro do meio político, pelo menos isso... Nunca fui fisiológico, carreirista, sempre mantive a coerência e, por isso, contraditoriamente, não sou um exemplo de sucesso eleitoral. De qualquer forma, valeu a pena. Não tenho qualquer mágoa, nem frustração. Até mesmo porque exteriorizo meus pensamentos, sou muito malcriado. Veja essa pesquisa cujo objetivo era constatar as preferências do eleitorado catarinense para as próximas eleições a governador. Tive acesso aos resultados, nessa manhã, e sei que foi manipulada, não no todo, mas no ferino, no sibilino da sacanagem... Fui o candidato a governador do Estado de Santa Catarina de maior rejeição! Isso agride, porque as pessoas são muito mal informadas.

Não tenho nenhuma restrição à pesquisa, nem quanto ao resultado de aprovação e mesmo ao de rejeição. É lógico, sei da existência de um contingente eleitoral, embora não sejam todos que fazem questão de defender a dignidade do povo catarinense. Existe, porém, uma maioria que não gosta de pessoas sérias; vota em ladrão e reage ao meu discurso. Gente com este perfil tem ojeriza por mim, não é nem rejeição... É ojeriza mesmo, que é uma sensação, muito mais forte! Não me aceitam porque sou a negação de todos os seus privilégios e luto incessantemente contra a pusilanimidade oficializada e abomino o papel desse Estado safado, indutor da concentração de renda nas mãos de poucos! Eles acabaram com o Estado no Brasil... Temos que reinventá-lo. A sociedade construiu o Estado para atender às necessidades coletivas, mas que abandonou a segurança, a educação e seus papéis. O Estado foi transformado no indutor do processo econômico de concentração de renda da maioria privilegiada, garantindo sua manutenção.

Considero que, nesse momento, para garantir um mandato presidencial bem-sucedido é só fazer o "feijão com arroz", reinventando o papel do Estado, buscando romper o pacto vigente. Do contrário, continuaremos um país de miseráveis e de marginalizados. Por isso não exijo sequer a elaboração de grandes programas de governo.

Sempre digo àquelas pessoas que combatem o Lula que a própria elite é a geradora de "Lulas" e que ainda surgirão muitos... Com muitos preconceitos, elas dizem:

— O Lula não pode ser Presidente da República. Não tem suficiente formação intelectual para isso." Replico:

—"Ele é espontâneo, portanto, vem ao encontro dos anseios nacionais; e combater o Lula é atestado de burrice. Não sendo o senhor Luís Inácio da Silva, serão outros, com outros nomes, mas serão Lulas! Nossa luta deve se direcionar para a erradicação da injustiça social, fazendo do Brasil um país melhor para a grande maioria da população, ou teremos que votar no Lula, em protesto, para marcar a nossa não-aceitação desse modelo." Esse é o discurso que faço por aí, e realmente, não deve agradar a muita gente.

Aqui no Brasil há um fenômeno muito engraçado: o político não sendo batedor de carteira ou ladrão de roupa em vestiário de clube, já está bom. Essa é a concepção de ética política reinante. O fisiologismo, clientelismo, não representa problema. A minha interpretação da ética na política é ímpar e se dá em outra dimensão. O que me difere no relacionamento com o partido, vida partidária, é o entendimento de que o exercício do mandato é bom e até necessário, mas não é fundamental. E penso ser esta a marca que me distingue dos outros... Eles fazem qualquer coisa para se eleger... Fiz política, quando a eleição era apenas um acidente; concorria, com dignidade, mas com grandes chances de perder... Ah! quando eleito, era maravilhoso!.

Hoje, o fisiologismo está impregnado na cabeça. O candidato tem de se eleger a qualquer preço, descaracterizando o discurso, a prática e o compromisso. Ele faz qualquer negócio, é a grande desilusão, especialmente com lideranças que ficaram tão desavergonhadas no fim da vida! Em nome de quê eles traem tanto? Creio que a hora de ficar sem-vergonha é mais cedo!

Era nosso o discurso do MDB, fazíamos o real discurso do partido. Isso jamais poderão negar. Para a maioria da população, os Autênticos eram a cara do MDB! Evidente que incorporávamos outros parlamentares, além dos vinte e poucos. Mas éramos a grande força do MDB. E, indubitavelmente, constituíamos a face, a identidade do MDB, por isso éramos hegemônicos, não no resultado eleitoral, mas nas idéias. Os discursos contra Médici, aqui ou ali, eram exagerados, é claro. Quem não comete excessos na política?

Em torno do nosso discurso e postura, elegeram-se os maiores vagabundos desse país. É uma constatação trágica, embora, verdadeira. Essa percepção é tão procedente que, quando nos enfraquecemos e a nossa ação não era mais a mesma, a prática fisiológica prevaleceu e o partido perdeu a cara, e entrou na rotina falaciosa do maior partido do ocidente. O fisiologismo ainda hoje é real no PMDB, tanto é que inventaram uma fórmula: eles não se vendem, fazem *leasing*. A cada votação querem um Ministério... Para quê ? Ninguém sabe! Para ocupar espaço, talvez, dar voto... E o PMDB entrou nessa coisa banal, nessa mesmice e se acabou.

Apesar das inúmeras restrições à postura política do Ulysses, o velho Ulysses, na condição de membro do partido, sempre nos entendeu, nos respeitava. Possuía uma visão do político tradicional, considerando que, eleitoralmente, éramos importantes e sem nosso Grupo dificilmente o MDB e ele, inclusive, seriam eleitos... Fomos muito usados por ele, mesmo que no bom sentido. Ulysses conseguiu ser o polarizador das diferentes tendências, até durante o período em que o partido "inchou", ele teve o mérito de compor esse quadro. No entanto, foi vítima do processo porque Ulysses/MDB descaracterizaram-se muito ao fazer aquele "papelão" nas eleições de 1989. Por sua autofagia nesse processo, pagou um preço alto, faltou-lhe, inegavelmente, determinação e bravura, ficando conivente com alguns episódios. A idade também é inexorável. A despeito disso, não tinha o direito, não poderia de qualquer modo ter entregue o governo ao Sarney, sem lampejo e audácia... Lembro-me de seu discurso quando disse:

— "É chegada a hora da eleição direta onde até os fabianos conspirarão, caso não haja eleição direta. Quem não quiser, que ponha a tropa de volta na rua..."

Ulysses teve uma intuição que poucos homens têm, porém descartou a oportunidade de dizer não. Conciliamos, ganhamos no Colégio Eleitoral com Tancredo, tudo bem, fizemos tudo... Tancredo morreu. Então, voltaremos para nossa tese inicial, Diretas já! Teria sido a ousadia mais benéfica de todas na luta contra a ditadura. Faltou-lhe, contudo, um pouco de tutano. Entregar a nação para o presidente do PDS foi demais!

A partir desse fato bastante contemporâneo e considerando o período da redemocratização, é possível avaliar como foi nossa luta interna dentro do MDB no tempo dos Autênticos: era um terror! Um terror, não obstante, naquela circunstância e momento ter sido de fundamental importância. A falta de fisiologismo do Grupo, até sem aspas, tornava nossa ação boa para as pessoas fora do MDB, todavia para o comando do partido era considerada absurda.

Éramos, muitas vezes, acusados de participação no jogo da ditadura. Não era conivência, mas íamos até onde nos interessava. Era um jogo de interesses. O ponto de ruptura foram as guerrilhas, quando muitos reagiram:

— "Vocês estão ajudando a montar o palco..."

Não era verdade... Sabíamos a dificuldade do jogo e que ele deveria ser enfrentado com esperteza. Quanto à possibilidade de guerrilha, considerávamos loucura o que, aliás, acabou se comprovando como inviável. Um país com essas dimensões e com as raízes étnicas que temos, fazer um processo do tipo de Cuba? Infelizmente, muitos pagaram o preço pela bravura. Nossa luta, tínhamos claro, dava-se em outro fórum, não por falta de coragem não... Tínhamos até condições para isso!

Nosso dia-a-dia era muito acidentado, em especial porque não protagonizávamos o processo; eram os fatos os reais determinantes da nossa atuação. Nesse cunho, qualquer tentativa de organização ficava dificultada, e não sendo autores da história nos resumíamos a meros figurantes. Ao mesmo tempo, como o período era de muita repressão e vários partidos mais ideológicos estavam na clandestinidade, delegaram-nos a responsabilidade de uma atuação muito importante, diria até essencial. Alguns Autênticos tinham formação de esquerda, porém nada definida, ao contrário, até tumultuada no sentido de constituírem-se em muitas correntes políticas. A ortodoxia marxista, mesmo tendo seu lado positivo, causou-nos grandes danos. Hoje, felizmente, existe a autocrítica, embora feita apenas pelos mais capazes e mais conscientizados. Por tudo isso nutríamos uma paranóia, e veja, se o SNI tinha o trabalho de espalhar seus elementos e o medo pela nação toda, imagine sobre nós ali na Câmara. Desconfiávamos do secretário do fulano, do telefone grampeado, enfim... E sabemos, hoje, que a suspeita era procedente, verdadeira e muito pior do que imaginávamos. Essa situação provocava traumas e dificuldades até nas conversas e discussões, exigindo sempre muita metáfora para que o SNI não identificasse qualquer articulação, ou até algum "aparelho".

Procuro mostrar, com esse panorama, que apesar dos riscos e dificuldades foi uma época muito interessante. A política era feita com um outro tipo de preocupação, não era para arranjar Ministério, tampouco emprego, mas sim para sobreviver e construir uma alternativa melhor para o país. Procurávamos não nos ater às pequenas questões, porque, às vezes, os episódios minúsculos eram colocados como muito importantes.

No que se referia aos meios de comunicação, vivíamos um período muito fértil. Estávamos sempre em evidência na mídia eletrônica e marcávamos nossa presença combativa em todos os acontecimentos de importância na história do Brasil. Diante disso, não tinham como esconder a importância do Grupo. Certos ou não, mas sempre na vanguarda do processo. E, inegavelmente, éramos a cara do MDB e do PMDB; depois a mídia era fundamental... Tínhamos alguns espaços, o bastante para dar uma aparência de democracia, e não só para o mercado interno, mas em especial, para o externo. Apesar de muitas vezes utilizarem as notícias para desacreditar-nos, como no episódio do Colégio Eleitoral: "Ah! então votam..."; bem como os discursos violentos: "Fulano é ditador...", tudo na tentativa de simular um clima democrático, apesar de "alguns" chamarem-na de ditadura.

A imprensa escrita também ajudou muito... Não propriamente a imprensa, mas os jornalistas. Evidente que nossas expectativas eram muito grandes em relação a eles, pois configuravam a comunicação, e na condição de bons profissionais deveriam informar, sem distorcer. No período em que estivemos na Câmara, provavelmente até para nos ajudar, promoviam todos os anos uma eleição cujo objetivo era prestigiar os deputados "premiando" aqueles que realmente trabalhavam e cumpriam com suas obrigações. As premiações eram feitas por modalidade: o melhor discurso apresentado em plenário ou no "pinga-fogo"; a comissão mais atuante, fator fundamental no Congresso, embora ainda hoje, seja, de certa forma, desvalorizada. Elegiam sempre os dez melhores parlamentares. Faziam votação democrática e, sempre, dos dez escolhidos pelo menos nove eram Autênticos. Fui eleito três vezes. Depois de alguns anos, a ditadura proibiu a eleição. Atente para o ridículo: proibir uma decisão de sessenta ou setenta jornalistas, de vários jornais da imprensa nacional e internacional. Parece piada, entretanto, proibiram porque consideravam o fato dessas indicações, subversivo. Infelizmente, hoje, tudo mudou, mais do que nunca a imprensa, a mídia, transmitem uma imagem distorcida do papel do parlamentar. Isto ocorre nas pequenas coisas como: focalizar o parlamentar dormindo no plenário e jamais mostrá-lo estudando, lendo, discutindo, debatendo, afirmando ou questionando na comissão.

No meu ponto de vista, o ápice vivido pelo Grupo foi em 1974, com uma avalanche de votos, fruto do nosso trabalho, demonstrando à nação que havia um núcleo de resistência. Claro que isso nunca foi contabilizado no *corpus* do MDB. Naquele momento em que as pessoas ganharam as eleições, acharam que conquistaram a vitória sozinhas. Esqueceram-se de que o *background*, os bastidores do partido que se afirmava como verdadeira oposição, era exercido por nós, Autênticos... Sob todo tipo de ameaças, reagíamos e enfrentávamos a ditadura, não tínhamos medo de cassação: resistíamos a ela. É assim que se faz um verdadeiro partido político.

Muitos foram cooptados pela ditadura, até pela necessidade de sobrevivência. Era uma vida muito difícil, e a história, bem como os fatos comprovam que o bom político não enriquece na atividade política, (muito pelo contrário, joga-se o que tem) tampouco obtém reconhecimento. E sobretudo, nós, Autênticos, nunca tivemos o apoio de pessoas com interesses "menores", e por isto fomos sempre discriminados. Ninguém dá dinheiro para eleger um candidato que é contra os privilégios, os favores e a corrupção. E, deste modo, a história do mandato parlamentar é muito complicada para quem faz oposição. Muitos o abandonaram ou se calaram, fazendo com que o partido perdesse a consistência e o significado. Os acontecimentos históricos também avançaram e o partido ficou descaracterizado, somando-se a isso o fato de que com o pluripartidarismo houve proliferação de legendas, levando cada Autêntico a procurar uma mais adequada à sua convicção ideológica. Nunca houve, entretanto, um momento: "Olha, acabou o Grupo Autêntico"... Não! foi o pluripartidarismo o motivo, e não outro, a causa da desestruturação do chamado Grupo dos Autênticos.

Visão de mundo: como penso hoje? Talvez no detalhe pudesse reformular algumas coisas. No "atacado" porém, estava absolutamente certo... Daria até para repetir. Tenho uma coletânea de discursos que não são muitos, mas o bastante para me honrar como patrimônio do meu esforço em participar do movimento. Cada vez mais, estou convencido de que é importante frisar, repetir, falar... desmistificando o discurso malandro e safado contra o socialismo.

Em um país como o nosso é cada vez mais necessário que se façam denúncias contra esse discurso neoliberal, fascista e elitista, pregando a não solidariedade e a não fraternidade. O discurso socialista é um discurso ético, fundamentalmente ético. A solidariedade é um processo civilizado e por isso estamos aqui e vamos sobreviver para construir um mundo melhor. Por tudo isso, afirmo que sou socialista. Existe até uma conversa em que os socialistas não precisam dizer que são democratas, porque quem não se considera democrata, não é socialista.

Sou, hoje, empresário, eu diria, microempresário. Trata-se de um posto de gasolina cujo setor é um terror. Somos o único segmento do comércio que tem o preço e a margem de lucro estabelecidos pelo governo em um país no qual o comércio é responsável pela grande malandragem. As margens de lucro do comércio brasileiro são incompatíveis com o mercado internacional. Não existe outro lugar onde se ganhe 150 por cento em cima da mercadoria, só no Brasil. Os políticos que pensam em reeleição estão impedidos de fazer o discurso certo no Brasil... Dizer verdades precisando de votos é algo muito complicado... Senão, vejamos: o político vai dizer em campanha que ninguém tem autoridade moral para investir contra o governo, se é sonegador de impostos e/ou beneficiário de uma margem de lucro distorcida, abusiva; que a melhor solução é ter uma precaução em relação ao controle da classe trabalhadora ou, se muito, bipartir governo e empresário. Estas coisas são difíceis para um político à procura de votos.

Por obrigação, a classe política deveria externar seu posicionamento perante os problemas nacionais, mas não tem autoridade, falta-lhe credibilidade e pior do que isso, não existe a determinação para fazer esse discurso que seria aceito, se fosse congruente. Com essa postura, dão lugar a demagogos, a safados que fazem um discurso agradável, enquanto a classe política se vê obstaculizada para fazer o discurso correto: o Estado tem de investir; a corrupção tem de acabar no governo e também na iniciativa privada; as funções do Estado têm de ser protegidas, especialmente as de interesse da maioria: saúde, educação, segurança e qualidade de vida.

Não existe esse capitalismo que tentam pregar aqui, isso não está presente nem no berço do capitalismo moderno — os Estados Unidos, onde, evidentemente, convivem com suas contradições, mas se apresentam como modelo no que possuem de pior, não nos aspectos bons como na luta *antidumping*, antitruste, e a receita funcionando com todo o rigor. Diante desse jogo de interesses por parte dos políticos, acredito que os setores intermediários farão essas mudanças necessárias, saneadoras...

Não posso esconder um pouco de frustração e ao mesmo tempo de interesse nessa coisa cotidiana, mesmo não tendo mais paciência para isso. Continuo lendo, ouvindo, mantendo contatos e até, com certo orgulho, mesmo estando aqui, isolado, consegui trazer o Lula. Todas as lideranças políticas passam por aqui. Trouxemos a campanha do parlamentarismo, trouxemos a equipe do Genoíno, e até o Fernando Henrique Cardoso esteve aqui... Bastante eclético, não é? Mas creio que alianças objetivas, ou seja, que tratam de coisas fundamentais podem ser feitas, e sem nenhuma quebra de ética, sem nenhuma incoerência. Acredito na política de alianças, no sentar e conversar, obviamente, descolado, apartado de malandragem, safadeza ou esperteza.

A compreensão predominante na população é que os partidos não prestam e que não deveriam existir... Não há democracia sem partido, e eis aí, o grande impasse! Não temos partidos e, portanto, não temos democracia... Estando hoje no PSBD, dou um exemplo prático do quanto essa coisa está marcada na formação moral do brasileiro. Em um partido novo, ainda homogêneo, com sua ideologia... Enquanto for pequeno, está tudo bem...

O PSDB está fadado, com a candidatura do Fernando Henrique Cardoso, a ser um grande, e talvez, péssimo partido. Porque todos os carreiristas, todos os oportunistas, todos esses fisiológicos, imediatamente se canalizam para o foco de poder. Isso aconteceu com todos os partidos, não será privilégio do PSDB. Procuro mostrar que não adianta colocar entraves à participação, pois isso implica um processo cultural de educação do brasileiro, que deverá entender partido político como necessário. Outro fator que também deveria culturalmente ser reconceituado é o discurso desinteligente contra a classe política. É indubitável que contra o mau político, contra o mau partido devem ser tecidas críticas...

Defendo a candidatura do Fernando Henrique, neste momento, no sentido de ser coerente. O país é presidencialista, o projeto de implantação da luta contra a inflação é de dois anos, o de distribuição de renda, entretanto, exige muito mais. Esse é um processo realmente doloroso e necessário para acabar com a injustiça social, e isto demora muitos anos... Dizer que o Fernando Henrique Cardoso deve permanecer mais seis meses no Ministério Fazenda para enfrentar depois um Presidente que, provavelmente, não concordará com o plano... Só este fato já justifica a necessidade de sua candidatura para que, deste modo, tenhamos a seqüência de quatro anos, (além desses meses restantes até janeiro de

1995, quando da posse) garantindo a efetivação do plano. Sustento isso sem nenhum fisiologismo.

Sou filiado ao PSDB com o qual colaboro e dou palpites. Não vou muito às reuniões. Eu fujo disso, não é por aí... Aliás, no partido, não me tratam, muito bem, nem me respeitam. De vez em quando penso, o PSDB é um partido de caciques, que vai começar a ter índio.

Não tenho vocação para Jim Jones, sabe? Ou seja não sei "fazer" seguidores. O que não é um problema específico meu, e sim um dos males do político brasileiro. Mesmo assim, quando saí do PMDB, alguns que lá estavam por minha influência queriam me acompanhar, mas fiz questão de deixar todos onde estavam, no sentido de ficarem protegidos nessa briga partidária. Infelizmente, sofreram muitas retaliações porque política é um negócio perverso, e o PMDB identificou naqueles muito vinculados a mim, adversários, e perseguiram-nos por toda Santa Catarina, acusando-os de "Jaisista". Pagaram um preço realmente alto. Continuam, porém, todos por aí, e é uma geração de políticos novos, muito fiéis não a mim, mas ao conjunto de idéias que defendo. Estão espalhados pelo PDT, PMDB, PPS e respeitam-me, estão sempre presentes e fico muito satisfeito com isso.

Aqui em Santa Catarina, tenho um lugar na história do Estado. Ah! Isso é real! E, se eu tivesse tido a sorte de ser eleito governador, teria, sem dúvida, melhorado a prática administrativa do meu Estado. Ele teria um outro papel no conjunto da política nacional, através de contato e troca de experiência com lideranças de outros Estados, na obtenção de saídas eficazes para soluções dos problemas brasileiros. Digo isso, tranqüilamente, sem nenhuma empáfia. Se tivesse a chance de governar este Estado, teria quebrado a mesmice que tem prevalecido nas administrações sucessivas. Esses governadores são medíocres e incapazes, vivendo da monotonia, da mesma prática... Se deu certo, para quê mudar?

Existem alguns eixos importantes que nunca participaram do processo de definição das políticas estaduais, porque temos uma oligarquia, e os quadros político-partidários estão estabelecidos e sedimentados. Deste modo, a Universidade não pode ser incluída; a livre iniciativa, por não ter o porte das grandes empresas, não pode ser admitida. Os verdadeiros catarinenses estão bloqueados no exercício de sua cidadania... Gente da melhor qualidade que poderia estar decidindo, opinando, discordando ou apoiando, no entanto, fica marginalizada deste processo de administração política. Na perspectiva que preconizo, essa inserção seria garantida através do governo colegiado, resultando em um ganho enorme para Santa Catarina. A submissão ao poder central, próprio das oligarquias que vivem de favores e nunca se impõem, seria um outro ponto a ser revisitado.

Santa Catarina tem um modelo de desenvolvimento muito bom, fruto desta etnia peculiar, da visão empresarial que os alemães e os italianos trouxeram para cá, valorizando também aquilo que é brasileiro: o pescador, o agricultor sofrido. Essa gente é brasileira, vive aqui e hoje é caudatária, mas tem talento e dignidade. Nunca foi valorizada porque não são protagonistas da história, e sim meros figurantes desse processo. Quando exponho estas noções, alguns personagens da elite reagem, dizendo:

— "Ah! Isso é apenas um conjunto de palavras". Não é! A prática tradicional conservadora, sim, é deste jeito... Estou falando de uma administração na qual o verdadeiro sujeito da história seria o povo, e não esta elite oligárquica, que se elege visando cargos, poder e corrupção. Como a nata não acredita no povo, coloca nas funções importantes sempre o mais ilustre, o deslumbrado, o *society* dos empresários para arrotar tudo, menos competência! A maioria enterrou o patrimônio deixado pelos pais. Nunca soube o que é trabalhar. É lamentável que não nos permitam o desafio de dizer, fazer, realizar, para ver como as coisas mudariam.

Com este misto de esperança, empolgação e frustração com a gente de minha terra, minha última participação política foi como senador, sendo, inclusive, vice-presidente do Senado. Foi uma experiência interessante... Anteriormente, havia exercido minha profissão de médico oftalmologista. De resto, atualmente, sou um pequeno empresário do comércio varejista de combustível, que é limitado, mas de onde ganho minha vida sem verbas e sem favores.

Fui casado com Astrid Renaux de quem estou separado há alguns anos...Um só casamento é o quanto basta. Eu tive dois filhos. Um deles, Rodrigo, morreu em um acidente de automóvel. Desse modo, tenho Felipe, com 26 anos, que vai se casar em breve. Ele tem um escritório de publicidade e informática em Brusque, mas mora em Blumenau.

Valeu muito ter feito parte dos Autênticos... Custou costurar uma linha de atuação no que era principal... Inicialmente, sabíamos que estávamos sendo usados, mas não compactuávamos no essencial. Demos bons exemplos, procurando mostrar que o sucesso eleitoral prevalecia em razão da firmeza de nossas posições.

Quanto à minha saída da política, com maior ou menor agravante, foi melhor desistir e pagar o preço da derrota e incompreensão momentânea... A história não se faz aos saltos, tem sempre a continuidade do dia-a-dia. Existe até um ditado chinês que diz: "Ninguém anda um quilômetro sem dar o primeiro passo". Essa concepção considero básica, não adianta atropelar a história. Vivemos, inegavelmente, um período muito complicado e difícil da vida nacional... As pessoas, talvez, com o seu trabalho, comecem a nos respeitar.

Creio que, hoje, todos os companheiros Autênticos devem ter essa consciência e fundamentalmente, a mesma análise. Gostaria de reencontrá-los, para ver se continuam os mesmos, pensando igual... Foi um lindo e árduo processo de aprendizado."

Jerônimo Santana

(Jerônimo Garcia Santana)

NASCIMENTO:

29 de outubro de 1934
Jataí, GO

FILIAÇÃO:

Lúcio Garcia Santana e Julieta Vilela Veloso

FORMAÇÃO:

Advogado
Faculdade de Direito
Universidade Federal de Minas Gerais, 1963

CÔNJUGE:

Palmira

FILHOS:

Jerônimo e Julieta

"Oferecemos a nossa contribuição desinteressada e conseguimos abater o monstro da ditadura."

São Paulo, 7 de julho de 1994

"Meu nome completo é Jerônimo Garcia Santana. Meu pai, Lúcio Garcia Santana e minha mãe Julieta Vilela Veloso. Nasci no dia 29 de outubro de 1934, na cidade de Jataí, Estado de Goiás, onde cursei o primário e o ginasial. Após essa fase escolar, transferi-me para Belo Horizonte, matriculando-me no primeiro ano do curso clássico, no Colégio Marconi. Aprovado no vestibular para a Faculdade de Direito da Universidade de Minas Gerais, iniciei meus estudos universitários em 1959, concluindo-os no ano de 1963.

Eu não casei... convivo desde 1978, com uma senhora que fora casada anteriormente, e temos dois filhos: Julieta, com quinze anos e Jerominho, com doze.

Recém-formado em Direito, mudei-me para o antigo Território de Rondônia dedicando-me, inicialmente, à atividade de extração de minério. Entre os anos de 1967 e 1969, passei a assessorar a incipiente direção do antigo MDB no Território, que vivia muito escorraçado pelos militares, mormente devido ao AI-5, então recém-editado.

No ano de 1969 filiei-me ao MDB, aprofundando os contatos com o partido, não só em nível local, como nacional. Na época, o Território contava apenas com uma cadeira de deputado federal, mas dado o terror promovido pelos efeitos do AI-5, não havia gente com coragem de candidatar-se a essa única vaga. Diante de tais circunstâncias, em 1970, resolvi disputar uma eleição majoritária.

Vale ressaltar que Rondônia não possuía Câmara de Vereadores, nem Assembléia Legislativa, e tampouco representação no Senado. Era uma ditadura das mais fechadas. Tal situação devia-se ao fato da Organização dos Territórios Federais, criada por Getúlio Vargas, no início da década de 40, permanecer sem modificações até 1969, quando surgiu uma nova Lei Orgânica dos Territórios Federais — decreto-lei 411 — elaborado pelo ministro Albuquerque Lima, flexibilizando a administração, pois eram entidades sem qualquer autonomia administrativa, híbridas. Tudo que o governo do Território precisava fazer, com mais relevo ou alcance, dependia, inicialmente, de autorização do Ministério da Justiça para depois ser aprovado pelo Ministério do Interior. A existência desse modelo de Território, possibilitou a criação de verdadeiros grupos de desvio, viciados administrativamente, e com corrupção de toda ordem.

Como advogado atuante, observava essa administração deformada, que não dava acesso ao povo e não se renovava por eleição, mas por amizade, influência de ministros... Os governadores de Territórios não eram escolhidos pelas lideranças locais, porém indicados e nomeados por seu relacionamento estreito com o ministro do Interior. Havia alguns que se dispunham a ir para lá, porque muitos embora fossem da relação do ministro, não queriam deslocar-se para a região. O ministro nomeava os que aceitavam, levando seus nomes para a apreciação do Presidente da República, e era o que bastava para tornar-se um governador. Quando ocorria a troca, os novos governadores lá chegavam, sem a mínima noção do Território, da sociedade local, das lideranças... Eram recebidos pela estrutura administrativa do governador que estava saindo, formando-se um círculo vicioso.

Meu comportamento neste contexto foi de profunda rebeldia a este referencial de Território, pois éramos uma colônia dentro da Federação. Repare, o cidadão brasileiro que entrava no Território, mesmo sendo eleitor, perdia o direito de votar para governador, deputado, senador, vereador e prefeito. Ou seja, impunham-lhe a cassação compulsória de seus direitos políticos, deixando-o completamente à mercê da vontade de um governador que era um verdadeiro ditador.

Os propósitos da criação dos Territórios foram nobres. Getúlio Vargas os justificou de fundamental importância para segurança nacional, uma vez que no apogeu da Segunda Guerra, eram regiões absolutamente desguarnecidas da Amazônia. Inseriram-se também no objetivo do programa Aliança Liberal de Getúlio, que consistia na marcha para o Oeste, buscando a penetração desde Uberaba até Roncador, Xingu, através da abertura de estradas. Deu-se aí a criação da Fundação Brasil Central, cujo incentivo na construção de Goiânia, foi um ponto altamente positivo na marcha para o Oeste, colonizando a região, até então isolada do resto do Brasil por falta de estradas. Getúlio desejava a colonização da Amazônia, afirmando que não deveria ser feita de uma forma impulsiva, por causa do grande número de doenças e por tratar-se de região desconhecida. Não poderíamos, inopinadamente, povoar sem as condições mínimas de assistência. Aliás, tese comprovada posteriormente, quando das colonizações açodadamente feitas, sobretudo no tempo de Médici e que deliberadamente não deram certo.

No ano de 1943, não havendo Congresso, Getúlio resolveu, por um Decreto-Lei, separar as áreas de Rondônia, do Estado de

Mato Grosso; as de Rio Branco, do Amazonas, nascendo o Território de Rio Branco, hoje Roraima; o Amapá, do Estado do Pará; Ponta Porã, do Estado de Mato Grosso, e ainda, o Iguaçu, do Estado do Paraná. Na Constituição de 1946, os Territórios do Mato Grosso e do Paraná foram reincorporados aos Estados, contudo, os amazônicos foram conservados. Há uma peculiaridade na figura dos Territórios brasileiros, pois diferentes dos existentes em outras partes do mundo, os nossos são áreas continentais, cuja criação pelo Governo Federal, objetivava incentivar o povoamento, muito embora o modelo apresentado fosse frustrante...

Na verdade, o que povoou Rondônia, não foi a criação da figura do Território, e sim a abertura da rodovia BR-29, hoje BR-364, conhecida como Brasília-Acre. Com a estrada aberta, a ocupação foi inexorável. Não fosse isso, o Território seria ainda hoje, um imenso seringal. O incentivo, propriamente dito, à ocupação aconteceu a partir de 1970, sendo exatamente este o ano em que me candidatei pela primeira vez, trazendo esta noção da realidade. Fui eleito por três mandatos sucessivos sempre focando minha atuação parlamentar no combate e denúncia da estrutura administrativa dos Territórios Federais, acusando-a de perniciosa, contrária aos interesses e direitos políticos dos cidadãos. Em todas as oportunidades mostrava a situação institucional dos Territórios e sua desorganização como um fator impeditivo de desenvolvimento, gerando desestímulo nas pessoas que ali chegavam... A ausência de regras claras não garantia os direitos de qualquer empreendimento, tudo era arbitrado pelo governador, que não concordando com o projeto, fazia dele alvo de hostilidade.

Existe aí uma questão de extrema importância. As áreas dos Territórios têm muitas riquezas naturais como: minérios, florestas ricas. Especialmente Rondônia, cujas terras férteis se sobressaem no conjunto da Amazônia... Temos lá, padrão de terra roxa, e na medida em que permanece praticamente coberta por florestas, possui todas as variedades de madeira de lei em grande quantidade. Concentra recursos na área hídrica, na piscicultura, enfim, recursos de toda ordem, além de possuir uma área com 244 mil quilômetros, quase do tamanho do Estado de São Paulo despovoada! Em seus primórdios, na década de 1940, os três Territórios amazônicos — Guaporé, Rio Branco e Amapá — juntos, tinham sessenta mil habitantes, e esse desguarnecimento das fronteiras amazônicas, foi um dos motivos por que o Estado Maior das Forças Armadas aconselhou o Presidente Vargas a criá-los. Com a estrutura administrativa, que procedeu à instalação desses governos locais, veio também uma unidade do Exército, colocando-se lá, na condição de Companhia de Fronteira, pois não seria viável deixar toda esta extensão territorial desprezada.

Fiz o levantamento e o registro de toda a legislação relativa aos Territórios, passando a estudar essas estruturas e o abandono da região pelas autoridades responsáveis. Descobri que existe no mundo mais de cem Territórios, normalmente como resultado de conquistas de guerra. São em regra, ilhas oceânicas de diferentes países próximas entre si, como as ilhas do Caribe, as ilhas Francesas, as ilhas Holandesas... Ou seja, possessões estratégicas. Existe um catálogo desses Territórios, no entanto a figura do Território Federal em área continental, é inédito, temos só no Brasil.

Na condição de único deputado da região, com mandato em uma Câmara proporcional, mas com eleição majoritária, ocupava-me das questões municipais, que seriam atinentes a vereadores, deputados estaduais, sempre tentando alertar os parlamentares sobre nossos problemas. Tinha consciência de que no Congresso as questões são decididas em razão de bancada, de número. Sendo uma voz solitária, um deputado solitário, meu trabalho era dobrado na tentativa de sensibilizar e conquistar aliados; tarefa difícil porque meus colegas de outros Estados não se interessavam. Não conheciam, nunca foram lá. Não viajavam. Os parlamentares brasileiros gostam muito de viajar para o exterior, todavia desconhecem o Brasil. Quando um deputado, digamos, do Rio Grande do Sul, chega a Brasília, ele não se sente atraído em conhecer a Amazônia... quando muito, visita a Zona Franca de Manaus, e só! O parlamentar não se preocupa em conhecer o Nordeste, cujos problemas, prioridades e necessidades serão levados para a discussão em plenário, e sobre os quais, ele certamente terá de opinar, votando, sem a mínima noção do que está fazendo. A grande preocupação do deputado federal é sua próxima eleição, para tanto, todo fim de semana corre ao seu município para "segurar" seus eleitores.

Quando do meu primeiro mandato de deputado, Rondônia só possuía dois municípios, Porto Velho e Guajará-Mirim. Procurei implantar na região algumas instituições, como o direito de cidadania dos brasileiros residentes, ou que viessem a viver lá, porque ao entrar no Território, perdia-se esta prerrogativa. Na época, apresentei uma proposta de emenda constitucional, porém de pouco impacto, pois o grande defeito, a grande deformação dos Territórios resumia-se no fato de não possuírem personalidade jurídica. Eram híbridos, dissolviam-se dentro da União. A bandeira que se hasteava no Palácio do Governo era a bandeira nacional. Não tínhamos bandeira! A personalidade dos Territórios era a União Federal, e isso causava uma confusão muito grande, tudo dependia do Presidente da República.

Com o Decreto-Lei nº 5.813, criando os Territórios, as terras passaram a ser devolutas federais. Ninguém tinha propriedade, era tudo da União. Necessitava-se da autorização do delegado do Serviço do Patrimônio da União — SPU, para a resolução de qualquer questão sobre a ocupação de uma gleba de terra, ou um afloramento, em decorrência da documentação existente ser precária.

Não havia, também, Poder Judiciário nos Territórios. Apesar da distância, tudo era resolvido no Distrito Federal. Esperava-se parecer do Presidente do Tribunal de Justiça, até para concurso de juiz de Direito. Quando abria vaga, dificilmente havia candidatos, ninguém queria ir para lá com medo de índio, de malária... Como advogado sofri muito. Precisava despachar os processos e não chegava juiz de Brasília. Ficávamos dois, três meses sem ninguém, totalmente abandonados. Por isto, apresentei um projeto criando o Ministério Público e a Magistratura próprios, de forma a dar personalidade jurídica a eles. Debati muito este tema, mostrando a situação institucional dos Territórios Federais e sua precariedade. O Governo Federal acompanhava meu trabalho, concordando de certa forma, embora eu fosse MDB e eles, ARENA. Percebiam que a figura do Território era inexplicável, injustificável para a época em que estávamos. Não existia mais a apelação do tempo de Getúlio, em 1943, quando tudo se justificava por uma emergência de guerra.

O País caminhava para uma institucionalização, não podíamos manter os espaços tão grandes, com um regime tão precário de administração política e jurídica, sobretudo em relação àqueles que optassem por viver ali, não havia garantia. Se o governador resolvesse prender um cidadão, este ficaria detido por tempo indeterminado porque, às vezes, o juiz estava fora ou não havia juiz, a Comarca estava vaga... A criação da Justiça própria para os Territórios constituía uma prioridade, uma vez que a população era a maior vítima desta desorganização.

Quando cheguei a Brasília como deputado, em fevereiro de 1971, a bancada do MDB na Câmara, empossada comigo, contava com apenas 78 deputados. Éramos minoria. Dentro desse quadro, através de um processo natural de atuação parlamentar, fomos nos identificando e resultou, posteriormente, no chamado Grupo Autêntico, cuja marca foi nossa combatividade. Esta primeira legislatura foi acidentada, éramos sempre esmagados. Tínhamos como nosso líder o deputado Pedroso Horta, o qual respaldava todas as iniciativas que pleiteávamos e, embora fossem procedentes e justas eram sempre sufocadas e derrotadas pela ARENA.

Entre tantos acontecimentos desse período, lembro-me bem de um processo rumoroso, a construção da ponte Rio-Niterói. Esta obra sofreu acusação de corrupção exacerbada, o que nos levou a pedir uma Comissão Parlamentar. Conseguimos convocar para falar na Câmara, ninguém menos que o ministro dos Transportes, Mário Andreazza, quando fez demonstrações de "acerto" da obra. Todavia, fomos derrotados. Nesta primeira fase, no primeiro mandato, vivíamos o governo Médici.

Na segunda legislatura, iniciada em 1974, o MDB cresceu muito, e graças a um grande aumento da bancada na Câmara e no Senado, tiveram início as discordâncias de idéias entre os parlamentares. A direção partidária por sua vez, ora orientava, ora excluía os deputados.

Modéstia à parte, nós, os Autênticos, éramos os deputados mais atuantes, mais falados e os que mais compareciam aos debates. Estávamos presentes em todas as comissões, formulávamos requerimentos de informação, questionando a atuação do governo. Em inúmeras oportunidades, os membros da direção partidária, que eram mais lentos, discordavam da nossa agressividade de atitudes e da coragem arrebatadora de nossa atuação parlamentar. A direção do MDB, talvez pela idade ou experiência, primava pela cautela, assumindo posição, às vezes até conciliadora com a ditadura. De nosso lado, queríamos ir mais além visando o desmantelamento da ditadura.

Quando fazíamos um discurso incandescente, denunciando barbaridades como torturas, desaparecimento de pessoas ou cassação em nível federal ou estadual, muito freqüentes na época, éramos parabenizados por Franco Montoro, Ulysses, Thales Ramalho, Tancredo, membros da cúpula do MDB. Contudo, ao tratarmos de temas partidários, eles eram bem mais criteriosos, talvez, por sabedoria, ou até por uma questão de sobrevivência. A escolha de líder, era outro ponto denunciador: as lideranças do partido, apostavam sempre nos conservadores, não tomavam nunca posições agressivas tradutoras do real estado de espírito, não só dos Autênticos, como de todo o eleitorado. Entende?

Em uma ocasião, fizemos nosso líder Freitas Nobre, cuja sagacidade impressionou Ulysses de tal forma, que ele não o largou mais. Freitas Nobre era advogado e jornalista, um homem muito capacitado e preparado. Em outra fase, elegemos Alencar Furtado, sujeito também de inúmeras qualidades, cassado em 1977, por Geisel.

Conseguimos avançar, especialmente por que na praça pública e nos comícios, nossas bandeiras e temas eram os mais empolgantes para o eleitor. E, por incrível que possa parecer, nossos discursos ajudavam os "caciques". Na hora de enfrentar o palanque, usavam as nossas palavras de plenário. Não obstante na Câmara e nas comissões, recuavam. Não iam conosco. Em certos setores eles seguiam a maioria conservadora. Somente por uma questão circunstancial estavam no MDB, não se diferenciando dos elementos da ARENA. Alguns deputados estavam no MDB porque foram excluídos, ou seja, a ARENA não os aceitou, embora pensassem da mesma forma.

O nome Autêntico surgiu naturalmente em razão das nossas posições, não tínhamos duas caras, éramos os mesmos no plenário ou falando com o povo nas ruas. Sempre dizíamos a verdade, sem meio termo. Muita gente fazia uma coisa na Câmara e mentia para o eleitor lá fora, enganando, enrolando, dando tapinha nos ombros... Às vezes surgiam solicitações dificílimas que o deputado não tinha condições de conseguir e, mesmo assim, ficava "engambelando". Nós nunca agíamos assim. Nosso posicionamento franco e nossa autenticidade buscavam justamente o que conseguimos depois, a democracia. Conjugávamos igual maneira no pensar, agir, trabalhar, e encarar a realidade, mesmo dadas as circunstâncias conjunturais, por isso nos aproximamos.

Um assunto muito discutido na época foi a Anticandidatura do Ulysses, cujos acontecimentos posteriores mostraram que o protesto fora um acerto, não havendo outra maneira de fazê-lo. Especialmente pelo espaço ocupado na imprensa, a Anticandidatura ajudou muito o MDB em sua divulgação.

Creio que em 1979, com a abertura e a criação de novos partidos, além do retorno dos exilados e cassados, abriram-se outros horizontes, levando cada qual para uma legenda. As pessoas foram se agrupando e reagrupando em cadeias, em esferas políticas diferentes, sobretudo em razão das conveniências regionais, sobrevivência política, pretensões eleitorais locais, possibilidades de candidatura a Governo de Estado, além de outros motivos...

O MDB representava, na verdade, um grande guarda-chuva que acolhia todas as tendências. Até mesmo a Anticandidatura foi um tipo de arco-íris, uma frente multicolorida que, circunstancialmente e milagrosamente, se colocou junto, em uma mesma sala. Esse *corpus* heterogêneo não possibilitava uma forma de convivência muito duradoura. Nosso companheiro Autêntico, JG de Araújo Jorge, com seu espírito brincalhão, dizia:

— "A esquerda brasileira só se une quando está na cadeia, do contrário briga e se dispersa sempre..." Uma das fragilidades do pensamento da esquerda brasileira é ter "cacique demais e pouco índio". Nunca se chega a um consenso, abre-se um projeto e há sempre uns dez prontos para demoli-lo. Aparece de tudo, até "espiroqueta trotskista" desmanchando o trabalho.

Este tipo de comportamento atrapalha um possível avanço, pois na direita os conservadores estão sempre firmes em um só rumo. Esta é nossa grande fragilidade. Cabe aí profundos estudos de autocrítica e de análise de todas as lideranças. Falta também humildade, existe político que arranja meia dúzia de votos e sente-se dono do Brasil, começa a falar grosso... Não há ponderação, e este personalismo atrapalha.

A dispersão ocorrida com a abertura político partidária se deu por que o trabalhismo perdeu a unidade e sucumbiu a atuação da ditadura, ao tentar dividir o PTB entre Brizola e Ivete Vargas, originando uma facção ainda mais radical: o PT de Lula. O trabalhismo, antes do golpe de 1964, era uma só tendência, atualmente é multifacetado, havendo três ou quatro partidos que dividem o eleitorado — o segmento. Entendo a questão como altamente prejudicial, porque são pessoas que, no fundo, buscam a mesma coisa e pensam quase igual. A direita usou tal mecanismo para pulverizá-los e fazê-los fracos.

Todos estes aspectos estão aí, passíveis de interpretações, porém caberia a elaboração de um programa mínimo. Um dia se conseguirmos o ótimo, o especial, o perfeito seria formidável. Enquanto isto não acontece, as lideranças dos partidos deviam pensar mais no Brasil e tirar programas para estas soluções, pois nem isto estamos conseguindo.

Em 1930, com o projeto Aliança Liberal, Getúlio Vargas conseguiu implantar um programa mínimo, e fez realmente uma revolução. Se considerarmos o Brasil antes e depois da década de 1930, perceberemos nítidos avanços. Não digo que foi ótimo, ou especial, todavia estava dentro do viável. Getúlio fez muito pelo Brasil, pois pensou no país como um todo, não só no seu Estado, o Rio Grande do Sul, ou só em São Paulo, como muitos presidentes fizeram. Haja vista, o Collor, que só pensou em Alagoas; e Itamar que governou por Juiz de Fora. Não pode ser assim. O que mais atrapalha e gera instabilidade da nação brasileira é a disparidade da aplicação dos recursos federais em relação às necessidades regionais.

No Brasil temos ilhas de prosperidade e de miséria absoluta, não havendo investimentos do orçamento federal justamente para os mais necessitados, e este expediente caberia à Federação administrar, mas infelizmente, não acontece. O Presidente tem obrigação de perceber a totalidade do país. O orçamento federal possui verbas que não são alocadas para atender uma diretriz nacional de desenvolvimento e aos interesses dos brasileiros, em razão dos lobbies das empresas. Suponhamos uma empresa com obra no Amazonas: ela manda seus lobbistas ao Congresso para que a verba seja aprovada, do contrário ela não se realizará e o Estado fica sem verbas. Isto é a deformação da República. É preciso que o Presidente veja o país como um todo direcionando a política federal e a ação dos ministérios para atender tais objetivos, e não aos lobbies!

Ainda no MDB, recordo-me de um seminário, com um sujeito que foi auxiliar do Getúlio. Era baiano e chamava-se Rômulo Paiva. Neste encontro discutimos a proposta de um programa de governo, visando o combate das disparidades regionais. Há Estados nesse país que não recebem nada do governo, nem para conservação das obras federais já existentes... Tudo isso está errado! O Getúlio tinha a vantagem de ter servido o exército quando rapaz. Esteve como soldado em Corumbá, e em uma daquelas revoluções do Acre — conhecia o país todo. Não estou aqui fazendo apologia ao Getúlio, mas como estudioso da história desse período e dos posteriores, percebo claramente que ele sempre pretendeu governar o país inteiro. Tinha amor pelo Brasil. Hoje não se vê mais isto, e o que temos são califórnias e biafras brasileiras...

Veja a campanha para Presidente que estamos vivendo, os programas dos candidatos, Lula e Fernando Henrique, nada têm de inovador. Todos esses candidatos não sabem que a Amazônia ocupa dois terços do território nacional, e tampouco o que fazer com ela. Se um candidato é indagado sobre a região, diz que não sabe. Talvez transforme a Amazônia em um jardim zoológico, como era a proposta do Collor, ou implante um desenvolvimento auto-sustentado; se promovesse uma ocupação racional, ou uma real integração, a transformaria em um grande celeiro de produção de excedentes exportáveis, ou continuará deixando a região como apenas um empório, um centro de abastecimento de matérias-primas para outros Estados e para o exterior. Não imaginam quais seriam os moldes de uma colonização, nem as cautelas para a garantia de êxito. Não sabem, porque são daqui, do Centro-Sul. O senhor Quércia é daqui, senhor Fernando Henrique é daqui, o senhor Lula idem, e o senhor Espiridião Amin é de Santa Catarina. Quando vão à Amazônia chegam com medo do mosquito da malária e saem correndo... Esta é a grande verdade. Ademais, a dificuldade de relacionamento torna-se extremada porque não querem se meter com os militares que, inegavelmente, são as maiores autoridades, se o assunto é Amazônia. Quando servem ao quartel, permanecem por dois ou três anos na fronteira, tornando-se verdadeiras testemunhas do sofrimento da população abandonada e isolada.

No regime fechado, bi-partidário, a ARENA estava com os militares, e não tínhamos meios ou chances de relacionamento. Nosso agasalho e guarda-chuva era mesmo o MDB, porém, nem sempre éramos bem vistos. Muitas vezes, tudo o que pretendíamos, a liderança cortava e não nos dava trégua, nem condições para um bom trabalho. Passamos por tudo isso...

Geralmente a mídia e, sobretudo, os jornalistas entusiasmados com as teses e posições mais avançadas e corajosas que defendíamos, nos davam cobertura. Significávamos o novo, o diferente, algo como uma doutrina que surge, e quando divulgada provoca, realmente, muitos comentários.

Trabalhávamos desesperadamente, porque havia o combate à ditadura e o confronto com uma estrutura partidária nem um pouco benevolente...

Dentre tantas experiências vividas e comungadas pelo Grupo, considero a cassação de Alencar Furtado, a mais traumática que tivemos. Quanto a mais expressiva, considero a contestação da eleição do Geisel, traduzida no documento que redigimos e assinamos, lido no Colégio Eleitoral e registrado nos Anais. Para mim, isto foi uma clarinada anunciando o fim da ditadura, porque o próprio Geisel chegou convencido da emergência da abertura e pregou-a, apesar de lenta e gradual. De qualquer forma, ele trabalhou bastante neste sentido. Não cedeu, talvez até por uma questão de estabilidade dos próprios militares, e também em razão da briga com o ministro da Guerra. Com o fim do mandato de Geisel veio o Figueiredo, justamente no período em que o processo se encontrava mais amadurecido, ficando acertado o início de uma abertura. A questão do fim do bipartidarismo, com a criação de outros partidos, por sua emergência, foi a primeira a ser assegurada.

A criação de novos partidos deu direcionamento ao pessoal que estava sob o guarda-chuva do MDB exercendo uma força muito grande de diáspora. Notadamente nós da bancanda autêntica, muitas vezes estávamos ali no MDB, hostilizados, contrariados, sem ter para onde ir, brigando com a direção partidária. De um momento para outro, vislumbrou-se uma outra possibilidade que nos permitia ser mais valorizados. De meros soldados no MDB, muitos de nós fomos para um grau de comando na formação de outro partido, em uma condição de mais destaque e prestígio. Tudo isto surgiu como fruto da dispersão; alguns foram para o PT, outros para os PCs...

A volta dos exilados também atraiu alguns Autênticos que se uniram ao Brizola, outros ao Arraes. Quanto ao Brizola, tentaram segurá-lo no PMDB, mas havia uma discordância muito grande entre ele e o grupo do Pedro Simon, do Rio Grande do Sul, levando-o a fundar o PDT, e conseqüentemente, "puxando" muita gente. Nessas alturas, o esvaziamento do partido já se mostrava evidente; a revista *Veja*, até publicou uma matéria de capa, mostrando o êxodo ocorrido no MDB. Neste momento, configurava-se, principalmente, o discurso do Figueiredo sobre a atuação do Petrônio Portela na busca da abertura. Em síntese, dois fatores se sobressaíram na dispersão dos Autênticos: o pluripartidarismo e retorno dos exilados.

Na minha militância de vinte e tantos anos, considero muitas questões antiquadas no processo político brasileiro, que não mudaram na maneira e nem na proporção pretendida. Este dado revela a falta de programa e de idéias que, se existem, não chegam ao eleitor, ou ele não as assimila. Ou melhor, o eleitor brasileiro age mais pelo estômago e pela necessidade pessoal.

Observe, ficaram dois anos para fazer a Constituição de 1988, que se denominou "Constituição Cidadã", cujo clamor para sua revisão já é pública e notória. Minha crítica maior em relação a ela é no tocante ao descompromisso com a reformulação do sistema eleitoral e partidário, incentivando a corrupção, a compra de voto, não respeitando a vontade do eleitor. Está provado que o sistema político/partidário vigente está errado, virou um "samba do crioulo doido". Precisamos assegurar basicamente, neste momento, a autenticidade da representação. Em outras palavras, não podemos continuar elegendo deputados, senadores, porque são milionários, mas não sabem nada. Chegam à Câmara e ficam à mercê de assessores. Muitas vezes, são eleitos porque têm gados, terras, ou como tem acontecido com os banqueiros que são eleitos sem sair do gabinete. Financiam dez, vinte deputados estaduais e sua eleição para federal está pronta. Até parece ficção.

Os partidos, nesta concepção, tornam-se arapucas, agasalhando interesses escusos, oferecendo legendas... Isto tem de acabar! E, sem dúvida, a Constituição é culpada, pois deveria restabelecer um sistema de rigidez na criação de partidos, aniquilando os picaretas e mercenários, exigindo fidelidade partidária de modo a disciplinar o processo.

Sinto muita dificuldade em definições e, depois da queda do muro de Berlim, dizem que esquerda e direita são sinais de trânsito. Estou "em observação". Considero-me um progressista em sintonia com posições avançadas, e que visem beneficiar a população. O mundo está realmente em revisão e com avanço da ciência, certos conceitos que eram absolutos, hoje soçobram. Sou um realizador, sempre atendi ao povo e jamais busquei comprar a consciência de ninguém. Os eleitores votam em mim porque acreditam nas idéias e no trabalho que executo. Dentro desta perspectiva, tenho a minha consciência tranqüila, pois como político e homem público, cumpri a minha parte, desobrigando-me de qualquer peso. Atualmente polarizar as doutrinas políticas, mediante o engajamento em uma delas, é anacrônico, além de frustrante.

Sou fundador do MDB de Rondônia, todavia em 1982, ele foi invadido por grupo que inicialmente se apresentou com um bom discurso, mas depois passou a fazer-me oposição declarada, buscando minha derrocada. Presidi o partido por dezessete anos; ao exercer o cargo de governador de Rondônia (março de 1987 — março de 1991) fiquei afastado de sua direção. O grupo que me substituiu, desorientou o partido, e ao término do meu mandato, fui cruelmente marginalizado. Este grupo tem como líder, o Aragão, que esteve para ser cassado e, surpreendentemente, não foi. Vale lembrar que entre janeiro e fevereiro de 1993, postulei retornar ao partido, apresentando até uma chapa para a Convenção. No entanto, este grupo fez barbaridades: não registraram a minha chapa, não deixaram que concorresse e tornaram-se senhores absolutos do PMDB. Dessa forma, fiquei sem legenda. Sei que além do PMDB existem outros partidos, mas na ocasião eram também controlados pelo governo e, portanto, não me ofereceram oportunidade.

Com a intenção de disputar as próximas eleições de outubro deste ano, depois de muita batalha, estou no PPB, partido que me ofereceu legenda. Isso aconteceu apenas em 22 de dezembro 93, sendo que no dia 9 de janeiro de 94 expirava o prazo de filiação. Em outras palavras, fiquei fora do processo porque esse pessoal que me boicotou está na situação.

Não creio ter deixado herdeiros políticos, e justamente depois desse trabalho feito durante o período que estive fora da direção do MDB, o grupo tomou outro rumo. Tenho sim, muito eleitor. Em Rondônia, dizer que alguém segue essa ou aquela orientação é difícil. As pessoas são muito individualistas, estudam pouco. A falta de interesse e curiosidade inibe a discussão de idéias, complicando qualquer tipo de influência. Discutir as doutrinas que estão aí, no dia-a-dia, as novas obras lançadas, os cadernos especializados de jornais, é muito interessante. Em Rondônia, entretanto, não há ambiente. Deste modo investir em herdeiros torna-se uma frustração.

Em Brasília, tenho um escritório, e às vezes, mando correspondência para algumas pessoas contendo cópias de matérias interessantes publicadas nos jornais. Quando estou em Rondônia, sempre converso com elas, e constato que ninguém leu nada do material enviado. Isto me leva a concluir que a população de Rondônia não tem o costume de ler; apenas escuta rádio, vê televisão, mas não lê. Às vezes, é uma matéria sobre sua comunidade. Há um momento no processo que a pessoa precisa ler, não é só televisão, tem de passar às páginas dos livros, dos jornais e ler.

Fui eleito prefeito de Porto Velho em novembro de 1985 e minha gestão foi até de maio de 1986, quando me afastei para disputar o governo do Estado. Fui o primeiro prefeito eleito de Porto Velho, pois na condição de Território não havia eleição até então; e também, o primeiro governador eleito pelo Estado de Rondônia. Tive portanto, três mandatos de deputado federal, outro como prefeito de Porto Velho, além do de governador de Rondônia.

Olha, nós, Autênticos, tínhamos sim, plena consciência do papel que estávamos desenvolvendo e também da necessidade de trucidarmos o sistema que combatíamos. Corríamos riscos iminentes. Ao retornarmos para casa à noite, poderíamos ser surpreendidos com a notícia de cassação do nosso mandato pelo *Jornal Nacional*. Esse clima de insegurança era muito angustiante... Em relação à nossa caminhada, não sabíamos quando chegaria a um termo. Combatíamos, combatíamos e parece que, muitas vezes, municiávamos a repressão.

Como catalisador deste processo, veio a eleição de 1974, servindo de advertência para os elementos da exceção, porque o MDB fez dezesseis senadores, assustando muita gente. Entraram até pessoas despreparadas para o mandato.

A ditadura viu nitidamente que a opinião pública não estava mais caminhando com ela. Precisou usar de casuísmos, como prova o fechamento do Congresso, no mês de abril, promovido por Geisel. Com o Pacote de Abril, criou-se o voto vinculado, além de uma série de garantias para a sua própria sobrevivência, cuja expressão máxima foi o senador biônico. Essas imposições consubstanciaram-se na sobrevida da ditadura, quando ela mesma sentia-se, de certa forma, exaurida, sem gás, sem fôlego para empolgar o eleitorado.

Todo o processo vivido pelos Autênticos foi válido no sentido de caminhada rumo à democracia, representando um peso grande para chegarmos à situação de abertura democrática. Oferecemos a nossa contribuição desinteressada e conseguimos abater o monstro da ditadura. Ela se exauriu por si própria, não obstante em uma somatória das medidas e combates. Sem dúvida, temos uma fração neste arsenal de providências, e parafraseando o General Sodré:

— "Não vivi em vão, fiz alguma coisa, não fiquei no vazio".

Tive uma atuação pessoal coerente com a situação de representante de um Território em luta permanente contra a estrutura administrativa arbitrária, corrupta, que reinava ali. Minha posição foi realmente combativa com a imposição de terçar armas. O período da ditadura nos Territórios era mais cruel do que no resto do país, porque lá não havia imprensa para denunciar os atos de exceção. Ou seja, o Território, no período de democracia, já era uma ditadura; imagine em pleno regime ditatorial! Deste modo, minha posição em relação aos territórios traduziu-se em identidade natural com o Grupo Autêntico, que também era aguerrido. Embora não tivessem os problemas e as lutas travadas por mim na minha região, eram visceralmente solidários em relação à minha saga e, muitas vezes, aparteavam dando apoio e acompanhavam de perto as questões de Rondônia. Daí minha aproximação.

Fui um dos deputados, naquele período, que mais falou na Câmara; fiz um número assombroso de pronunciamentos. Publiquei 46 separatas de trabalho, sendo que vinte constam dos Anais e podem ser publicadas, embora, eu ainda não tenha tido condições para isto.

A marca dos Autênticos dava-nos uma distinção de um deputado atuante, trabalhador que permanecia ali, atento, não era ausente, nem omisso, e tampouco estava fazendo turismo.

Éramos um pouco mais de vinte deputados, os "carregadores de piano", que verdadeiramente trabalhavam dentro do MDB; os demais ficavam nos corredores, conversando fiado. Nosso Grupo realmente trabalhava, íamos para pronunciamentos na Tribuna, escrevíamos discursos, preparávamos apartes, participávamos das Comissões de Inquérito enfim, realmente marcávamos presença. Pessoalmente, dentre outras, participei da Comissão de Inquérito sobre o Sistema Fundiário Brasileiro. Existe uma publicação de mil páginas sobre este trabalho; fui também da Comissão de Inquérito da Política Mineral Brasileira, mostrando como deve ser conjugada corretamente tal política; fiz parte da Comissão de Inquérito sobre a Invasão das Reservas Indígenas, foi inclusive presidida pelo Freitas Nobre. Tive ali atuação bastante pertinente,

Trabalhávamos feito "burros de carga" e quando o MDB precisava "mostrar serviço" lançava mão do nosso acervo, do trabalho que desenvolvíamos, vigilantes e constantemente. Quer dizer, muita coisa ficou entre quatro paredes, outras tantas divulgadas pelos jornais, por publicação de separatas. Isso tudo valeu, e continua valendo ainda.

De toda esta longa experiência, fica para mim a clareza de que o povo do Brasil central, da região Oeste brasileira, tem de analisar sua própria história. E isso eu escrevi. Notadamente, apenas três brasileiros fizeram alguma coisa por essa região: Marechal Rondon, com as suas expedições, construiu quatorze mil quilômetros de linha telegráfica, sendo a maior do mundo. Em 1904, ele percorreu toda a região tentando abri-la, construiu mil e quinhentos quilômetros de linhas telegráficas na selva. Tudo à base de lombo de burro. Levou as linhas telegráficas de Cuiabá ao Acre, passando por Curus, Juruá e Manaus. A missão do Rondon foi realmente significativa e civilizadora. Há uma obra a este respeito, da autoria do próprio Rondon, chama-se *Rondon conta a sua vida*, trata-se do registro que a jornalista e taquígrafa Esther Viveiros fez das muitas horas de conversa entre eles.

Outro brasileiro que olhou essa região foi Getúlio Vargas através do Programa "A Marcha para o Oeste". Aliás, no início deste ano, fiz uma conferência na Assembléia Legislativa de Goiânia sobre este programa, que completou cinqüenta anos.

Por último, Juscelino tentou olhar nossa região como parte integrante da nação brasileira.

E, extremamente emocionado, admito, os demais governantes majoritários nada mais fizeram. Tenho tentado seguir os passos de Rondon, Getúlio, Juscelino e muito os admiro!

Lysâneas Maciel

(Lysâneas Dias Maciel)

NASCIMENTO:

23 de dezembro de 1926
Patos de Minas, MG

FILIAÇÃO:

Antônio Dias Maciel e Ordália Pinto Maciel

FORMAÇÃO:

Advogado
Faculdade Nacional de Direito
Universidade do Brasil, RJ, 1951

CÔNJUGE:

Regina de Moura Carijó Maciel

FILHOS:

Armando, Andréa e Antônio Carlos

NETOS:

Álvaro, Andrea, Kauê e Marina

"A coragem, apesar de todos os receios... a coragem era, ela própria, um traço na busca de superação do medos."

Rio de Janeiro, 17 de dezembro de 1993

"Nasci em 1926 na cidade de Patos, Estado de Minas Gerais. Éramos sete irmãos; cinco homens e duas mulheres.

Meu pai Antônio Dias Maciel, oriundo de família conservadora (um de seus irmãos foi deputado federal pela UDN), era advogado e professor, fundou na cidade uma escola normal modelo, enviando seus professores para aperfeiçoamento na França, atitude ousada para época. Apesar de sermos evangélicos, tratava-se de escola laica provocando a ira do bispo local, que iniciou perseguições sistemáticas à minha família, e obrigou meu pai a mudar-se para Belo Horizonte. Meus irmãos e eu fomos para o Instituto Gammon, na cidade de Lavras, Minas Gerais, onde cursei o ginasial e o clássico.

Minha mãe, Ordália Pinto Maciel, era professora, mas nunca lecionou, dedicando-se à criação dos filhos e aos afazeres do lar.

No Rio de Janeiro, formei-me em advocacia; um irmão em sociologia, estando até hoje na docência, da Universidade Estadual do Rio de Janeiro. Tive também outro irmão, agrônomo, que além de fundador da Escola de Agronomia de Goiânia, chegou ao posto de Reitor da Universidade de Goiás. Quanto às irmãs, formaram-se no Conservatório Musical do antigo Distrito Federal.

Até por volta dos 44 anos, eu era um próspero advogado na Guanabara. Um advogado de sucesso, com escritório de um andar inteiro na Avenida Rio Branco junto com uns sete colegas. Enfim, vivia uma vida tranqüila... Tranqüila no sentido de não me imiscuir em problemas políticos.

Por volta de 1968 comecei a despertar. A intensidade das perseguições, a violência, a tortura e as mortes, tornavam insuportável minha condição. Principalmente após o AI-5; muitos estudantes, muitas mocinhas, eram arrancados das salas de aula das universidades e brutalizados. Os reitores eram comandados por órgãos especiais no qual um coronel militar era sempre o chefe. Inclusive as manifestações didático-pedagógicas eram lideradas por um militar.

Nessa época, a educação tinha portanto de servir ao regime e por esta razão houve um verdadeiro esmagamento das ciências humanas, em favor das ciências exatas.

O ministro da Educação era o coronel Jarbas Passarinho (este mesmo que hoje posa de democrata), que colocou 63 coronéis no Ministério da Educação. É dele, a famosa frase, que alienou, anestesiou e engambelou um grande número de pais e estudantes: "O estudante deve apenas estudar e se tornar um bom profissional e desta maneira servir ao país". Aparentemente, se não analisarmos as conotações ideológicas, era uma frase sadia, mas havia por trás desta frase, a tentativa do afastamento de um setor jovem, que, sabe-se, pleno de questionamentos sobretudo voltados às contradições da sociedade. Por exemplo: todos os alunos que se inscreviam no curso de Sociologia, eram automaticamente considerados suspeitos de subversão, e enquadrados... Ora, o curso de Sociologia, caracteriza-se pela análise profunda da sociedade, bem como, pelo questionamento de seu modelo.

Na condição de advogado, comecei a defender estudantes, trabalhadores comuns mas, de forma ainda desarticulada. As grandes lideranças dos PC's, da Ação Popular, dos partidos clandestinos de modo geral, sempre tiveram cobertura de defensores. O pessoal humilde, entretanto, tipo Manuel da Conceição que teve uma perna arrancada por um tiro de fuzil, não tinha... E eu era chamado a toda hora.

Eu, que vivia lá na minha igreja, com uma obra de assistência social, de ajuda diaconal, sem maior profundidade ou preocupação, mas como membro da Comissão de Direitos Humanos da ONU, diante deste clima, achava um absurdo a indiferença da Comissão de Direitos Humanos da Câmara e do Senado.

Este quadro me fez lembrar a frase de Martim Niemöler, que era pastor protestante na Alemanha nazista, e que vivia completamente alienado dos problemas, até quando na prisão, prestes a ser sacrificado pelo regime nazista, fez esta célebre declaração, que acabou virando mote — *slogan* — da minha campanha:

"Primeiro eles vieram buscar os comunistas, não falei nada porque não era comunista; depois eles vieram buscar os judeus, não falei nada porque não era judeu; depois vieram buscar os operários e os membros do sindicato, nada falei pois não era operário sindicalizado; depois eles vieram buscar católicos, nada disse porque era protestante. Finalmente eles vieram me buscar e quando isto aconteceu, não restou ninguém para falar".

Indiferença! Era tudo o que podia ser percebido naquela "época de Brasil Grande"... "Milagre Econômico". Havia algum progresso econômico, entretanto, fundado em um grande arrocho salarial, no assalto e entrega consentida das nossas riquezas ao capitalismo estrangeiro, violação dos Direitos Humanos. Com isso, a nação estava completamente anestesiada e eu, me sentindo partícipe por omissão de um processo de opressão dos Direitos Humanos, processo pelo qual o Brasil iria (como até hoje) pagar muito caro.

Foi assim até 1970, quando fui eleito deputado federal pelo MDB. Ao chegar à Câmara, já nas primeiras horas, percebi que o MDB defendia a seguinte tese: não contestar as coisas importantes, para assegurar o direito de mais tarde, defender e falar sobre coisas supérfluas. Quero dizer que o MDB foi criado apenas para fazer *pendant* com a ARENA e, que na verdade não era um partido de oposição. Analisando o quadro, vi que seria fácil e cômodo adaptar-me a isto, fingindo exercer mandato parlamentar ou seja, apoiar um dos 2500 projetos, que o governo mandava e que eram votados integralmente. Perfumarias do tipo, dia do motorista de táxi, dia da árvore etc... Preocupava-me o fato de, ao prestar este papel, estar coonestando a ditadura, dando a impressão, ao mundo inteiro e à própria nação, de que existia um partido de oposição democrática no país.

Havia, no entanto, outros deputados que comungavam da preocupação e queriam mostrar ao mundo a existência de um grupo de parlamentares, que não coonestava a ditadura e, vem daí o embrião dos Autênticos. Inicialmente, o Grupo era formado por uns sete deputados. Foi um movimento que surgiu de forma espontânea. Faço esta afirmação porque nós não nos conhecíamos, eu não conhecia Chico Pinto, a não ser por ouvir falar de um deputado muito firme da Bahia. Por aí, começamos a receber recados dos prisioneiros políticos, dos perseguidos, que nos orientavam dizendo: procure Fernando Lyra de Pernambuco; procure Santilli Sobrinho de São Paulo, e percebemos que tínhamos uma profunda afinidade, um inconformismo em relação ao papel que, até então, desempenhávamos.

Nossa primeira divulgação deu-se através do jornalista Evandro Paranaguá, que só se referia ao Grupo, como Autênticos... Grupo Autêntico, consumando desta forma, nosso batismo.

A falta de aprofundamentos ideológicos, ou de tentativa de acertos neste sentido, foi contraditoriamente importante, diante da possibilidade de perder tempo em discussões intermináveis e muitas vezes estéreis. O que parecia ser uma fraqueza ideológica do Grupo Autêntico, foi um ponto importante. Tínhamos como prioridades: a tragédia do cotidiano, e a libertação do país de uma ditadura militar imprevista e contrária aos interesses nacionais, portanto, muito grave. Evidentemente, éramos todos homens de esquerda, sem preocupação com rótulos e, com um bom trânsito nos partidos de esquerda. Neste sentido, víamos a necessidade, como posso dizer, da existência de partidos verdadeiramente populares. Alguns de nós tínhamos até um certo conúbio com os partidos ditos revolucionários, como: PC do B, AP, PCR, POC... essa coisa toda... Mas, na maioria dos casos, sentíamos a falta de um partido realmente popular, e localizo aí o traço mais forte nas aspirações do Grupo — o sentimento da falta de participação popular.

Traço também forte do Grupo: a coragem, apesar de todos os receios... a coragem era, ela própria, um traço na busca de superação dos medos. Em meu discurso "Basta!", de 31 de março de 1976, três dias antes de minha cassação, referi-me à questão do medo.

Com este discurso, saí na defesa de Amaury Müller e Nadyr Rossetti deputados gaúchos, Autênticos, cassados dia 29 do mesmo mês. No dia seguinte, Álvaro Valle (ARENA da Guanabara), confidenciava a alguns deputados do MDB, que eu seria o próximo a ser cassado.

Em primeiro de abril de 1976, quando discursava sem microfone e sem mesa diretora, por volta das seis e meia da tarde, alguém me disse:

— "Você acaba de ser cassado." Ao que imediatamente respondi, sob aplausos:

— "Cassados estamos todos!"

Embarquei imediatamente de volta ao Rio de Janeiro, e um fato raríssimo aconteceu, furou o pneu do avião. Durante duas horas de espera no aeroporto de Brasília, tudo o que consegui colecionar: meus discursos; uma carta pessoal de Françoise Miterrand; recortes de jornais; soltura de Davi Capistrano; recortes do *New York Times* e *Le Monde* com discursos meus publicados... Foram retirados de minha bagagem.

A propósito dos meus discursos, eles eram proibidos no país em razão da censura, entretanto a imprensa estrangeira isenta, através de seus correspondentes, permitia que muitos pensamentos dos componentes do Grupo Autêntico chegassem à população brasileira, mesmo que por um caminho mais longo.

Fazia parte de nosso cotidiano a presença de mães e esposas que chegavam e queriam os corpos de seus filhos e maridos. Nada podíamos fazer... Até que um dia, percebi que a única solução seria pedir a aplicação da Lei de Segurança Nacional, pois pelo menos, localizaríamos as pessoas. Tanto que no meu projeto — Proteção Judiciária Imediata aos Presos ou Detidos, do dia 7 de outubro de 1971, não modifiquei uma vírgula sequer da Lei de

Segurança Nacional, não tirei o julgamento dos civis pelos militares; não pedi a abolição da pena de morte, que embora fosse usada largamente pelo país, nunca foi aplicada oficialmente. Além disso, eu só pedia um exame de sanidade física e mental, em que a pessoa fosse identificada — só isso.

Começamos a exigir a aplicação da lei, e o pessoal não entendia. Fizemos isto com o deputado Francisco Pinto, quando foi preso (acusado de ofender o ditador Augusto Pinochet do Chile, em sua visita ao Brasil). Não obstante, a lei não estivesse aprovada. Daí, o Abi-Ackel (ministro da Justiça do governo Médici) este mesmo, que foi convidado a ser sub-relator da Comissão que alteraria a Lei Penal e de Segurança Nacional, disse:

— "Essa lei está perfeita, só tem um problema, a assinatura do Lysâneas Maciel... Mais nada!" Era ele o Ministro, e a lei não foi aprovada.

Noutra ocasião, cheguei à Câmara (naquele desespero de não poder nada, de apenas pedir o corpo, apenas o corpo para ser enterrado, mais nada), vi todo mundo falando mal dos militares e pensei: "hoje eu vou falar em nome das Forças Armadas". E comecei:

— "As Forças Armadas não se constituem apenas neste grupo teratológico... As Forças Armadas não se constituem apenas de figuras como este louco do Brigadeiro Bournier da Aeronáutica, de energúmenos como o Zamith e do Clemente da Marinha!" Comecei a dar os nomes dos principais torturadores... Ainda assim, o pessoal queria que usássemos uma linguagem parlamentar com sujeitos como: Ivahir Garcia, Cantídio Sampaio, homens que participaram diretamente da tortura. Existe até uma confissão do deputado Ivahir. Eu estava falando sobre o Esquadrão da Morte e ele e o Cantídio defendendo o Fleury. Em determinado momento, ele cometeu um erro falando pela liderança, designado por José Bonifácio:

— "É um homem muito digno o senhor delegado Fleury... Ainda mais senhores deputados, o delegado Fleury é responsável pela eliminação física de diversos inimigos do sistema!" Eu me fiz de desentendido e disse:

— "Gostaria que Vossa Excelência repetisse!" José Bonifácio tentou impedir, mas a fala foi registrada: "é responsável pela eliminação física de diversos inimigos do sistema". É a confissão que ele matou, e matou com pleno conhecimento do governo. Isso, não era responsabilidade de tipos patológicos como o coronel Erasmo Dias, não. Isso era responsabilidade do Governo Federal.

Esses indivíduos, a pretexto de serem garantidores das áreas de segurança, tinham impunidade para cometer crimes, e eram "responsáveis pela eliminação física..." Este era o regime.

Apesar de toda nossa luta, ainda havia uma certa unidade dos radicais de esquerda em nos criticar, especialmente a mim e ao Chico Pinto, na insistência de que estávamos mesmo coonestando a ditadura, participando. E eu respondia:

— "É porque não tenho estrutura pessoal para a luta insurrecional. Acho que não devo ir à luta armada, mas conheço gente vinculada, se você quiser entrar eu o coloco em contato!" O pessoal do Partido Comunista, como sempre dentro de uma postura mais moderada, nos acusava de prejudicar a distensão, por causa de nossa "agressividade e precipitação".

Era um Congresso realmente castrado. Tinha e tenho consciência de que não éramos deputados ou senadores. Basta dizer que o MDB era uma oposição consentida. E é aí que o Grupo Autêntico teve uma importante missão: transformar o MDB em um partido de oposição, ou seja, buscar através do exercício de oposição verdadeira, a redemocratização do país.

Logo ao chegarmos à Câmara, exatamente em julho de 1971, foi marcado um Seminário em Recife. Este seminário era de todo o MDB: autênticos e adesistas. A pedido de Pedroso Horta, elaboramos um documento, que já naquele período fechado e hostil, trazia em seu conteúdo as bandeiras da Assembléia Nacional Constituinte e da anistia. Neste sentido, outra questão que sempre me chamou atenção, era o fato do Grupo ser formado por pessoas de lugares diferentes, sem conhecimento prévio, mas com profundas afinidades... Éramos homens de esquerda, apesar de uns mais antigos na luta, outros menos, como eu — advogado burguês.

Nas eleições, alguns partidos de esquerda, mesmo pregando a luta insurrecional, costumavam apoiar alguns candidatos. No meu caso, isso não ocorreu em 1970, pois me elegi com uma votação muito curta, pequena, especialmente nestes setores. Já em 1974, me elegi com 97 mil votos, sendo apoiado por todos os grupos de esquerda, inclusive o "partidão".

Dentre os muitos episódios vividos pelo Grupo, existe um que é sempre o mais lembrado. Trata-se da Anticandidatura... Eu não diria que a Anticandidatura foi o fato mais expressivo de nossa trajetória, ao contrário. A meu ver foi sob certos aspectos, negativo, porque o trato que nós fizemos não foi cumprido. O trato era denunciar e renunciar.

Imagino, se nós tivéssemos tido durante sessenta dias, meia hora por noite, para falar à nação toda... Que coisa maravilhosa!

Ainda me lembro da expressão do Barbosa Lima Sobrinho — grande figura — que, muito categórico, disse:

— "Marquem dia e hora, de nossa renúncia". Mas...

Tudo começa com o convite, ao próprio Barbosa Lima Sobrinho, para que fosse candidato a Presidente, cogitando-se no meu nome, no de Chico Pinto, ou de Marcos Freire para vice... O Marcos sempre era convocado e, em bem humorada analogia, ele foi para o MDB da década 1970, o que o Mercadante é hoje para o PT...

Ulysses, inicialmente, era contra a Anticandidatura, mas quando soube que havíamos fechado com Barbosa Lima, resolveu imediatamente, ser ele o anticandidato. Desconfiados de Ulysses, chamamos lateralmente Barbosa Lima e dissemos, que estávamos com esta preocupação, que tínhamos receio que Ulysses negasse espaço para a denúncia das arbitrariedades que aconteciam no país. Esta conversa foi até em minha casa, e repito a expressão de Barbosa Lima:

— "Marquem dia e hora de nossa renúncia!" Depois...

A bem da verdade, Barbosa Lima foi muito pressionado... Ulysses, Tancredo, Thales eram muito hábeis, envolventes e sedutores. E, é por isso que, apesar de ser o mais famoso episódio do Grupo Autêntico, a Anticandidatura é para mim, um esboço frustrado do retorno a democracia, já em 1973.

A propósito da democracia, considero que até hoje, a civilização contemporânea não encontrou um sucedâneo à altura do regime democrático representativo. Os meios de comunicação, especialmente as Organizações Globo, têm nas últimas décadas feito desserviços à nação, (que não se limitaram na eleição de Collor, não!). A Rede Globo tem feito uma propaganda sistemática contra o regime democrático. O programa, *Globo Repórter*, coleciona as mazelas de todas as Assembléias Legislativas do país inteiro, e mostra! Há motivos para que haja descrédito no Poder Legislativo, mas essa propaganda antidemocrática faz um mal tremendo, impondo ao povão a crença de que todos os políticos são farinha do mesmo saco... Se esta afirmativa fosse verdadeira, justificaria plenamente o desinteresse do cidadão de bem, pelo voto certo, voto correto, essa coisa toda. É muito mais do que isto, ele se torna cidadão de segunda categoria, na hora que diz: "Se todos os políticos são safados, é hora de tirar minha vantagenzinha, ou seja, um saco de cimento, um emprego, uma internação"...

Na Constituinte, tive um debate muito interessante com o senador Afonso Arinos de Mello Franco, quando propus o "voto destituinte".

— "Lysâneas, quando nós somos eleitos, temos o dever com a nossa consciência, você quer tirar antes?", argumentou Afonso Arinos.

— "Senador, o senhor está confundindo: o poder principal pertence a quem nos dá o mandato. E se trairmos este mandato através de práticas ilícitas?". E dei um exemplo:

— "Há um deputado do nosso partido, que escreveu um livro sobre reforma agrária, e no dia de votar, votou contra a emenda."

Propus o voto destituinte, porque o poder principal é de quem outorga o voto. A transitoriedade e a precariedade do mandato que nós exercemos, têm que ser características. Afonso Arinos confundiu a questão da participação popular, com representatividade. Quer dizer, através dos partidos o povo não participa plenamente do Congresso, é só chamado para preencher ficha de filiação, votar e estar em comícios... Nos órgãos de direção, o povão nunca é chamado. Percebo que muitas pessoas de partido interpretam a questão da participação popular equivocadamente. Concordo, que enquanto parlamentares somos representantes legítimos, porém a participação popular foi mesmo excluída da vida política brasileira.

Lembro-me que saí do PDT, onde estou novamente, por uma questão deste gênero. Éramos trinta e tantas pessoas: 22 advogados, três engenheiros, dois médicos, e não havia representante dos setores populares. A participação popular não é aceita como normal. A sabedoria popular não é aceita nem pelo próprio povão. O que dirão, então, os partidos que são elitistas? Até mesmo os partidos de esquerda... Inclusive o PT, que é uma idéia linda, nova, cheia de esperança. Benedita da Silva (senadora, eleita em 1994, pelo PT do Rio de Janeiro) é até hoje eleita pela intelectualidade de esquerda carioca. Por quê? Porque ninguém admite a idéia de que o povo tem configuração moral e política. A artificialidade partidária começa aí!

Ainda na Constituinte, fui relator da Comissão de Direitos e Garantias — as garantias eram muito mais importantes que os direitos — "Todo poder emana do povo e em seu nome será exercido". Mentira!

"Todos são iguais perante a lei". Outra mentira!

Na condição de relator, comecei a trabalhar, levando minha Comissão para todo lado. Muito embora fosse composta por figuras como Sarney Filho, Humberto Lucena, entre outros ilustres, mas que me acompanharam. Das 69 emendas, que consegui como relator, pelo menos dez saíram do povão.

Uma delas nasceu da proposta de uma lavadeira da Baixada Fluminense. Ela chegou perto da gente (éramos 33 membros na Comissão, mas estávamos em sete na reunião) e falou:

— "Olha, meu avô morreu de malária, meu pai morreu de malária, meus filhos estão com dengue... E o senhor vê essa vala negra, aí na nossa frente..."

— "O senhor não pode botar que eu tenho direito a saneamento básico?... O senhor vai se lembrar?" ela completou.

— "É muito fácil para mim" — respondi! Posso colocar, como relator, que a senhora tem direito ao saneamento básico. Expliquei aqueles princípios bonitos que estão na Constituição, e acresci:

— "Mas isso não vai lhe adiantar muito. Vai depender da regulamentação ou seja, é o mesmo direito como o que garante a salário mínimo, transporte, saúde, educação, trabalho..."

Ela virou-se, e disse:

— "Ora, então o que o senhor está fazendo lá?"

Mulher decidida. Tanto que fiz a reunião na casa dela; Comissão de Parlamentares Constituintes na Baixada Fluminense! Bem, fiquei três ou quatro noites sem dormir e pensando... não vai ser regulamentado. Este país tem sido governado desde seu descobrimento pelos "centrões da vida", e a maneira que o "centrão" tem, para evitar estas coisas, é colocar em princípio: "conforme lei ordinária regulará". Têm sempre uns 132 dispositivos para serem regulamentados, e aí não se regulamenta nada... Comecei a raciocinar. "Como é que eu poderia contornar isso?". Daí, nasceu o Mandato de Injunção do encontro com uma lavadeira da baixada fluminense!

Procurei o senador José Paulo Bisol — que é uma grande figura do parlamento: magistrado, patriota, sério, culto — e juntos concluímos que não podemos obrigar o Estado a cumprir condição impossível, que não esteja nos planos. Porém, com a criação do Mandato de Injunção, todo cidadão tem direito de sucumbência, significando o não pagamento das custas, caso perca a ação. Antigamente, apesar de já existir o direito à ação popular, as pessoas não se animavam, porque caso perdessem tinham custas altíssimas, e complicava. O direito de sucumbência, possibilita a qualquer cidadão pedir seus direitos, dentre outras coisas. Isto posto, não poderão jamais, aquela Prefeitura ou aquele Estado, fazer qualquer outra obra, que não esteja prevista nos ditames constitucionais básicos, sem que primeiro cumpra o que estava resolvido. Mandato de Injunção, obriga a cumprir aquele dispositivo em caráter prioritário. Por exemplo: Sarney quer construir uma estrada de ferro, que liga sua casa na praia do Calhao — São Luís, Maranhão — a sua fazenda em Goiás. Ele não poderá fazer isso, porque as condições básicas de saúde do cidadão maranhense não foram atendidas.

Como relator de subcomissão de Constituinte, tive também uma experiência muito interessante, com o amigo maranhense Freitas Diniz, que é do Grupo Autêntico: Maranhão é um grande curral. No mundo todo, é homem que toca o boi; lá não, o boi é que toca o homem! Durante encontro com camponeses, em Gurupi, havia um de aproximadamente sessenta anos, encostado em um pau, que me disse:

— "Deputado, por que o senhor não obriga, na Constituinte, todos os grandes proprietários a plantarem trinta por cento, com 'o de comer'"?, que significa lavoura branca, arroz, feijão...

Esta colocação ocorre, na medida em que é proibido aos camponeses o plantio deste tipo de lavoura, para que seja assegurado o máximo de aproveitamento da terra, para pastagem. Aquele homem simples entendeu qual era a composição da Constituinte. Ou seja, se a idéia fosse tirar um centímetro de terra de qualquer proprietário, ele sabia que não passaria no Congresso Nacional. Incrível, é a dimensão desta proposta, vinda de um camponês do Maranhão que através de sua sabedoria propôs: a fixação do homem no campo; a saída para a fome, que é o principal problema do país, pois aproximadamente setenta por cento dos brasileiros vão dormir com a barriga vazia; além da arrecadação de impostos e até lucro dos proprietários. Esta é a sabedoria popular, infelizmente excluída do processo. Enquanto não nos convencermos de que este é o grande elemento em um país que não possui tradição de partido popular, não adianta fazermos reformas partidárias, mesmo que sejam bem elaboradas... Não adianta! Não encontraremos solução para este impasse. Tem de existir uma prática conjunta, entre os quadros e o povão. Do contrário, não haverá jamais, no meu entender, verdadeira prática partidária.

Essas idéias, que venho discutindo e amadurecendo ao longo dos anos, desdobraram-se sobretudo nas eleições de 1970 e 1974, para as quais me elegi deputado federal. Não completei o mandato de 1974, porque fui cassado em abril de 76. Daí, fui para o exílio em Genebra, de onde voltei com a abertura em 1979, filiando-me ao PTB. Como a sigla foi tomada, fundamos o PDT, que apesar de fundador, deixei justamente por causa desta história de colocarem só advogados e engenheiros. Fui para o PT, com a condição deles não atacarem Brizola, nem o PDT. Eu tinha uma eleição certa para deputado e uma derrota certa para governador na eleição de 1982, mas como o voto era vinculado, foi exigida minha candidatura.

Apesar de considerar o PT uma proposta nova, cheia de esperança, rica, quando lá cheguei, percebi que o povão ainda acreditava na concepção do antigo trabalhismo de Alberto Pasqualini. Ou seja, que o trabalhismo seria o desaguadouro do proletário urbano e rural, do pequeno e médio proprietário e sobretudo, dos setores marginalizados da sociedade brasileira. Era inegável, que o trabalhismo tinha uma penetração muito maior que o PT, ainda naquela época. A crença nas idéias do Pasqualini, somadas à desconfiança das esquerdas a estes pressupostos, motivaram minha volta ao PDT em 1984, onde estou até hoje.

Fui eleito o melhor deputado de 1974, por ter sido o único escolhido (entre os dez melhores) nos três setores: plenário, comissão e política. Graças à distância de Brasília, e à triagem feita pela mídia, notícia como esta não chegava aqui, restringia-se à imprensa de Brasília...

Certa vez apresentei um projeto mostrando que todos os países que fizessem restrição à importação de produtos brasileiros, como: calçados, suco de laranja, poderiam ter suas remessas de lucros e *royalties* retidas. Esta lei, eu copiei do Ronald Reagan, cuja representante, freqüentadora contumaz do país naquele período, gerou uma "síndrome" à qual emprestou seu nome: Carla Hill. A questão da propriedade industrial tinha absurdos, como incorporar as invenções e aperfeiçoamento dos operários brasileiros, registrá-los na Alemanha e exigir um pagamento de *royalties* sobre eles. Os produtos herbicídas, agrotóxicos, proibidos pela FDA eram todos exportados para o Brasil. Produtos de uma letalidade quase permanente, que quando utilizados (portanto infiltrados no solo) levam até dez anos para perder seus efeitos. Mais, 53 produtos proscritos pelo FDA, e pelas autoridades de Saúde Pública da Suíça, são usados até hoje no Brasil, sem controle de nenhum órgão deste tipo. Dentre outros desataca-se o Tetrex: pagamos *royalties* para nos envenenar.

Tudo isso me fez uma pessoa extremamente irritada, que reage muito epidermicamente. Soma-se a isto uma característica, talvez até uma deformação religiosa, minha intransigência nas questões éticas me conduziu a uma verdadeira obsessão.

Comecei a raciocinar, e vi que realmente tinha de corrigir esta irritação quase religiosa em cima da corrupção. Exercer mandato neste sentido, meramente puritano, é um erro... um erro!

Hoje, felizmente com um certo embasamento, sei distinguir bem, entre o poder e a autoridade. Poder, qualquer Sarney ou Collor da vida, podem ter. Mas, autoridade é diferente, é coisa muito intrínseca, muito ligada ao interior da pessoa.

Aos 67 anos de idade, e com essa experiência acumulada, teria condições de exercer bem o poder, caso isto me fosse atribuído. Inclusive, sem falsa modéstia, gostaria sim de ter o poder, para fazer as transformações que o país requer, mas sem obsessões moralistas.

No caso dos Autênticos, era um grupo residual, com vários personalismos, mas afinado, que entendeu lutar contra o comportamento condicionado do MDB, em um parlamento castrado, uma ditadura militar terrível. Uma das mais sangrentas na história deste país. O objetivo era criar fatos políticos, fora do cenário que o sistema destinou ao partido (homologar tudo que o governo mandasse ao Congresso). Com isto, apresentou alternativas, para manter viva a esperança de uma parcela significativa da população.

Quando pessoa ou grupo mais conseqüente, mais responsável e afinado, resolve agir e não desanima por ser minoria: eis aí o sinal da existência da esperança da transformação. Não podíamos jamais permitir que nos destruíssem a esperança, sem ela entramos em processo de deterioração... não é estagnação política, não! É deterioração pessoal e política mesmo, e que contagia um número enorme de pessoas.

Eu nunca perdi a esperança, nem deixei de ser político. Continuo fazendo política, mesmo sem mandato parlamentar, e tenho cada vez mais a clareza que este é um país plenamente viável. Os desmandos que temos visto, sem dúvida, geram desapontamentos e decepções. Porém, tenho a certeza de que não posso fugir, de dar minha contribuição neste processo. Por isto, luto e continuarei lutando, e me engajarei em algum projeto político, com perspectivas de melhorar o país, tornando-o efetivamente uma nação.

Acredito cada vez mais que a função principal de um político, é influir no processo. Acho que posso influir, e para isso, não preciso ser deputado, nem senador... É essa a principal missão de um político, e disso jamais irei abdicar.

Marcondes Gadelha

(Marcondes Iran Benevides Gadelha)

NASCIMENTO:

23 de junho de 1943
Souza, PB

FILIAÇÃO:

José de Paiva Gadelha e Miriam Benevides Gadelha

FORMAÇÃO:

Médico
Faculdade de Medicina
Universidade de Pernambuco, Recife, 1966

CÔNJUGE:

Magna Lúcia de Mello Gadelha

FILHOS:

Leonardo, Mariana e Berta

"Não tínhamos a pretensão de sermos heróis..."

Brasília, 14 de junho de 1994

"Nasci em 23 de setembro de 1943, embora, nos meus registros conste 23 de junho do mesmo ano. É uma questão engraçada... Naquele tempo, havia uma idade limite para fazer o exame de admissão ao ginásio, dez anos e seis meses, e chegado o meu tempo "intelectual" e não tinha essa idade... Jocosamente falando, eu era um menino prodígio. E meu pai, inconformado, mexeu no cartório, e alterou a minha idade. Por isso, todos os meus registros constam como 23 de junho de 1943, mas nasci mesmo, e comemoro o meu aniversário em 23 de setembro.

Minha cidade natal é Souza, no alto sertão paraibano. Quando nasci a cidade não contava com nenhum recurso, não tínhamos estrada, tampouco luz elétrica...

Meu pai era empresário, possuía um maquinismo de algodão a vapor, aliás, o pioneiro nessa área, conseguindo criar nove filhos. Eu sou o segundo na ordem decrescente. Como não havia colégio em Souza, estudei fora, desde os dez anos de idade. Inicialmente, estive em um internato na cidade de Patos. Ao terminar o ginásio fui para João Pessoa, e ao tempo da faculdade mudei-me para Recife. Lá conheci minha esposa, Magna Lúcia de Mello, que é alagoana, e na ocasião, estudante de Direito. Morávamos no mesmo prédio e, depois de um período de namoro, nos casamos. Temos três filhos: Leonardo, Mariana e Berta. Leonardo é estudante de Administração de Empresas em Brasília, está com dezenove anos e anda me dizendo que quer fazer política, ser político. Do meu lado, venho pedindo que reflita muito sobre o assunto, pois a política quando praticada com profundidade existencial, comprometimento total, espírito público e seriedade, é gratificante. Por outro lado, existe um encargo emocional e pessoal, forte. Mariana, com dezesseis anos, é eleitora, vai votar pela primeira vez. E, Berta tem catorze anos. Magna, minha esposa, trabalhou um certo tempo como advogada, quando dedicou-se ao direito trabalhista. Mais tarde trabalhou comigo em meu gabinete, e continua minha grande companheira e colaboradora.

Quanto a meus pais, papai faleceu no início da década de 80, mamãe mora em Campina Grande na Paraíba, e está felizmente muito bem com seus 79 anos.

Sou formado em Medicina pela Universidade Federal de Pernambuco, a qual iniciei no ano de 1960, terminando em 1966.

Durante minha vida universitária iniciei no exercício da política como representante de classe e, posteriormente, orador da minha turma de formandos. O despertar para a política foi bastante precoce, acontecendo na vida universitária. Muito embora tivesse também *background* político, de política eleitoral, bastante longo, pois meu pai sempre foi político, bem como toda a minha família.

Fiz a residência médica aqui em Brasília, e o curioso é que a minha vocação naquele momento, o interesse maior apontava para um aprofundamento nos estudos de Medicina. Tanto que me preparava para prestar o E.C.F.M.G., um concurso voltado a jovens médicos estrangeiros objetivando seus ingressos nos hospitais americanos. A minha idéia era prosseguir nos estudos de cirurgia. Já praticando a cirurgia geral, considerava-me tecnicamente hábil e por isso, intencionava ir para os Estados Unidos, passar cinco anos aperfeiçoando-me em cirurgia cardiovascular.

No entanto, por conta de uma disputa política local, muito acirrada na cidade de Souza, meu pai pediu para que antes da residência médica nos Estados Unidos, eu permanecesse algum tempo no município colaborando. A Medicina era uma forma de fazer política e de ajudar a família contra os que estavam no enfrentamento da luta local. Em Souza, trabalhando como médico, rapidamente, as pessoas entenderam que o candidato a prefeito deveria ser eu. De certa forma, cedi ao apelo familiar, assumindo a eleição para prefeito entrando na política de onde não sai até hoje.

Neste sentido, logo em 1968, disputei as eleições para prefeito de minha cidade, quando o rádio, foi usado pela primeira vez na região. O uso intensivo deste veículo gerou um interesse muito grande nas cidades das circunvizinhanças em acompanhar a campanha eleitoral para Prefeitura de Souza. Finda esta campanha, em que não me elegi, a de deputado já estava praticamente pronta. Na eleição de 1970, fui o deputado federal mais votado do MDB da Paraíba.

Vim, então, a Brasília para iniciar o que seria minha primeira legislatura, isto em 1971. Nas primeiras reuniões do partido, comecei a me identificar com alguns deputados, especialmente, pela maneira combativa como participavam. O primeiro companheiro que me chamou a atenção, digamos no quadro partidário geral, foi Alencar Furtado, notadamente por que dizia coisas parecidas com as que eu pensava, começando daí, naturalmente, uma aproximação.

Paralelamente, já como deputado e em Brasília, passei a freqüentar hospitais onde encontrei alguns colegas de turma trabalhando. Lembro-me, do dr. Avelar de Holanda Barbosa, no Hospital da L2 Sul; e do dr. Aderbal Jurema, filho do antigo senador Aderbal Jurema, que disputou comigo a eleição para orador da turma. Neste meio tempo, mesmo não me considerando um mau médico, sendo até um bom profissional — para você ter uma idéia, fui aprovado no concurso do Pronto Socorro de Recife, em primeiro lugar, como também na Maternidade Bandeira Filho, ainda em Recife, em oitavo lugar; por isto, me avaliava um médico competente, sobretudo porque gostava muito da Medicina e, inclusive estudava bastante — durante um período dividi meu tempo, entre política e medicina. Desta maneira, exerci regularmente a profissão enquanto pude, objetivamente até 1978/79. Regularmente, contudo, é forma de dizer, era na verdade de uma maneira claudicante, mas exercia.

Um dia senti que havia chegada a hora de fazer uma opção profissional, ou seja, ambas (política e medicina) me solicitavam muito, e eu deveria decidir não poderia continuar fazendo as duas coisas. Existe um outro dado muito importante: eu operava em Souza, e no cumprimento de minhas obrigações de parlamentar viajava para Brasília deixando o pós-operatório com o acompanhamento de colegas. Às vezes complicava, obrigando-me a pegar um avião e voltar, para acompanhar o doente. Isso era absolutamente desagradável, e resolvi portanto, parar com a medicina. Guardei, e até hoje tenho, muita coisa do meu material médico cirúrgico, porque fica sempre a nostalgia, e a impressão de que um dia vou voltar...

Vale lembrar que não é uma coisa totalmente fora de propósito, ainda é possível uma volta. Em síntese, desde 1979 estou fora da medicina, para me dedicar exclusivamente ao projeto político, não sei até quando.

Não tenho idéia de quem nos batizou, com o nome Autênticos... Pode ter sido o Villas Boas Corrêa, não estou muito certo. Mas, de repente, o nome Autêntico começou a circular, e é muito difícil saber.

Nossa força de atração, o fator de união, creio, foi a maneira, o estilo de cada um, bem como, uma certa visão comum do processo político e a necessidade de buscar uma solução eficiente no plano político, na luta contra a ditadura. Veja bem, acredito que o Grupo Autêntico foi uma das alternativas possíveis de enfrentamento da ditadura, uma outra era a guerrilha. Havia uma descrença generalizada em relação aos políticos convencionais como meio de contraponto à ditadura. Este sentimento era comungado pelos Autênticos, pela guerrilha, e sobretudo pelo povo.

O trabalho feito pela direção, ou comando do MDB, constituído na época pelos moderados, na opinião de muita gente, limitava-se a coonestar o regime, dando uma moldura, supostamente legítima a tudo que era praticado pela ditadura. Havia a sensação de que os políticos faziam algum tipo de contemporização. E qual seria a maneira de enfrentar a ditadura? Fazendo uma oposição autêntica. No nosso entendimento, o que os moderados faziam era inautêntico, uma maneira de contracenar, participando do processo. Agiam como se o MDB fosse apenas, a outra face de uma mesma moeda... a face opaca, sem brilho, mas a outra face de qualquer forma. Mesmo porque, situação e oposição eram uma moeda única, no discurso da ditadura. Seríamos, nós, Autênticos, neste sentido, uma tentativa de contrariar essa lógica.

Nesta perspectiva, não temo em afirmar, que o enfrentamento real à ditadura passava por duas vertentes: uma de política convencional constituída por nosso Grupo; e outra, a luta armada. Existia inclusive, entre estes dois segmentos, um confronto surdo. No fundo nós nos estimávamos, mas cada qual considerava a política do outro equivocada. A guerrilha via o Grupo Autêntico, como uma forma de coonestar a ditadura. Para eles, qualquer tipo de política convencional era uma maneira de reforçar o sistema, não importando se era Autêntico, ou moderado. Consideravam a democracia em si uma farsa, e o processo político uma mentira permanente, não tendo, portanto, sentido acreditar no Congresso. A oposição congressual, qualquer que fosse, seria uma mistificação, cuja função era além de coonestar a ditadura, passar para o exterior a imagem de que no Brasil existia oposição. De nossa parte, entendíamos que a guerrilha era um pretexto para a ditadura recrudescer.

Esse confronto, repito, era surdo, nós não os acusávamos, nem eles a nós. Sabíamos que eram as duas opções possíveis, contudo, não queríamos, tampouco concordávamos em hipótese alguma, com a solução do desespero — a solução da guerrilha. Confiávamos no processo democrático, no processo político e sabíamos, que mais cedo ou mais tarde, por uma ação sustentada, continuada e forte, encontraríamos meios e modos de promover algum tipo de clivagem no sistema dominante. Realmente, chegamos perto diversas vezes, de promover uma abertura ou uma derrocada do regime.

Éramos, inegavelmente, um ponto de referência, sobretudo por que a cada ação da guerrilha, recrudescia a violência e alguém morria, desaparecia, ia preso ou exilado. Observe, o problema repercutia aqui no Congresso, e cabia a nós, Autênticos, a denúncia das torturas, violências e arbitrariedades. O grupo moderado não assumia responsabilidade de nada e argumentava que se enveredamos por esse caminho, a obrigação era nossa. Alguns apressados nos acusavam, taxando-nos de comunistas, o que não era verdade, pois o amálgama comum era a luta contra a ditadura.

A questão dos direitos humanos era "problema" do Grupo Autêntico, e sempre remetido a nós, implicando risco permanente. Companheiros nossos eram cassados a todo instante, exatamente pelas denúncias veementes que fazíamos. Isto, ficou muito claro na cassação do Alencar Furtado. Para o povo, parecia ser exclusividade do Grupo a tarefa de denunciar. Estabelecia-se assim uma situação ambivalente e até paradoxal, em relação a outras alternativas de oposição. Especificamente no caso guerrilha, a qual defendíamos, mas sabendo que não éramos merecedores da confiança de seus militantes, que nos viam como colaboradores da ditadura. Entendíamos, contudo, que havia a necessidade seguir em frente, e que um dia esse processo haveria de resultar em algum tipo de distensão.

Cheguei a vice-líder do partido. No começo, esses cargos eram exercidos pelo grupo moderado. À medida que fomos crescendo, pouco a pouco, chegamos à liderança, com o Freitas Nobre, o Alencar Furtado, e posteriormente Airton Soares e Odacir Klein. Neste momento, éramos já considerados, ou chamados de, Neo-Autênticos. Com o Grupo Autêntico mesmo, lembro-me que tivemos a liderança com o Alencar Furtado e Freitas Nobre, uma vitória formidável e eu fui o vice-líder. A hierarquia naquele tempo era diferente, toda vez que o líder por qualquer razão estava fora, o primeiro vice-líder assumia. Fui também vice-presidente e presidente da Comissão de Economia, no ano de 1978.

É importante ressaltar que tínhamos um tipo de atuação, mais ou menos, compartimentada, com companheiros especialistas em determinadas assuntos. No meu caso, especializei-me (a contragosto) em economia, e embora médico de formação, tive de enfrentar, digamos, o lado árido da ação do Grupo, que era o confronto com o governo na área econômica. O governo propunha que o debate fosse na área econômica, os Autênticos estavam comprometidos com o discussão política, na área dos direitos humanos. Era esse o nosso campo de ação principal. Pouca gente estava interessada em debater economia, entre outras razões, por tratar-se de um ponto no qual o governo levava nítida vantagem. É preciso não esquecer que vivíamos a plenitude do "milagre econômico". Verificávamos que o "milagre" não tinha sustentação, nem consistência, e sobretudo não trazia melhores resultados para a população em geral. Os frutos do crescimento econômico não eram distribuídos, ao contrário, havia uma concentração de renda muito grande: "crescer o bolo, para depois distribuir". Nesta senda, comecei a estudar as falhas do modelo econômico, muito difícil de contestar na época, porque o governo usava os meios de comunicação, além de toda a sua *inteligentsia* para forçar uma aceitação do regime, por meio de eficácia e eficiência.

O governo justificava que não tínhamos eleição, tampouco liberdade, em compensação a renda *per capita* estava crescendo, a taxa de crescimento do PIB alcançava treze por cento, e isso de alguma forma resultaria em: "mais pão na mesa, mais vinho no copo, e um dia dentro em breve, iríamos ter que confiar nossas dúvidas às plumas de um travesseiro". Era próximo a isto o discurso do governo naquele período. É evidente que também a literatura econômica internacional corroborava, mostrando o Brasil como um gigante que estava despertando economicamente. Esta era uma forma de reabilitar a ditadura, sendo um confronto dificílimo, até porque as informações que tínhamos da área econômica provinham do governo.

Tudo o que dizia respeito à área econômica, eu respondia pelo Grupo. Especialmente quando havia um fato novo sobre o tema, era eu o escalado para falar, questionar, contestar, enfim... Até que um dia, resolvi estudar economia, e com este propósito como deputado, consegui uma bolsa de estudos para Paris, no Instituto de Estudos Políticos da Universidade Paris 4, Rue Saint Guillaume, por intermédio do meu colega de Câmara dos Deputados, Geraldo Guedes, presidente da Associação dos Parlamentares de Língua Francesa. Chegando lá, estudei economia, relações econômicas internacionais, bem como assisti aulas do famoso professor Maurice Duverger. Foi um período muito importante, porque me deu uma visão distanciada do processo, portanto menos contaminada e preconceituosa.

Tive a oportunidade de conviver com exilados brasileiros. O primeiro contato, ainda me lembro, foi com um médico de Goiânia, dr. Samir Helu, cuja casa passei a freqüentar. Encontrava-me também, com o Hermano Alves, na época exilado em Paris.

Posteriormente, me encontrei com o Celso Furtado, que é um episódio à parte — foi por volta do final do ano de 1971, início de 1972. Eu trazia comigo a sensação de estar cumprindo uma missão pessoal, do Grupo e do Congresso. Daí, a necessidade de obter informações seguras sobre o regime brasileiro na área econômica, para desta forma poder apresentar os verdadeiros números.

Aconteceu então, uma coisa singular. O economista Celso Furtado estava exilado e lecionando na Faculdade de Rue d'Assas, que ficava um pouco mais abaixo do Instituto onde eu estudava. Desejava muito falar com ele, e contei ao Hermano Alves, que me alertou sobre seu nervosismo, pois mesmo estabelecido, lecionando Direito, o pessoal da repressão continuava vigiando seus passos, e o SNI mandava agentes a Paris, com este propósito. Inclusive, certa vez estando na casa de Hermano, pela janela ele me mostrou um cidadão na esquina que desconfiava ser um agente. Por isso, Celso vivia muito tenso, tendo piorado sensivelmente, depois de uma visita à Grécia, onde também havia ditadura. Desde a sua volta, não queria conversa com nenhum brasileiro, desconfiando que de alguma forma poderia ser um agente.

Diante desta situação, resolvi dessensibilizar o Celso Furtado pois eu precisava das informações e, com este fim, passei a freqüentar suas aulas, sentando-me na primeira fila, para que ele pudesse ir se acostumando com a minha fisionomia. Depois de umas dez aulas, pensei que ele estaria mais ou menos familiarizado comigo, e fui esperá-lo em uma livrariazinha de esquina, que vendia livros americanos. Quando ele entrou, abordei em português:

— "Professor..." Ele deu um salto, e indagou:

— "Quem é o senhor? O que deseja?" Naquele tempo, eu era muito jovem, tinha uma *baby face*, e rapidamente raciocinei que se me identificasse como deputado, daí sim ele ficaria desconfiado...

— "Eu sou um estudante brasileiro, estou preparando uma tese sobre o Brasil, e creio que os números sobre o sucesso econômico, apresentados pelo Governo brasileiro são falsos. Preciso ter números confiáveis, e fui orientado por meu instrutor, a procurá-lo... é seu amigo." Eu tinha cara de estudante mesmo.

— "Quem é seu instrutor?". Perguntou-me, desconfiado:

— "O professor Jean Vahl, o qual orientou-me que o senhor seria a única pessoa com condições de fornecer informação fidedigna sobre o quadro brasileiro." Reforcei.

— "O senhor está querendo esses dados para quê?"

— "Eu já disse ao senhor, é para uma tese..."

— "E, o senhor vai apresentar aqui na França ou no Brasil?". Daí, Celso Furtado passou de entrevistado a entrevistador, e eu disse:

— "Vou apresentar aqui, mas se ficar boa posso apresentar no Brasil também." Ele replicou:

— "É uma tese ou memória?"

— "É uma tese, mas pode ser inclusive memória..." Nestas alturas, eu já estava confuso, e foi quando ele disse:

— "O senhor quer saber de uma coisa, eu não tenho qualquer informação para lhe dar. Além do mais, os dados que recebo são da ONU, que por sua vez recebe do Governo brasileiro... e se quiser esses dados, o senhor vá ali na esquina, há uma livraria da CEPAL, e encontrará facilmente este material. Aviso que esses dados, também não são muito confiáveis... não tenho mais nada a lhe dizer. Até logo e passe bem...". Não adiantaram minhas idas às suas aulas, porque Celso Furtado sequer lembrou da minha *baby face* de aluno.

Muito tempo depois, já na época da abertura política, lancei Celso Furtado como candidato a governador da Paraíba, na abertura, e tentei reconstituir essa história para ele, da qual não se lembrava mais. Este fato ilustrativo é para lhe mostrar, o mar de sargaço que navegávamos... nada era confiável, e até o mais ilustre economista da oposição, Celso Furtado, não tinha muita coisa a nos dizer. Estava muito tenso, preocupado, e mesmo porque, os dados que dispunha para trabalhar não eram confiáveis.

Pessoalmente, este episódio teve um rebatimento extremado no sentido de mostrar que estávamos sozinhos — "tínhamos que nos cozinhar, em nossas próprias banhas". Não havia onde procurar apoio, nem intelectual. Nessas condições, voltei para o Brasil buscando continuar meu trabalho. Mantive essa linha de oposição no campo econômico durante bastante tempo, não quero dizer que não assumisse também os temas políticos, ao contrário, os contemplava também com muita determinação, porém não podia me eximir do combate no campo econômico. Ou seja, era praticamente o único dentro do Grupo dedicado à questão econômica.

Não tínhamos líder mas, sim, algumas figuras proeminentes no Grupo, que não se caracterizavam como líderes. Tirávamos as decisões do Grupo, sempre que possível, de forma colegiada, havendo contudo lideranças que se exerciam pela experiência, pelo arrojo ou pela iniciativa, nos orientando em função disto.

Este é o caso do Lysâneas Maciel que, com atitudes bastante audaciosas, criava fatos consumados, e nós o acompanhávamos em diversas circunstâncias. Às vezes tentávamos segurá-lo um pouco, evitando o excesso de arroubo. Contudo, uma vez acontecido, assumíamos junto e íamos para o confronto com o regime. Situação, desta natureza, aconteceu exatamente quando o próprio Lysâneas foi cassado. Não queríamos que fosse à Tribuna naquele momento, mas nos contrariando e mesmo cassado, fez o discurso. O Célio Borja, que estava presidindo a sessão, desligou as campainhas, mas Lysâneas continuou falando sem microfone, e isso irritou ainda mais o regime. O fato é que, nesta noite, nós estávamos preocupados, não mais com o mandato de Lysâneas... isto ele já havia perdido, mas sim com sua segurança física.

Fizemos uma reunião na casa do Getúlio Dias, e ficamos a noite toda acordados, cuidando de várias questões, dentre elas em arranjar uma embaixada para dar asilo ao Lysâneas. E, preferencialmente, que fosse comprometida com os direitos humanos. Buscamos a Embaixada da Suécia, a qual negou-se recebê-lo, além de outra, que não me lembro mais. Pasmem, foi acolhido na embaixada de um país que havia saído recentemente de uma ditadura militar: a Venezuela. O adido, que recebeu Lysâneas, era um militar que disse:

— *Bueno, para nosotros acá, la democracia es una religion, que venga su colega.* Assim, colocamos Lysâneas na Embaixada da Venezuela, e ficamos a noite toda discutindo a elaboração de um documento protestando contra sua cassação, que seria encaminhado à nação.

Recordo-me que discutíamos ponto a ponto, tirávamos uma palavra, colocávamos outras, enfim, esse documento deveria ser feito a quatro mãos, ou a oito. Pelo lado Autêntico estávamos o Alencar e eu; pelo lado moderado estavam o Tancredo Neves e o Pacheco Chaves. Trabalhamos nisso até de madrugada. Quando o documento ficou pronto, nós, Autênticos, vetamos algumas expressões que o Tancredo havia colocado, as mais amenas. O dia amanhecendo, fui encarregado de ir à casa do Tancredo para mostrar-lhe o documento. Bati na porta ele atendeu e eu, todo acanhado, disse:

— "Desculpe acordá-lo uma hora destas, Ministro, mas é, por que..."

— "Os nossos amigos Autênticos não gostaram no texto?" Ele se adiantou.

— "Está muito bom, mas é porque..." E, ele interrompeu novamente:

— "Vocês participaram!"

— "Participamos, mas é que em assembléia o Grupo vetou determinadas expressões, e tem que tirar...". Tancredo atropeladamente, falou:

— "Não tem problemas, podem tirar o que quiser. Não podem é acrescentar nada!" Como se dissesse: pode até tirar o documento todo, não precisa essa cerimônia toda. É muito engraçado, mas é assim que as coisas aconteciam.

Vale ressaltar que as decisões mesmo pessoais de cada companheiro eram resolvidas no Grupo — discutíamos o "destino" de cada um. Recordo-me quando Marcos Freire resolveu ser candidato a senador, fomos todos contra, mas ele foi a Pernambuco, se organizou por lá, voltou candidato e absolutamente inarredável... Uma vez que ele havia entrado, aceitamos a realidade, e passamos a apoiá-lo em sua candidatura. Elegeu-se senador, e um pouco em função dessas iniciativas pessoais, caracterizou-se, como um dos líderes do Grupo. Um dado importante é que Marcos exercia liderança em um setor escolhido: de direitos humanos, e quase tudo sobre o tema drenava através dele. Tornou-se uma espécie de ponto de referência, de representante do Grupo, nesta especialidade, menos por estar no Senado, mais por possuir uma capacidade muito grande e uma coragem pessoal extraordinária. Dito de outra forma, existiam algumas pessoas que não as chamaria líderes, mas com ascendência dentro do Grupo.

Nossa relação com o MDB era tão complicada que seria virtualmente impossível encontrar um Autêntico, conversando com um moderado. Não é trocando idéias, ou discutindo questões políticas, mas contato pessoal mesmo! Víamos os moderados na condição de adversários, como se fossem da ARENA. Depois de algum tempo, quando o partido encontrava-se em uma fase mais avançada e após muitos embates, o relacionamento com alguns moderados acabou acontecendo. Estávamos todos, de certa forma, um tanto cansados dos conflitos e buscávamos uma aproximação. Inicialmente, com o Ulysses Guimarães, que nos primórdios, era totalmente do grupo moderado; depois com o Tancredo Neves. Até as figuras mais graduadas do grupo moderado acabaram por manter um bom relacionamento conosco. No final dos anos 70, esse relacionamento ainda era muito difícil. Localizo esta aproximação quando o partido mudava a sigla, de MDB para PMDB.

Ainda sobre a dificuldade de relacionamento, lembro-me de um episódio que é de certa forma um marco, e aconteceu na última convenção do MDB. Nesta oportunidade, Tancredo Neves, que presidia o evento, foi extremamente hostilizado pelo MR-8 que ocupava as galerias, e o agredia, com xingamentos ditos em altos brados, e principalmente com a musiquinha, que tentarei cantar: "dr. Tancredo Neves, qual é a sua decisão, acabar com a ditadura ou dar o braço ao João, poropopopopo, poropopopopo...", era um tal de "poropopo"... O Tancredo, coitado..., lívido, e neste momento na mesa, virou-se para mim e disse:

— "Gadelha, eu não estou suportando isso aqui...". E, segurando minha mão, percebi, que ele estava gelado. Tomei iniciativa de levá-lo para casa. Esta situação traduz que vivíamos um momento de aproximação. A mudança real de relacionamento, todavia, só aconteceu final dos anos 70, o que não diminuiu a importância do passado, das fortes tensões com os moderados, por toda esta década.

A propósito do Seminário de Recife em 1971, tenho a impressão de que foi o momento desencadeador da organização do Grupo Autêntico, quando nos estruturamos ganhando organicidade, passamos a agir juntos. Foi a primeira vez que pregamos por uma Assembléia Nacional Constituinte, e naquele tempo isto era tabu, uma palavra inaceitável pelo regime. Nossa intenção, no caso, era dupla: dar um caminho, uma visão concreta do processo, um destino ao povo brasileiro, levando a uma abertura, e inexoravelmente à democracia. Em outra visão, teríamos um mecanismo de confronto, ou seja, estaríamos realmente assumindo o conflito direto com a ditadura... Isto em 1971. Creio ser esta a razão pela qual o Seminário de Recife é tido como um marco.

É verdade, a mídia se dividia e se posicionava muito em função das atitudes do Grupo Autêntico. Só havia fatos rigorosamente jornalísticos quando nós os criávamos, no mais tudo era rotina, coonestação. O Congresso, na época, funcionava como uma espécie de cartório para reconhecer firma do Executivo, apenas homologando as decisões deste "poder". Houve um determinado ano, em que foram apresentados nove mil projetos de lei pelo Congresso, aprovados quatro e apenas um transformado em lei. O Congresso não tinha qualquer iniciativa. Quando era gerado um fato político, à margem do processo Legislativo, tinha-se a certeza de que o fora pelo Grupo Autêntico. A mídia se pautava em função da atuação do nosso Grupo, e nesta tendência ela também se dividia, havendo jornalistas simpáticos, e que se afinavam conosco, geralmente os mais jovens como, Marcondes Sampaio, Jorge Bastos Moreno, Hélio Doylle, Evandro Paranaguá, exatamente. Os mais antigos eram ligados aos moderados. No entanto, havia um conjunto de jovens jornalistas, também ligados ao governo. Quanto aos jornais, de um modo geral, não eram confiáveis.

Havia todo tipo de censura: explícita, implícita, prévia e autocensura. Neste campo existia toda espécie de cerceamento ao direito de manifestação e pensamento, constituindo um quadro extremamente difícil. Um jornal confiável ao Grupo, e que sofreu por conta disto, foi o *O Estado de S. Paulo*, que circulava ordinariamente com espaços em branco na primeira página, na página de dentro, ou mesmo páginas inteiras vazias. Por princípio, o lugar da matéria censurada não era preenchido. No máximo substituíam pelo desenho de uma flor, por um verso de Camões ou por uma receita de bolo... isso era comum. Muitas vezes algum jornalista me telefonava dizendo:

— "Infelizmente o seu discurso de hoje, não sai. Será substituído por um verso de Camões, ou por uma flor." Era a maneira do jornal reagir contra a censura, sem, naturalmente, deixar de sofrer os riscos, até de um "empastelamento", ou coisa do gênero. Qualquer matéria do Grupo Autêntico era extremamente vigiada, muito censurada, havendo essa determinação pelo menos no *Estadão*. Não me recordo do comportamento dos outros jornais, mas com certeza *O Globo*, nem liamos; a *Folha de S. Paulo*, no momento possuía uma postura ainda crua a este respeito, e seu segmento político era um tanto confuso; no *Jornal do Brasil*, havia a Coluna do Castelo, liberal, independente, confiável. Para o Grupo na época, penso, o único jornal fidedigno foi mesmo *O Estado de S. Paulo*.

É importante registrar que trabalhávamos compulsivamente, éramos aplicados, tarefeiros, cumpridores de missões. Havia um orgulho em ser Autêntico, sobretudo um senso de responsabilidade histórica. De modo que nos movimentávamos, como se cada um fosse responsável pela imagem do Grupo. Quando alguém subia na tribuna ou aparteava... bom ali estava um representante dos Autênticos, ou seja, não destoávamos da linha, do conjunto do Grupo. Procurávamos, sempre, nos manter afinados com o pensamento do coletivo, e com desígnio histórico, a que acreditávamos determinados. Chegávamos cedo ao Congresso, nos reuníamos em grupos grandes ou pequenos, e discutíamos as matérias do dia, a pauta, ou algum processo em curso. Estas discussões serviam como fóruns, onde nos municiávamos para executar os propósitos. Quando alguém noticiava um fato novo, ocupávamos o horário do "pinga-fogo", que são apenas três minutos. Para superar este limite de tempo, tínhamos como estratégia comparecer no ato da inscrição em bloco e nos escrevíamos seguidamente, sem escala. Desta maneira conseguíamos ter sempre por volta de dez Autênticos, em série, falando sobre o mesmo assunto. Juntando os três minutos de cada um. O assunto que discutíamos, forçosamente apareceria na mesma noite na *Voz do Brasil*, posto que um assunto dominante não havia como deixar de noticiar. Suponhamos que Alencar Furtado falou sobre um assunto, Nadyr Rossetti, Marcondes Gadelha, cada um mostrando um pequeno enfoque... Veja, aproveitávamos todos os espaços e brechas que estavam disponíveis.

Éramos também os mais assíduos na tribuna, havia o horário da liderança que disputávamos, agendando com antecedência a fala de cada um. Isto possibilitava que todos se dedicassem ao discurso, como se fosse um dever de casa a ser cumprido. Geralmente ficávamos ocupados o dia todo no Congresso, e à noite nos reuníamos, em casa de algum componente do Grupo. Variávamos sempre de casa, e discutíamos basicamente as coisas do dia, além de traçarmos diretrizes de ação política. Nossos encontros exalavam fraternidade, compartilhada também pelas esposas.

Como pude demonstrar nossa rotina era permeada por política o dia todo, almoçávamos e jantávamos este tema sem parar, e claro também planejávamos. Interessante que, inicialmente, o Grupo apenas reagia diante dos fatos, entretanto, depois de algum tempo, começamos a planejar, a executar e a buscar soluções procurando dividir a ditadura, ou colocá-la em confronto com a opinião pública interna ou externa. Para isto, foi necessário criarmos de alguma forma constrangimentos à sua permanência, e para chegarmos a essas questões o planejamento de nosso trabalho traduzia-se em etapa fundamental do processo. Às vezes, até buscávamos grandes soluções, como um momento particularmente marcante, e diria tenso do processo: a Anticandidatura de Ulysses Guimarães, à Presidência da República.

A idéia foi na verdade lançada pelo Grupo Autêntico, sendo sob nossa ótica, uma maneira de criar problemas para o regime, colocando a candidatura de um homem absolutamente insuspeito, com uma imagem impecável dentro e fora do país, além de ser um político com um senso de responsabilidade inatacável. Seria também uma maneira contundente de denunciarmos o regime, considerado por nós uma farsa. Em síntese, este era o espírito. E, por isso intitulou-se Anticandidatura.

Ulysses empolgou-se muito com as viagens que fez pelo país. Acompanhei-o em diversos comícios, nos quais era delirantemente aplaudido. Foi uma coisa absolutamente impressionante. Ulysses começou a acreditar que aquilo era para valer mesmo, e resolveu manter sua candidatura até o fim, levando-a para o Colégio Eleitoral. Como não fora este o acordado, criou-se um problema para nós, que resolvemos romper lançando o famoso manifesto assinado por 23 companheiros, cuja redação atribuo ao Lysâneas:... "Devolvemos o voto ao grande ausente o povo brasileiro!" A leitura foi feita no Colégio Eleitoral, e a partir daí, acentuou-se a ruptura com o grupo moderado, além de cairmos definitivamente em uma linha quase que marginal, porque fazíamos oposição aos poderes constituídos na esfera: municipal, estadual e federal; oposição dentro do partido; oposição em relação às Forças Armadas e oposição a tudo. Notadamente, nos tornamos um Grupo insólito, passando a navegar sozinhos — contra tudo e contra todos.

A Anticandidatura e seus desdobramentos, digamos, edificaram o auge do Grupo Autêntico, ou seja, desde o lançamento da candidatura de Ulysses, bem como a ruptura, foram nossos momentos mais importantes e definidores: somos água e óleo, não nos misturamos com o regime, nem que venha sob um disfarce, sob o avatar de uma eleição.

A Anticandidatura foi um passo importantíssimo, mas vale lembrar que o acertado com Ulysses era a retirada da candidatura, contudo seu entusiasmo o manteve na "disputa". Se foi certo ou errado, não vem ao caso, embora no apogeu dos acontecimentos nos pareceu absolutamente errado e, pessoalmente, ainda hoje penso assim.

De qualquer forma, é difícil avaliar dr. Ulysses, que tinha alma de poeta, uma coisa de visionário. Era um sensitivo. Agiu intuitivamente, pensando que praticava um ato muito importante, cedendo ao impulso estético. Continuo pensando que Ulysses agiu de boa-fé, e sem a intenção de coonestar com coisa nenhuma. O que ele viu na rua foi realmente uma comoção popular muito grande.

Tenho a impressão (embora não possa avaliar com precisão) de que Ulysses no fundo pensou que mantendo a Anticandidatura, e sobretudo com a derrota, infundiria na população brasileira um sentimento de perda... de perda concreta, de fracasso do povo que foi para rua com ele. E, esta experiência talvez levasse os brasileiros a uma compreensão melhor do processo. Certamente, deve ter entendido este mecanismo como mais eficaz do que a simples retirada da candidatura, ou seja, um resultado concreto para o entendimento do povo, posto que o nível de conscientização, Ulysses sabia, era pequeno.

Esta situação concreta, quer dizer, a derrota no Colégio Eleitoral, a absoluta inviabilidade de estar influindo, apesar da boa vontade do povo, poderia chocar a população... É muito difícil de avaliar, mesmo porque a versão que circulou na época, era oposta. Diziam que ele manteve a candidatura premido ou espremido pela ditadura, que exigia sua manutenção. Não acredito nessa hipótese, porque Ulysses era efetivamente um homem muito corajoso. Perceba, já naquele tempo ele — não obstante os moderados manterem uma distância prudente em relação a nós — buscava aproximação com o Grupo Autêntico, e confiante na nossa luta, procurava definir sua linha cada vez mais próxima da nossa. A partir daí, Ulysses tornou-se realmente mais incisivo em seus posicionamentos. É tanto que, em um dado momento, rompeu com os próprios moderados, exatamente quando houve o "racha" e, Tancredo líder do grupo mais nitidamente moderado, formou o PP. e, nós, os Autênticos, ficamos com o Ulysses no PMDB.

Posteriormente, tivemos um outra experiência, também, bastante significativa, quando tentamos dividir o regime lançando a candidatura de Euller Bentes, para Presidente da República. Foi um momento muito criativo e uma situação, teoricamente, possível de alcançar. Tínhamos a informação de que algumas pessoas na ARENA estavam dispostas a votar em Euller Bentes, e que existiam divisões decisivas na área militar, respaldando essa ação. Mais adiante, verificamos que infelizmente, Euler não contava efetivamente com essa retaguarda militar imaginada, somando-se o fato que o pessoal da ARENA refluiu, e acabou votando contra ele. Esta tentativa foi também articulada pelo Grupo Autêntico, que contou desta vez com a participação do grupo moderado, mostrando que havia integração, e até uma certa preocupação com o bom andamento desta campanha. O Magalhães Pinto resolveu também concorrer, atrapalhando sobremaneira o nosso candidato. Este assunto mobilizava a ira de Tancredo, revelando que havia um interesse sincero dos moderados em colaborar com a candidatura de Euller.

É indubitável que, a partir desse ponto, passamos para uma fase de articulação, existindo uma consciência mais nítida, e que a abertura era inexorável, não havendo condições de longevidade do regime. Um dado importante, que prova isto, foram as clivagens internas dos quartéis. Um dos princípios que os militares tomavam para si, na tentativa de evitar hegemonia de algum grupo interno, era o rodízio entre eles. Esta estratégia não evitava, tampouco superava, as tensões inerentes: a não homogeneidade entre eles. Quer dizer, na medida em que havia rotação de generais pelo poder, geravam-se antagonismos, idiossincrasias próprias, fraturas e divisões. Foi neste ponto que encontramos algumas brechas e esperanças para a abertura.

A abertura democrática foi sem dúvida o fator desencadeante de nossa dissolução. Nesta ocasião, o discurso dos direitos humanos foi perdendo o apelo; o confronto também não era tão visado pelo regime, e Figueiredo mostrava-se realmente interessado em uma abertura. Anteriormente, com o regime fechado, houve um período em que interessava o confronto com o Grupo Autêntico, sobretudo porque éramos, inegavelmente, os porta-vozes de discursos e práticas combativas.

No momento da abertura, o discurso dos direitos humanos, já não possuía mais o tom grave de ameaça — iniciara-se a anistia. E, com o AI-5 revogado, fator emblemático, fundamental de nossa luta — o qual pontuamos o fim, como um marcador de tempo — houve o levantamento da censura na imprensa, e demais meios de comunicação — o repatriamento dos banidos, cassados, exilados e a primeira eleição direta em 1982. Ou seja, a recuperação de certas garantias Constitucionais, propiciando um clima em que nosso discurso ficou de certo modo anacrônico.

Começamos a raciocinar em torno de um país pós-ditadura, e percebemos que o primeiro desmembramento seria o ideológico. E, neste quesito, nosso Grupo era plural, conviviam todos... todas as correntes ideológicas, principalmente de esquerda. Havia liberais, pessoas de centro, de direita, além de comunistas, trotkistas... Em suma, lá estavam todas as correntes de esquerda. Com a abertura, veio a multiplicidade de partidos políticos, e a esquerda iniciou a busca por caminhos próprios. Com a legalização do Partido Comunista, seus militantes procuraram a individualidade, bem como aconteceu com outras correntes de esquerda que se aglutinaram. Deste modo, alguns companheiros foram deixando o Grupo, para procurar outros partidos mais afinados e compatíveis ideologicamente.

Fica evidente que o primeiro estímulo de separação foi o ideológico. A seguir, começaram as influências da política eleitoral regional propriamente dita. Os objetivos passaram a ser mais relativos à prática política corrente e cada qual por sua vez com a preocupação mais emergente, em cuidar da própria vida e dos objetivos pessoais dentro desse novo quadro de abertura que possibilitava o aperfeiçoamento das linhas ideológicas. Minha avaliação é que, consciente ou inconscientemente, o fator de dissolução do Grupo Autêntico foi a abertura política.

De minha parte, deixei o PMDB em 1982. Exatamente na abertura. Saí por uma questão de política local do meu estado. Bom, vou explicar, esta história complicada, longa e especialmente traumática: passei toda a minha vida na oposição, e esse sentimento de contestação em mim, vem de muito longe. Meu pai refutou o Estado Novo e, conseqüentemente, foi um dos fundadores da UDN na Paraíba em 1945. Quando esta agremiação foi para o poder com a Revolução, papai transferiu-se para o MDB, e continuou contrário ao governo permanecendo com postura oposicionista até o fim de sua vida. Éramos — eu e ele — os responsáveis pelo MDB no interior da Paraíba, desde Campina Grande até a fronteira com o Ceará. Toda esta extensão geográfica, digamos, girava em torno da nossa ação política, centrada na cidade de Souza.

Não havia na grande maioria das cidades do interior da Paraíba antagonismos, na medida em que eram alinhadas ao governo, de ponta a ponta, desde a prefeitura, passando pelo governo do Estado. Nós, ao contrário, contestávamos em todos os níveis, o que naquela época no interior da Paraíba era infinitamente mais complicado do que teorizar no Jardim América ou em Ipanema. Muito difícil! Éramos perseguidos. Meu pai empresário foi vítima de sanções políticas, através do Banco Nordeste, do Banco do Brasil. Sofremos demais, e durante muito tempo. Fui muitas vezes ameaçado de cassação, além de ser objeto de todo tipo de molestamento.

O MDB, que fora forjado com tanto sacrifício e amor por nós em praticamente todo interior da Paraíba — o qual pegamos do nada — quando da abertura, na primeira eleição direta, pela qual tanto lutáramos, o meu partido entregou a cabeça de chapa a nosso maior opositor. Tratava-se de um político egresso da ARENA, cujo passado exercitou servindo a Revolução, atuando contra nós e contra o MDB, repito, construído com sacrifício. Após tanta luta, ao alvorecer da abertura democrática, na primeira eleição direta, cuja batalha pela conquista desempenhamos plenamente, fomos flagrados por esta injustiça. A infelicidade maior é que esse candidato, esse político, era nosso adversário figadal na cidade de Souza, contra o qual sustentamos uma luta por mais de vinte anos, tratava-se do deputado Antônio Maris, mais tarde senador da República.

Ficamos em uma situação muito difícil, tentamos várias alternativas junto ao partido. Lançamos inicialmente a candidatura do Ronaldo Cunha Lima, pessoa com uma tradição histórica dentro do MDB, que como prefeito de Campina Grande fora cassado, tornando-se uma figura emblemática das oposições paraibanas. O partido contudo, não quis conversa, fez uma pré-convenção e não aceitou a sugestão.

Lançamos então a candidatura do Celso Furtado, o qual localizei e que aceitando prontamente foi à Paraíba. Naquele tempo, Furtado era o nome mais ilustre do nosso Estado, um grande economista de expressão internacional, figura acatadíssima, ilibada e, surpreendentemente, foi também rejeitado pelo MDB.

A verdade é que o partido estava na firme determinação de uma coligação com o PP. Não foi por acaso que Antônio Maris saiu da ARENA e veio para o PP. Deste modo, quando foi resolvida a incorporação, a aliança, fomos abrigados a deixar o PMDB. Na época, fiquei sem opção. Passei vinte anos combatendo Antônio Maris, seria portanto insuportável subir no palanque e passar a elogiá-lo, respaldá-lo. Foi uma situação realmente dolorosa, levando-me a procurar o partido, o dr. Ulysses, em vão.

Vivíamos a abertura, e o Partido dos Trabalhadores acabava de nascer... Procurei o PT, no qual meu companheiro do Grupo Autêntico, Freitas Diniz, já estava instalado, pois fora iniciada a diáspora no PMDB. Falei com Freitas, com Airton Soares, aí também alojado, sobre minha vontade de engrossar as filas do PT, e fui recebido com muita alegria. O Lula teve a mesma reação de entusiasmo acatando muito bem a idéia, e inclusive enviou Jacó Bitar à Paraíba, para preparar o meu ingresso no partido. Bem, depois de tudo acertado, a executiva do PT do Estado deu uma nota violenta nos jornais, na primeira página, dizendo que não me aceitaria em razão da minha origem burguesa. Meu pai era empresário, eu nunca vesti macacão, não conhecia o sofrimento do trabalhador e, portanto, não podia ser aceito no Partido dos Trabalhadores. Dado curioso, é que os componentes desta Executiva, poucos meses antes, (precisamente na véspera do Natal de 1981) de dentro da prisão de Itamaracá, onde estavam presos, escreveram uma bela carta assinada por todos, agradecendo a minha luta pelos direitos humanos, liberdade, anistia e levantamento das censuras. Uma carta realmente muito bonita.

Por volta de fevereiro, em liberdade graças à anistia, deram esta nota. Recordo-me que havia um sujeito chamado Calistrato — engraçado, mais parece nome de remédio para calo! Não sei o que faz hoje, não é mais da executiva. Nunca mais tive notícias dele. Frente a esta nota violentíssima, fiquei sem opção, não havia outro partido de oposição. Restava-me ir para casa e deixar a política.

Em meio a este clima emocional, a esta turbulência, meu pai veio a falecer, deixando-me em uma situação extremamente terrível, absolutamente dilemática. A idéia de ir para casa, deixar a política passou muito por minha cabeça, todavia, o meu raciocínio dizia que ir para casa, só se fosse com os meus próprios pés... enxotado, nunca! Quer dizer, alguém chega, ocupa "a casa" que eu construí, e que por arte do diabo era o meu adversário pessoal. Nesta circunstâncias, expurgado, não vou! Não sou descartável... persistirei na política.

Neste ínterim, Figueiredo tomou conhecimento do drama que eu vivia na Paraíba, e propôs uma conversa:

— "Olha Gadelha, eu entendo e sei que existe uma questão local, mas gostaria que prestasse atenção em um detalhe, as coisas pelas quais você lutou, estão acontecendo: a anistia, já chegou; a revogação do AI-5, resolvido; o levantamento da censura, esta aí; o retorno dos banidos, dos exilados, definido; as eleições diretas, aí estão. Não gostaria de me aproveitar das circunstâncias, porém, quero pedir-lhe ajuda na edificação do processo de abertura, bem como deixar claro, que para mim, sozinho, não é fácil avançar nestes assuntos e se você puder me ajudar..." E eu, realmente não tinha o que fazer, e respondi:

— "Está bem Presidente, enfrentaremos esta luta juntos". Deste modo, saí candidato ao Senado pelo PDS.

Quero lembrar que minha entrada no PDS foi um verdadeiro corredor polonês, porque comecei a levar paulada dos dois lados: dos meus companheiros antigos do MDB e dos novos companheiros do PDS, que por seu turno, também lançou outros candidatos na sublegenda, e me atacaram, como se eu fosse um cristão novo. Comecei a levar borrachada dos dois lados, ou melhor, dos três lados... o PT também participou.

Observe: no PT não podia entrar porque não me aceitavam; do PMDB, eu estava sendo expulso, restando-me como única opção o PDS. A reação no plano nacional foi a pior possível. Sofri o diabo, com todo o tipo de agressão, da imprensa, de todos e de toda parte, até do exterior. Eu e o Fernando Lyra éramos os próximos membros a ingressar na Internacional Socialista, da qual recebi carta de protesto.

Resolvi enfrentar a situação, especialmente porque na Paraíba, o quadro era exatamente o oposto. As pessoas conhecendo a questão local, sabiam que seria impossível conviver. Ainda complementando, nas eleições de 1982 houve um fato curioso, pois venci a eleição para senador, como também para prefeito, da minha cidade natal. Foi a primeira vez que elegi-me para prefeito de minha querida Souza, e em meio a tantos conflitos — eram eleições gerais, para governador e prefeito. E mais, elegi meu irmão Doca, deputado estadual. Foi uma vitória completa. Minha interpretação é que o povo votou atento as estas circunstâncias todas.

Nesta eleição, havia sublegenda, eram três candidatos do PDS, três pelo MDB, e um candidato do PT. O povo votou, seletivamente e especificamente no meu nome. E o que aconteceu? O resultado foi impressionante. Tive mais votos do que os outros seis candidatos somados, e tornei-me o senador mais votado da história política da Paraíba de todos os tempos, em termos absolutos e relativos, até aquela data. Permaneci no PDS por algum tempo, e com a criação do PFL fui para lá, onde encontro-me até hoje.

Minha convivência no novo quadro partidário nunca foi normal e ainda é muito traumática. De certa forma, o resultado adverso que eu tive nas eleições para senador de 1990, está ligado a isso, pois estive novamente em confronto com Antônio Maris candidato a senador pelo PMDB. O esquema que me apoiava se dividiu, a mulher do meu candidato a governador Wilson Braga, Lúcia Braga, já na convenção rompeu comigo. De forma que levou metade do esquema a votar contra mim, adiantando minha derrota. Esta experiência é, em última análise, fruto de um convívio que nunca foi de muita confiança recíproca, tampouco de entendimento, em razão sobretudo do antagonismo de nossas origens.

Em suma, fui deputado federal três vezes, eleito em 1970, 74, 78; senador, de 1982 a 90. No ano de 1986, disputei a eleição de governador do Estado contra o Tarcísio Buriti, e perdi, retomando o mandato de senador.

Creio que não há nenhuma diferença entre o que pensa hoje Marcondes Gadelha, e o Marcondes Gadelha do tempo do Grupo Autêntico. Considero-me um liberal por formação. Conjugava o liberalismo desde aquele tempo. E, muito embora, o Grupo dos Autênticos fosse tido como de esquerda, na verdade, o nosso denominador comum era a luta contra a ditadura.

Embora sendo fundamentalmente um liberal, convivi ao longo de todos estes anos, magnificamente bem com a esquerda, porque tínhamos um projeto comum, que era a abertura. Sou entretanto uma pessoa desconfiada em relação às ideologias, nunca acreditei que tivessem longevidade. Não posso dizer, que havia um embasamento científico nesta percepção ou se era apenas intuição, maneira de pensar, ou uma esperança. Em relação a este tema, devo me reportar à época de estudante, quando sofri uma influência filosófica bastante forte dos existencialistas, sobretudo dos franceses, que desconfiavam dos sistemas, e de qualquer forma de sistematização do fenômeno humano. O homem está em permanente transcendência, não pode ser enquadrado, e não há como direcioná-lo mediante um conjunto de regras como se fosse um objeto. Esta idéia em relação aos sistemas, ou a sistematizações, ficou no meu inconsciente por muito tempo. Na minha concepção, as ideologias não poderiam prevalecer contra esta explosão de liberdade que é o ser humano, não era possível enquadrar e mais cedo ou mais tarde, a história provaria isto. Sempre desconfiei.

De maneira que, a queda do muro de Berlim, pondo fim no chamado socialismo real, não me surpreendeu. O que aconteceu foi a chegada do fio orientador da história, para o eixo de questões que eu já ponderava, quando estava no Grupo Autêntico: as ditaduras eram transitórias, fossem de direita ou de esquerda e, ao final das contas, o indivíduo é que prevaleceria, a liberdade individual, a capacidade de expansão do ser. Isto sempre considerei viável, dentro de um quadro de convivência liberal. Vejo que estava certo, neste meu pensamento. Estamos aí com uma vitória absoluta da democracia no mundo todo e, com a preservação da economia de mercado, que é um sucedâneo do pensamento do século das luzes, sua decorrência: o constitucionalismo. Estes princípios amplamente vitoriosos formam a minha maneira de ver as coisas.

Antigamente estes pensamentos eram reprimidos, por uma situação circunstancial, a ditadura; e por um confronto internacional entre capitalismo e comunismo, esquerda e direita. Acreditava, porém, que mais cedo ou mais tarde tudo isto iria desaparecer. Hoje, vejo as coisas mais claramente, e penso que tinha razão: apostei no rumo certo da história, e também nas minhas convicções. Sinto-me, de certa forma, recompensado.

A participação no Grupo Autêntico foi a coisa mais importante da minha vida política. Tenho a impressão que nunca fiz nada melhor, nem mais importante do que neste período. Ter pertencido ao Grupo Autêntico, foi uma experiência que guardo na memória, com um carinho veludoso. Tratou-se de uma etapa realmente marcante. Creio que cumpri, de alguma forma, o desígnio de um político, cuja meta era abrir o país, e para a qual entrei de cabeça. Apostei a minha vida, a minha segurança, a minha profissão, as minha crenças todas e joguei tudo nisso. Deu certo! Olhando para trás, e me vendo como um Autêntico, sinto a sensação de que tenho como justificar a minha vida política, e até mesmo como indivíduo e cidadão. Foi muito importante, tenho bastante orgulho desta vivência.

Na Paraíba, talvez existam muitas pessoas que acreditem nas minha concepções. Sou considerado um político com idéias definidas, além de um passado respeitável, e com propostas para o futuro. Isso me faz lembrar, que perdi a eleição de 1986 para governador, com teses da modernidade ou seja, falei em modernidade, modernização, muito antes de Collor. Não tenho nada com ele, não votei nele. Porém, acredito firmemente na importância destas teses, principalmente para os Estados do Nordeste e, em especial, para a minha Paraíba. Meu projeto para o Rio São Francisco é uma forma de modernização da agricultura.

Todos os apelos da modernidade me soam bem, e consegui sistematizar isso na Paraíba, de forma que as pessoas me identificam com uma espécie de condutor, de arauto das teses modernizantes, e muita gente se identifica com isso. Não saberia, entretanto, nominar estas pessoas. O fato de ter deixado o MDB, fez com que eu não conseguisse nuclear pessoas. Tenho simpatizantes disseminados no Estado todo, tanto que a minha campanha, para deputado federal neste ano de 1994, não tem bases eleitorais definidas, com exceção de minha cidade Souza. Espero receber votos de uma maneira difusa, sobretudo de indivíduos que compactuam das minhas idéias e propostas. É esta minha expectativa, mesmo porque, não tenho dinheiro para sustentar uma máquina de campanha.

Sou rico de origem, mas atualmente me considero um homem pobre. Ao longo de minha vida pública, empobreci bastante, empobreci muito. Hoje, não teria condição de sustentar uma campanha política contra o governo, sem precisar de nada, sem receber ajuda de ninguém, coisa que antigamente não me faltava, porque meu pai sempre "segurou". Esse negócio de campanha com recursos de empreiteira e empresa nunca existiu, nem em sonho, na nossa cabeça. Toda campanha era bancada por nós mesmos, sempre foi assim, e nunca houve problema algum. Por isso, farei uma campanha "franciscana", simples e rudimentar, confiando apenas na memória do meu nome, na boa imagem e no fato de ter sido um bom parlamentar. Espero que estas coisas sejam suficientes para me eleger. Mas, reconheço que não é fácil.

Os partidos políticos no Brasil estão em crise, aliás, mais do que isso, creio que terminarão nestas próximas eleições, pois está havendo uma promiscuidade geral, absoluta e total. Inclusive, denunciei isso em uma reunião do PFL em Recife, argumentando a impossibilidade de se fazer coligações harmoniosas neste país imenso, conjugar em 27 Estados a situação local, com a situação nacional. Acaba acontecendo como na Paraíba, onde existe uma candidatura do PDT com o apoio do PFL, possibilitando que dois candidatos a Presidente, Fernando Henrique e Brizola, subam no mesmo palanque. Os partidos estão no fim, com exceção do PT, que é muito bem estruturado, os demais deverão sofrer uma modificação profunda desaparecendo, reorganizando, ou fundindo entre si.

A vida partidária no Brasil é muito efêmera, os partidos são todos transitórios, não têm durabilidade. Na Argentina, ao contrário, eles têm tradição; no Paraguai, o Partido Colorado tem cem anos de existência. No Brasil um partido quando dura dez anos é uma grande coisa — uns são natimortos, outros debelados por algum golpe... Não sei nem quantos partidos tivemos. Na Constituinte de 1934 surgiu até Partido dos Alfaiates do Acre, e atualmente não é muito diverso, temos partidos caricaturais, como o PNSC, PRONA... corroborando com minha idéia de falência absoluta e completa da concepção partidária vigente.

As pesquisas sobre identificação com partidos são prova disto: quatro por cento se identifica com o PFL; três por cento se identifica com o PT, e só. Quem tem alguma identidade é o PT, e também não é uma coisa muito grande. Penso que o regime presidencialista tem muito a ver com isso, pela força e poder majestático que se confere ao Presidente da República, e acaba desmoralizando os partidos. Todo mundo quer ser "amigo do rei", havendo um tropismo natural, em direção ao centro de poder que é o Presidente da República, que tudo pode. As pessoas saltam o muro de seus partidos, para se alinhar rapidamente. O Collor subiu sem partido, quando chegou ao poder e, se quisesse, poderia ter feito o maior partido do Brasil. Se quisesse faria, porque a Presidência da República permitiria isso. Neste aspecto, a manutenção do presidencialismo, creio, foi um desastre para o Brasil e para as agremiações políticas — a prova está aí. Na próxima eleição, na próxima legislatura, não serão os mesmos partidos — teremos um novo alinhamento. Não sei de que forma, mas com exceção do PT.

Se eu estivesse no poder colocava-o a favor da causa parlamentarista e mudaria a natureza do regime. Em segundo lugar, procuraria alterar as relações entre a autoridade e o cidadão. Daria mais retaguarda à sociedade e ao povo, mais força ao indivíduo e menos ao Estado. Uma das causas do nosso atraso é a herança portuguesa e católica, que é muito hierarquizante. Tendemos a confiar demasiado no Estado, procuramos um "paterfamílias", na figura do Estado, do Presidente da República, do chefe, do capo, do Napoleão, do czar, sei lá do que... Procuramos uma espécie de arquétipo ancestral, que substitua o pai de todos nós. Por isso, nos entregamos feito um pacote nas mãos do Estado, e queremos que ele resolva tudo por nós. Não vai resolver coisíssima alguma! Gosto muito de uma definição do Max Weber: "O Estado é um ente de dominação, que detém o monopólio da violência legítima". É só isso mesmo! Eu confio muito mais no indivíduo e na sociedade.

O progresso é feito pelas pessoas, pelo indivíduo, por pequenos grupos, pelo cidadão anônimo. Eu jogaria tudo no sentido de ter esta relação, que no Brasil, é terrível. As conseqüências disso, aconteceriam no plano da sociedade organizada, que reforçaria o indivíduo, as unidades locais de poder, o município. Se me fosse dado o livre arbítrio para isso, aumentaria muito o número de municípios no Brasil, e daria mais atribuições a eles. A minha tendência seria centrípeta, no sentido de fortalecer as unidades locais de poder, e quanto menores, mais pulverizadas, tanto melhor. O equilíbrio democrático se daria pela multiplicidade e pela diversidade, ou seja, o supra-sumo da democracia, é o pluralismo, a diversidade de posições. Desejo um Estado forte nas coisas que são próprias dele.

Recentemente como senador, me apliquei muito na causa da integração latino-americana. Fui vice-presidente do Parlamento Latino-Americano e depois diretor da sede do Parlamento em São Paulo, do Memorial da América Latina. Aquele Parlamento foi iniciativa minha. Hoje o Fernando Gasparian está como superintendente, além do colombiano Humberto Pelaez.

Sem dúvida nenhuma, durante o tempo do Grupo Autêntico, tinha consciência de estar cumprindo um papel histórico e me agarrava a este papel com unhas e dentes para exercê-lo muito bem. Era a minha forma de entrar na história, tinha esta convicção. Creio que todos os demais Autênticos trabalhavam neste sentido de historicidade. Não tínhamos a pretensão de sermos heróis, pelo menos por mim não passava esta idéia, mas a convicção de estarmos fazendo o que a história esperava. A nação confiava nos Autênticos, havendo uma expectativa muito grande. Sentia-me, como membro de um Grupo que estava cuidando de uma ação de libertação nacional. Naquele momento histórico, em diversos países existiam movimentos de libertação, embora nossa ação não fosse cruenta, era um substituto político, um *erzats* destas lutas de libertação. Estávamos libertando o país do jugo de uma ditadura, porém, não havia antecedentes, íamos aprendendo por ensaio e erro, tentativa e fracasso, e este próprio aprendizado era muito estimulante. Cada passo certo que dávamos, era motivo de alegria e comemoração, sem referencial, tudo era construção empírica em cima do fato.

Dentre tantas habilidades que o momento histórico nos impunha, a agilidade de raciocínio e ação, colocava-se como prioridade, sendo a imediaticidade nas respostas condição fundamental. Em um de meus discursos, fiz uma análise afirmando que a ciência política era facciosa. Ela ensina minuciosamente ao "Príncipe", como manter o poder, mas não ao povo como sacudir a sujeição a uma tirania. Aprendíamos todas estas contradições, passo a passo, com a sensação de estar cumprindo um papel histórico.

O interessante é que, muito tempo depois, pude pôr em prática isso, em um outro país, e me senti confortável com a situação. Foi por volta do 1992, estava sem mandato e fui designado coordenador político da OEA, nas primeiras eleições diretas do Paraguai, para prefeito de Assunção. Coordenei um grupo de quarenta observadores internacionais, designados pela OEA, tendo a chance de ver nascer a democracia naquele país. Na oportunidade, conversei com diversos grupos políticos de oposição, e discutimos muito as semelhanças das experiências vividas, recentemente aqui no Brasil. O Paraguai tem um Partido Autêntico... Partido Liberal Revolucionário Autêntico, de Domingo Laino, que tomou o nome inspirado em nosso Grupo. Nutrimos sempre uma simpatia muito grande por Laino. No tempo em que esteve na clandestinidade, refugiou-se aqui no Brasil, e nós, do Grupo Autêntico, o acolhemos dando cobertura. Reencontrá-lo como coordenador das eleições do Paraguai, acompanhar o processo de abertura, testemunhar questões parecidas com as vividas aqui, e saber que absorveram um pouco da nossa experiência, foi muito gratificante.

Quando fizemos nosso movimento Autêntico não tínhamos certeza de nada... caminhávamos em cima de um fio de navalha... De um lado, a guerrilha, desespero total na ação política; de outro a conveniência, que era a ação dos moderados. E, nosso Grupo, no meio, acreditando na oposição congressual, mas com a consciência de que era uma passagem muito estreita, a qual alçaríamos por responsabilidade histórica.

Valeu muito! Valeu demais! Se tivesse que começar, faria tudo igual! Não há, talvez, qualquer ponto que eu trocaria nesta trajetória. Fizemos tudo dentro da medida, tudo o que era possível. Se você perguntasse a possibilidade de ter apressado um pouco mais o curso da história, antecipando o fim da ditadura, ou mudando a natureza das coisas, eu responderia: bem que nós tentamos...

Neste sentido, cabe lembrar, a candidatura de Euller Bentes, cuja intenção era encurtar a ditadura. Imaginávamos que ele dividiria o sistema militar, apressando a solução. Não deu certo. Com o distanciamento de tempo, ao invés de certeza em relação a esta candidatura, permanecem dúvidas. Se tivesse dado certo e Euller vencido, poderia ter ocorrido um recrudescimento, outro golpe e o regime reagiria recomeçando o processo com violência e tortura. Chego a pensar que a "providência" estava do nosso lado. Foi feito o que deveria ser feito, o viável para o momento, e chegamos ao resultado no tempo que foi possível acontecer.

Fazer uma espécie de catarse... avaliação global... da vida, é bom!"

Nadyr Rossetti

(Nadyr Rossetti)

NASCIMENTO:

17 de julho de 1937
Caxias do Sul, RS

FILIAÇÃO:

Domingos Rossetti e Lúcia Rossetti

FORMAÇÃO:

Advogado
Universidade Federal do Rio Grande do Sul
Porto Alegre, 1962

CÔNJUGE:

Célia Conde Rossetti

FILHA:

Cristiane Conde da Silva

"O movimento dos Autênticos foi uma das páginas mais belas que a história do Brasil já escreveu."

Rio de Janeiro, 31 de janeiro de 1994

"Sou o penúltimo de uma família de dezessete filhos. O meu pai morava no interior, e quando foi registrar minha irmã mais velha, a décima-quinta, mamãe já estava grávida, e ele, aproveitando a viagem, me registrou também. Italiano, não quis gastar duas passagens. Nasci no dia doze de janeiro de 1938, e fui registrado em dezessete de julho de 1937, seis meses antes de nascer. Brincadeiras à parte, eu já havia nascido quando fui registrado. É que meu pai deve ter feito alguma confusão na hora de me registrar... Inclusive, fui batizado por Pedro, e no registro de nascimento (realizado quando eu contava com aproximadamente dois anos), papai escolheu Nadyr. Minha mãe, sempre garantiu que na realidade Nadyr era o correto, entretanto o padre disse que seria impossível me batizar assim, porque não tinha santo com este nome. Tal façanha, só foi descoberta quando fui estudar no colégio dos Jesuítas, precisei do batistério, e não achavam nenhum Nadyr Rossetti. Após muitas "buscas", encontramos um "tal" de Pedro Rossetti, que fora batizado exatamente, no mesmo dia que eu. Isso era comum no interior do Rio Grande do Sul. Nasci em uma região muito pobre, interior de São Francisco de Paula, em um lugar chamado Raposo. Meu pai nasceu na Itália e era agricultor; minha mãe, filha de italianos, porém nascida no Brasil.

Morando na zona rural, e membro de uma família tão numerosa, brincávamos o tempo todo. Foi com minhas irmãs mais velhas que aprendi a ler e escrever, chegando à Escola Estadual Serapião Mariante, em Raposo, já alfabetizado. Tenho tantas saudades... a coisa melhor que pode acontecer na vida de uma pessoa é ter a chance de viver sua meninice em lugar tranqüilo, do interior.

Dos dezessete irmãos, somos hoje doze espalhados pelo Brasil. Sou o único com curso superior. Tenho um irmão, que faz uma brincadeira por causa da minha formação universitária, afirmando que "sou o único vivo". Interessante é que nenhum de nós permaneceu no lugar de origem, tampouco trabalhando com agricultura, conforme papai. Exceto meu irmão mais velho, que morreu no ano passado, aos 81 anos. Ele viveu por cinqüenta anos em uma estância de veraneio dos Jesuítas, sendo uma espécie de administrador. Os demais irmãos (aproximadamente noventa por cento) estão ligados ao comércio, muitos dos quais no Mato Grosso.

Na busca de explicar o que penso no global, começaria um pouquinho antes de 1970, afirmando que fiz política partidária meio por acaso. Como universitário, eu detestava política convencional, tanto que havia na faculdade o Centro Acadêmico André da Rocha, mas um grupo de jovens da época, nos quais me incluo, não aceitando a política que se fazia dentro das universidades, no período pré-64, fundou o Centro Tobias Barreto, de estudos filosóficos. Nossa concepção era diferente, tínhamos outra proposta de sociedade.

Formado advogado, voltei para o interior do Estado, para Caxias do Sul onde fui advogar com um rapaz que havia sido vereador e, nas eleições de 1963, acabara de ser eleito deputado estadual. Chamava-se Pedro Simon. Por casualidade, candidatei-me a vereador pelo PTB, cargo para o qual me elegi. Dois meses depois da posse, veio o golpe levando-me imediatamente a um firme posicionamento contrário aos militares "revolucionários", o que gerou muitos atritos com Pedro Simon. A situação tornou-se de tal modo irremediável, que fui obrigado a sair do escritório.

Tomando rumo próprio nas atividades políticas e profissionais, acabei no MDB pois o PTB do Rio Grande do Sul em 1964, ou melhor, sua fração direcional, se dividiu: um razoável número de componentes, foi para o MDB; outros tantos, para ARENA; e uma grande parte se recolheu. Neste momento, começaram a surgir os jovens: os Getúlios Dias, os Alceus Collares, os Nadyr Rossetti, entre outros. Ao contrário do que acontecia com o PTB, tínhamos uma concepção de sociedade que se assemelhava muito àquela, que a força majoritária do partido revelava, através dos movimentos de reformas de base, trazendo à tona esta discussão para toda a sociedade brasileira.

Minha formação é social-democrata. Tive uma certa dificuldade para romper com alguns paradigmas, porque fui durante muitos anos estudante de jesuítas, que me fizeram ler muito o Plínio Salgado, um integralista. O livro *Homem integral* do Plínio, obra muito fascista... nazista inclusive, fez com que eu entendesse o homem integral, dentro daquele seu projeto.

Eu não era PTB. Ou seja, não possuía qualquer tradição política familiar, nem no PTB do Rio Grande do Sul, ou em qualquer outro lugar. Trazia, sim, uma concepção de sociedade, semelhante à conjugada pelos petebistas mais avançados, como no caso do Getúlio Dias e outros, que levavam as discussões pertinentes relativas à sociedade, através do movimento de base. Não tenho a menor dúvida em afirmar: o movimento mais lindo de conscientização, participação e formação popular que o Brasil testemunhou foi Movimento de Base. Foi o momento de maior beleza cívica, já visto neste país.

Ali nasci eu, nasceu minha cabeça, na antevéspera do golpe. De forma idêntica, tenho certeza, dezenas de brasileiros, e sobretudo, a grande maioria que depois passou a compor os dois grupos de resistência à ditadura que surgiram dentro da Câmara: os "imaturos" na eleição de 1966, que foi a minha primeira eleição; e, na seqüência, os Autênticos, que surgiram na eleição de 1970.

O Getúlio Dias era do Movimento de Base, o Lysâneas, tenho certeza, e o Chico Pinto certamente também era. Tínhamos uma coerência, adquirida antes de 1964, era um projeto de vida... não foi uma coisa que nasceu apenas por causa do golpe. Tratava-se de uma formação obtida dentro das universidades, na luta política, e era um negócio fantástico. É uma pena que nada foi feito até hoje. Volto a repetir, eu por acaso fiz política partidária; mas a outra política, a verdadeira, já vínhamos praticando através do Movimento de Base.

Neste tempo, meu mundo limitava-se ao Rio Grande do Sul, até pela idade e condições. Deste modo, o nosso Movimento era lá. Evidente que tinha um caráter nacional e trazia uma concepção nova de sociedade: justa, igualitária, aproximando-se muito de uma social-democracia, e sem dúvida, era uma ousadia para época. A propósito, o maior ideólogo da social-democracia brasileira é, ainda hoje, a meu ver, Alberto Pasqualini, que deu todo embasamento ideológico ao PTB. Por volta de 1945, ele era considerado um comunista dos mais exacerbados, mas na verdade era um social democrata, um solidarista ou algo semelhante.

Entre o Movimentos de Base, e os Autênticos, não tenho a menor dúvida, e sempre digo que não há quebra. O AI-5 tentou romper esta seqüência, tirando do convívio político 95 por cento dos Imaturos. Sobramos muito poucos. Depois Getúlio e Alceu — refiro-me sempre a eles pois são gaúchos e concorremos na mesma eleição, sendo os dois primeiros suplentes, estavam praticamente dentro da Câmara, — eram ativistas do Movimento de Base. Em 1970, com as novas cassações, eles subiram, além de mais gente deste grupo. Desta forma, tenho certeza, os Autênticos formavam movimento, evidente, contra o golpe, contra a ditadura. Contudo, considero muito mais, na perspectiva da busca de uma nova sociedade.

Derrubamos a ditadura, mas nada do que pregávamos no Movimento Autêntico foi feito, absolutamente nada. Até porque, a oposição formal que era o MDB, depois PMDB, assumiu o comando da coisa, e no meu entendimento, desvirtuou totalmente nosso projeto. Essa é a minha concepção.

O nome Autêntico, lembro-me, havia dois, ou três de nós que reivindicava esse direito, mas parece, ser coisa da imprensa. Recordo-me ainda, que surgiu porque Imaturo não pegava bem.

Nossa aglutinação, não quero atribuir uma força demasiada a isto... mas, tenho certeza de uma coisa: o movimento todo começou a tomar forma na escolha do líder. Foi em torno da liderança. Os Imaturos, tenho clareza absoluta, era a briga da Ivete Vargas, do PTB ruim, impondo como líder o Milton Reis, deputado do PTB de Minas; com o velho Martins Rodrigues, do PSD. Na ocasião, nós Imaturos, rompemos o esquema, trabalhando o nome de Mário Covas, que vinha do Partido Socialista; e pelo qual fora eleito; e o fizemos nosso líder, bem como ao Matheus Smith, deputado nosso do Rio Grande do Sul, vice-presidente da Câmara. Derrotamos deste modo, de uma só vez, o esquemão do PSD e do PTB ruim, ou seja, de Ulysses e Tancredo, e do velho Martins Rodrigues.

No ano de 1970, o grupo do "lado de lá" queria o Tancredo, que refutou, e nós lançamos o nome de Freitas Nobre, e tenho certeza de que o movimento começou a tomar corpo na disputa das posições de bancada. Foi ali, que começamos a nos conhecer: os do sul, os nordestinos entre outros. Conseguimos fazer o Freitas nosso líder só depois de alguns anos. A direita do partido, com a experiência do passado, se uniu contra nós elegendo o Jairo Brum. Posteriormente, veio o Laerte Vieira. Derrubamos com o Aldo Fagundes, que não era Autêntico, mas também não era nosso inimigo. Articulamos o Freitas Nobre só no quarto ano, permanecendo como líder da bancada por dois ou três anos. Além do Freitas Nobre, fizemos vários vice-líderes. Inclusive eu saí vice-líder pelos Autênticos e, de vez em quando, um dos nossos assumia alguma posição. O Alencar Furtado, assumiu a vice-presidência da mesa e passamos a fazer as reuniões em seu gabinete. No gabinete da vice-presidência da Câmara.

Quando fui cassado em 1975, Alencar Furtado era vice-presidente da Câmara. Normalmente colocávamos para concorrer a estes cargos, pessoas adequadas, que pudessem circular por vários "territórios". Engraçado é que alguns de nós, não passariam de jeito nenhum.

Fazia parte da história do MDB, antes de nossa chegada, a eleição dessa turma da direita e por causa do nosso comportamento atrevido e inconformado, nos responsabilizavam muito pelo AI-5 — Ulysses não cansava de repetir isso.

Certa ocasião fiz um pronunciamento em objeção à tortura. Até Getúlio Dias me disse que foi uma das boas coisas contra o Ulysses. Na mesma noite fui procurado por Ulysses, no Brasília Palace dizendo-me para parar com "aquilo", pois poderia ser responsabilizado pelo fechamento do Congresso. Vale lembrar, entretanto, que estes mesmos conservadores, Ulysses, Tancredo entre outras, se assumem como "Autênticos", ao se apropriarem da nossa linguagem de campanha. Tomaram nosso discurso e se elegeram, como se Autênticos fossem. Todavia, a prática era de um conservadorismo extremado, cujo melhor exemplo foi Ulysses Guimarães: o protótipo mais perfeito de vileza que conheci.

Houve até um episódio, que mostra a veracidade desta afirmação. Na eleição para direção partidária de 1972, lançamos como nosso candidato contra Ulysses, Josafá Marinho, senador baiano, hoje no PFL. Sabíamos que não se tratava de nenhum Autêntico, era um liberal assim como Paulo Brossard, mas se posicionava conosco e nada mais do que isto! Deste modo, lançamos o Josafá contra o Ulysses. O Chico Pinto era o que ainda hoje Getúlio Dias definiu muito bem: "reitor". Chico encontrava-se preso, por causa de um discurso contra o Pinochet, quando de sua visita ao Brasil. Freitas Nobre e eu morávamos no mesmo hotel e em uma noite recebemos a visita de Ulysses Guimarães, Thales Ramalho e Tancredo Neves, que queriam falar conosco, e traziam a seguinte proposta:

— "Vocês retiram a candidatura do Josafá, e nós damos a primeira vice-liderança..." Pegos de surpresa, lembramos que a prisão do Chico Pinto terminaria na véspera da convenção. Sendo quase certo que perderíamos as eleições para Ulysses, com Josafá, resolvemos que abriríamos mão da candidatura do Josafá, e faríamos Chico Pinto, o primeiro vice-presidente do partido. Freitas Nobre e eu fomos falar com o Chico na cadeia, e ele disse:

— "Não, eu não posso aceitar isso, não farei jamais um papel deste com o Josafá, meu conterrâneo baiano." Mesmo assim, fomos falar com Josafá, que retirou a candidatura, sob o compromisso do Chico Pinto, ser o primeiro-vice de Ulysses. Uma semana depois, chega o dia da convenção, e na época o MDB era tão pequeno, que sua Convenção era feita no Senado. Logo ao entrar, estava lá a chapa oficial: presidente, Ulysses Guimarães; vice, Tancredo Neves; segundo vice, Amaral Peixoto. Indignado, pedi a palavra ao presidente e falei:

— "Presidente, eu vi correndo por aí uma chapa, mas gostaria que o senhor anunciasse a oficial para não criar tumulto, nem confusão na Convenção." Ulysses, com a maior cara-de-pau, disse:

— "Não, a chapa é esta daí.". Retruquei:

— "Como, a chapa é esta?" Encontrava-me no microfone do aparte, fui para o microfone da tribuna, onde aos brados, chamei Ulysses de canalha, pilantra... e tudo quanto foi nome. Ele nem se tocou. Negou que tivesse qualquer compromisso conosco, e foram eleitos assim. Por isso, para mim, Ulysses é o maior representante desta torpeza. E aqui fora, se tu dizias, que o Ulysses não era um Autêntico... bah! Tu apanhavas. Até porque, eles não queriam perder o comando para nós, sobretudo por terem recebido uma missão da ditadura: não deixar que o Grupo Autêntico ascendesse.

Veja que estranha a cassação de Amaury Müller e a minha. Naquele período a imprensa não publicava mais nada em relação aos Autênticos. De repente, em um fim de semana, fomos fazer um comício no interior do Estado do Rio Grande do Sul, e no dia seguinte saiu tudo na íntegra em praticamente todos os jornais de Porto Alegre. Mandamos investigar de onde saiu a notícia, e apuramos que tinha sido do gabinete do Simon, feita lá pelo rapaz de Santa Vitória, cujo nome não me lembro. Ou seja, ele gravou. Interessante, observar também, que na mesma semana, a imprensa de Porto Alegre noticiou que Pedro Simon visitara o general Oscar Lins, comandante do Terceiro Exército, da época. Na segunda-feira posterior, fomos cassados. Houve suspeita na ocasião, hoje confirmada, que eles iam e negociavam. Tinham como missão evitar nosso crescimento.

Em determinado momento, logo após o AI-5 e antes da eleição de 1970, preguei a dissolução do MDB, acreditando que seria o melhor caminho, contudo por diversas questões, permaneci. Às vezes, era difícil justificar nossa existência. Considerava que deveríamos fazer política e combater a ditadura, mas não disputar eleição. O fato de estarmos no Congresso foi um erro. Eu sempre achei um equívoco.

Durante o período do AI-5, servimos para pouca coisa... Não publicavam nada sobre nossa presença, ou atuação parlamentar e passamos desapercebidos. O povo sequer sabia que existiam pessoas brigando por eles, porque a imprensa ignorava nossa luta.

Lembro que o Getúlio fazia discursos brilhantes, eu fazia discursos bons, que permaneciam limitados ao Congresso Nacional. Deste modo mandávamos fazer uns livrinhos, cujo conteúdo era a síntese de nossa atuação, e distribuíamos. Fazíamos... mil, dois mil, três mil... e era o único meio de levarmos ao povo, nossas ações e palavras.

Quando coloco nossa permanência no Congresso como um engano, quero dizer, que poderíamos ter suprido estas questões com outros instrumentos, e não através da Câmara dos Deputados. Esta é a razão porque, já em 1969, preguei a dissolução do partido, por considerar que esta atitude, se mostrava provocadora e catalisadora da queda da ditadura. Poderia até estar enganado, mas era a minha avaliação. Confesso que esta idéia na ocasião não chegou a empolgar sequer os Imaturos, éramos um grupo pequeno, portanto, um movimento quase insignificante. O grande argumento usado pelos companheiros de posição contrária à minha, era o seguinte:

— "Isso é absurdo Nadyr, porque se nós sairmos, outros virão. Se dissolvermos o MDB, a ditadura forma outro partido." Eu respondia:

— "Ótimo, eu não quero que desapareça a sigla, e sim que desapareçamos nós, o nosso projeto dentro deste sistema de luta. Somos poucos e ao ficarmos no Congresso, (e, parece que eu tinha uma premonição) ao continuarmos, na virada, seremos engolidos."

Com a anistia, a história me deu a felicidade de reeleição em 1982! Voltando pude assistir 1984, na minha avaliação a coisa mais triste que vivi na política. Como líder do PDT, vi tudo o que se fez para acabar com a ditadura. Houve inclusive aquele jantar desagradabilíssimo que tive com o Tancredo, quando percebi... "terminou a ditadura", mas terminou o quê? Não fizemos nada, a Constituinte vinha logo depois.

O fato de nós, pedetistas, nos posicionarmos contra o Plano Cruzado, complicou a situação. E o que saiu da Constituinte? Eu percebia desde os anos 70 que pelo caminho apresentado não chegaríamos a lugar algum. Infelizmente eu tinha razão, o Brasil não chegou mesmo. Sobretudo, como o Getúlio Dias disse:

— "Não inventaríamos nada..."

Neste contexto, o Grupo Autêntico perdeu o domínio da oposição, pois com o pluripartidarismo grande parte foi para o PT. Poderíamos ter sido o embrião de um grande movimento social, que seria a soma digamos, da social-democracia, com uma pitada de PT. Entretanto, desaparecemos, fomos engolidos no interior do Congresso, quando surgia fora dele, o Movimento Sindicalista do ABC paulista, que nos abafou. Este movimento surgido em São Paulo (através do José Ibraim, e não de Lula, que acabou se adonando, de algo, que não foi ele quem fez) em um determinado momento, até a nós hostilizou. E, neste caldo, nós desaparecemos. Esta que é a grande verdade, nós fomos engolidos pelo processo congressual.

O Grupo Autêntico foi uma das páginas mais belas que a história do Brasil já escreveu e, não tenho dúvida, era muito mais viável do que por exemplo o PT, porque era mais plural. Éramos amiúde, confundidos com os comunistas, o que não era verdadeiro. Ao contrário, para o nosso projeto, o comunismo era um empecilho.

Considero sobretudo, que Grupo Autêntico teve três inimigos: o PT, o Arraes e o Brizola. Inimigos, porque a partir da anistia, nos subdividimos, praticamente nestas frentes: uns acompanharam o Brizola, alguns o Arraes e outros o PT.

Nossa dissolução contudo, antecedeu, em uns oito anos após anistia, bem como o episódio "da transição negociada" com Tancredo. Na anistia, cada um, tomou seu rumo, fosse partidário ou pessoal. No meu caso específico, as coisas foram antecipadas quando de minha cassação, em 29 de março de 1976, e isto eu não esqueço, não é? Deste ponto em diante, eu desisti... li muito e ainda leio. Nesta área, sou o mais pluralista possível, apesar de priorizar autores de esquerda. Leio de tudo, e me divirto quando os caras procuram fazer de Marx um economista. Marx é um filósofo! E pensar que o mundo ficou dividido, por mais de meio século, por conta desta interpretação.

Tínhamos densidade, porque no fundo, queríamos avançar. Não rejeitávamos o apoio, nem entendimentos com a direita do partido, buscávamos posições negociadas. Isto foi uma constante no Grupo, e do Grupo Autêntico. Mesmo depois de ultrapassada a fase de nossa organicidade, ficou preservado o espírito de negociação, uns acabaram até ministros.

Espírito de negociação é saudável mas às vezes a ruptura faz-se necessária. A direita quando tem que romper, rompe. Negociou conosco até 1964, aliás, tentou negociar em 1961 e não deu, porque o Brizola fez o movimento da legalidade. Mas, na verdade, não queriam negociar conosco e sim derrubar Jango Goulart. A maior prova é que Tancredo foi a Montevidéu, e acertou com Jango o parlamentarismo. Ficou tudo combinado, e de repente, Jango se botou a "Chico manco":

— "Vou derrubar este negócio, porque quero ser Presidente de novo".

Neste momento, a direita impôs-se, dando um basta. A direita sabe cobrar, mas a esquerda não. Ficamos sempre nas eternas negociações, sendo vencidos por ela. Outra é que ela negocia até onde tem vantagem, ficando flagrante por exemplo em episódios como na tentativa de rompimento com Getúlio Vargas, mas em razão de seu suicídio, "fecharam" imediatamente com Café Filho; a ameaça de rompimento feita a Juscelino, que acabou compondo com eles em 1964, e nas "enes" manobras, feitas com o próprio Juscelino, na tentativa de acerto com Jango, que em uma primeira fase correspondeu, mas mediante sua insistência de voltar à presidência foi rechaçado pela direita. E nós da esquerda, sempre negociando. É uma atitude nobre, mas que deve a meu ver ter limites.

Ulysses, em 1973 quando da Anticandidatura, comprometeu-se a não comparecer ao Colégio Eleitoral e compareceu, rompendo o compromisso assumido perante a nação. Não foi à toa, e tenho certeza que havia alguma coisa por trás de tudo. Este comportamento de Ulysses, além dos danos imediatos, deu uma esfriada no movimento, por dois ou três anos, que ressuscitou só por volta do final do ano 1976. Novamente em 1984, se Ulysses cumprisse o que estava estabelecido, não indo ao Colégio Eleitoral, o movimento teria chegado em 1988 com a democracia no Brasil. Eu não tenho a menor dúvida.

Não esqueça. O Grupo Autêntico foi um Grupo valentíssimo: na denúncia da tortura, na pregação das liberdades, na Constituinte e tal. Investigue, e você vai encontrar grandes pronunciamentos, sobre um projeto de Brasil diferente. A respeito da reforma agrária, Marcos Freire e eu, fazíamos muitos pronunciamentos; na condição de membro da CONTAG, Walter Silva, era outro componente do Grupo, que não se furtava deste assunto. Nossa luta não era só a institucional, não obstante a imprensa perpetuasse o que considero perfumaria. Os fatos lembrados dos Autênticos dizem sempre respeito à denúncia enquanto que os projetos, nossa maior expressão de competência, estão por aí soltos, ou em algum arquivo.

Depois de cassado voltei com Amaury Müller para o Rio Grande e chegando em Caxias, minha cidade, dois ou três amigos trocaram de calçada quando me viram. Um deles inclusive, mais tarde, elegeu-se deputado federal. Dono de um temperamento forte, pensei:

— "Não vou ficar aqui, pois criarei muitos problemas para mim."

Fui embora para São Paulo, e morei no apartamento do Airton Soares, de 1976 à 1979, quando vim para o Rio de Janeiro, e estou desde então. Na realidade, depois da cassação, nunca mais morei no Rio Grande do Sul.

No ano de 1979 com a anistia, entrei no PDT e em 1982 retornei ao Rio Grande para fazer campanha. Continuo no PDT, fazendo parte de seu Diretório Nacional.

A minha última campanha eleitoral foi em 1986, quando perdi exatamente em conseqüência do Plano Cruzado, que tornou o PMDB vitorioso no Brasil inteiro. Além disto, no meu reduto eleitoral, a cidade de Caxias, o PDT era muito fraco. Em 1988, candidatei-me a prefeito, mas essa história de morar no Rio de Janeiro e voltar ao Sul só para concorrer, é muito difícil. Mesmo assim, fui bem votado nesta eleição. Em 1990, cometi o erro, de não concorrer a deputado, teria "feito"... estava com a eleição ganha. Um erro maior ainda, foi não ter colocado minha candidatura em 1993, quando meus conterrâneos afirmavam que eu teria levado. Todavia, não pretendo mais concorrer.

Um fator soberano impede minha volta à política e demonstra a quase certeza de que eu não volte: é que não consigo encontrar uma saída para o projeto social-democrata, dentro desse sistema de governo contemporâneo. Se você me perguntasse qual é a saída, eu não saberia dizer. Houve um determinado momento que me empolgava com o Kadafi, sobretudo, a partir da afirmação que acho belíssima: "A pior das ditaduras, é a ditadura dos Parlamentos."

O sistema democrático é o melhor, claro, nem se discute, mas é um estágio e estou encontrando muita dificuldade na democracia brasileira. Não vejo partidos políticos com seriedade suficiente, nem homens com desprendimento necessário. Vejo sim, a ambição exagerada e questiono os instrumentos que temos utilizado para chegar a um regime democrático e para implantar um projeto sócio-econômico. Essa é a dificuldade que eu encontro na política brasileira. Quando criança, adolescente, jovem, me empolguei com o PTB. Com o MDB, nunca tive ilusões. A propósito, não saí do PMDB, porque nunca entrei. O dia que deixei a Câmara, cassado, fiz um juramento: "Jamais voltarei para esse partido." O MDB não oferecia qualquer recurso, que permitisse dizer:

— "Através desse instrumento político, iremos criar uma sociedade justa no Brasil." Na redemocratização talvez, até pela juventude dos partidos políticos brasileiros não vejo clareza neste aspecto. Nem no meu partido, o PDT. Isso desanima.

Em um partido se participa dos atos decisórios, ou torna-se apenas figurante. Eu, figurante não quero ser mais. Já fui, e não quero mais!

Deste modo, creio que o mais necessário no Brasil de hoje não é um projeto sócio-econômico, e sim um projeto político.

Em um determinado momento me empolguei pelo PT. Logo percebi que iria se tornar um partido fascista. A prática deles é fascista. Não há uma esquina, sem pelo menos, um dedo duro do PT. Não se encontra uma repartição pública, sem um dedo duro do PT. Não é por aí! Além da longa experiência, tenho visto muitos governos, que dizem:

— "Não vamos fazer isso, porque o PT está aí". Aparentemente, pode até ser um objetivo bonito, estão evitando corrupção mas, não é só isso. Neste sentido, estou certo de que as práticas políticas no Brasil têm de mudar, temos de achar uma saída.

No tempo em que eu fiz política tive um grupo bom. Nada de consangüinidade, porque não herdei de ninguém, não tenho tradição política e nem filhos biológicos. Quando casei com Célia, ela já era mãe de Cristiane e eu a adotei. Não obstante, na minha região, eu exercia influência até a cassação e não tenho a menor dúvida, deixei um grande grupo político que, por culpa minha, se diluiu. Acredite, estaríamos mandando na região.

Com o fato de ter me afastado e não residir há muito tempo no Rio Grande do Sul, mas ir constantemente, percebo que deixamos uma marca muito forte. Eu tenho episódios que se repetem a cada viagem. A semana passada, estando em Porto Alegre, fui comprar uma bermuda porque esqueci de levar, e mesmo lá, gosto de jantar com este traje. Entrei na loja de nome ACOL, e não conhecia ninguém. Pedi minha bermuda e o vendedor, um sujeito de aproximadamente cinqüenta anos, perguntou:

— "O senhor vai pagar com cartão ou cheque?" Digo:

— "Cheque". Ele fez a nota, deu o desconto e tal, e não levantava os olhos. Pensei até que ele iria me incomodar, com as exigências próprias dessas situações. Na hora de pagar, peguei o cheque, o cartão do cheque, a identidade, e entreguei a ele com a seguinte expressão:

— "Olha, meu senhor, eu não volto mais, porém este aqui volta", e apontei o cheque. Ele levou um susto enorme, olhou o cheque e com um sorriso, disse:

— "Não volta não, este aqui não volta não! Porque é do ex-deputado, e gente assim não se faz mais. Aquele Grupo de vocês, o Grupo Autêntico". Veja, há uma semana! Aconteceu na semana passada. Isto traduz tudo!

No mesmo dia, no começo da noite, vesti a bermudinha e fui para a frente do Lido Hotel, onde colocam, no fim do dia, umas mesinhas. Lá estando, vejo dois sujeitos de meia idade, me olhando e sorrindo. Sorri também, fui político não perdi o hábito. Mediante a retribuição do sorriso, eles vieram até minha mesa e um deles perguntou:

— "O senhor é Nadyr Rosetti?" Digo:

— "Sou"

— "Ah! Nós o reconhecemos e quisemos vir lhe abraçar..." Eram dois agrônomos da Prefeitura de Porto Alegre na mesmíssima expressão. Parecia que um tinha ouvido o outro. E, os caras me animaram mais, dizendo:

— "Volte... não precisa nem fazer campanha. Com toda a sujeira que aconteceu no governo do Collor, volte e apostamos na sua eleição."

Ah! os Autênticos deixaram uma marca...

Se eu tivesse o poder nas mãos mudaria tudo! Sem nenhuma modéstia. Estando apenas no governo não... aí não. Tem o Marcos Freire que andou pelo governo e não fez nada do que conjugávamos. Se estivéssemos no poder, o Brasil estaria vivendo uma social-democracia e nosso projeto estaria finalmente em ação. E não tenho a menor dúvida, porque havia sinceridade na nossa pregação. Tanto assim, que não preciso recorrer a um passado muito remoto: nossa sinceridade política, fez com que batêssemos de frente contra Plano Cruzado em 1986, quando sabíamos que, o combatendo, perderíamos as eleições. Eu tinha consciência de que perderia as eleições. Qual outro motivo, que não a sinceridade política, nos levaria a combater o Plano? No último comício que fiz, para cinco mil pessoas, dei uma "paulada" no Plano Cruzado e um homem gritou:

— "Já está dizendo bobagem." Deveria ter me calado, mas não! Comecei a xingar com maior entusiasmo e fui tirado do palanque, para que não apanhasse.

Apesar de ser um dos poucos fatores de unanimidade nacional da atualidade, eu tenho muito medo da Campanha Contra Fome do Betinho. Sempre me preocupa, o quê ocorrerá? Será como todos os movimentos de caridade? Pelo que me parece, não deixa de ser um movimento assistencialista, posto o caráter de permanência que o permeia. É muito perigoso para o Brasil, e temos em outros países, exemplos históricos: Fidel Castro depois de assumir o poder em Cuba, começou dando um copo de leite, passando à cesta básica, e não sei mais o quê. Está lá o resultado. O povo sem trabalho o país sem produzir. Honestamente, tenho muito medo, e acho que o pleno emprego é a única saída. Se eu tiver influência em alguma campanha presidencial, lutarei por colocar nos planos a proposta fundamental, que é o emprego, o trabalho.

O caráter permanente da medida caritativa é, no meu entendimento, um desastre. Imagine, nós temos a tendência, o homem brasileiro tem a tendência do Jeca Tatu. De repente, aparece um Betinho dando comida. Depois é capaz de aparecer um outro, dando roupa... não que vá acontecer isso, mas é muito perigoso. A não ser que seja meramente eleitoreiro.

Sempre tive uma saúde muito frágil. É até engraçado lembrar, que uma ocasião estive muito mal, sendo internado em um hospital da cidade de São Paulo, de onde fugi abrigando-me no apartamento de meu colega Autêntico, Santilli Sobrinho, na Alameda Santos, um apartamento amplo e ensolarado. Felizmente, desde minha mudança para o Rio de Janeiro, não tenho tido mais esta ordem de problemas, fato que atribuo ao clima carioca.

Hoje, profissionalmente, além trabalhar como advogado, possuo algumas terrinhas. Graças à minha dupla cidadania, pretendo ser candidato ao Parlamento Italiano, que contará em sua composição, com um percentual de descendentes de italianos, que vivem pelo mundo. Seria desde 1994, mas como houve a dissolução do Congresso Italiano, foi postergado para 1995.

A experiência dos Autênticos foi a melhor que tive em todos meus anos de vida pública. Como minha primeira eleição foi em 1966, encontrava-me perdido naquele MDB e o Grupo Autêntico fechou meu desejo de luta. Significou para mim a síntese do processo político que vivi.

Com a redemocratização, muitos tomaram outros rumos, e nos dispersamos. E cada companheiro que deixava o Grupo, era como um pedaço de mim que partia. Encerrei, saí da política definitivamente!"

Paes de Andrade

(Antônio Paes de Andrade)

NASCIMENTO:

18 de maio de 1928
Mombaça, CE

FILIAÇÃO:

José Alves de Andrade e Raimunda Paes de Andrade

FORMAÇÃO:

Advogado
Universidade do Distrito Federal
Rio de Janeiro — 1953

CÔNJUGE:

Zilda Maria Martins Rodrigues de Andrade

FILHAS:

Mônica, Karla, Isabel e Patrícia

NETOS:

Manuella, Marcela, Rodrigo,
Antônio, Maria Eduarda, David,
Pedro, Tiago e Júlia

"... Mombaça é meu universo político e sentimental."

São Paulo, 07 de Junho de 1994

"Nasci em Mombaça, Estado do Ceará em 18 de maio de 1928. Um dos oito filhos do agricultor José Alves de Andrade e de Raimunda Paes de Andrade e, de lá saí, pelas estradas poeirentas do meu Brasil.

Iniciei minha vida política fora dos quadros partidários, como estudante. Nesta condição, representei a Faculdade de Direito do Distrito Federal, junto a União Metropolitana participando com entusiasmo das contendas políticas universitárias, no Centro Acadêmico Carpenter. No segundo ano do curso Direito, disputei pela primeira vez as eleições para Assembléia Legislativa de meu estado natal, me elegendo, aos 22 anos, deputado estadual. Tive nesta oportunidade uma participação muito ativa. Este mandato iniciado no ano de 1951 exerci no PSD, o velho PSD, que foi o partido gerador de todas as fórmulas institucionais para retirar a nação das profundas crises políticas. Como partido majoritário, representava uma espécie de suporte estabilizador das instituições políticas do Brasil.

Enquanto deputado estadual conquistei três mandatos. Na Assembléia fui vice-líder e líder do meu partido. Convocado pelo governador Parsival Barroso, exerci vários cargos públicos importantes: Secretário do Interior e Justiça, Secretário da Fazenda, Secretário da Educação e Saúde. Ressalto que, para exercer estes cargos, licenciei-me, da Assembléia.

No ano de 1962, disputei pela primeira vez o mandato da representação popular na Câmara dos Deputados. Eleito, cheguei ao Congresso Nacional com a cabeça cheia de sonhos. Infelizmente, logo em seguida veio a tempestade da "revolução de 1964", quando as instituições políticas foram degradadas e a nação humilhada pela brutalidade da violência.

Antes do golpe, os poderes eram harmônicos e independentes. O Poder Legislativo, sobretudo, livre e democrático, transformou-se em um subpoder, ou melhor, em um poder que não podia. Aqui, quero lembrar Emmanuelle Rocco, o grande jurista italiano, homem que era festejado, e porque não dizer, adorado pela juventude italiana. O grande mestre, contudo, terminou como ministro de Mussolini e praticou depravações jurídicas, dentre outras barbaridades. Para estimular Mussolini e sua fúria contra o Parlamento — já que estava em marcha batida para a dissolução do Poder Legislativo —

o grande mestre do direito penal italiano costumava dizer nas rodas íntimas, com os áulicos que cercavam Mussolini:

— "Meu Duce, só existe um poder, o Executivo! Os demais são subpoderes; o Legislativo é mero registrador de leis e a Justiça não passa de redatora de sentenças".

Com o golpe de Estado de 1964, o único poder que existia era o Executivo, o qual representava uma espécie de poder plenipotenciário. O Poder Legislativo no Brasil passou a ser um subpoder, um registrador de leis. Perdeu as prerrogativas, os predicamentos e todas as violências foram praticadas, tornando-se mero chancelador de leis.

A revolução de 1964 depôs, inicialmente, o Presidente Constitucional João Goulart, "elegendo" o marechal Humberto Castelo Branco, voto indireto, pelo voto que não tinha nenhuma liberdade. Naquele momento histórico, os parlamentares estavam sem suas imunidades dentro do regime discricionário. Começou aí minha atuação política, formando, desde a primeira hora, grupo composto de democratas, liberais, homens de centro-esquerda, pois os deputados de esquerda haviam sido cassados sem direito a defesa. Começamos, então, a grande luta de contestação do regime autoritário.

Apesar do Congresso ter deixado de ser poder, para ser subpoder, não sucumbimos e iniciamos a formação de um embrião da resistência democrática dentro do Parlamento.

Assisti com indignação, deputados serem arrastados da Câmara para os cárceres. Quem ousasse falar, ou seja, quem na tribuna questionasse a ditadura, no dia seguinte perdia a voz. Mesmo assim procurei falar, procurei contestar. Isso me emociona... e traz uma tranqüilidade de consciência muito grande. Definitivamente não fiz nenhuma concessão à ditadura militar!

Com a edição do AI-5 — o golpe dentro do golpe — todas as vigas do Direito Constitucional do Brasil foram desmanteladas. O AI-5 era uma espécie de instrumento medieval de opressão. A Constituição estava praticamente abolida e só existia a vontade imperiosa da força. O país foi subjugado ao arbítrio dos Atos Institucionais. Nunca tantos atos de exceção foram editados; Atos Complementares, Atos Institucionais, decretos secretos, enfim, um quadro de sucateamento das instituições políticas brasileiras. Cassaram-se deputados, deputadas, e o Brasil foi (é bom repetir!) nessa quadra obscurantista da vida nacional, humilhado diante da inteligência, da cultura e do mundo civilizado.

As universidades invadidas pelas forças militares deixaram de ser livres, os sindicatos perderam a voz e o voto. Sem dúvida, o quadro mais nefasto da história política do Brasil, quando mesmo assim contestamos o regime e o governo.

Vale lembrar, que o Congresso esteve em recesso compulsório por um ano, período ao qual o país foi governado por atos exclusivos da vontade do Executivo. Finalmente no ano de 1970, o Congresso foi reaberto.

Após reeleição, em 1971, voltei à Tribuna da Câmara, quando um grupo de deputados progressistas — que ainda restava da esquerda, quase totalmente destruída — se reuniu e apoiou minha candidatura para a Segunda Secretaria da Mesa Diretora da Casa. Eleito, fiz da Segunda Secretaria o chão, o plenário das reuniões dos deputados inconformados com a violência e com a brutalidade da força da ditadura militar.

Nascia aí o Grupo Autêntico, que levou à Câmara uma representação brilhante da nova geração de políticos. Deputados afoitos, atrevidos e de postura altiva.

Quase diariamente nos reuníamos na Segunda Secretaria, apelidada pelos reacionários de outras bancadas como "Central da Subversão". Veja, refiro-me a colegas do Congresso Nacional!

Quero fazer referência a importante presença de deputados que chegavam à Câmara para formar um movimento de resistência democrática, dentre os quais, Chico Pinto, com uma brilhante e marcante atuação parlamentar; Marcos Freire, de excelente postura; Alencar Furtado; Fernando Lyra; Marcondes Gadelha... enfim, aquele núcleo combativo, forte, veemente. Questionávamos com desenvoltura o governo, o regime e a própria direção do MDB, que parecia atônita e inibida. Nós, Autênticos, entendíamos que a cúpula do partido negligenciava sua missão histórica por não se colocar na vanguarda dos acontecimentos.

Neste sentido, até o meu querido e inesquecível amigo, Ulysses Guimarães, era contestado. Homem extraordinário que foi, de indiscutível importância na resistência democrática, e posteriormente, presença ainda mais insubstituível na reconstrução da ordem constitucional. Não obstante, em determinado momento questionamos o próprio Ulysses, queríamos que colocasse o partido na vanguarda da resistência. Hoje tenho a clareza de que cometemos excessos na contestação aberta, desabusada, atrevida, afoita. Especialmente, quando Ulysses se candidatou à Presidência da República e colocou diante da nação a Anticandidatura. Seu vice era o grande mestre, homem extraordinário, Barbosa Lima Sobrinho.

Nosso Grupo, é bom lembrar, não aceitou a Anticandidatura, e na madrugada anterior à sessão do Congresso, em minha casa, redigimos uma nota de protesto que deveria ser lida, como foi, por Alencar Furtado, nosso líder na Tribuna da Câmara. Esta nota expressava o pensamento do Grupo, isto é, não participaríamos da votação, entendíamos que mesmo sendo o grande Ulysses, o anticandidato, estaríamos convalidando o processo da ditadura. A Anticandidatura foi sem dúvida o momento mais alto, mais importante dos Autênticos.

No dia seguinte à leitura do texto, feita por Alencar Furtado, na sessão do Congresso que elegeu indiretamente o general Ernesto Geisel Presidente do Brasil, comentava-se na Câmara que todos os signatários "daquele" documento seriam cassados. Discuto este assunto em meu livro *Itinerário da Violência*, que constitui um documento histórico. Está lá registrado o ápice da combatividade dos 23 componentes do "Grupo Autêntico" dentro da Câmara dos Deputados. Daí por diante, iniciou-se um longo período de cassações.

Rolaram algumas cabeças. Inicialmente a dos deputados Amaury Müller e Nadyr Rossetti. Em seguida, com a mesma indignação, vivemos a cassação do grande parlamentar, o extraordinário líder Alencar Furtado, cassado pelo discurso feito na Convenção do MDB. E, no meu entendimento, foi o ato de maior brutalidade e selvageria política praticado no parlamento brasileiro.

Quanto ao nome "Autêntico", surgiu em reunião, em minha casa, madrugada adentro, lembro-me bem, Alencar Furtado, Freitas Nobre, Fernando Lyra, batizaram o grupo de "Autêntico". Não havia melhor nome para nos traduzir, um grupo puro... grupo de resistência, o Grupo Autêntico! Logo em seguida, Carlos Drummond de Andrade escreveu um belo artigo saudando o nascimento do Grupo!

Considero que nós, os Autênticos do MDB, cumprimos uma tarefa histórica de grande importância, porque projetamos perante as correntes de opinião do Brasil a imagem do partido de oposição. O MDB era uma frente que acolhia em seu interior, além dos Autênticos, um grupo de homens conservadores que contracenava perfeitamente com a ditadura. Mesmo assim, o MDB era cotidianamente mutilado pelos atos cassatórios. Esta situação gerava grandes dificuldades para a direção produzir notas de protesto. Isto me traz à lembrança que, posteriormente, Ulysses com uma postura mais avançada de contestação, muitas vezes me convidou para ser redator das notas oficiais do partido. Lembro-me com muita emoção e orgulho, que por ocasião de minha despedida da Presidência da Câmara, pronunciei um discurso no qual Ulysses deu um aparte mencionando as tarefas difíceis a mim confiadas, e ressaltou "a de redigir os documentos mais importantes do MDB". Cabe recordar, que Tancredo Neves "passava a lixa" para eliminar das notas os espinhos, adjetivos duros e cáusticos. Ulysses, neste aparte de despedida fez referências a tais momentos.

O Grupo projetou uma imagem tão positiva do MDB perante a opinião nacional, que logo em seguida, nas eleições de 1974, realizadas em clima de semilegalidade, sob processo de intimidação e de violência, de pressões terríveis, voto vinculado, traduzindo a legislação eleitoral casuística, conseguimos eleger uma grande bancada. Esta é a prova maior que a nação assistiu e atendeu ao pronunciamento popular feito pelo partido, a despeito de todo o arsenal de violência utilizado da maneira mais desbravada possível pela ditadura. O surpreendente é que o MDB saiu das urnas com dezesseis senadores eleitos. Fomos, portanto, majoritários.

Acredito que se a eleição de 1974 fosse direta e o sufrágio universal e secreto tivesse sido devolvido ao povo brasileiro, o MDB, teria feito o Presidente da República!

Apesar do momento adverso, o Grupo realizou um trabalho histórico de peso e densidade fundamentais. Custou o mandato de alguns companheiros mas, na política, como na vida, inexoravelmente, tudo sempre tem um ônus.

Trazíamos a profunda consciência de nosso importante papel na historiografia, bem como dos riscos que corríamos ao confrontarmos o regime militar. Quem ousava enfrentá-lo, corria todos os perigos. Falava-se, contestava-se o regime e em seguida vinha o ato cassatório ou então a Lei de Segurança Nacional, cujos braços longos alcançavam o que havia, e o por haver. Foi inegavelmente o momento mais brilhante e mais expressivo da vida republicana nesse período de exceção.

Quero aqui, render a minha homenagem aos companheiros Autênticos, hoje abrigados em várias legendas. Há algum tempo o jornalista Marcelo Pontes disse-me, que o Grupo desapareceu e quem restava era o guerreiro Paes de Andrade, o único no PMDB. Mas não é isso. O Chico Pinto está no PMDB, embora sem mandato. Os demais, militam em outros partidos, entretanto com a mesma postura de correção e de altivez.

Na nossa saga para restabelecimento da democracia no Brasil não havia trégua, varávamos as madrugadas debruçados sobre o mapa político, sentimental e geográfico da nação mutilada pelos Atos Institucionais.

Uma das características mais marcantes do Brasil, diz respeito a questão Constitucional. Ao longo de sua vida institucional, apresenta Constituições votadas e Constituições outorgadas. Nós, Autênticos, alicerçamos e avançamos bastante e em nossa luta abrimos caminho para a contratação da Assembléia Nacional Constituinte. Vivíamos sob o talante dos Atos Institucionais e ao ser convocada a Assembléia Nacional Constituinte em 1988, a nação pôde ter a sua Carta votada, cujo mérito é ser a única com a participação do povo. Uma Carta progressista, a qual tentaram mutilar com uma revisão oportunista, um golpe desfechado pelas forças reacionárias do Congresso Nacional. Estas forças retrógradas queriam extrair da Constituição todos os atos, todas as conquistas incluídas no texto final. Coloquei-me absolutamente contra! Denunciei no Conselho Nacional — sou membro do Conselho Nacional do MDB, por ter sido vice-presidente — bem como na Executiva, repudiando a revisão Constitucional.

A Carta de 1988 poderá sim, passar por uma revisão, mas nunca por um Congresso em final de mandato. Este Congresso não tinha poder Constituinte, e a revisão estava presa aos Artigos Segundo e Terceiro das Disposições Transitórias, significando que não poderia nunca ser uma revisão ampla e abrangente. León Duguit, costumava dizer: "A eterna quimera dos homens, é querer incluir nas Constituições a perfeição que eles não têm".

A real necessidade da Carta era a regulamentação e, na condição de Presidente da Câmara dos Deputados, consegui regulamentar cerca de oitenta dispositivos. Carta não regulamentada é Carta sem aplicabilidade. Como membro da União Interparlamentar e conhecedor do assunto, percebo que a tragédia da América Latina tem sido a das Constituições que não são regulamentadas, e por isso mesmo, não têm aplicação. Desrespeitadas, violadas, abrem espaço para o vazio jurídico constitucional, surgindo daí as aventuras golpistas. De forma que fiquei muito feliz com o fracasso desta revisão. Queriam, na realidade, mutilar a Constituição de 1988 e transformá-la em estatuto inferior, igual à "polaca" de 1977. A tarefa da revisão cabe ao futuro Congresso pois, renovado, nascerá do julgamento popular batizado no pronunciamento das urnas. Aí sim, partiremos para uma revisão que não venha tocar no capítulo dos Direitos Humanos e dos avanços sociais.

Quanto à diluição do Grupo, acredito que a luta por um ideal não tem fim. Houve, sim, certa dispersão. Muitos estão abrigados em outras legendas, mas a bandeira, o ideário, cada um levou consigo.

De minha parte, sempre lutei pelo regime de liberdade, pela democracia com justiça social. Esta é minha meta, sempre lutei e continuarei lutando, para que amanhã o Brasil seja um país soberano, nacionalista, livre, digno da idade contemporânea, capaz de respeitar e fazer respeitar todos os títulos pelos quais tenham assento no concerto das nações. Esta é a minha visão do Brasil, dentro do contexto interno e do contexto internacional.

A tragédia do Brasil está exatamente em viver como vive hoje, um regime de liberdades democráticas, porém falso, na medida em que os partidos não ganharam autenticidade ao longo de nossa história. No Império havia o Partido Liberal e o Partido Conservador. Quando o Liberal chegava ao poder, realizava o programa do Conservador. O Conservador por sua vez, ao alçar ao poder, realizava o programa Liberal. Daí por diante, a história se repete: partidos criados por decreto, dissolvidos por decreto, e sem autenticidade. Sem autenticidade por quê? Porque não tem lastro doutrinário ou ideológico. Nossa luta deve ser dirigida no sentido de construirmos em nosso país partidos livres, com ideologia e linhas programáticas claras, bem definidas. Democracia sem partidos fortes e livres, sempre corre riscos. Os Presidentes da República, que se elegeram por cima ou à revelia dos partidos, terminaram jogando a nação no golpe de Estado, ou na instabilidade institucional. Senão, vejamos: Getúlio Vargas foi eleito Presidente em 1954, depois de deposto e de ter sido eleito deputado e senador por vários Estados, retornou ao poder por cima e à revelia do apoio dos partidos. E o que aconteceu? Instabilidade política, terminando na tragédia do suicídio do Presidente, revelando a ausência de "partidos fortes que o apoiasse, e tivessem linhas programáticas transparentes". O Presidente Jânio Quadros elegeu-se também, à revelia dos partidos. Não teve no Congresso Nacional o respaldo suficiente que lhe desse segura governabilidade. Terminou na renúncia.

Para a estabilidade democrática do país, os partidos bem estruturados — fortes, livres, com lastro ideológico, doutrinário — construídos em linhas claras e definidas são indispensáveis. Fora disso, o que resta é instabilidade política, levando sempre a terríveis e trágicas rupturas institucionais.

Como disse anteriormente, continuo no PMDB, muito embora ainda hoje, existam correntes que se chocam com a minha práxis. O PMDB é o sucedâneo do MDB, não é mais uma frente e sim um partido político. Entretanto, no seio do PMDB há muito conflito ideológico. Não é um partido ideal, porém de centro-esquerda e sucedâneo do velho MDB provado na diversidade. Nele estou, e nele quero continuar sempre na busca de maior renovação política. Meu desejo é que os pulmões da nação sejam oxigenados para a existência de uma vida partidária forte e expressiva.

O Brasil ainda vive momentos de instabilidade, no entanto, considero que as instituições políticas estão relativamente consolidadas. Não acredito em golpe de Estado, pois qualquer aventura golpista será rechaçada pelas correntes de pensamento livre do país. O imprescindível — repito — é garantir um quadro partidário autêntico e livre, com programas claros, bem definidos.

Hoje estou aqui, conversando com você e sem mandato, mas exercendo a política em toda a plenitude. Sou membro da Executiva Nacional, assim como do Conselho Nacional do PMDB (até porque fui Presidente da Câmara dos Deputados) e estou na grande luta para resgatar o meu mandato.

Por dez eleições, portanto, quarenta anos, o povo cearense colocou em minhas mãos o mandato da representação popular, e isso é muito gratificante. Perdi a última eleição porque disputei o Senado da República, enfrentando uma máquina governamental monstruosa.

O fato é que, dentro de quatro meses, retornarei à Câmara dos Deputados, com o mandato da representação popular nas minhas mãos, pela vontade do eleitorado cearense.

Depois de dez eleições vitoriosas e consecutivas, como ficou minha vida durante este recesso forçado? Neste interregno, fiquei no exercício da política, no pleno exercício da política (como coloquei anteriormente) na condição de membro da Executiva Nacional. Fui, também, convidado por muitas universidades para lançar o meu livro *A História Constitucional do Brasil*, síntese de todas as Constituintes e Constituições do nosso país. Estive em Moscou a convite de Gorbachev, na velha (trezentos anos) Academia de Ciências. Lá lancei meu livro e fui saudado pelos doutores da grande academia, onde se decidia uma edição de minha obra em russo. Fui a

Jerusalém como convidado da Universidade Hebraica, quando fiz palestra e lancei o livro diante do corpo docente e discente, o que muito me envaideceu. Posteriormente, atendi a um convite da Casa da América Latina, em Paris, oportunidade em que proferi palestra diante de seus professores e doutores. Na ocasião, estive acompanhado do mestre e grande cientista político, Paulo Bonavides, quando também lançamos o livro. Em Roma, comparecemos a uma festa realmente expressiva, que nos tocou o sentimento, a alma e o coração. Lá fomos saudados pelo ex-Presidente da Itália, ex-Primeiro Ministro, Presidente do Senado, homem que é a própria síntese da história das liberdades democráticas da Itália, senador Amintore Fanfani. Na cidade de Coimbra, em uma festa que realmente me comoveu, fui saudado pelo maior mestre do Direito Constitucional da Língua Portuguesa, Gomes Canotilho. Por último, fomos convidados por uma das maiores universidades da Espanha, a Universidade de Santiago de Compostella e falamos para mais de dois mil estudantes e professores.

A minha luta toda se concentrou na grande batalha pela restauração da dignidade da vida pública brasileira. O Brasil está com as suas instituições livres consolidadas, apesar de, no meu entendimento, um pouco desgovernado, precisando de um presidente que encarne as aspirações nacionais, seja competente e com uma visão de estadista.

Quero deixar registrado que Mombaça é meu universo político e sentimental. Lá nasci em uma casa de taipa. Isto quer dizer, minha casa não tinha piso, nem azulejo, não era de tábua, não era de cimento e sim de barro batido.

Aqui vou lembrar Raquel de Queiroz, minha querida amiga, que discorrendo sobre a discriminação dos sulistas quanto aos nordestinos, referia-se especificamente à visita que fiz com muito orgulho, com o avião presidencial à minha terra, quando Presidente da República. Na ocasião — esta viagem foi muito criticada pela imprensa do Sul — a grande Raquel fez uma série de artigos criticando o preconceito dos sulistas em relação aos nordestinos, e dizia: "Vejam aí o exemplo de Paes de Andrade; homem correto, íntegro, sério, competente. Quando eleito presidente da Câmara dos Deputados, visitou a sua querida Mombaça e foram travadas polêmicas críticas, acusações gratuitas e agressões descabidas. Mas vejam estes sulistas: Paes foi eleito presidente da Câmara pela maioria. Isto quer dizer, que a maioria gosta de Paes, respeita

Paes, e ele, minha gente, saiu de sua Mombaça querida pelas estradas da vida, e chegou a Brasília para governar o Brasil. Isto é que dói nesta gente, isto é que dói nestes sulistas que nos discriminam. Eles dizem que o nordestino é inferior. A gente do Nordeste pode ser atarracada, desengonçada, mas é gente de talento. Eles que se cuidem, pois no Nordeste estão as verdadeiras raízes da nacionalidade. Um escritor sulista chegou a dizer que se fossem eliminados milhares de nordestinos, o Brasil não perderia nada. Perderia muito, o Brasil se tornaria mais burro". Raquel é uma beleza! Muito espirituosa esta passagem.

Em síntese, nosso Grupo escreveu uma página realmente importante na resistência democrática. É sem dúvida ao MDB, e em especial ao Grupo Autêntico, que a nação deve esta luta. A grande luta para se restaurar, como se restaurou, a dignidade da vida pública do Brasil.

Pessoalmente, sou casado com Zilda Maria Martins Rodrigues de Andrade (filha do saudoso Martins Rodrigues) há aproximadamente quarenta anos. Temos quatro filhas bonitas! Todas mulheres! Quatro filhas e nove netos.

Quero dizer que em determinadas matérias sou um conservador. Eu só tive um partido, uma mulher e uma religião.

Santilli Sobrinho

(José Santilli Sobrinho)

NASCIMENTO:

5 de outubro de 1922
Mineiros de Tietê, SP

FILIAÇÃO:

Paschal Santilli e Cecília Santilli

FORMAÇÃO:

Economista e Professor de Educação Física
Escola Superior de Economia e Educação Física
Curitiba, 1946

CÔNJUGE:

Maria Aparecida Brando Santilli

FILHOS:

Maria Raquel, José Marcos, Márcio José e Paulo José

NETOS:

Júlia, Luísa, Caio, Gabriel, Elisa e Lucas

"Educar é dar ao indivíduo condições de iluminar seu próprio caminho."

São Paulo, 1º de fevereiro de 1994

"Nasci no dia cinco de outubro de 1922, em Mineiros do Tietê, então cidadezinha plantadora de café, localizada no centro do Estado de São Paulo entre Jaú e Brotas.

Minha família tem origem rural de descendência italiana. Quando eu tinha cinco anos, meu pai, pequeno sitiante, influenciado por uma irmã, resolveu mudar-se para Assis, uma região nova e promissora. Lá, estabeleceu-se como um pequeno comerciante de secos e molhados porém, com o passar do tempo ele tornou-se um próspero atacadista.

Minha mãe, dona de casa, ainda hoje muito lúcida aos 96 anos, mora na cidade de São Paulo.

Éramos oito irmãos: três homens e cinco mulheres. Dos rapazes, fui o único a freqüentar a universidade; das moças, uma irmã bacharelou-se, mais tarde, na Faculdade de Filosofia, Ciências e Letras de Assis, coincidentemente trazida à cidade por mim quando ainda deputado estadual. Hoje, somos dois homens e três mulheres.

Sempre fui, desde menino, um "ledor" inveterado. Tive uma formação muito irregular, uma vez que na cidade não havia um clima cultural para leituras disciplinadas e discussões sistemáticas. Muito curioso, muito sedento de saber, lia muito, lia tudo e minha cabeça ficou como um arquivo desorganizado.

Estudei em escolas públicas do Estado e em um seminário da Ordem Belga Presmostatense, que pouco influenciaram em minha formação política, porém muito acrescentaram na humanista e na cristã. Servi ao Exército durante a Segunda Guerra Mundial, como oficial da reserva em Florianópolis.

Na minha mocidade eram poucas as faculdades e universidades disponíveis e somando-se esta realidade à "tradição regional" da época, fui, juntamente com um grupo de jovens de Assis, estudar em Curitiba onde me formei em Economia e Educação Física. Foi nesse período, um dos mais importantes da minha vida, que despertou em mim a consciência política — vivíamos a ditadura Vargas. Naturalmente, eu era contra a ditadura e isso bastava para que eu participasse intensamente dessa luta.

Na universidade, revendo os acontecimentos políticos, passei a ter mais entendimento do significado do ciclo de Getúlio Vargas na história do Brasil. Deste modo, minha formação política deu-se de forma não propriamente engajada em um partido, mas sim com preocupação humanista com muita leitura filosófica e muita meditação.

Mais tarde, já de volta a Assis, animei-me a entrar na política partidária estimulado pelos jovens com os quais sempre tive certa liderança como esportista.

O advento do fenômeno Jânio Quadros, parecendo ser o homem de que o Brasil precisava na época, trouxe muita esperança a todos e incentivou minha participação nessa luta, esperança que acabaria em muitas decepções mais tarde.

Exatamente, então, nas eleições de 1954, cheguei ao meu primeiro mandato como deputado estadual, sendo reeleito por mais duas legislaturas. A seguir, em 1966 elegi-me deputado federal pelo MDB com quatro mandatos sucessivos. Em 1982, fui eleito prefeito de Assis, ainda no exercício do mandato de deputado federal do PMDB, até que tudo mudou quando o quercismo tomou conta do partido.

Previ, desde o início, o que iria acontecer. Não só previ, como adverti os companheiros do MDB que jamais se livrariam de Quércia.

Muitos não acreditavam nisso e achavam até inadmissível, porque então não conheciam suficientemente seus propósitos. Eu o conhecia muito, por ter sido até seu amigo pessoal. E isso me fez ver, claramente, o PMDB exposto em sua formação ao ovo da serpente do quercismo posto em seu bojo e valendo-se do bom nome do partido para sua ascensão pessoal. A obsessão pelo poder e muita competência para realizar, levaram ao sucesso os seus projetos.

Isto foi efetivado desde que Montoro admitiu a substituição de Covas por Quércia, na Convenção do partido para as eleições ao Governo de São Paulo e naquele momento, o da Convenção, profetizei: "Mudou a história do Brasil". Infelizmente, eu estava certo.

A candidatura de Quércia ao Governo de São Paulo poderia ter sido evitada pelos elementos que hoje formam o PSDB: Fernando Henrique, Covas e, principalmente, Montoro, que por sua vez, tinha muito prestígio como era permitido a um governador. No entanto, eles nada fizeram para coibir. Não quero fazer crítica mas faltou talvez coragem, no momento em que uma nova possibilidade histórica, de colocar-se um termo na escalada quercista, foi desperdiçada, ou talvez vislumbrada de pôr em risco seu próprio plano político. Deste modo, repetiu-se a história tão precisamente, como quando Quércia foi candidato a governador.

Apesar de fundador do PMDB, saí em atitude, digamos, precursora, na formação do PSDB. Mais tarde, outros também acabaram saindo, por razão idêntica à minha, formando então o PSDB, que hoje aí está, ainda tímido, nos enfrentamentos que a história tem exigido. Tenho esperança de que o partido não nos decepcione e que, juntos, possamos cumprir essa responsabilidade, colocada pelo Brasil e pela história em nossos ombros. Pessoalmente, em termos de partido, além de ser Prefeito de Assis, faço parte da Executiva Estadual.

Quero ressaltar que vivi a fase áurea do MDB, sobretudo a partir do mandato de 1971, com a criação do Grupo Autêntico. Não saberia precisar os detalhes a respeito de nossa aglutinação. Lembro-me de que ficou muito marcado em minha memória, o dia em que Chico Pinto, Lysâneas e mais uns dois ou três companheiros (talvez Freitas Diniz e Fernando Lyra, ou alguém mais, não me lembro bem) foram à minha casa falar sobre a formação de um grupo, ou para aglutinar, confabular com as pessoas que se comportavam de maneira mais ou menos semelhantes, não só contra a ditadura, mas, principalmente, por afinidades ideológicas.

O Grupo não cogitou de denominação. No desenrolar das lutas, a imprensa passou a chamá-lo de Autêntico.

Sendo eu um dos mais velhos, ficava a impressão de que os colegas do Grupo tinham um pouco de respeito e receio ao me abordarem. Chegaram, parece-me que planejadamente, à minha casa e, de um modo quase formal, fizeram o convite para nos organizarmos. E então Chico Pinto falou:

— "Você podia ser nosso líder".

— "O que é isso? Já tem você! A partir da postura que tenho observado vocês já são meus líderes", afirmei. E assim fomos.

A aglutinação do Grupo deu-se, portanto, através das compatibilidades expressas nos discursos, nas apresentações de emendas, assinaturas de manifestos, repúdios, dentre outras coisas. Isso acontecia automaticamente. Não precisava nem avisar. A afinidade e compromisso imperavam. Daí para a frente, houve uma certa coesão que nunca precisou de papel, nunca foi dito "tem um livro aqui para as adesões!" O Grupo se aglutinava de maneira natural, sem número fixo que variava de um mínimo de dezessete a uns trinta e poucos, conforme a gravidade do problema político a enfrentar.

Se a "parada" era mais dura, diminuía, ou se a "parada" era menos dura chegava quase a dobrar.

É difícil mencionar quem e quantos éramos: é difícil porque chega a um ponto em que fica injusto falar: "Este é Autêntico, aquele não é". Tal julgamento se daria com nota maior para alguns e com notas que se confundiam, para outros. Na linguagem de boiadeiro, a cabeceira se destaca. Depois começa a cair e vai se confundindo. Não saberia onde está a divisa; até aqui é Autêntico, e daqui para lá não o é. Não saberia dizer.

A luta contra a ditadura foi nosso mais forte eixo aglutinador e ela agasalhava até liberais como Paes de Andrade.

Nossa liderança natural era Chico Pinto, cuja posição não era disputada nem contestada. Estava, quase sempre, lado a lado com ele, outra liderança, a grande figura de Lysâneas Maciel, que tanto admiramos, pessoa corajosa que, por sua ousadia e veemência na luta contra a ditadura, era taxado por certos "caciques" do partido como imaturo.

Eu pergunto: Como se pode derrubar uma ditadura sem trucidá-la, sem fustigá-la? Precisava-se de pessoas com coragem, desprendimento que não punham nos cálculos qualquer plano carreirístico. Precisava-se de pessoas que arriscassem o seu futuro político por considerar, como principal, a derrubada da ditadura mesmo com sacrifícios. Lysâneas era um homem assim.

Se o nome Autêntico foi atribuído espontaneamente, pela imprensa, isso aconteceu a partir de nossas posições, muito claras e coerentes. Mas, sobretudo, pela correspondência entre as palavras e os atos.

Minha participação no Grupo, não sei como julgar. Seria mais fácil outro fazê-lo, não saberia dizer direito. Era um apoio principalmente logístico, vamos dizer, mesmo sem estar designado para isto e sem saber se seria reconhecido como tal, por hábito de técnico esportivo que fui na minha juventude. Desse modo, as reuniões freqüentemente eram feitas em minha casa, que funcionava como uma espécie de sede. Lá corríamos todos os tipos de risco, pois os locais de reuniões eram muito visados. A ditadura punha aparelhos de alta potência de escuta que, mesmo com a vidraça fechada e do lado de fora do prédio, era possível ouvir tudo, captar a conversa em tom normal.

Estando entre os mais velhos, mais experimentados, cabia a mim oferecer-lhes esta facilidade. Tinha clareza de que, se cassado, e não vai nisso nenhuma falsa modéstia, minha ausência seria menos traumática que de certos companheiros da luta de frente. Nossa estratégia era fustigar o sistema, abalar os alicerces da ditadura.

Meu contentamento estava em ver o sucesso dos companheiros. Eu nutria um carinho, um amor paternal para com eles, ficando extremamente satisfeito quando se saíam bem. Mesmo que uma idéia fosse minha, preferia que fosse executada por quem melhor pudesse fazê-lo.

Sofríamos uma discriminação marcante do MDB. Os grandes líderes do partido evitavam ser flagrados conversando com algum componente do nosso Grupo Autêntico.

Lembro-me de quando juntamente com meu filho, Marcos, durante a invasão da Universidade de Brasília, fomos vítimas de violenta agressão por parte da polícia, o que na época foi muito divulgado nos órgãos de imprensa. Ao mostrar minha "carteirinha" de deputado, levei uma chuva de cacetetada estraçalhando-a. Fiquei muito ferido.

Esse fato ocorreu nos dias que precederam o AI-5, quando a ARENA, através de seus partidários, ainda dava-se ao luxo de às vezes criticar os atos da ditadura. Fui, posso dizer, felicitado e consolado por quase todos deputados arenistas. Em compensação, o pessoal da cúpula do MDB desviava quando me encontrava, com medo de ser visto, como que reprovando e dizendo:

— "Olha, ditadura, eu não estou apoiando o Santilli". Eles achavam que criávamos problemas, dando motivo para a ditadura acirrar-se mais. O Grupo tinha uma avaliação antagônica, considerando que uma oposição acomodada, deixando o regime de exceção reinar tranqüilo, sem dúvidas, o eternizaria. Decidimos, por isso, arriscar mesmo, arriscar nossos mandatos, nossas vidas, porque achávamos que, assim fustigando a ditadura, causaríamos desgastes, irritando-a e provocando nos líderes militares procedimentos certamente reprovados no estrangeiro. Sabíamos que esta repercussão acabaria gerando restrições ao nosso país, criando sérios embaraços à ditadura, desgastando-a e ruindo-a rapidamente.

Em síntese, nossas dificuldades com a ARENA deviam-se às divergências naturais de adversários, que tínhamos nos cálculos, mas dentro do MDB as diferenças eram flagrantes e as pressões internas eram mais ostensivas.

Procurávamos eleger um elemento Autêntico para algum cargo, para ter uma sedezinha, telefone, máquina de escrever, secretária... Aconteceu que o Paes de Andrade, figura toda especial no seu desempenho, um homem vindo do velho PSD cearense, agrupou-se conosco e correspondeu às nossas expectativas. Apesar de sua origem conservadora, colocava à disposição do Grupo Autêntico os equipamentos de sua secretaria, o que nos foi muito útil.

Almoçávamos, jantávamos, sempre trabalhando. Era como se tivéssemos um fio invisível ligando cada um dos Autênticos, mantendo conversações, trocando idéias, o dia inteiro, comumente às noites. Não vivíamos para outra coisa.

De um modo geral, o ótimo conceito que o Grupo adquiriu fora, repercutiu dentro do partido. Na verdade, mesmo que intimamente reconhecessem nosso valor, pareciam reprovar-nos. A nossa aprovação junto à opinião pública obrigou a liderança do MDB a considerar o Grupo Autêntico, inclusive cedendo-nos algum espaço. Ceder não é propriamente a expressão. A realidade é que as qualidades do Grupo Autêntico foram, como uma cunha, penetrando na esfera política e ganhando seu próprio espaço. O MDB até precisava do nosso Grupo, não só por questões numéricas na votação, como também para que não se desfigurasse sua imagem mediante a mídia e a opinião pública.

Ou seja, os emedebistas que não pertenciam ao Grupo Autêntico gostavam de ser confundidos conosco e, contraditoriamente ao que queriam, prestigiavam o Grupo com esse procedimento passando a ser-lhes de "bom-tom" essa confusão.

Éramos sempre informados das prisões, torturas ou desaparecimentos. Em todas as repartições, em todas as lideranças (tanto do MDB, quanto da ARENA) havia pessoas que nos admiravam e faziam "vazar" sempre para o Grupo informações valorosíssimas. Os repórteres, freqüentemente, nos traziam notícias as quais procurávamos repassar para o exterior. Sou exemplo de um fato de que nem o Grupo Autêntico teve conhecimento: mantive, durante o período mais fechado da ditadura, uma divulgação enviada para o estrangeiro. O motivo do sigilo foi não querer comprometer diplomatas de um certo país. Minha filha Raquel saiu do Brasil por questões políticas e foi para a Argélia e de lá para a Suécia. Valia-me do relacionamento com um diplomata no envio de notícias para ela. Mas minha correspondência não se limitava a carta com assuntos pessoais. Na verdade, eu usava essa via para enviar denúncias sobre os atos de exceção praticados em nosso país naquele momento histórico, que eram repassados para divulgação internacional.

Mesmo hoje, não devo falar certas coisas, para que evite compromissar outros. Por isso também, sequer comentava com os companheiros Autênticos, temendo comprometer pessoas que, mesmo desconhecendo, deram grande contribuição à nossa causa. De qualquer forma, não só a informação chegava aqui, como daqui saía para o mundo. Seria até interessante ter uma pesquisa sobre as matérias publicadas em jornais estrangeiros da época a respeito do Brasil — há muita coisa de minha autoria. Tenho certeza.

Ao longo de minha trajetória político-partidária, estive sob quatro ameaças de cassação: em 1964, durante o cumprimento do mandato de deputado estadual, Ademar de Barros, que era governador e um dos partícipes civis do golpe, publicou no jornal *O Dia*, de sua propriedade, uma relação contendo aproximadamente 32 nomes de pessoas que seriam cassadas, sendo um deles o meu. No início da ditadura, os governadores estaduais tinham poderes de cassação, contudo, o governo ditatorial, por decreto ou sei lá que medida, tirou-lhes esse poder, senão, por certo, haveria muito abuso. Deste modo "minha primeira cassação" não aconteceu.

Em outra ocasião, quando a Universidade de Brasília foi invadida e eu e meu filho Marcos, fomos agredidos pela polícia, falou-se também em cassação. Soube, posteriormente, por intermédio de uma amiga de minha secretária, que minha cassação fora discutida no Conselho de Segurança, porém não encontraram nesse fato um motivo para cumpri-la imediatamente. O caso ficou em "banho-maria" para ser resolvido, dissipando-se com o tempo.

A terceira ameaça de cassação deu-se em razão de um discurso violento que fiz sem a prévia consulta da direção partidária, pois se o fizesse não falaria. Sob a grande tensão em que se vivia esse meu discurso provocaria a cassação. Fui convidado, quase carinhosamente, por alguns arenistas a atenuar minhas palavras, caso contrário a minha cassação era um caso iminente. Eles procuravam me convencer disso, naturalmente sem resultado, pois mantive as palavras.

Exatamente naquela ocasião, o Presidente do Brasil, general Geisel visitaria o Japão e não ficaria bem fazer cassação na véspera de uma viagem daquele porte, adiando-se para a volta. Mas ficou por aí mesmo.

Em uma greve na UnB, Odacir Klein, Airton Soares e eu fomos convidados pelos estudantes a falar sobre anistia. Fomos. No mesmo instante em que discursávamos perante os alunos da UnB, éramos denunciados na tribuna do Congresso como agitadores de estudantes. Não era verdade... Nosso discurso poderia resultar em agitação, porém o objetivo não era este. Falamos sobre anistia, assunto para o qual fomos convidados. Novamente fomos denunciados e nossa cassação foi pedida por um deputado da ARENA, e anunciada pelos órgãos da imprensa. Mas estava para chegar ao país a esposa do Presidente Carter, Rosaline Carter, e foi declarado que talvez a cassação acontecesse após a estadia da primeira-dama dos Estados Unidos no Brasil. Ficou, todavia, acertada minha cassação para depois de sua volta aos Estados Unidos, e até hoje não aconteceu.

Ainda durante o período da visita de Rosaline Carter, ocorreu outro fato interessante envolvendo meu núcleo familiar: falava-se muito que os estudantes da UnB entregariam uma certa carta à primeira-dama, denunciando as arbitrariedades da ditadura. Esses comentários surgiram desde as primeiras notícias de sua vinda ao Brasil cujo objetivo dizia respeito exclusivamente, aos direitos humanos. Acontece que filmaram todos os instantes de Rosaline no país, desde a descida das escadarias do avião, até seu embarque na volta. Mesmo assim, a tão temida carta foi entregue e divulgada, pondo a ditadura a pesquisar nos filmes quem a entregou e não descobriram... E quem a entregou? Meu filho Marcos Santilli! Fiquei sabendo depois. Por falar fluentemente inglês, explicou rápido a questão a um assessor de Rosaline, colocando agilmente a carta em seu bolso. Este assessor (um senhor, meio moreno escuro, cujo nome não me lembro...) não só entregou a carta para Rosaline, como a propagou para toda a imprensa (nacional e internacional) que cobria o evento. Durante o tumulto, característico dessas ocasiões, se misturavam jornalistas, fotógrafos, povo, guarda-costas, autoridades, possibilitando ao assessor manter-se afastado da câmera filmadora que por sorte, não flagrou.

Depois do ocorrido, ficou o desafio para a ditadura descobrir. Não descobriram! Mantive a cópia dessa carta e creio que poucas pessoas conservaram este documento, que guardo desde então.

Preservo também a reprodução de uma nota referente a uma das ameaças de cassação das quais fui sujeito. Marcos, que era fotógrafo da revista *Veja*, recebeu de Pompeu de Souza cópia da instrução originária da Central da Abril à sucursal de Brasília, para acompanhar os meus passos no Congresso, que seriam os últimos, e dizia: "Vamos ficar de olho no Santilli Sobrinho que parece estar correndo risco de vida parlamentar. Quando ele falou segunda-feira, quanta gente havia no plenário? Que repercussão teve o seu discurso no Congresso? Um perfil do homem, uma biografia do deputado e como ele passa seus últimos dias, a se confirmar os boatos, como deputado."

Anos mais tarde, quando se descobriu o dossiê Golbery, apareceu de fato, publicado pela própria revista *Veja*, um artigo em que havia anotação coincidente com a notícia fornecida por Pompeu, denominado "Caçador Cassado", do dia 13 de junho de 1977: "General Hugo Abreu, chefe do Gabinete Militar da Presidência da República queria cortar a cabeça do MDB e informou que a melhor solução parecia ser a cassação do mandato dos três seguintes deputados: Marcos Tito, Airton Soares e Santilli Sobrinho". Golbery alertou Heitor Ferreira: "O Hugo voltará ao cargo com suas aleivosias, convém preparar um arquivo de documentos como estes, anotar qual o resultado das cassacões". Figueiredo também não perdeu tempo: "Heitor, guarde esse documento". Confirmou as instruções que vieram da *Veja* de São Paulo para a sucursal de Brasília. Eles tinham informação, e realmente, a coisa estava pronta.

Recordo-me de que nessa mesma época, encontrei Ivete Vargas, amiga de Golbery no aeroporto, e ela disse:

— "Santilli te procurei, e te achei. Deste uma entrevista contra Golbery e ele me pediu informações, sobre ti e eu dei as melhores. Quero que o conheças. Ele não é o que vocês pensam. Tu estás para ser cassado". Ela era muito amiga do Golbery.

Minha família vivia um momento bastante crítico: além de Raquel e Marcos, meus filhos Márcio e Paulo estavam na militância política estudantil. Eu tinha a afirmação, até de Ulysses Guimarães, de que já tinha minha cassação assinada. Estava toda a família comprometida.

O aviso enfático de Ulysses sobre minha cassação levou-me a avisar minha mulher, docente da Faculdade de Letras da USP, que, apreensiva, viajou imediatamente para Brasília. Às vezes, cassavam, prendiam e sumiam com as pessoas e, obviamente, a polícia chegava de surpresa... Ah! Foram muitos anos assim, de distância e incertezas.

A Anticandidatura é, dentre os fatos políticos vividos por nós, considerada o mais importante da caminhada dos Autênticos, todavia, eu não diria isso... Não há dúvida, foi uma passagem muito importante, contudo, o ponto é que não era a definição de ser contra a ditadura e isso já fora definido, à marca de ferro e brasa. Tínhamos um candidato, no entanto com nome, diga-se, de anticandidato, dando a impressão lá fora, no estrangeiro, de que estávamos disputando a eleição. Ao discutirmos isso, o Grupo Autêntico acabou aceitando a Anticandidatura de Ulysses Guimarães. Nossa condição todavia, era de Ulysses que concordara em ser o anticandidato desistir na última hora, hora da votação, renunciando com um pronunciamento forte. A idéia de renúncia era consenso, porque não havia condições de vencer, a ditadura não permitiria o fato de disputa verdadeira. Foi uma estratégia para conseguirmos acesso aos meios de comunicação, visando as denúncias.

Quando debatemos o assunto em minha casa, com todos os membros do Grupo Autêntico, não concordei com a disputa.

Minha preocupação maior era com a repercussão e opinião no exterior de onde havia recém-chegado. O que importava para mim no momento era a necessidade de trucidarmos a ditadura, mesmo correndo riscos, bem como divulgar no estrangeiro as barbaridades aqui cometidas. O acordo com o anticandidato, Ulysses não foi cumprido. Fez sim a campanha, porém foi à disputa ao Colégio Eleitoral, deixando no exterior a impressão que a ditadura não era tão ruim, tão ditadura, permitindo até à oposição disputar a Presidência. Na medida em que concorríamos, subentendia-se a chance de vitória. Não era verdade! Infelizmente foi isso que aconteceu.

Quero todavia, enfatizar a importância do fato de o Grupo Autêntico abster-se da votação, fazendo declaração de voto e explicando a razão de não votar. Foi um dia memorável. Depois de mais de 25 anos, escapa-me a facilidade de descrever a sensação — temo dar a impressão de que o "negócio" não era tão grave. É difícil traduzir a situação de pressão e de medo reinante em todo o plenário. O silêncio sepulcral quando cada elemento do Grupo era chamado para votar — silêncio expectativo! O suspense que se formava mediante a provocação, o acinte e o desafio à ditadura.

Considerava que Ulysses cumpriria nosso trato, renunciando. Mas, mesmo fazendo o combinado, eu defendia a não existência do anticandidato. O primordial, repito, era mostrar lá fora que a oposição não disputava, porque seria como fazer o jogo da ditadura.

O meu ponto de vista, da época e de hoje, continua o mesmíssimo! Por isso, não consigo ver a Anticandidatura como ponto culminante.

O complexo de fatores que a Anticandidatura revelava, não o ato de votar apenas, foi um ponto, pelo menos, marcante e definidor, a prova de fogo dentre os Autênticos.

Tenho a impressão de que, em um sentido figurativo, o nosso Grupo deveria escalar uma montanha muito alta, cuja crista não seria necessário alcançar. Importante, sim, era sustentar as dificuldades da subida, em caráter de máxima urgência, sabendo que contávamos uma longa distância. Ou seja, foi um período muito longo de lutas. Por estarmos sempre no fio da navalha, qualquer um dos companheiros poderia desaparecer de uma hora para outra, ou, quando mais suave, ter sua cassação anunciada. As famílias ficavam, naturalmente, com o coração na mão, em suspense. Esse período foi muito longo, e eu não saberia dizer, assim, o ponto culminante.

Durante a prisão de Chico Pinto, o Grupo passou por um período muito difícil. Não sabíamos se nosso posicionamento explícito em seu favor poderia prejudicá-lo. Vivemos esse conflito sem saber, realmente, o que fazer. Depois, naturalmente, passada a primeira sensação de dúvidas, as visitas de todo o Grupo foram constantes ao Chico no quartel. Levávamos chocolate para ele porque, como bom baiano, gostava de prestigiar o seu cacau. Do quartel, continuou liderando e conquistou alguns de seus algozes: que passaram a seus adeptos, seus fãs, admiradores.

Creio que ao se vislumbrar no horizonte a relativa desagregação da ditadura e, conseqüentemente, a possibilidade da formação de novos partidos, as diferenças dos Autênticos, antes encobertas pela luta comum, começaram a se revelar. Também as ambições, até legítimas, relativas à disputa de cargos eleitorais: governador e senador de Estados em que não havia possibilidade para mais de uma candidatura no mesmo partido. Acentuou-se a diáspora e do mesmo modo como se formou o Grupo, naturalmente, desintegrou-se. Não houve reunião, não houve ata, nada. Houve, sim, o pluripartidarismo.

Quando fui apresentado, pela segunda ou terceira vez, ao saudoso Tristão de Athaíde, conversávamos em uma rodinha na igreja São Domingos, na cidade de São Paulo, quando lembrando-se dos elementos de proa do antigo PDC, referiu-se a mim, declarando:

— "O Queiróz me falou que o Santilli contraria em um aspecto o percurso histórico das pessoas: quando jovens, são de esquerda, com o tempo vão atenuando, atenuando e muitas vezes acabam de direita. O Santilli é um homem que quanto mais passa o tempo, mais de esquerda fica".

Eu não diria isso... Mas, sinceramente, na essência, na profundidade, tenho a impressão de que não alterei nada. Estou cada vez mais convicto das posições que defendia; não digo na primeira juventude onde "a coisa" era meio embaralhada; mas depois de certa maturidade, não alterei nada. Modificaram-se, sim, as condições de luta. Aprendi que a luta mais conveniente não é, a que parece ao jovem, a de revolução imediata. Não adianta avançar muito na revolução social e em tudo que implica a sua realização, se não existirem quadros para sua sustentação. Ou seja, a primeira coisa a fazer em uma luta política calculada é buscar a formação de quadros. Deve-se lutar, principalmente, no terreno da educação... Educar é dar ao indivíduo condições de iluminar seu próprio caminho. Quando jovem, acreditava que a tomada do poder bastava para fazer revolução social. Hoje, sei que não é suficiente.

Tenho acompanhado a política desta fase pós-ditadura e visto as oscilações e a gangorra traduzidas na corrupção que sempre existiu e, afirma-se, sempre existirá, com seus fluxos e refluxos, atingindo, neste momento histórico, uma extensão jamais sentida. Talvez seja o represamento do tempo da ditadura, ou abuso de liberdade por parte de inescrupulosos. Na verdade, o saldo de tudo isso é expresso no exemplo da elite que serve como referencial, quer seja de líderes ou ídolos da política, da arte, do esporte ou intelectual. Há sempre uma tendência a ser imitada por maior ou menor número de pessoas e, em especial, quando o exemplo vem de cima, bom ou ruim, cala fundo.

Tive a oportunidade histórica de lutar, em toda plenitude, contra a ditadura, contribuindo para extingui-la.

Achei que toda a experiência adquirida seria melhor aproveitada, se tivesse permanecido em Brasília.

Pressionado por Franco Montoro, Fernando Henrique Cardoso e outros líderes, acabei por vir disputar a Prefeitura de Assis.

Nunca me habituei fora da vida parlamentar. Até hoje é comum me sentir reagindo como se fosse deputado, para logo a seguir, cair na realidade. Estou como no caso que os espíritas chamam de "perespírito".

Gostaria de continuar no parlamento e ter aí convivido com meu filho Márcio que ainda menino participava da mesma batalha, da luta estudantil, e teve uma brilhante atuação parlamentar, destacando-se como uma feliz "autêntica" revelação jovem de que sempre me orgulharei.

Em Assis senti-me subaproveitado. Mas, uma vez comprometido com o mandato municipal, pus em prática o que sempre preguei enquanto homem público.

Naturalmente houve desencontros, ou mesmo choques, entre as minhas concepções e a realidade da província. Não me adaptei e governei pela minha consciência, como que pelo prolongamento da luta "autêntica", ou seja, governando de acordo com o que é melhor para o povo, naturalmente enfrentando as incompreensões, próprias do ambiente onde me comprometi a atuar. Confesso que me sentia mais feliz no enfrentamento à ditadura, com todas as conseqüências daí advindas do que enfrentar o que sofri, como "alcaide". Habituado a uma luta de vanguarda e modernização do nosso país em Brasília, senti como que caído de pára-quedas no confinamento de problemas paroquiais.

A troca de Brasília por Assis custou-me caro. A experiência fez-me conhecer mais profundamente o ente humano. Tornei-me um pessimista.

Para finalizar, seria injusto e grave lacuna, se deixasse omitida a participação da Cida, minha mulher, em todo o período desse espaço histórico aqui relatado.

Tornou-se lugar comum dizer-se: "atrás de um grande homem sempre há uma grande mulher". As feministas revoltadas corrigem e dizem: "ao lado de um grande homem...". Deixemos o grande homem de lado.

Sempre tive atrás de mim uma grande mulher a me empurrar e assessorar, municiando-me na vanguarda. Outras vezes ao meu lado, como que algemados um ao outro por solidariedade absoluta, e caminhando juntos. Outras vezes ainda, à minha frente, quando exausto ou tendendo para o desânimo, a me puxar ou até rebocar para manter acelerada a nossa jornada."

Walter Silva

(Walter da Silva)

NASCIMENTO:

2 de maio de 1933
Campos, RJ

FILIAÇÃO:

Admardo Silva e Maria Pereira de Siqueira

FORMAÇÃO:

Advogado
PUC — Petrópolis
Rio de Janeiro, 1957

CÔNJUGE:

Vilma Ozete Azevedo Silva

FILHOS:

Maria Wilma, Walter Arnaldo, Admardo Augusto, Carlos Victor, Maria Luiza, Maria Angélica, Walter Junior, Maria de Lourdes, Maria Emília, Maria Alice, João Paulo e Juliana

"Infelizmente, muita coisa não consegui ver estabelecida no país."

Rio de Janeiro, 30 de janeiro de 1994

"Nasci precisamente, no dia dois de maio de 1933, em Campos, Estado do Rio de Janeiro. Já fiz, portanto, sessenta anos.

Meu pai, um pequeníssimo comerciante, de secos e molhados, possuía uma venda, cujo prédio não era nem próprio, mas alugado. Quando ele morreu, não deixou nada, tal a pobreza! Éramos seis filhos, quatro homens e duas mulheres.

Casei-me em 1958, e vivi casado por 35 anos. Infelizmente, minha mulher morreu, em outubro de 1993. Deste único casamento, tivemos nove filhos, e adotamos três, em Brasília. Hoje, nove já são adultos, e dos três que adotamos, ainda crianças, dois estão morando em Brasília, e a mais velha, está comigo em Campos.

Até 1968 eu era um advogado trabalhista obreiro — trabalhava só para operários, trabalhadores, empregados. Não fazia advocacia patronal.

Graças a uma clientela muito grande, alcancei um certo destaque na sociedade, como advogado, sobretudo nos meios trabalhistas. Cheguei a ser advogado de quase todos os sindicatos de trabalhadores da região de Campos e adjacências.

Na campanha eleitoral de 1970, no auge da repressão político-militar, da ditadura, o MDB se reuniu para disputar as eleições para prefeito, vice-prefeito, vereadores, deputado estadual, federal e senador. As eleições eram comuns. Na hora de compor o quadro faltou um candidato a deputado federal. Na reunião, que se fazia na casa do secretário do MDB, o ex-deputado Sadí Morgado (cassado pelo golpe, e meu aluno na faculdade de Direito de Campos) lembrou-se de mim. Foi até a sala de aula me convidar para uma reunião do partido, naquela noite ainda, sem dizer o motivo. No curso desta reunião surgiu mais do que um convite, uma intimação para que eu fosse candidato. Achava que seria difícil me eleger deputado federal, porque exigia muito voto. A repressão pesada, uma censura enorme e havia a demanda também. Quer dizer, era uma campanha sempre muito cara, que necessitava de muitos recursos.

Nesse momento histórico havia uma divisão clara: os que fechavam com o governo eram ARENA, e os de oposição, MDB. Apesar disso, ou por isso, não havia gente com coragem de entrar no MDB e disputar eleição. Havia muito receio. Só fui candidato porque os que deveriam ser, tinham medo e como eu não tinha medo, aceitei o desafio, não sem antes relutar muito, achando que era difícil.

A possibilidade de não ter um candidato local, que a região tradicionalmente teve, preocupou-me. Campos sempre se destacou por ter vários deputados federais, ter senador, governador de Estado e até Presidente da República. Não era possível, que o MDB de Campos tivesse de apoiar um candidato de outras regiões do Estado e em nome deste bairrismo, deste provincianismo, aceitei ser candidato e me elegi.

Na eleição de 1962, tive também uma experiência de ser candidato a vereador, só para completar chapa. Não disputei realmente a eleição e tive por volta de trezentos votos, sem propriamente fazer campanha, porque nunca me seduziu a política partidária. Sempre fui muito refratário, mesmo porque sendo uma pessoa de origem pobre, tive muito que trabalhar desde pequeno, para ganhar a vida.

O trabalho intenso que eu desenvolvia não dava tempo para uma atividade e uma militância política. Fui candidato mais para compor chapa. Vivíamos o ano de 1962, quando os partidos ainda não haviam sido dissolvidos. Completei a chapa do antigo PDC, que tinha um grupo também autêntico — um grupo solidarista, que seguia a linha de Freire do Chile; do Caldeira que hoje é presidente da Venezuela. Linha social-democrata, do antigo Partido Democrata Cristão, que acabou também desaparecendo.

Em 1970, fui candidato de um grupo, que formou-se muito aguerrido apesar de misturado e por também haver duas sublegendas disputando a prefeitura. Gente que veio de outras áreas partidárias mas, de qualquer maneira, era MDB.

A organização do MDB foi feita na base do improviso. Eram remanescentes do antigo PSD, que tinha sido extinto; alguns elementos da UDN, a maioria do Partido Trabalhista, Partido Comunista, Partido Socialista. Gente que compunha a real oposição do momento.

Para minha surpresa, fui eleito e o terceiro mais votado no Estado, dentro da legenda do MDB. Foi para mim, realmente, uma surpresa o número de votos que alcancei nas urnas.

Quero lembrar, que na verdade apesar de ter sido eleito deputado federal em 1970, eu era um ilustre desconhecido (fato que encaro hoje com humor) para a população, de um modo geral e para própria imprensa especializada. Por isso, no ano de 1972, decidi disputar a Prefeitura de Campos, ainda pelo MDB, objetivando, consolidar a minha liderança política. Tanto que, em 1974 fui reeleito deputado federal, com uma explosão extraordinária de votos — só em Campos, obtive 54.540 votos, e 66.700 votos no Estado. Fruto de uma atuação intensa na Câmara. Minha atuação parlamentar iniciada 1971/72, desde o começo, foi uma atuação veemente e que me ajudou muito na reeleição — nas duas reeleições, tanto em 1974, quanto em 1978.

Ainda em relação à campanha para prefeito em 1972, acrescento que disputei sozinho, contra três sublegendas da ARENA e não dava para vencer. Mesmo porque, Campos é um município de muita reação: a Igreja ultraconservadora domina; os usineiros são quatorze, e toda economia gira em torno das usinas. Só se elege prefeito, quem eles indicam. E eu, advogava exatamente contra eles. Cheguei a ter três mil ações trabalhistas, contra os usineiros de Campos. Quebrei aquela estrutura toda na justiça. Estes empresários usavam os chamados "gatos" que contratavam os peões na roça e depois se defendiam através deles.

Consegui quebrar esta estrutura fazendo com que a Justiça do Trabalho condenasse solidariamente a usina, com o chamado empreiteiro que dissimulava. Era na verdade, um operário como outro qualquer, que assumia o encargo da contratação.

À eleição de 1974 seguiu-se a de 1978, que já me referi. Entretanto, em 1982, com a vinculação do voto, e com o fenômeno Brizola no Estado do Rio, voto vinculado — não passei para o PDT, continuei no PMDB — eu fui vítima... sou uma vítima do vínculo do voto.

Neste momento, o PMDB foi invadido pelos elementos da antiga ARENA, e praticamente fomos expulsos do partido, fato que denominei "invasão dos unos". O PMDB de Campos foi tomado por um grupo, com um poder econômico incalculável. Liderado por um ex-prefeito (três vezes), que marginalizou o grupo liderado por mim. Construiu, dentro do partido, um gueto, nos colocando lá.

A turma, de melhor qualidade que me apoiava, saiu para formar o PT, o PDT, PSB, e fiquei reduzido a um grupo diminuto. Diante de tal situação formei uma sublegenda, em uma eleição também de prefeitura, mas fui soterrado pelos adversários e pelo interior do meu próprio partido. Deste modo, não me reelegi em 1982, fato que atribuo especialmente à questão do voto vinculado.

O Brizola "arrastou" todo mundo com ele, e "puxou" a eleição de senador, de deputado federal, deputado estadual.

Quem não formou na ocasião com o PDT, não conseguiu se eleger. Poucos escaparam e não fui só eu que perdi, não. No Estado do Rio, não sobrou quase ninguém.

Veja, fui o único deputado que, estando na liderança em 1979, (com Brizola, ainda exilado em Portugal) teve coragem de defendê-lo. Isto aconteceu, quando alguns ministros militares o fizeram objeto de agressão e baixaram uma nota oficial. Em meu discurso de defesa, equiparei Brizola aos grandes heróis da política do mundo, que como líderes deveriam preservar suas vidas, para voltar à liderança nacional. Exatamente dele sofri esta derrota, não que ele tenha culpa pessoal nisto, evidentemente. Fui vítima do "brizolismo" porque não aderi.

Considerava que, na condição de fundador do MDB, eu deveria continuar no partido até morrer. Depois, vi que foi bobagem pois se tivesse saído em 1982, teria garantido minha reeleição. O povo do Rio de Janeiro queria votar em Brizola. Não interessava, quem era o candidato. Durante a campanha, ouvi muito:

— "Doutor, não quero nem saber quem é o senhor. O senhor está com Brizola? É do partido do Brizola? Se é, pode deixar que a gente vota". Eu não era, e houve uma avalanche causada por Brizola, da qual fui vítima entre aspas, porque não passei para o PDT.

Somou-se a questão do brizolismo, um fator intrínseco, que foi a marginalização dentro do próprio PMDB. Estes fatores conjugados, não permitiram minha sobrevivência política, tampouco a do meu grupo. Assim, no ano de 1986 não me animei mais e a esta altura do campeonato, "a vaca já tinha ido pro brejo". Também, as eleições se tornaram muito caras. Eu nunca tive dinheiro suficiente para disputar uma eleição. À proporção que o processo foi se democratizando, paradoxalmente, a eleição foi ficando mais difícil.

No tempo da ditadura, só havia dois partidos. Quem não ficava a favor, automaticamente estava contra. O voto era, digamos assim, atraído de forma espontânea, natural. Com a abertura partidária e democrática, tornou-se mais difícil a eleição, sem um forte respaldo financeiro. Acho que isso aconteceu com a maioria dos integrantes do antigo Grupo Autêntico no Brasil todo.

Depois de doze anos exercendo mandato de deputado federal, voltei às minhas atividades normais, de professor universitário, no Rio e em Campos.

A minha atuação parlamentar sumulada (síntese dos projetos, dos pronunciamentos, dos votos) é enorme. Se fosse levantar tudo na íntegra, teria um volume imenso.

Cabe lembrar, dentre as atividades exercidas como deputado federal, proferi na Comissão de Fiscalização Financeira do Tribunal de Contas, um voto, que foi vencido, contra a aprovação das contas do general Geisel em 1980. Só este voto é um livro! Como trabalhávamos, como lutávamos na apresentação de projetos.

Questão também bastante trabalhosa foi a dos *royalties* do petróleo, inclusive um assunto ainda muito discutidos no Brasil.

Apresentei um projeto em 1975, que tramitou durante nove anos. Foi aprovado na Câmara e no Senado, mas foi vetado pelo general Figueiredo.

Em 1982 não fui reeleito e, o senador Nelson Carneiro reapresentou o projeto com algumas modificações. Incluiu o Ministério da Marinha, como um dos beneficiados pelo petróleo, pelos *royalties* e transformou o projeto em lei. Hoje, esta lei, beneficia os Estados, e também milhares de municípios, que produzem petróleo pelo mar. A lei 2004 só previa indenização do petróleo em terra, da forma terrestre e este projeto estende para o mar.

Na área social apresentei o Projeto de Reformulação da Previdência Social, o FUNRURAL. Um projeto de Pró-rural, que depois o governo transformou em Lei Complementar nº 21. Tive a oportunidade de apresentar o projeto, porque era advogado da CONTAG (Confederação Nacional dos Trabalhadores na Agricultura), desde 1968.

Exatamente em 1969, integrei a delegação brasileira junto à Conferência Internacional do Trabalho da OIT, em Genebra, Suíça. Participei, na qualidade de membro da CONTAG, integrando o grupo de trabalhadores do Brasil, desta Conferência. Em vista do cinqüentenário da OIT, lá compareceu o Papa Paulo VI, bem como chefes de Estado das principais nações do mundo. Talvez tenha sido a mais importante Conferência Internacional da OIT, dos últimos setenta anos, e tive atuação destacada.

A imprensa acompanhava de perto a atuação do Grupo Autêntico. Éramos muito visados. Qualquer deslize, qualquer "coisinha" que se cometesse, a imprensa projetava o fato, na tentativa de destruir o mito do Grupo Autêntico. Tínhamos de "pisar em ovos", e atuar com muito cuidado. Recolhi, tenho um livro de recortes de jornais e revistas pois eu era muito elogiado, pela imprensa nacional e também regional, sobretudo pelos trabalhos.

Os Autênticos surgiram em 1971, quando se instalou nossa legislatura. O Grupo se formou logo de plano, tendo no início cerca de doze componentes.

Ao tomarmos posse, surgiram lideranças que se encarregavam de chamar pessoas para formar o Grupo e eu fui um dos primeiros que aceitou. Os componentes do Grupo eram deputados federais, que além de emedebistas, tinham destaque, no plano regional de seus Estados, e mesmo nacionalmente. O Estado Rio de Janeiro tinha dois Autênticos, a rigor Lysâneas e eu. Em cada Estado, tinha um, dois, um pouco mais. Nos unimos de forma espontânea. No primeiro momento, a luta foi para derrubar a ditadura, o que nos imantou.

Nossa primeira grande tarefa foi convocar, logo em 1971, o Seminário de Recife para discutir a necessidade de uma Constituinte, o que na ocasião era perigoso. Falar em Constituinte, era como xingar a mãe do regime.

Quando fizemos o projeto da Constituinte, tínhamos a idéia de uma nova sociedade. Nosso maior objetivo contudo, era a destruição do "entulho autoritário", que compunha a Constituição de 1967, emendada com a de 1969. Não podia continuar aquela moldura autoritária e perversa.

Todos os temas vetados, proibidos pelo regime, o Grupo Autêntico começou a levantar e a discutir. Todas as nossas bandeiras provocavam a reação do regime e isto cada vez mais imantava o Grupo.

Acredito que essa denominação, veio da imprensa. Foi a imprensa que cunhou o Grupo de "Autêntico" ou seja, "de oposição autêntica". Os jornalistas queriam nos destacar, do grupo do MDB que fazia oposição consentida. Aqueles que não tiveram acesso à ARENA, foram mandados para o MDB pelo próprio regime, para compor internacionalmente um quadro de simulada democracia no Brasil.

O Grupo Autêntico era um fermento dentro do MDB, um fermento de oposição, cujas idéias de Estado de Direito Democrático, da Constituinte, Direitos Sociais, frutificaram na Constituição de 1988.

O primeiro projeto que abordava a seguridade social, apresentei no início do mandato, em 1971, e foi germinar na Constituição de 1988. Como fui descobrir a seguridade social? Na OIT, pois em 1969 fiz um estudo aprofundado da questão, e trouxe um material muito bom. Apresentei um projeto de seguridade, logo no início do ano. Deste projeto, surgiu o Pró-rural, a aposentadoria do homem do campo, aos setenta anos, que o próprio governo começou a aproveitar. Rejeitou o meu projeto (porque eu era da oposição) maquiou e apresentou um decreto-lei, como se fosse da autoria do Regime. Tudo bem, desde que os objetivos foram alcançados.

O Grupo Autêntico atuou com muita dificuldade e sob ameaça de cassação, especialmente quando o general Geisel em 1977, fechou o Congresso, e fez uma reforma na Constituição por Decreto-Lei. O Geisel reformou a Constituição por Decreto-Lei. E, neste período nossa cassação era iminente.

Interessante, falamos tanto em cassação de mandato, que parece que era algo banal no nosso cotidiano. Ora, se ainda hoje, é dificílimo ser bem sucedido num concurso eleitoral, imagine durante o regime de exceção, com todas sua leis restritivas à participação democrática. Acrescente-se o cerceamento político tanto por parte do regime, quanto do MDB que nós, Autênticos, sofríamos. Mais, o ato cassatório representava a ruptura com a própria trajetória biográfica do sujeito. Portanto, nossa fixação com a questão da cassação não era gratuita, porém, vital.

Tive o pedido de cassação do meu mandato, feito pelo presidente do Tribunal Superior do Trabalho, Ministro Mozart Vitor Russomano. Insatisfeito com as críticas que eu fazia ao nepotismo existente, na ocasião no Tribunal Superior do Trabalho. Enfim, seria fastidioso relembrar tantos episódios.

Foi um período longo... cerca de doze anos como vice-líder da bancada. Sempre fui escolhido vice-líder, nunca aceitei a liderança, porque não queria sacrificar minha atividade profissional. Sabia que a atividade política era efêmera, e não podia abandonar a minha cadeira de professor no Rio de Janeiro e em Campos, tampouco minha banca de advocacia nestes municípios. Associei-me também ao grupo do Ulisses Riedel, que é paulista e, tem escritório em Brasília. Só faz advocacia obreira em âmbito nacional, estando muito em evidência. Minha filha mais velha casou-se com o filho mais velho dele, e houve uma integração. Tenho cinco filhos trabalhando no escritório, todos formados; e ele também tem cinco filhos lá, materializando-se uma banca integrada pelas duas famílias.

Como os Autênticos permaneceram por alguns anos, passamos a ser procurados por grupos de oposição de outros segmentos da sociedade, até por alguns militares nacionalistas (tanto da ativa quanto da reserva) que não aceitavam a situação, nos dando um certo respaldo e cobertura. Tínhamos contatos com a OAB, que começava a tomar posições importantes; a CNBB com sua ala progressista e os estudantes, em cujas lutas nós nos envolvíamos e engajávamos.

Eu mesmo, sofri aqui no Rio, muita correria, pancadaria, levei muita borrachada e escorreguei muito no sabão. A polícia do Chagas Freitas, que era MDB, do grupo adesista, nos batia, além de colocar nos jornais de sua propriedade, manchetes como: "Lysâneas Maciel é comunista, tem de ser cassado"; "Walter Silva é comunista, tem de ser cassado". Isto, era todo dia. No jornal, do único governador de Estado do MDB, portanto, no jornal do próprio MDB.

Fazíamos reuniões secretas, recebíamos notícias dos exilados, éramos "contato". Tivemos o privilégio de contar com a hospitalidade do Padre Nobre, que era considerado o representante de Minas Gerais, no Grupo Autêntico. Ele tinha uma atuação muito limitada em razão da própria exigência escolástica. Quer dizer, não era um padre atuante, mas político e, conservava por tradição a obediência à igreja. Como existia a ala progressista dentro da igreja, formava com o Grupo Autêntico, e cedia com muito prazer sua residência para nossas reuniões secretas.

Há um episódio que merece ser lembrado, envolvendo nosso querido Chico Pinto. Ocorre que o general Pinochet do Chile veio visitar nosso país, e Chico proferiu um discurso considerado ofensivo, pelo qual foi punido, perdendo o mandato. Nós, do Grupo, sempre o visitávamos no Quartel em Brasília, onde estava detido. Chico era, talvez, o mais Autêntico dos Autênticos, e mesmo preso, passava para os seus algozes, seus captores, o que ele pensava a respeito da situação do Brasil. Tive oportunidade de assistir muitas palestras dele, para os próprios coronéis, tenentes, que o prenderam e o mantinham preso. Francisco talvez tenha sido o fermento da reação (dentro da hierarquia militar) contra a situação terrível, existente no país, pós-golpe de 1964.

O Grupo Autêntico era um terceiro partido. O *New York Times* levantou esta questão e estava certo. A ARENA era unida pelo fisiologismo, quem formou na ARENA? Deputados, senadores, que ainda, afinal de contas, continuam mandando no país... São os que não têm partido. Ou seja, são governo e não têm culpa se o governo muda. O governo muda, eles mudam junto. Então, é o partido do governo... fisiológico.

No MDB estavam os Autênticos; os moderados; os adesistas (os que aderiam) e ainda os moderados adesistas, que era o caso do Chagas Freitas. Tancredo Neves era moderado, porém não era adesista, pelo menos não detectávamos sinais de adesismo nele. Ulysses, ora era adesista, ora moderado, e às vezes Autêntico, pois eventualmente mostrava posições fortíssimas.

A propósito do dr. Tancredo, em 1977 fizemos um seminário do MDB, em Florianópolis, para recepcionarmos, o recém-chegado do exílio, Fernando Henrique Cardoso. Fui encarregado de fazer o discurso de saudação a ele, que era o palestrante da noite. Tarefa que considerei muito fácil, pois só o currículo de Fernando Henrique é um livro. Neste dia, dr. Tancredo fez o discurso mais Autêntico que já ouvira na vida. Todos os discursos dos Autênticos, comparados a este do dr. Tancredo, eram nada! Quando ele queria era mais Autêntico, do que qualquer Autêntico. Mas nem sempre queria. Lembro-me que certa ocasião, dei uma entrevista à imprensa, identificando o dr. Tancredo como moderado. Porém, um dos jornais noticiou "adesista". Inconformado, pediu ao deputado mineiro Carlos Cota que me interpelasse a respeito, porque não aceitava a pecha de adesista. Aceitava ser moderado, mas adesista não. Quando abordado fiz ver ao Cota, que eu não dissera adesista. Identifiquei o dr. Tancredo como líder do grupo moderado. Todos os jornais disseram assim, só um, que não me lembro o qual, publicou adesista levantando em Tancredo uma reação muito forte.

O relacionamento do Grupo Autêntico era mais complicado com os dois grupos do MDB. Bem mais! ARENA era adversária, tinha que ser tratada realmente no porrete. Mas, combater o companheiro de legenda era um assunto dramático. No cotidiano, nos bastidores, havia uma luta intestina do Grupo Autêntico contra o grupo moderado e adesista, pelo próprio domínio do partido. Chegamos a tentar tomar a Presidência, articulando a candidatura do Lysâneas contra o próprio Ulysses Guimarães, que realmente assustava até o pessoal do Grupo Autêntico. Tínhamos também a luta com o governador. O único governador do MDB, era do Estado do Rio, antiga Guanabara, Chagas Freitas, nosso maior inimigo. Chagas tinha a seu favor, a imprensa, pois era proprietário do Jornal *O Dia*, a qual nos pichava, nos chamando de comunistas, e pedindo quase diariamente a nossa cassação. Foi um período difícil dentro do próprio MDB.

Mediante tais condições, não tínhamos como fazer articulação, era só entre o Grupo Autêntico mesmo. Daí lançarmos a idéia da Anticandidatura, que só seria utilizada para os efeitos de campanha eleitoral e, na hora da disputa no Colégio Eleitoral, seria retirada, porque seria um comparecimento inútil. Porém, enquanto fosse possível, usaríamos o rádio, o jornal, a TV, para vender e para denunciar.

Este período da Anticandidatura foi muito fértil, porque íamos, para a televisão, para o rádio, e dizíamos:

— "Olha, neste momento em São Paulo, foi preso um grupo integrado por seu fulano, seu beltrano, e estão sendo torturados. Aí, ficava todo mundo sabendo, a *Hora do Brasil* dava, alguns jornais pinçavam alguma coisa". Com este objetivo, trocávamos informações com quem sabíamos portadores. Procurávamos ouvir os ex-militares ligados a nós. Tínhamos alguns "achados" também, pois havia oposicionistas na ARENA. Dentre outros, recordo-me do deputado Teotônio Vilela, que estava na ARENA, mas prestou um imenso serviço ao Grupo Autêntico. Esses sujeitos identificavam-se conosco, entretanto por "enes" razões (que não vou explorar) se elegeram pela ARENA, talvez por questões locais. Comungavam das nossas idéias, dos nossos ideais. E nos passavam informações importantes para salvar muitas vezes, nossa própria pele.

Estávamos sempre muito alertas e atentos a tudo que acontecia. A todos os boatos, a todas as ameaças de cassação:

— "Estão preparando um decreto de cassação de fulano", e assim por diante. O Grupo atuava coeso, em torno dessas idéias e lutas, reconhecendo os riscos que implicavam. Se bem que no decorrer do tempo, registramos algumas deserções. O próprio Alceu Collares foi o primeiro a debandar. Embora o Grupo estivesse contra, Alceu fez uma visita ao Palácio para discutir questões ligadas ao salário mínimo. Considerávamos desaconselhável ter contato pessoal com o ditador, o general Geisel. Alceu Collares procurou justificar-se com a desculpa de que estava discutindo a composição do salário mínimo. Porém, inegavelmente, foi uma atitude muito negativa.

Nadyr Rossetti foi cassado por denúncia de Fernando Gonçalves, hoje ministro do Tribunal de Contas da União, por causa de um discurso proferido em um comício no interior do Rio Grande do Sul durante campanha eleitoral, e que não foi veiculado pela imprensa escrita ou eletrônica. Discurso de rua. Veja, até nossos discursos de rua eram gravados, pelos órgãos de segurança, pelo SNI e depois passados para os órgãos de repressão. Muita gente sofreu e inclusive eu sofri ameaças em campanha. Especialmente porque em Campos, instalaram um Batalhão de Infantaria do Exército, que ficou "no meu pé", um tempo enorme. Fui advertido, até por pessoas amigas, para tomar cuidado com o que falava e fazia. Eu estava no alvo, na mira do Exército local. Fui tirado da televisão várias vezes, durante a campanha eleitoral de 1974, por aproveitar o espaço e fazer denúncias.

Graças à coragem, intrepidez e denúncia do Grupo Autêntico, muita gente teve a vida salva das masmorras da ditadura.

Quando fazíamos uma denúncia de porte, saía na televisão, no rádio e jornal. Os órgãos de repressão eram acionados, para liberar, para cessar a tortura e enfim, dar uma explicação. Este foi um grande serviço que o Grupo Autêntico prestou para todo o Brasil.

Por falar em jornal, em mídia, detectávamos muitos jornalistas, repórteres sinceramente do nosso lado. Procuravam nos divulgar, mesmo porque éramos notícia. Mas, havia também um grupo adesista na imprensa, que fazia o jogo do sistema. Um exemplo que me ocorre de imediato, é o atual governador do Maranhão: Edison Lobão, que era jornalista do *Correio Braziliense* e compunha o Comitê de Imprensa da Câmara. Da caneta dele só saía crítica a nós. O jornal *Opinião*, do Fernando Gasparian, publicou alguns discursos meus na íntegra, entre os melhores discursos daquele ano. Era um jornal com o qual podíamos contar, todavia na condição de alternativo, era sujeito a censura e violência. A grande imprensa deixava escapar alguma coisa do Grupo Autêntico, por ser notícia e porque existiam alguns jornalistas que nos apoiavam... Alguns? Muitos até. Havia o Marcondes Sampaio, que continua na Câmara, e que sempre nos apoiou. Não aceitou por exemplo, a deserção do Marcondes Gadelha. Até hoje ele conserva as idéias disseminadas pelo Grupo Autêntico, que serviram, na verdade, de semente para outros grupos.

O ápice do Grupo foi em 1974. Evoluímos de 1971 até 74, quando conseguimos fazer dezesseis senadores em todo o Brasil. Não fizemos dezessete porque, no Maranhão, o nosso candidato, não quis concorrer. Era o Freitas Diniz. Não sei por que, mas não quis concorrer. Teria ganho, pois os votos brancos e nulos, derrotaram o candidato da ARENA. Podíamos tranqüilamente ter feito Freitinhas, senador.

Em 1974, portanto, dezesseis senadores eram do MDB. Não necessariamente Autênticos, mas graças à pregação dos Autênticos, o MDB conseguiu esta vitória extraordinária. Ou seja, até os moderados e adesistas acabaram se beneficiando de nossa pregação e luta. Um outro grande êxito, foi conseguir a implantação da idéia de uma Constituinte. Nosso sonho era fazer uma Constituição moderna, social e em seguida eleição do Congresso. Na verdade em 1988, se elegeu um Congresso Constituinte, quando nós queríamos uma Assembléia Constituinte.

De qualquer maneira, rompeu-se o tabu que Constituinte era palavrão, que não se podia falar e que nós falamos. As bandeiras todas vieram atrás, cedendo espaço para a maior, que foi o restabelecimento do regime democrático.

As experiências que temos hoje, se comparadas à época do Grupo, podem ser consideradas realmente um porre democrático! Faço esta afirmação, com uma certa tranqüilidade, porque nos meandros, na conformação global, minha visão de mundo não difere muito do tempo de Autêntico. Sonhávamos ter um regime democrático supremo, um regime socialista na idéia predominante. Não o socialismo centralizador, mas o socialismo democrático. Com uma melhor distribuição de renda; reforma agrária, pela qual tive uma luta muito grande na CONTAG desde 1968, e produziu — eu fui eleito deputado federal, não por razão de ser da CONTAG. O Chiarelli, por exemplo, foi meu colega de advocacia da CONTAG. Imagine, Carlos Chiarelli, foi meu companheiro de OIT. Trabalhamos na Conferência Internacional do Trabalho em 1969. Ainda no ano de 1975, ele era da CONTAG, e fazia um discurso oposicionista em nível nacional, e uma prática conservadora e arenista, em Pelotas. Quem me alertou para isso foi Getúlio Dias, que falava:

— "Você está muito enganado com o Carlos Chiarelli, esse sujeito em Pelotas, é um reacionário. Aqui posa de democrata, trabalha na CONTAG, no Rio Grande, ele é da reação". Sinceramente, eu não acreditava muito em Getúlio Dias. Achava, que o Chiarelli era todo direito, no trabalho, na Previdência. Cheguei a escrever com ele a quatro mãos, o esboço de um livro sobre o Pró-rural, que depois ele continuou sozinho. Mais tarde, revelou-se deputado da ARENA, senador pela ARENA, ministro além do resto que a história já mostrou bem. Para mim, foi uma decepção, pois esperava que formasse com o Grupo Autêntico, com o MDB. De repente, tudo o que o Getúlio Dias me dissera se revelou como verdade.

A CONTAG viveu seu auge em 1968, quando José Francisco da Silva foi eleito presidente. Derrotou o interventor José Roque, de Presidente Prudente. Não tem nada de trabalhador rural, mas em 1964 ele foi posto como interventor. José Francisco, ao contrário, era é um trabalhador autêntico, veio da enxada, do meio rural da cana-de-açúcar de Pernambuco. Ele despertou no Brasil a luta pela reforma agrária, pelo estatuto da terra que é uma lei boa, apesar de ser da ditadura. Foi elaborada na "crista da onda" de um movimento que surgiu em Punta Del Este, no Uruguai. Todos os países da América Latina se obrigaram a fazer reforma agrária por imposição até do Presidente Kennedy. A CONTAG lutou muito, pois o governo não realizava sequer o Estatuto da Terra. O tempo passou, e José Francisco é hoje Ministro do Tribunal Superior do Trabalho.

O atual presidente da CONTAG chama-se Urbano, que apesar de ter nome de Urbano é trabalhador rural. Pessoa muito batalhadora e lutadora, contudo, não se sente mais a presença da CONTAG nos debates... perdeu a força. É como um corredor que tem seu auge, venceu todas as corridas de fundo, mas que está meio cansado.

Não estou fora da política, hoje minha política consiste basicamente na docência, na função de professor. Leciono na Faculdade de Direito de Campos, na Faculdade de Direito Cândido Mendes, em Ipanema, na cidade do Rio de Janeiro e nos cursos de Ciências Contábeis e Administração de Empresas na Cândido Mendes de Campos. Atualmente, presto Consultoria Jurídica à Câmara de Vereadores de Campos, como também mantenho escritório de advocacia em Campos e no Rio de Janeiro. Quanto ao escritório de Brasília não estou atualmente vinculado, porque deixei para o Ulysses Riedel dando apenas uma assessoria jurídica, uma consultoria.

Sou filiado ao PSB (Partido Socialista Brasileiro). Entretanto, dado o volume de atribuições que mantenho — muitas aulas (vou dar um curso de monografia ainda este ano na Cândido Mendes do Rio), assessoria na Câmara, mais os escritórios — não me sobra tempo para militância. Participo de algumas reuniões, eventos, me excluindo de qualquer formalidade partidária. Integro o diretório do PSB, todavia não possuo cargo na Executiva. Não aceitei ser candidato a nada. Sou mais útil na atividade profissional. Exercito melhor minhas idéias em uma cátedra universitária e também no meio jurídico, atuando nos processos, nas palestras, nas reuniões, na OAB.

Nas eleições sucessivas do PMDB, foram surgindo outros personagens que aderiram às idéias dos Autênticos. Como aqui no Rio de Janeiro, Roberto Saturnino Braga, eleito senador em 1974 (em um ano em que ninguém queria ser candidato a este cargo) e imediatamente pegou nosso lema. E, pelas mãos dele estou, desde 1991, filiado ao PSB.

O meu último mandato acabou em 1982, quando o Grupo se dissolveu definitivamente, em razão da fragmentação partidária e cada um tomou seu rumo.

O poder é ainda hoje, no Brasil, uma projeção e um braço longo da ditadura. Pouca coisa foi mudada. O Sarney, que se seguiu ao Figueiredo, era líder da ARENA, e presidente nacional do PDS, foi para o PMDB por uma contingência, interesse próprio, pessoal. O governo dele foi um prosseguimento da ditadura.

Depois veio Fernando Collor, que não preciso nem argumentar. Produto da própria ditadura, cria da ditadura, subproduto. E vem o dr. Itamar, que no Senado, era considerado do Grupo Autêntico. Do Grupo Autêntico "mineiro", ou seja, mineiro nas maneiras, e, não está conseguindo realmente fazer um governo como nós gostaríamos que fosse feito.

Digamos, se o dr. Itamar pensasse em pessoas do Grupo Autêntico, que estão espalhadas por aí, para formar seu ministério talvez tivesse obtido mais êxito. Pelo menos, teria delineado um perfil mais claro, mais cristalino de seu governo, que é uma mistura de uma porção de coisas.

Quando dr. Itamar chamou o Henrique Hargreaves para assumir o Gabinete Civil, foi buscar exatamente a pessoa contra quem o Grupo Autêntico mais brigava. Como assessor direto da ARENA na Câmara e no Congresso, ele sabia tudo de regimento, e nos deu surras homéricas. Éramos ingênuos e até dominarmos este assunto, o dr. Henrique nos deu coças inesquecíveis. Está servindo ao Itamar, serviu ao Sarney e foi o grande teórico da ARENA. Na condição de conhecedor de processos legislativos, era o homem que ensinava a liderança da ARENA e a Mesa da Câmara como trabalhar (e exercitar às avessas) o Poder Legislativo.

Não estou aqui criticando a pessoa dele, porém sua origem não o recomenda para ser integrante de um governo, que seria dos meus sonhos.

Talvez, por isso o Brasil ainda não tenha entrado nos eixos, nem adotado uma política econômica, tal como a que nós preconizamos. A política econômica continua também sendo a projeção da proposta implantada por Delfim Neto. Seus sucessores vêm repetindo. Objetivamente, no que mudou a política econômica? Em nada. Topicamente, algumas coisas, mas no conjunto é a mesma. Continuamos nessa luta, contra a inflação. O governo está tonto, não sabe como administrar o episódio.

O Fernando Henrique tem o melhor currículo de todos os brasileiros vivos. Mas não sei se ele como sociólogo emérito, domina a economia nos seus meandros, para bem desempenhá-la. O que vemos é a repetição dos erros de sempre.

Caso eu estivesse no poder? A nação brasileira teria outro desenho. Se o Grupo Autêntico estivesse no poder, não seria esse modelo que está aí.

Como já expliquei, que por opção pessoal, abandonei a política, sinto-me mais útil trabalhando em minha profissão, garantindo a minha sobrevivência. Ressalto que ser deputado, no período da ditadura, era a coisa pior do mundo. Gastávamos mais do que recebíamos. Eu sempre operava no vermelho, porque era obrigado a me deslocar toda semana para a base: O povo cobra muito: — "Ah!, o senhor se elegeu e sumiu..."

Depois, mantive as minhas aulas, e deste modo chegava sexta-feira em Campos, lecionava na sexta à noite; sábado o dia todo. Segunda-feira voltava para Brasília. Terça, quarta, quinta, sexta e de volta à Campos... E, por mais que adotasse uma política só ideológica, não era possível ver gente passando fome, pedindo um favor qualquer, e não atender.

Mesmo criticando este tipo de política, eu ficava em uma situação difícil. Como é? Não vou atender uma pessoa mesmo que podendo? Naquela ocasião os políticos, os deputados da ARENA tinham acesso ao orçamento. O meu adversário no município era um dos maiores empreiteiros do Brasil, e um grande interventor na área do Orçamento.

Antes da Constituição de 1988, o Orçamento era feito pelo Executivo e o Congresso não tinha poder de arbítrio sobre ele. Podíamos sim, aprovar ou rejeitar o Orçamento, porém na totalidade. As emendas eram muito superficiais, possibilitando o desvio de verba. Em vez de comprar uma caneta, comprava-se uma borracha, mas não podia mexer nem alterar o Orçamento. Isto era feito nos ministérios, os quais somente os deputados da ARENA tinham acesso. Eles iam lá e manipulavam. Deste modo, tudo o que foi descoberto em 1993 sobre a Comissão de Orçamento da Câmara, a "Máfia do Orçamento", é coisa antiga e existe desde a época da implantação da ditadura no Brasil.

Sabíamos que os deputados: fulano, beltrano e sicrano, interferiam no Orçamento. Eram donos de empreiteiras de obra, de companhias de construção. Sobretudo donos dessas entidades filantrópicas, cujo objetivo era conseguir dinheiro para a próxima campanha eleitoral, financiada com verbas acumuladas durante quatro anos, por inserção no Orçamento. Coisa antiga que o nosso Grupo já se batia contra.

Essa fraude enorme na Previdência é criação da ditadura. Quando o acidente de trabalho, pertencia às empresas de segurados, não havia isto. Cada empresa fazia um contrato isolado, com a seguradora "x", a qual fornecia a relação de seus empregados, as modificações, as demissões, entradas tudo era contabilizado. Havia um acidente, o empregado era indenizado integralmente. Era raro, uma questão de acidente de trabalho ir à Justiça. Quando ia, era liquidado. Virou fraude, a partir do momento que a Previdência Social assumiu o acidente de trabalho no Brasil todo.

A mesma coisa aconteceu no Sistema Unificado da Previdência. Na época dos institutos (bancários, comerciários), a fraude era mais difícil, porque cada categoria administrava seu próprio instituto. Com a extinção e unificação em um único INPS, é que surgiu a fraude. Divididos, distribuídos por categorias, era quase impossível algum tipo de abuso. A própria categoria se encarregava de fiscalizar. E pensar que tudo isso é engenharia da ditadura militar.

O mais estranho é que hoje o governo não consegue detectar a raiz do problema e dar solução. Insiste em corrigir as fraudes pelos efeitos e não pelas causas.

Infelizmente, muita coisa não consegui ver estabelecida no país. A questão da distribuição de renda e o perfil dramático de sua concentração que o Brasil exibe, e é a meu ver o grande fator da corrupção e da inflação.

De meados de 1985, até 1987, aproximadamente, fui assessor parlamentar do Pazzianoto. Posteriormente, o ministro da Previdência, Rafael de Almeida Magalhães, do PMDB, me convidou para ser seu representante no Rio de Janeiro, tarefa que cumpri durante alguns meses. Na seqüência, me impôs a superintendência do INPS no Estado. Foi o fim do mundo. Agüentei de 1987 a 1988. Um ano e saí.

Quando Renato Archer substituiu o Rafael, ainda fiquei por algum tempo. Com a entrada do ministro Jader Barbalho, pedi as contas. Sabia o que viria depois. Saí em tempo.

No meu período como superintendente do INPS não foram detectados grandes problemas. Surgiam sim, tentativas aqui e ali; que descobertas, eram abortadas. Esta experiência me deixou de cabelos brancos. Eu tinha cabelos pretos, e fiquei grisalho, por causa do ano que trabalhei na Previdência. Chega!

Tenho muita coisa para contar... Muitos episódios interessantes e algumas coisas marcantes. O Núncio Apostólico do Brasil, dom Sebastião Baggio, fora declarado *persona non grata* pelo regime militar e voltou para Roma. Por intermédio dele conseguimos uma entrevista particular e pessoal, com o Papa Paulo VI. Fui recebido pelo Papa Paulo VI, pessoalmente. José Francisco da CONTAG, João Maia do Acre (não tenho tido notícias dele...) Lázaro que era deputado do Paraná e eu, estivemos em Roma e levamos ao Papa uma estatueta de madeira talhada, da Bahia. Recebemos das mãos do Santo Padre algumas homenagens e uma medalha!

Esta visita ao Papa foi muito importante. Pedimos que ele, no exercício de Chefe de Estado do Vaticano, intercedesse junto ao Governo do Brasil, para que os trabalhadores rurais tivessem uma Previdência Rural própria e o Estatuto da Terra fosse implementado. Fomos ao Papa, para conseguir isso, e ele prontamente cumpriu.

A partir daí, desencadeou-se todo um processo de melhora deste sistema, que era muito primitivo. Nossa visita ao Papa teve um sentido prático, um objetivo concreto e que se traduziu em coisa real.

Episódios outros, eu poderia contar da nossa história, que foi de longe a melhor experiência política vivida por mim. Mesmo para quem como eu, jamais nutriu ilusões em relação à vida pública.

Raramente vejo meus colegas do Grupo Autêntico. Às vezes, encontro Amaury Müller lá na Câmara, pois ainda é deputado. Tenho encontrado, com muita freqüência, o Getúlio Dias que está aqui no Rio. O Nadyr Rossetti, também residente daqui, encontrei um par de vezes. Alencar Furtado vi há um tempo atrás em Brasília, depois perdi o contato. Freitas Nobre — nos falamos pouco antes dele morrer. Nós nos dispersamos muito. E como quase nenhum Autêntico hoje exerce mandato..."

Construindo conclusões

Os países que vivem ou viveram sob a égide de ditaduras militares carregam em suas histórias dramas da superação do autoritarismo. Elas bem podem, por outro lado, testemunhar o empenho que os Estados têm, enquanto regimes de força, de assumir em face dos grupos que lhes respaldam, cujo saldo seria sempre, o crescimento do Poder Executivo em prejuízo de outros.

A perspectiva "de poder", nesses casos, é elemento que contribui para o Legislativo e Judiciário se tornarem presas fáceis do Executivo. A síntese desse comportamento pode ser traduzida na cooptação que compromete e complica a vida "saudável" do Legislativo, fenestrando a relação entre o Estado e a sociedade, através da coerção e do consenso.

Repetindo essa prática, em contexto coerente com os esforços de superação da ditadura, no Brasil deu-se a aglutinação de parlamentares que acabou por formular o chamado "Grupo Autêntico do MDB". Fruto da circunstância da opressão dos tempos difíceis, deputados que tinham identidade mínima se juntaram para manifestar desejos que, latentes ou não, estavam presentes na sociedade. Isto é importante, pois aí reside a singularidade da façanha de parlamentares que se dispuseram a ser senhores de uma negociação que merecia ser acelerada.

Deste modo, o presente estudo destinou-se à análise do contexto social gerador da abertura política que pôs fim à ditadura militar instalada em 1964.

Constatada a linha comprometida dos "documentos oficiais", deparamo-nos com o que seria um importante obstáculo a ser transposto: a ausência de documentação capaz de iluminar os caminhos subjetivos desse processo, e inevitavelmente tivemos de partir para a confecção de textos que nos foram fundamentais.

Dito de outra forma, primeiro estabelecemos os textos que funcionam como documentos geradores, que traduziram o caráter circunstancial daquele que foi um dos mais importantes motivos da abertura política pós-64.

O referido Grupo não possuía, de início, projeto comum, plano de oposição sistemática e nem era entidade orgânica. Além disso, não mantinha em seus propósitos vínculos definitivos e orgânicos com qualquer estrutura partidária. Apenas resguardavam laços institucionais, mínimos e obrigatórios, com o MDB. Isto pode ser assumido a partir da arregimentação de membros, que se deu empiricamente através, até mesmo, da simples observação do comportamento dos deputados em plenário. Aquele que se revelasse como "verdadeiramente oposicionista" era chamado para compor o Grupo. Dessa forma, a espontaneidade e o fato deles se estruturarem em torno de um propósito mais abrangente — que se constituía na medida crescente em que se dava a caracterização da causa — desvinculava a necessidade de um posicionamento ideológico mais detalhado e perene. Foi, pois, fundamental para aquela união a afinidade tecida no momento. Ou seja, pode-se assegurar que foi no diálogo com a oposição que se costuraram interesses, típicos do momento, e que foram mais fortes que as resistências pessoais ou partidárias e acabaram, por isto, possibilitando a construção do próprio perfil: "Autêntico".

Característica marcante da política brasileira, a estratégia do aliancismo foi adotada pelos "Autênticos", que provenientes de diferentes correntes ideológicas uniram-se em torno de um objetivo comum: a volta ao Estado Democrático. E esse, uma vez alcançado, levou ao desmantelamento do Grupo, prosseguindo cada qual com o seu projeto particular.

O que torna peculiar a aliança construída pelos "Autênticos" é o fato de que seu objeto era voltado para toda a sociedade, tratava-se da realização de um ideal comungado pelo conjunto da população, abrangendo as várias classes sociais.

A diferença que se apresenta entre esta e outras experiências aliancistas nacionais se mostrou na distinção da práxis política tradicional, em face da generosidade do proposta política que deu origem ao "Grupo dos Autênticos do MDB".

Interessante observar que os integrantes do Grupo eram provenientes de diversas origens sócio-econômicas, preponderando os oriundos do campo, e que em sua maioria tinha origem humilde. Outro traço comum a quase todos reside no fato de que, no exercício profissional anterior ao mandato legislativo, eles se dedicaram ao atendimento e à representação de sindicatos, trabalhadores comuns, perseguidos políticos, independente de qual era a militância profissional, fossem eles médicos, advogados ou engenheiros. Suas atuações no mercado de trabalho sempre foram voltadas a este segmento da população. Esse se constituiu o traço que funcionou como denominador comum às personalidades que compuseram o Grupo: uma espécie de altruísmo político que se expressava em relação a aspectos político-humanistas, refletidos em um projeto subjacente de uma sociedade mais justa porque potencialmente democrática.

Notadamente, não foi apenas a coragem que os diferenciava do restante do MDB. Vislumbra-se também a alternativa de empate entre a aversão da realidade e o possível projeto utópico de uma sociedade que renasceria das cinzas da ditadura. Pode-se afirmar, em síntese, que a ideologia era manifestada na grandiosidade do ideal político, qualidade que se traduzia na luta pela liberdade da qual estavam proscritas vaidades pessoais e ambições menores.

Esse caráter e matiz ideológico — embora restrito à luta contra a ditadura — emergia das propostas que eles lançavam naquele cenário. A afinidade dessas causas os distinguia. Diferenciava também por ser uma espécie de coro que se afinava para um grito de liberdade. Os outros membros do MDB, sejam os com passado político, como Tancredo e Ulysses Guimarães, ou os que surgiram após o movimento militar, "os pragmáticos" — do qual Orestes Quércia é sua maior expressão — davam como favas contadas a instituição do regime, nas bases propostas pelos militares na forma da "Constituição" por eles outorgada em 1967, emendada no ano de 1969. Para os "Autênticos" não. A proposta de levar o país para o regime democrático passava pela convocação de uma Assembléia Nacional Constituinte, determinante de uma nova ordem democrática, idéia lançada desde os primórdios da existência do Grupo, mais precisamente no Seminário do Recife, em 1971. Na realidade o que se instituía era algo mais que uma frente política. A circunstância propunha a elaboração de uma espécie de entidade que recompunha miticamente o Grupo como "negociador". Nesta linha, cabe supor a evocação do "mito de mercúrio". Como semideuses que se incumbem da divulgação e do comércio de interesses com fim comum, o Grupo emergiu no tempo como um dos pilares da democracia.

Oposto do que pode supor o senso comum, contudo, não cabe restringir o teor do espectro ideológico do Grupo. Não foi apenas a questão do retorno à normalidade democrática o fator precípuo à coesão do Grupo. Mais que isto, a unidade momentânea impediu divisões que se dariam se fossem preponderantes questões menores que a árdua luta contra o sistema militar. As energias estavam juntadas na denúncia da tragédia do cotidiano de ser brasileiro sob uma ditadura que, gradativamente, se mostrava incompatível com os desejos políticos gerais. O objeto fulcral, pois, era a derrota do regime com o restabelecimento das liberdades democráticas. Naquele instante seria isto que marcaria o conteúdo ideológico do Grupo.

Curiosamente, em face dos demais, não havia sectarismo explícito. O relacionamento com outros membros do partido era singularizado por um esforço feito no sentido de que o Grupo fosse aceito, integrado à organicidade do MDB.

Novamente reponta o aspecto circunstancial do Grupo. Destarte, eram feitas alianças pontuais visando este ou aquele cargo na hierarquia e mesmo na estrutura do Congresso. Por questão de sobrevivência, precisavam de uma certa cumplicidade do partido, do contrário, tornar-se-iam vulneráveis à ditadura, um quisto, um corpo estranho, e portanto, facilmente extirpável.

A suposta "restrição ideológica" trazia apenas um enfoque estratégico, pois o Grupo se compunha de deputados com posições que abrangiam o trajeto percorrido desde o "centro" até a "esquerda possível". Se não tinham um projeto prévio, possuíam princípios anteriores. O projeto, por fim, se constituía na medida em que se construíram como oposição, forjada definitivamente no Parlamento. A identidade de ação se edificou na convivência regida por uma linha comum: a luta contra a ditadura e a visão da reforma da sociedade.

Outro ponto expressivo remete ao fato do Grupo ter consciência de que ao participarem do jogo estabelecido pela ditadura, dentro das regras por ela estipuladas, corriam o risco de verem suas atitudes julgadas como se fossem coonestadores do sistema. Por outro lado, entendiam que a legalidade do MDB lhes proporcionava meios, ainda que difíceis, de levar a mensagem oposicionista a amplos setores da sociedade. A outra forma de oposição ao regime se configurava na luta armada, que por sua própria forma era impedida de levar a mensagem oposicionista às amplas massas. Além do que, esses últimos, estavam perdendo a guerra da propaganda, pois o governo conseguiu sucesso em caracterizá-los como "bandidos comuns".

Entre tantos fragmentos curiosos, há um que merece consideração especial: o debate sobre a mitificação acerca de um dos mais importantes negociadores políticos de nossa história: Ulysses Guimarães. Com inequívoca vocação para ser um dos "clássicos" mitos de nossa política contemporânea, a análise do papel de Ulysses Guimarães merece ser vista como problemática. Se na mitologia geral ele pode ser contemplado como paladino, também movimentou o Grupo, só que na direção contrária. Quando do início do Grupo seu posicionamento sempre foi o de aguardar os acontecimentos, sem jamais se contrapor ao regime. Tal postura, situava-o entre os "Moderados".

A propósito de Ulysses na passagem do governo de Médici para Geisel, em 1973, os "Autênticos" lançam a idéia de uma Anticandidatura cuja função primordial seria usar a mídia e o espaço público para, além de propagandear o ideal oposicionista, denunciar todos os atos arbitrários que galgavam incólumes naquele momento. No desenrolar da campanha da Anticandidatura, Ulysses, sempre enigmático, a princípio repeliu porém, ao perceber o apoio popular, adere. Tramou, então para ser lançado "anticandidato", assumindo esta condição sob o compromisso de renunciar no dia da eleição, prosseguiu até o fim com a candidatura, não renunciou, dando assim legitimidade à eleição de Ernesto Geisel em janeiro de 1974.

Deve-se à luta diuturna dos "Autênticos" contra o regime de exceção, a imagem que o MDB transmitiu à sociedade, colocandose na condição de canal de expressão da insatisfação popular com a ditadura. A luta dos "Autênticos", como membros do MDB, principalmente no episódio da Anticandidatura, deu ao partido conotação de oposição efetiva, de resistência ao regime militar. O sinal foi dado: era possível e impostergável a luta contra o regime. Foi a partir daí, e da eleição legislativa de 1974, revestida de caráter plebiscitário e vencida pelo MDB, que a sociedade passou a se organizar buscando a volta do Estado de Direito. Dá-se aí o início dos movimentos de massas, diga-se de estudantes, trabalhadores, classe média, culminando com a campanha da anistia e pelas eleições diretas para Presidente da República. Pode-se dizer, a grosso modo, que o Grupo foi o ápice de um processo histórico de oposição emblemado por um MDB que se fez a antítese do autoritarismo. Como pedreiros de uma nova ordem, esses políticos deixaram seus nomes como artífices do momento de quebra entre a ditadura e a democracia vindoura.

Restabelecidas as "liberdades democráticas", veio o pluripartidarismo, momento em que os membros do Grupo passaram a engrossar as agremiações que melhor se adequassem aos seus projetos de sociedade, enfim, que representasse a sua ideologia. As diferenças antes encobertas floresceram com a abertura do regime. A vitória do "Grupo Autêntico" coincidiu com o seu crepúsculo, pois estava cumprida sua missão.

Reavaliar o significado dos "Autênticos" equivale a contextualizar seu desempenho em outro momento histórico. Vale pensar que aquele esforço se deu como um dos últimos exemplos de um programa político-social de uma fase do Brasil. Alcançadas as liberdades democráticas, o Grupo enquanto entidade esmoreceu porque, além da circunstância, seus integrantes não possuíam uma sólida comunidade de destino.

Cabe lembrar que os depoimentos dimensionam a melhor versão para aquele momento. A voz viva que se constrói a cada passo com as entrevistas, anula a visão oficial e, por outro lado, não se constitui em um monocórdio totalitário pois, qualquer forma de ouvir ou falar será sempre um recorte que se ajusta aos demais. No momento dos encontros para as gravações realizou-se a plenitude da narrativa, que permitiu fazer do "colaborador" um protagonista privilegiado, dono de uma verdade que reina em si. O conjunto das entrevistas revela a força do momento e a afinação de seus integrantes. Passado o momento do conto, o isolamento individual mostrou o destino dos políticos que lutavam por seus projetos pessoais.

O grande patrimônio do MDB, expresso pela imagem de oposição efetiva, como instrumento da sociedade em resistência à ditadura, foi construída pela militância dos "Autênticos". Todavia, este legado, com a redemocratização do país, foi parar nas mãos dos "Moderados" como Thales Ramalho, Tancredo Neves, Ulysses Guimarães, sem falar naqueles que aderiram ao partido na "abertura política", os chamados "fisiológicos". A eles coube desfrutar do patrimônio construído pelo Grupo "Autêntico".

Valho-me do artigo de Carlos Drummond de Andrade, para duplamente expressar reconhecimentos aos "Autênticos", bem como ao poeta que, precocemente, soube ler a epopéia do Grupo.

Palavras

Carlos Drummond de Andrade

Eis senão quando, ressuscita a palavra autêntico. Era o uso entre intelectuais da Zona Sul, em saudoso longe. Pintores, cineastas, poetas classificavam-se em autênticos e inautênticos, esses em maioria, segundo critério subjetivo, que permitia atribuir ou cassar autenticidade no espaço entre dois chopes. Dodô acordava autêntico cem por cento, ia muito bem até o almoço, declinava, recuperavase, perdia totalmente essa qualidade à hora em que se processava a última classificação nos bares da madrugada. Alguns autênticos se demitiam espontaneamente, preferindo liberdade e prazer, era tão duro ser autêntico! Outros raros, mantinham-se integrais, inamolgáveis, perenes: em geral viviam fora do Rio ou eram falecidos. Os heróis.

Passou. As palavras costumam passar mais rápidas que os engenhos russos e americanos caçadores de informações no espaço estrelado. E não voltam.

Chega a vez de outras que pedem licença, um sorriso, uma curvatura, uma cambalhota, e adeus. Somem nos dicionários. Porém autêntico hibernou aparas. Aí está de volta, na pele de uma corrente do MDB, que pretende movimentar o partido e conquistar-lhe o comando. Para que o partido de oposição se torne, realmente, partido de oposição.

Aí, ocorre perguntar: os autênticos são sonhadores? Pois há quem diga que autenticidade verdadeira, só em sonho, quando se desprendem as amarras da convivência, da prudência, do realismo, do "vê lá rapaz em que é que isto vai dar". Em sonho vive-se com plenitude. No chão cotidiano e acordado, a coisa sofre limitação. Por isso mesmo, a outra ala do partido, a que pisa no chão e evita as pedras do caminho, poderia reclamar Autênticos!

Nós é que somos autênticos, genuínos, frutos ajustados à natureza do terreno, do adubo e da árvore...

Mas tão autênticos são, que preferem chamar-se moderados. Esta palavra não é nova. É de todos os tempos, parte de um vocabulário que vigora mesmo à beira dos vulcões, que faz com que só um Silva Jardim seja engolido: os outros mil escapam.

Emergindo da área política, o autêntico volta a adquirir certa cotação na vida comum. Ontem à noite ouvi uma jovem perguntando a um rapaz: "Mas você é autêntico mesmo, ou é cascata?" "Em que sentido?" retrucou ele, sondando a barra. "Ora você sabe muito bem por que é que eu estou perguntando; vai ver que é moderado..." e sorriu irônica. Não ouvi o resto da conversa; preferi meditar sobre o leque de sentido que a palavra comporta.

Outra que vem com força total, depois que Valter e Amador juntaram seus trapinhos (de ouro) e conglomerados. Todo mundo querendo formar conglomerados. Os grandes bancos deixaram de grandeza com a fusão daqueles dois, e querem recuperar-se tornando-se ainda maior do que antes, rivais do colosso por meio de conglomeração. O Estado do Rio, segundo se comentava no aerobarco, volta a querer conglomerar-se com a Guanabara. Se a ARENA e o MDB aplicassem o princípio de conglomeralidade não se fariam muito autênticos, sob o princípio geral de moderação.

Nas relações humanas a mesma tendência entra em dinamização "X", conhecido por sua inclinação para o regime acumulativo, explica porque costuma circular à noite com três namoradas nos flancos: "não tem nada de mais, formamos um pequeno conglomerado." "Mas dizem por aí, que você vai se ligar ao conglomerado do "Y", de quatro garotas. Correto?" "Bem, a fusão está em pauta. Mas não espalha."

Natural também que as mulheres pretendam constituir seus conglomerados, passando a administrar paritariamente seus impérios masculinos e outros. Não serei eu que conteste qualquer à manifestação vanguardista *Women's Lib* à luz de novas diretrizes econômicas: concentração e unidade.

Eu conglomero, tu conglomeras, ele conglomera. Evidentemente em graus e modos que variam de uma atividade a outra, deste para aquele meio ou indivíduo. Pode-se até conglomerar tristezas, se houver identidade entre elas no mesmo círculo de relações. Favelados, retirantes, índios, párias poderão formar conglomerados específicos de miséria. Mesmo não havendo similitude entre componentes, e talvez melhor até não havendo, pois o dicionário ensina que conglomerado é também "amontoado, qualquer coisa composta de materiais ou elementos heterogêneos". E acrescenta que, em acepção geológica ele se compõe de fragmentos de rocha de tamanho superior a um grão de areia. Grãos de areia, conglomeraivos. É a onda. Autêntica. Porém moderadamente é claro.

Jornal do Brasil – Caderno B, 16/3/72

Bibliografia

ALBERTI, Verena. *História oral. A experiência do* CPDOC. Rio de Janeiro: CPDOC/FGV, 1989.

________, *História oral* e *Multidisciplinariedade.* Rio de Janeiro: Diadorim, 1994.

ANDRADE, Carlos Drummond. *Amar se aprende amando.* Rio de Janeiro: José Olympio, 1985.

________, *As Impurezas do Branco.* Rio de Janeiro: José Olympio, 1976.

________, *Contos de um Aprendiz.* Rio de Janeiro: José Olympio, 1976.

________, *Reuniões.* Rio de Janeiro: José Olympio, 1973.

ARDUINI, Juvenal. *Destinação Antropológica.* São Paulo: Paulinas, 1989.

ATAYDE, Yara D. B. de. *Decifra-me ou Devoro-te. História oral de vida dos Meninos de Rua de Salvador.* São Paulo: Loyola, 1993.

ÁVILA, C.R.A. *Televisão Participação Estrangeira na TV do Brasil.* São Paulo: Cortez, 1982.

BARRETO, Jaison. *O Significado do Pensar.* Brasília: Senado Federal, Centro Gráfico, 1981.

BARTHES, R. *A Análise da Narrativa.* Petrópolis: Vozes, 1976.

________, *Mitologias.* São Paulo: Difel, 1982.

BENJAMIM, W. "O Narrador-Considerações sobre a obra de Nicolai Leskov" *in Obras Escolhidas. Magia e Técnica, Arte e Política.* São Paulo: Brasiliense, 1985.

BRUGAT, D.P. *Los Niños de Morellia.* México: Instituto Nacional de Antropologia e História, 1985.

CAMPOS, H. *Da Tradução como Criação Crítica.* São Paulo: Cultrix, 1976.

________, *Metalinguagem.* São Paulo: Cultrix, 1976.

CLIFFORD, G.*A Interpretação das Culturas.* Rio de Janeiro: Zahar, 1978.

CLIFFORD, M. MARCUS, G. *Writting Culture.* Los Angeles: University of California Press, 1986.

COELHO, E. *Em Busca da Identidade: O Exército e a Política na Sociedade Brasileira.* Rio de Janeiro: Forense Universitária, 1976.

DEMARTINI, Z.B.F. "Histórias de Vida na abordagem de Problemas Educacionais" in *Experimentos com História de Vida*. São Paulo: Vértice, 1988.

DINES, A. *Os Idos de Março e a Queda de Abril.* Rio de Janeiro: José Álvaro, 1964.

DREIFFUSS, R.A. *1964: A Conquista do Estado, Ação Política, Poder e Golpe de Classe*. Petrópolis: Vozes, 1981.

DULLES, J.W.F. *Castelo Branco: The Making of a Brazilian President.* Nova York: Columbia University Press, 1978.

FON, A.C. *História da Repressão Política.* Rio de Janeiro: Paz e Terra, 1981.

FREIRE, M. *Oposição no Brasil Hoje.* Rio de Janeiro: Paz e Terra, 1976.

FURTADO, A. *Salgando a Terra*. Rio de Janeiro: Paz e Terra, 1977.

________, *Órfãos do Talvez.* Curitiba: Beija Flor, 1979.

GALLIAN, D.M.C. *Pedaços da Guerra — História oral de vida dos Tobarrenhos.* Dissertação de Mestrado apresentada ao Departamento de História da FFLCH-USP, 1992.

GATTAZ, A. *História oral da Imigração Espanhola: Centro Democrático Espanhol São Paulo 1932-1975.* Dissertação de Mestrado apresentada ao Departamento de História da FFLCH-USP, 1993.

GORENDER, J. *Combate nas Trevas.* São Paulo: Ática, 1987.

HALBWACHS, M. *A Memória Coletiva.* São Paulo: Vértice, 1990.

HOPPLE, G.W. and B.B.WATSON *The Military Intelligence Community* . Boulder, Colorado: Westview Press, 1985.

HUNTINGTOM, S.P. *Political Order in Changing Societies.* New Haven: Yale University Press, 1968.

IANNI, O. *O Ciclo da Revolução Burguesa.* Petrópolis: Vozes, 1985.

JOUTARD, P. *Esas Voces Que Nos Llegan Del Passado.* Mexico: Fondo Cultura Economica, 1986.

KENSKI, V.M. *O Fascínio do Opinião.* Tese de Doutorado apresentada à Faculdade de Educação da UNICAMP, 1990.

KINZO, M.D. *Oposição e Autoritarismo — Gênese e Trajetória do MDB — 1966/1979.* São Paulo: IDESP/Vértice, 1989.

LEVER, J. *Soccer Madness.* Chicago: University of Chicago Press, 1983.

LANGNESS, L.L. AND FRANK, G. *Lives an Antropological Approach to Biografy.* Califórnia: Chadler & Sharp Publishers, 1981.

LEVINE, R. e MEIHY, J.C.S.B. *Cinderela Negra: A Saga de Carolina Maria de Jesus.* Rio de Janeiro: UFRJ Editora, 1994.

LUMMIS, T. *Listening to History.* New Jersey: Barnes & Noble Books, 1987.

MEIHY, J.C.S.BOM *A Colônia Brasilianista.* São Paulo: Nova Stella, 1990.

________, *Canto de Morte Kaiowá.* São Paulo: Loyola, 1991.

________, *Manual de História Oral.* São Paulo: Loyola, 1996.

________, *(Re)introduzimdo História oral no Brasil* (org.). FFLCH/História/USP, 1996.

MORAES, M. *História oral*. Rio de Janeiro, Diadorim/FINEP, 1994.

Entre-vistas: Abordagens e Usos de História oral. Rio de Janeiro, FGV, 1994.

MOREIRA ALVES, M.H. *Estado e Oposição no Brasil (1964/1984).* Petrópolis: Vozes , 1988.

MOREIRA ALVES, MARCIO *A Grain of Mustard Seed : The Awaking of Brazilian Revolution.* Nova York: Doubleday Anchor Press, 1973.

MOREL, E. *O Golpe Começou em Washington.* Rio de Janeiro: Civilização Brasileira, 1965.

MONTENEGRO, A.T. *História oral e Memória — A Cultura Popular Revisitada.* São Paulo: Contexto, 1992.

NAFFAH NETO, A. *Poder, Vida e Morte na Situação de Tortura.* São Paulo: HUCITEC, 1987.

NEVINS, A. *The Gateway To History.* Boston: Appleton Century, 1938.

PAES DE ANDRADE, A. *O Itinerário da Violência.* Rio de Janeiro: Paz e Terra, 1978.

PARANAGUA, E. *A Barraca do Formigueiro.* Brasília: Senado Federal, Centro Gráfico, 1978.

PASSERINI, L. *Facism in Popular Memory.* Cambridge, Cambridge University Press, 1987.

PATAI, D. *Brazilian Women Speak.* New Brunswick: Rutgers University Press, 1987.

PIERCE, R. M. *Keeping the Flame an Government in Latin America.* Nova York: Hasting House, 1979.

PORTELI, A. *The Death of Luigi Trastulli and Other Stories.* Nova York: Suny Press, 1991.

PROJETO 'BRASIL NUNCA MAIS' Tomo III *Perfil dos Atingidos.* Petrópolis: Vozes, 1987.

PURCE, R.M. *Keeping the Flame and Government in Latin America.* Nova York: Hasting House, 1979.

QUEIROZ, M.I.P. *Variações Sobre Técnica de Gravador no Registro de Informação Viva* São Paulo: CERU/USP, 1983.

SAMUEL, R. THOMPSON, P. (ED) *The Myths We Live By.* London Routledge, 1990.

SCHNEIDER, R.M. *The political System of Brazil: Emergence of Modernizing "Authoritarian Regime" 1964/1970.* Nova York, Columbia University Press, 1971.

SELCHER, W.A. *Brazil Multilateral Relations : Between First and Third Worlds* . Boulder, Colorado, Westview Press, 1978.

SILVA, W. *Atuação Parlamentar 1972/1982.* Campos, R.J., Damadá Editora, 1983.

SKIDMORE, T. *De Castelo a Tancredo.* Rio de Janeiro: Paz e Terra, 1988.

STEPAN, A. *The Military in Politics Changing in Patterns in Brasil.* Princeton: Princeton University Press, 1971.

________, *Os Militares na Política.* Rio de Janeiro: Paz e Terra, 1975.

STUMPF, A.G. e M. PEREIRA Fº *A Segunda Guerra: Sucessão de Geisel.* São Paulo: Brasiliense, 1979.

THOMPSON, P. *A Voz do Passado.* Rio de Janeiro: Paz e Terra, 1992.

TONKIN, E. *Narrating our Pasts: The Social Construction of Oral History* . Cambridge: Cambridge University Press, 1992.

VANSINA, J. *Oral Tradition as History.* Madison: University of Wisconsin Press, 1985.

VELASCO e Cruz, S. e MARTINS, C.E. *De Castelo a Figueiredo: Uma Incursão na Pré-História da "Abertura".* São Paulo: Brasiliense, 1983.

VENTURA, Z. *1968, O Ano que não Terminou.* Rio de Janeiro: Nova Fronteira, 1988.

VIEIRA, E. *Estado e Miséria no Brasil de Getúlio a Castelo.* São Paulo: Cortez, 1987.

VON SIMSON (org.) *Experimentos com História de Vida (Itália — Brasil)* São Paulo: Vértice, 1988.

Impressão e Acabamento
Oesp Gráfica S.A. (Com Filmes Fornecidos Pelo Editor)
Depto. Comercial. Alameda Araguaia, 1.901 - Barueri - Tamboré
Tel. 7295 - 1805 Fax. 7295 - 1384